中国地方志“一体两翼”工程

中国方志发展报告

2015

主　编　冀祥德
副主编　于伟平

方志出版社
Publishing House of Local Records

图书在版编目（CIP）数据

中国方志发展报告. 2015 / 冀祥德主编. —北京：
方志出版社，2015. 12
ISBN 978-7-5144-1809-5

Ⅰ. ①中… Ⅱ. ①冀… Ⅲ. ①方志学—发展—研究报
告—中国—2015 Ⅳ. ①K290

中国版本图书馆 CIP 数据核字（2015）第 306717 号

中国方志发展报告（2015）

主　　编： 冀祥德
副 主 编： 于伟平
责任编辑： 张　昊　丛　珺

出 版 人： 冀祥德
出 版 者： 方志出版社
地址　北京市朝阳区潘家园东里 9 号（国家方志馆 4 层）
邮编　100021
网址　http://www.fzph.org
发　　行： 方志出版社发行中心
电话（010）67110500
经　　销： 各地新华书店
排　　版： 北京开和文化传播中心
印　　刷： 北京京都六环印刷厂

开　　本： 700×1000　1/16
印　　张： 26.75
字　　数： 426 千字
版　　次： 2015 年 12 月第 1 版　2015 年 12 月第 1 次印刷
印　　数： 0001～3000 册

ISBN 978-7-5144-1809-5　定价：68.00 元

《中国方志发展报告（2015）》编委会

《中国方志发展报告（2015）》作者

（按文序排列）

王铁鹏	方　洲	陈　野	陈　强	萧艳娥
刘秋增	周　慧	刘永强	胡巧利	常国光
韩　旭	于　佳	张世民	方未艾	潘捷军
董郁奎	方　智	李启伦	李玉平	舒　炼
沈松平	梅　森	王　晖	刘雪芹	伍　福
王卫明	刘益龄	陈泽泓	张　勤	巴兆祥
郭墨寒	牛润珍	杨海峰		

北京市课题组	朱　民	杨　齐	王晨育
四川省课题组	马小彬	潘认若	
山东省课题组	刘爱军	刘　娟	王耀生
广东省课题组	陈　强	田　亮	
河南省课题组	霍宪章	陈　浩	

序 一

地方志是传承中华文明、发掘历史智慧的重要载体。持续不断地编修地方志是中华民族的优秀文化传统，历史悠久，源远流长。在中华传统文化中，地方志具有独特的魅力，是最具有民族特征的标志性传统文化形式之一。同时，地方志所记载的内容纵贯古今，横陈百科，以真实资料和生动事实，激发人们热爱祖国、热爱家乡的情怀，成为新时期弘扬社会主义核心价值观最宝贵的思想源泉之一，在存史、资政、育人方面起着不可替代的积极作用，在展现中华文化的独特创造、价值观念、鲜明特色，展示中国历史底蕴深厚、各民族多元一体、文化多样和谐的文明大国形象，以及对于提升国家文化软实力方面具有不可替代的重要作用。

新中国成立后，特别是改革开放以来，在党中央、国务院正确领导和关怀支持下，在全国各省市县党委领导、政府主持下，经过各地各级地方志机构广大地方志工作者的不懈努力，新方志事业取得了巨大成就。

党的十八大以来，党和国家领导人高度重视地方志工作。习近平总书记就传承弘扬中华传统文化发表了一系列重要讲话，强调“要高度重视修史修志”并作出了一系列重要指示，为全国地方志事业指明了发展方向，提供了根本遵循。李克强总理提出“修志问道，以启未来”，并希望地方志工作者“继续发扬方志人精神，志存高远，力学笃行，直笔著信史，彰善引风气，为当代提供资政辅治之参考，为后世留下堪存堪鉴之记述”，并对地方志工作多次作出重要批示。刘延东副总理也就地方志工作发表重要讲话，并作出批示。习近平总书记系列重要讲话、李克强总理的重要批示、刘延东副总理的重要讲话和批示高屋建瓴，高瞻远瞩，充分肯定了地方志工作的重要作用，既表明党和国家对地方志工作的重视与关心爱护，同时又向地方志工作提出了新任务、新要求。在中央领导同志的直接关心和爱护下，近年来地方志事业蓬勃发展，蒸蒸日上，形成了以修志编鉴为主业，理论研究、开发利用、信息化建设、方志馆建设、旧志整理等工作协调开展的事业格局，拓展了方志文化的内涵，在各地经济社会发展中发挥了独特作用。

为深入贯彻党和国家领导人关于地方志工作的重要指示精神，落实《全国地方志事业发展规划纲要（2015—2020年）》（以下简称《规划纲要》）有关进一步繁荣地方志文化、服务经济社会发展大局的要求，完成《规划纲要》提出的“做好《中国地情报告》《中国方志发展报告》《中国年鉴发展报告》编纂工作”的具体任务，中国地方志指导小组办公室启动了以《中国地情报告》为“一体”，以《中国方志发展报告》《中国年鉴发展报告》为“两翼”的“一体两翼”工程，其根本目的在于推动地方志事业健康可持续发展，繁荣方志文化，发挥地方志资源在推动经济社会发展和文化建设中的重要作用，推动地方志事业在国家“四个全面”战略布局中做出更大贡献。该项文化工程的实施，具有充分的必要性和重大现实意义。

首先，实施中国地方志“一体两翼”工程是贯彻落实党和国家全面推进深化改革、全面推进依法治国等重大战略部署的必然要求。地方志是全面系统地记述一定行政区域自然、政治、经济、文化和社会的历史与现状的资料性文献，蕴涵着极为丰富的治理经验和历史智慧，可为治国理政、推动国家治理体系和治理能力现代化提供重要的参考和借鉴。实施中国地方志“一体两翼”工程，是地方志工作者立足自身优势，以创新思维、勇于开拓的精神参与现代国家治理体系建设的积极尝试。

其次，实施中国地方志“一体两翼”工程是地方志事业健康、可持续发展的必然要求。修志致用，如何在新形势下更好地开发利用地方志文化资源，在服务经济社会发展方面发挥更大作用、作出更大贡献，是地方志工作者面临的重大时代课题。该工程系列图书的问世将直接有利于推动新方志事业总结经验、探索规律，进一步提升广大方志工作者思想认识，有力促进和繁荣方志文化建设。实施中国地方志“一体两翼”工程，是地方志工作者不断突破自我，展示自身价值的重要举措。

再次，实施中国地方志“一体两翼”工程是丰富和拓展中国社会科学院智库群的必然要求。《中共中央关于全面深化改革若干重大问题的决定》提出了“加强中国特色新型智库建设，建立健全决策咨询制度”的要求。中国地方志指导小组办公室理应紧抓机遇，参与其中，通过实施中国地方志“一体两翼”工程，在重视质量和创新的前提下，提供更多具有前瞻性、对策性的研究报告，为各方面决策服务。

中国地方志“一体两翼”工程系列报告由中国地方志指导小组办公室主持编纂，组织方志界和科研院校的专家学者，就方志资源开发利用和志鉴编修等地方志事业发展的重大实践和理论问题进行研究，并向社会发布。在研究过程中，课题组着力以方法创新提升研究质量。一方面，课题组坚持马克思主义唯物史观，综合运用史学、政治学、社会学、文献学等学科研究方法，将地方志事业置于跨学科的学术视野之下，对新时期地方志事业发展进行全方位研究，改变以往传统修志工作中对于志书年鉴研究、开发以及利用不足的状况。通过对大量志书的研读、分析课题组得出了客观、公正以及经得起实践和时间检验的结论，这项工作必将填补方志发展史上的一项空白。中国地方志“一体两翼”工程系列报告系统分析上一年度中全国各地地情概况、志鉴编修状况，以及地方志资源开发利用等方面工作开展情况，针对全国以及某一区域地方志事业发展状况和热点问题进行年度性的分析与研讨，以专业化的角度、专家学者的视野，开展系统性回顾、理论性分析和前瞻性预测，努力实现“一个定位、一个品牌、一个平台、一个模式、一个论坛”的“五位一体”总体设计。一个定位，即定位为年度资政类研究报告，旨在为政府决策咨询提供资政信息。一个品牌，即创立全国方志报告类图书品牌，培育形成为国内有影响力的品牌。一个平台，即组建各报告课题组，由方志界和中国社会科学院有关研究院所、其他科研单位研究人员组成报告撰写队伍，为培养研究型方志专家提供平台。一个模式，即由各课题组与方志出版社相关编辑部组成编、印、发一体的报告编纂出版的工作模式。一个论坛，即以中国地方志“一体两翼”工程系列报告为基础，每年举办一次中国地情论坛。

我相信，随着中国地方志“一体两翼”工程的实施与推动，地方志事业发展必将迈上一个新台阶，步入一个更高层次。地方志事业发展的成果将为弘扬优秀传统文化、服务经济社会发展作出更大贡献，为激发民族自豪感和自信心，实现中华民族伟大复兴的中国梦发挥更大作用！

是为序。

中国社会科学院院长
中国地方志指导小组组长　王伟光

2015年12月

序　二

方志是我国传统文化中特有的瑰宝，编修地方志在我国有着悠久的历史。“方志”的名称最早见于《周官》，迄今已经有近3000年的历史，若是从汉代图经算起，也有2000多年的历史，即使从其基本定型的宋代算起，至今也有1000多年的历史。自隋代官修以来，代有编纂，虽中经战乱，但仍经久不绝，流传千年。到了明清两朝，编修地方志逐步走向制度化，朝廷不仅反复颁布修志诏谕，而且以地方志为基础，多次组织力量编修国家一统志。在民国时期，方志编纂更被列为国家重要事项，曾由中央政府下令各地设立方志馆、方志局，编修省、市、志书，并颁布了修志条例与规定。据不完全统计，从秦汉至民国，保存至今的历代旧方志就有8600多种，约占我国现存古籍的十分之一左右。华夏先贤们创造出的异彩纷呈、叹为观止的优秀方志成果，其所蕴涵的丰富营养，已汇聚成推动中华文化繁荣发展取之不尽、用之不竭的资源宝库。

中华人民共和国成立后，新编地方志工作受到党和国家的高度重视。1956年，国务院科学规划委员会制订《十二年哲学社会科学规划方案》，将编修地方志列为20个重点项目之一。至1960年6月，全国共有20多个省、市、自治区530多个县建立了修志机构，尝试新方志编纂。20世纪80年代，我国正式开展新方志编修工作，无论是修志的规模，还是成书数量都盛况空前。经过三十多年首轮和第二轮新方志的编修实践，我国地方志编修逐步形成了一个内涵丰富、时代特色鲜明、可持续发展的新方志事业格局，即确立了党委领导，政府主持，地方志编纂委员会及其办公室组织实施的修志格局，确立了“一纳入，八到位”的工作原则，即把地方志工作纳入国民经济和社会发展规划、各级政府工作任务之中，做到认识到位、领导到位、机构到位、编制到位、经费到位、设施到位、规划到位、工作到位。两轮新方志编修，取得了丰硕的志书成果。地方志书作为地情书、国情书，既全面、客观、准确记载了我国各行政区域的自然、政治、经济、社会、文化发展的历史轨迹，又在其编修实践中传承了中华文明的优良传统。

国务院《地方志工作条例》颁布后，方志工作走上规范化、法制化的道路，保证了方志事业的健康、顺利发展。地方志事业不断创新工作方式，“一业为主，九业并举”，即以志（三级志书）为主，库（数据库）、馆（方志馆）、鉴（年鉴）、用（服务开发）、刊（方志期刊）、网（地情网站）、会（地方志学会）、研（理论研究）全面发展，硕果累累，方志机构成为面向社会的公共文化服务部门，并且逐步形成初具规模、较为系统的地情研究中心，越来越被社会广泛关注。丰富的修志实践，不断促进和繁荣方志文化建设，也不断推动人们思想认识的飞跃，引发人们更加深入的思考。方志事业繁荣发展的现状是什么？现实中还存在什么样的问题？未来向什么方向发展？这些无疑是方志研究者和实践者必须认真思考的问题。

中国地方志指导小组办公室首次以编纂《中国方志发展报告》的方式，组织方志界和科研院校的专家学者，就方志事业发展的重大实践和理论问题进行研究，并向社会发布，这一系列性可持续研究成果填补了方志史上的一项空白。在研究过程中，课题组没有囿于对一时一事的简单叙述，而是将地方志事业置于服务国家与地方经济社会发展这个大坐标系中，全面、客观、系统地反映我国新方志事业发展的状况，研究分析了新方志事业在不断开拓创新的历史进程中取得的新成绩，面临的新形势，遇到的新问题，以及如何应对，重点反映2014年我国新方志事业发展现状、志书编修实践与创新、修志组织管理、成果开发利用、方志文化传播以及方志理论研究等方面的年度情况，堪称一部权威的年度性重要文献。

中国《方志发展报告》的突出特点在于战略性、权威性和前瞻性。战略性体现在将地方志这一重要事业，置于国家总体战略规划实施、经济结构深刻调整，以及科学技术高速发展的三维框架中进行宏观审视，准确把握地方志事业发展的战略脉动，服务社会经济发展。权威性在于由中国地方志指导小组办公室组织全国方志界和主要科研院校的著名专家、学者，精心编写打磨，由表及里，全面系统梳理地方志发展状况，深刻把握地方志发展的规律，为广大读者提供一幅全国方志事业发展的全景图。前瞻性表现为基于深刻总结各地方志事业发展经验，通过对地方志各个专业领域的深入研究和探讨，对新方志的事业发展前景作出前瞻性的预测与判断，实现地方志学科研究历史、现实与预测的有机统一。

《中国方志发展报告》分为七个部分，第一部分为总报告，对2014年全国方志事业发展的局面和形势，以及发展中存在的问题作出判断，提出解决问题的对策，对方志事业发展的趋势进行预测分析。第二部分为区域报告，介绍北京、四川、山东、广东、河南五省市的方志事业发展情况。第三部分为专题报告，分别介绍方志资源开发利用的组织管理模式，方志文化在文化强国战略中以及为地方经济社会发展服务中发挥的重要作用。第四部分为回顾与展望，记述新方志事业发展、地方志工作法治化建设、方志信息化建设、方志馆建设、方志工作机构队伍建设等内容。第五部分探索与创新，介绍部分省市在修志组织模式、课题设置、资料年报制度、专题史编修、方志学科建设等方面的实践经验。第六部分为志鉴成果评价，分别介绍省、市、县三级志书，专志、乡镇村志、历代旧志整理和年鉴编纂的情况。第七部分为附录，收录中国地方志简史、2014年地方志大事记和2014年全国地方志机构情况、库馆网建设情况、修志从业人员情况的统计表等资料文献。全书集合了全国方志界、学术界专家学者的智慧，通过开展深入的调查研究和严谨的科学论证分析，以专业的角度、专家的视野和实证的研究方法，注重方志领域现状呈现与发展态势展望和预测，突显年度性、前沿性、原创性、实证性、时效性，贴近我国文化事业繁荣发展的总体趋势和方志文化建设客观实际，具有较高的理论价值和实践指导意义。

《中国方志发展报告》的推出是一次新的尝试，这项编纂成果必将逐步形成对内不断探索事业发展规律，对外传播方志文化的重要载体。可喜可贺，令人欣慰！

是为序。

中国社会科学院副院长
中国地方志指导小组常务副组长　李培林

2015年12月

编辑说明

一、指导思想　以马克思列宁主义、毛泽东思想、邓小平理论、“三个代表”重要思想和科学发展观为指导，深入贯彻习近平总书记系列重要讲话精神，坚持辩证唯物主义和历史唯物主义立场、观点和方法，继承和发扬我国优秀文化传统，弘扬中国特有的方志文化，并对新方志事业的发展现状和热点问题进行年度研究，以专业的角度、专家的视野和实证的研究方法，针对方志领域现状与发展态势展开分析和预测。

二、断限范围　基本以2013—2014年为一个年度进行研究，对个别事项的研究实现作适当上溯。

三、内容要求　全书由一系列研究报告组成。要求研究报告具有原创性，主题明确，具有较高的理论价值和实践意义；统计分析、评价采用最新可靠资料；在科学调查研究的基础上展示客观情况，提出客观、可行的对策建议，并且对策建议或预测具有较强的针对性和可操作性；既立足重点，同时又站在全国和整个方志界的角度研究问题，力争研究视角、思路或方法有所创新。

四、总体结构　全书总体划分为7个部分：第一部分为总报告；第二部分为区域报告；第三部分为专题报告；第四部分为回顾与展望；第五部分为探索与创新；第六部分为志鉴成果评析；第七部分为附录。

五、体例要求　全书每篇研究报告除了对所研究领域的现状描述外，还指出该领域存在的问题和对策，并预测分析未来发展的趋势。全书除了第一部分总报告和第七部分附录外，均设置内容提要和关键词。

六、注释方式　为体现学术规范，本书所参考的重要资料，采取随文标出，集中在页下注释的方式，一一注明出处。

七、数字标点　遵循国家标准出版规定，数字书写以 GB/T15835－2011《出版物上数字用法》为准；行文使用标点符号以 GB/T15834－2011《标点符号用法》为准。

目录
Contents

I 总报告

Ⅱ 区域报告

Ⅲ 专题报告

Ⅳ　回顾与展望

Ⅴ　探索与创新

Ⅵ　志鉴成果评价

Ⅶ 附 录

I

总报告

2014年方志事业发展的现状与趋势

一、全国方志事业发展的新局面和面临的新形势

（一）全国方志事业发展的新局面

持续不断地编修地方志是中华民族的优秀传统，自古至今，源远流长。地方志事业是在继承中华民族方志文化基础上逐步发展起来的一项传统文化事业。新中国成立后首次修志活动虽然短暂，但拉开了新方志编修的序幕。改革开放即20世纪80年代初以来，开始了大规模的首轮修志，新世纪开始，全国陆续开展第二轮修志工作。经过三十多年的发展，中华民族的修志传统在当代得到了空前弘扬，走上了依法修志、依法治志的轨道，形成了较为成熟的传承机制。这种发展变化表明方志文化的影响在不断扩大并呈现多元化发展的趋势，社会对方志文化的需求在不断增强，促进方志事业逐步走上协调发展、持续发展的轨道。第五届指导小组组成以来，全国方志事业发展呈现出前所未有的大好局面。

1. 志书编纂取得丰硕成果

截至2014年5月，首轮新方志编纂任务全面完成。全国累计出版规划内省、市、县三级志书8000多部，全面系统地记述了全国各地自然、政治、经济、文化、社会的历史与现状，新方志编修及其硕果是中国方志发展史上的壮举，也是中国文化发展史上的盛事。

21世纪初，第二轮修志即第二轮新方志编纂陆续启动。目前，部分地区

已经完成第二轮修志规划任务。截至2014年底，全国第二轮省、市、县三级志书规划5916部，累计出版1972部，其中省级志书378部，市级志书150部，县级志书1444部。进展较快、出版志书较多的省、市、自治区有：广东、湖南、重庆、宁夏、山东、山西、福建、四川、天津等，其中广东省已经全面完成第二轮修志任务。

水利、海关、铁路、民航、气象、煤炭、石油、烟草、文物等系统的修志工作稳步推进。全军第二轮修志任务基本完成，军事大事记和《中国军事地理志》《中国边海防志》编纂工作启动。武警部队积极推动第二轮武警志编修工作。受国务院委托、由中国地方志指导小组牵头组织编纂的《汶川特大地震抗震救灾志》即将出版面世。

村镇乡志、专业志和特色志书编修方兴未艾。截至2014年底，乡镇志、村志累计出版4308部，部门志、行业志、专题志累计出版22802部，山水名胜古迹志496部，编纂各类地情书9868部。其中，全国各地各级地方志工作机构编纂出版的一大批特色志书，如山东省地方史志办公室组织编纂《齐鲁诸子名家志》，陕西省地方志办公室组织编纂《陕甘宁边区志》《渭河治理志》，北京市地方志办公室编纂出版《北京胡同志》、《北京风物图志》、《北京四合院志》、《北京风物图志》（第二辑），福建省方志委组织两岸专家学者合编《妈祖文化志》并筹划开编《闽台关系志》，贵州省地方志办公室组织编纂了《黔东南风物志》《四渡赤水志》在推动地方文化建设，服务政府工作大局方面发挥了重要作用。

中国地方志指导小组办公室与中央电视台联合录制《方志·中国》10集大型纪录片在中央电视台中文国际频道播出，《北京志·奥运会志》首发式在中央电视台新闻联播中播出，在业界产生较大影响。

志书的编纂数量日益增加的同时，志书编纂质量随着编纂实践的不断深入和编纂理论的日臻成熟而不断提高。中国地方志指导小组印发了《关于第二轮地方志书编纂的若干意见》《关于建立地方志书编纂规划备案制度的规定》《地方志书质量规定》等一系列文件，进一步规范第二轮志书编纂工作。方志出版社启动志书精品工程。北京、天津、上海、山西、河北、河南、山东、湖南、湖北、安徽、广东、广西、新疆等省、市、自治区地方志工作机构，不仅编印了方志编修教程、工作指南、编纂指导手册等，还总结归纳出许多切实可行的实践经验。如浙江省海盐县史志办公室采取“两查三对照”（“两查”即编辑初查、副主编复查；“三对照”即对照前志、对照他志、对照年鉴）办法、青岛市地方史志办公室推行“五轮十校”（即在志稿审校过程中推行五轮、十个校次的审校制度）制度等。与此同时，部分地区结合当地实际，大胆创新，彰显时代特色、地方特色，如杭州市人民政府地方志办公室确立“把握地情特点，突出时代特征，浓墨人文特色，记好发展变化”的编纂思路，进一步提升了志书质量。

2. 年鉴工作快速健康发展

地方综合年鉴管理体制逐渐理顺。国务院《地方志工作条例》颁布实施以来，各地各级党委、政府和有关部门对年鉴工作重视的程度和支持的力度不断加大，召开年鉴工作会议、下发文件、增加经费，逐步理顺地方综合年鉴管理体制，大力推动年鉴工作全面开展。继安徽省、广西壮族自治区、海南省、四川省之后，又有广东省、贵州省、西藏自治区、甘肃省将省级地方综合年鉴划归地方志工作机构组织编纂。总体来看，年鉴事业进入了一个全新的发展阶段。

年鉴数量、种类快速增加。各地各级地方志工作机构和年鉴编纂单位注重提高年鉴编纂质量，积极开展年鉴编纂的规范化、制度化建设，活跃年鉴理论研究氛围，加强队伍建设，向社会奉献出一大批高水平的精品年鉴。截至2014年底，全国地方志系统编纂的地方综合年鉴达2315种，还有1177种包括军事年鉴、武警年鉴在内的专业年鉴。北京、天津、上海、江苏、湖北、广东、海南、四川等省（自治区、直辖市）基本实现县级以上地方综合年鉴编纂全面覆盖。江苏全省地方综合年鉴发展到100多种，累计编纂各种年鉴200多种，在全国率先实现市、县两级综合年鉴全覆盖。上海市、江苏省分别出版《上海年鉴》《江苏年鉴》英文版，《江苏年鉴》英文版被列入省社会科学基金重点项目。天津市地方志办公室编纂出版《天津区县年鉴》，广东省人民政府地方志办公室编纂出版《珠江三角洲城市群年鉴》，云南省地方志办公室编纂出版《云南小康年鉴》，北京市地方志办公室编纂出版《市民生活年鉴》，在拓宽年鉴领域方面进行了积极探索。

年鉴理论研究和制度建设不断加强。中国地方志学会年鉴工作专业委员会和各地年鉴社会团体召开学术研讨会，编辑出版论文集，推动年鉴理论研究。截至2014年底，全国地方志系统共发表年鉴论文800多篇，出版著作、论文集10余部，年鉴基础理论、编纂理论等领域研究硕果累累。各地积极制定年鉴编纂规范，印制编纂教材和编辑手册，组织评奖活动，开展队伍培训，建立会议点评、互评互审、集中审读制度，对提高年鉴编纂质量起到了促进作用。北京市提出"大年鉴工作格局"，市和区县地方志工作机构从只负责编纂一部综合年鉴，到承担全市或全区（县）年鉴编纂的服务和业务指导工作，包括协助制定编纂方案、培训业务人员、召集评审会、编纂业务指导手册、搭建行业或系统年鉴工作交流平台、开展年鉴质量评比等，进一步拓宽了年鉴工作的空间。

3. 旧志整理工作成绩斐然

一大批旧志整理出版。截至2014年底，全国地方志系统以点校、注释、影印、复印、扫描、原版复制等方式，累计整理旧志2456部。其中，广东省全部完成旧志搜集整理，把出版《广东历代方志集成》（以下简称《集成》）作为全国首创的重大方志文化工程，投入2000万元，历时近6年，于2011年全面完成。该《集成》共搜集新中国成立前历朝历代编撰、现存且可查、分散收藏在国内外的省通志、府州志、县志433种。《集成》由省部、广州府部、韶州府部、南雄府部、惠州府部、潮州府部、肇庆府部、高州府部、雷州府部、琼州府部、廉州府部和附录共11部、277册组成。北京、河北、辽宁、黑龙江、上海、江苏、浙江、福建、安徽、河南、四川等省（自治区、直辖市）大规模集中整理旧志并取得阶段性成果，其中，江苏省地方志办公室收集整理各类旧志近700种，扫描650种，建立了较为完备的旧志数据库，并在此基础上启动分辑出版《江苏历代方志丛书》工程，全省共出版各类旧志典籍100多种；北京市在现存的旧志中已启动校点整理23部近200卷，以《北京旧志汇刊》形式出版了8种。这些阶段性成果为抢救保护地方历史文献和加强全国古籍整理工作作出了积极贡献。

旧志整理工作不断规范化。部分地区成立旧志整理工作机构和学术机构，制订整理出版规划、点校通则和审稿细则，保证整理质量。同时，开展旧志普查工作，编制旧志目录，理清、摸透家底。四川、湖北等省对全省旧志的情况进行摸底调查后，出版《四川历代旧志目录》《四川历代旧志提要》《湖北省历代旧方志目录》等。北京市成立由相关领导和专家组成的旧志整理丛书编委会，启动了旧志整理出版工作，研究制定了整理标准和规范，实行统一审定、分阶段实施的办法。地方志工作机构与高校、科研机构合作，进行旧志研究和专题资料类编，拓展整理工作的广度和深度。

4. 方志理论研究和学科建设迈出新步伐

推出了一批理论研究成果。中国地方志指导小组办公室编写出版《中国方志通鉴》《当代志书编纂教程》；启动并有序推进《方志百科全书》编纂工作，努力创建方志理论的概念体系和方志知识体系。《中国地方志》作为人文社会科学核心期刊，除了刊载全国各地的方志理论研究和学术文章外，还结集创刊30周年成果，评选编辑出版《〈中国地方志〉优秀论文选编》。各地在志书编写过程中，通过学习培训、会议研讨、课题研究以及评稿等方式，推动方志理论研究的深化，形成了大量的理论研究成果，涵盖方志发展史、方志基础理论、新方志编纂理论与实践、方志管理、方志评论、旧志整理与研究、乡土文化、年鉴编纂等领域。浙江、北京等省市地方志工作机构发挥理论研究的导向作用，在地方志系统设立课题研究项目，促进了地方志领域的学科建设。自2008年11月第四次全国地方志工作会议召开五年来，全国地方志系统共发表方志论文6000多篇，出版专著、教材、论文集90余部。

积极召开各类学术年会和研讨会，促进学术交流。每年举办新方志编纂论坛，研讨交流方志理论中的热点、难点问题；以《中国地方志》期刊为纽带，召开全国方志期刊工作座谈会，充分发挥方志期刊的理论阵地和引导作用。中国地方志学会建立学术年会制度，举办三届针对性较强、影响较大的学术年会，较好地发挥了学会的学术引领作用。学会城市区志专业委员会定期召开学术研讨会，推动城市区志理论研究和编纂实践。各地地方志工作机构和地方志学会积极举办学术年会和理论研讨会，设立专项研究课题，组织优秀论文评选，编辑出版论文集，激励广大地方志工作者开展理论研究。浙江省先后成功承办了2010年嘉兴“全国方志学（协）会秘书长会议”、2011年宁波“方志文献国际学术研讨会”、2013年杭州“中国地方志学会城市区志专委会学术年会”，2014年广东省召开了理论研讨会等重要学术活动，此外，2010年浙江宁波承办了“方志文献国际学术研讨会”，2013年广东省承办了“两岸四地地方志文献学术研讨会”，加强对港澳台地区和对外学术交流。

方志学学科建设取得新进展。方志学科受到重视，理论专著数量大幅提升，同时，完善高等院校方志教育体系和学科设置，复旦大学、西南民族大学、宁波大学等高校继续招收培养方志学专业的本科生、研究生。在地方志系统、高校和科研机构中，形成了一支具有较高理论水平的方志专家队伍。

5. 地方志系统设网站和信息化建设迈上新台阶

全国地情网站建设如雨后春笋。截至2014年底，省级网站达27个、市级网站222个、县级网站772个。山东、广东等省加快省、市、县三级地情网络群建设，实现全省联网、资源共享。其中山东全省17个市、140个县（市、区）全面完成地情资料库和地情网站建设任务，实现了互联互通。一些地方地情网站与政府门户网站、图书馆网站实现链接，公共服务能力大大提高。北京、内蒙古、黑龙江、上海、江苏、浙江、福建、河南等省（自治区、直辖市）不断对网站进行改版升级。广东省第一个具备数据库和全文检索功能的地方志网站——省情信息库网站自2001年开通，至2014年底，省情数据量达9亿多字、图片3万多幅、视频200多部。省情网年点击量突破1600万次。同时，开通了手机广东省情网及"方志广东"微信，为广大群众提供更为便捷的省情信息服务。

信息化建设稳步推进。中国地方志指导小组办公室通过召开全国地方志系统信息化建设经验交流会，设立信息化建设试点单位，实施中国地方志网站、《中国地方志》期刊网站、志书和年鉴数据库建设工程，与美国哈佛大学哈佛燕京图书馆合作开展中国历代方志数字化工作。各地加快地方志成果数字化速度，完善地情资源数据库，将海量地情信息资源上传到地情网站，供社会各界查阅使用。很多地方志工作机构将志书、年鉴和地情资料书数字化，制成光盘，方便社会各界查询、使用。

6. 方志馆建设加速推进

各级方志馆陆续建成。截至2014年底，全国已建成国家方志馆1个、省级馆16个、市级馆83个、县级馆276个。全军军事志馆建设正逐步推进，中国武警史馆建成开馆。山东省方志馆硬件设施和服务环境不断改善，全省市级方志馆建成14家，县级方志馆建成95家。河南省三门峡、新乡、洛阳、漯河、周口先后建成方志馆，约60个县（市、区）已建有方志室。一些地区的方志馆已获准立项或正在建设中。

方志馆功能日益完善。随着方志馆的陆续建成，各级地方志工作机构千方百计丰富馆藏资源，并陆续向社会公众开放，展示地情、提供服务。北京市方志馆自2013年10月22日开馆试运行以来，通过举办北京地情展览，组织“京华论坛”，联系党校学员、中小学生参观等方式，利用“数字方志馆”，提供读者在线预约、个人图书馆、360度全景网上展厅、音视频在线点播等功能，竭诚服务社会公众。各地各级方志馆也采取各种方式，为社会提供查询、阅览、展示、咨询等服务，成为当地不可或缺的基础性公共文化设施，并且公共文化服务功能日益凸显。

7. 地方志资源开发利用开创新局面

各地各级地方志工作机构除了积极引导全社会读志用志外，还积极主动组织开展地情研究，利用地方志资源，为领导决策提供咨询服务，在地方政治、经济、文化和社会事业建设等领域发挥重要作用。有的地方志机构编写地方简史和志书干部读本，成为各级领导干部通晓地方历史的必备教材。例如，山西、安徽、江西、河南、广东等省以及新疆生产建设兵团创办资政刊物，为党委、政府科学决策提供信息咨询服务；河南省地方史志办公室编写《大事月报》，为领导参阅；安徽省地方志办公室公开发行史志期刊《志苑》，每期赠送省级及以上人大代表、政协委员和省领导、各厅局主要负责同志以及全省各市、县、区党委、政府主要负责同志，还创办《治皖一叶》，每期500字左右，精选安徽历史上有关治乱得失的经典资料加以点评，不定期印送省委、省人大、省政府、省政协领导；北京市地方志办公室不定期编辑《志鉴信息》领导专阅版，针对市领导关注的问题，从历史中寻找答案，提供借鉴；山东省地方史志办公室起草《关于推动京杭运河通水复航的建议》等10余篇资政文章；山西省地方志办公室编纂出版《山西通史》干部读本，并为干部在线学习录制23个课件；哈尔滨市人民政府地方志编纂办公室等以编辑月报、活页、大事记的方式，为领导决策服务；广东省在省委领导推动领导干部读地方志的倡议下，将地方志书、地方志讲座进入党校课堂，为领导干部了解省情，提供丰富翔实的历史与现实的资料。

各级地方志工作机构还积极参与规划编制、旅游开发、招商引资、历史文化遗产发掘保护、防灾减灾等方面的工作，努力将地方志工作与当地经济社会发展结合起来。江苏省徐州、南通、镇江等市地方志办公室积极开展志鉴、地情书进学校、进社区、进农村、进机关、进企业、进军营“六进”活动。杭州市萧山人民政府地方志办公室积极参与当地景点保护和开发、景区设计和命名、资料整理和编辑，开辟新的服务领域，为地情资源的开发利用服务。

各级地方志工作机构还深度挖掘地方历史文化资源，丰富人民群众的文化生活。利用地方志资料，编纂出版反映重大事件、历史名人、特色产业、重要物产等方面的地情资料和地情书籍。吉林省方志委开展了地方志资源立项开发工作。山东省编纂出版“山东省历史文化村镇”“京杭运河齐鲁风情”等丛书。青海省地方志办公室组织编纂大型图书《青海改革开放三十周年巡礼》。北京市地方志办公室利用资料年报，编辑整理《北京“7·21”特大暴雨自然灾害资料汇编》。海南省地方志办公室组织编纂了《海南地情要览》《海南纪事》等。

此外，各级地方志工作机构还与报刊、电台、电视台、网站等媒体合作，宣传地方历史文化和方志文化。北京市地方志办公室与北京电视台联合摄制的《方志·北京》已制作完成并在北京电视台播出；还与《北京日报》《北京晨报》《法制晚报》等合作，定期开办“志说北京”“志书撷英”等栏目，受到读者好评。宁夏回族自治区地方志办公室与宁夏电视台联合拍摄专题片《盛世修志》，内蒙古自治区地方志办公室启动大型文献纪录片《方志·内蒙古》拍摄工作。《吉林年鉴》编辑部与新闻媒体联合持续组织“感动吉林”年度十大人物评选活动，开展社会主义核心价值观宣传教育。武汉市地方志办公室组织编纂大型历史文献《中国红——辛亥革命百年祭》，举办“喜迎十八大、中国红巨幅国画展”，积极营造昂扬向上的舆论氛围。

8. 地方志工作机构与队伍建设取得新成绩

全国修志工作机构不断健全，各级地方志工作机构的设置和人员编制趋向科学合理。《地方志工作条例》的贯彻落实，为全国地方志事业发展带来了前所未有的契机。各地各级地方志工作机构及时抓住有利机遇，主动开展工作，积极争取领导支持，在队伍建设方面取得显著改善。按照德才兼备的原则，配备各级地方志工作机构的领导班子，并形成合理的年龄梯次结构。各地明确专门的工作机构承担地方志工作，并根据所承担的任务和工作量，配备一定数量的专职工作人员。大多数地方志工作机构进一步明确了工作职能和管理职责，人员依法纳入参照公务员法管理，编制也在原有基础上有所增加。

专兼职相结合的修志队伍普遍建立。志书编修成功与否，质量高低，关键在人。随着各地第二轮修志工作的启动、开展，以及各地方志机构参照公务员法管理，一大批具有高等学历的毕业生充实到修志队伍中。通过采取引进优秀的修志人才、吸收社会各界专家学者共同参与、对专业修志人员进行定期岗位培训和继续教育等方式提高方志队伍的素质。很多省市制定出台了《地方志工作规划纲要》，确立了“出成果、出理论、出人才”的全面统筹发展的思路，目前已经形成一支以老、中、青相结合，专职人员和兼职人员相结合的修志队伍。

开展培训是建设一支高素质修志队伍的重要途径。中国地方志指导小组办公室多次举办修志主编培训班和地方志工作机构新任负责人培训班，联合开展当代中国史和口述史专题培训。全国各省每年都举办大量不同类型的培训班，培训内容和对象也日益具体化。各地通过相互交流、出国出境考察学习、专题培训、举办讲座、与高校联合办学、以会代训等方式，对主编、总纂、编辑、组稿人员和撰稿人员等开展针对性强、内容丰富的业务培训，努力改善队伍知识结构，提高队伍整体素质。西藏自治区把业务培训作为提高队伍素质和加强作风建设的重要手段，加强与对口援藏省市的沟通，北京、上海、天津、安徽、湖北、广东、福建、浙江、黑龙江、吉林、辽宁等省市为西藏举办了11期方志业务培训班。新疆生产建设兵团2009—2014年先后举办了6期第二轮修志培训班，并选派业务骨干参加全国或新疆维吾尔自治区举办的修志业务培训班，共培训300余人次。广西还创办了自治区各级政府分管地方志工作负责人的研讨班。为弘扬方志人精神，激励修志队伍，部分省级地方志工作机构与人社部门联合或单独开展了先进集体、先进工作者的评选表彰活动。解放军和武警部队表彰了修志先进单位和个人。

2013年12月，经过中共中央宣传部同意并报国务院批准，第五届中国地方志指导小组正式成立。一年来，中国地方志指导小组及其办公室紧紧围绕党和国家事业发展大局，成功召开第五次全国地方志工作会议，研究确定地方志事业发展目标和主要任务；大力推进《全国地方志事业发展规划纲要（2015—2020年）》拟订和报批工作，科学绘就发展蓝图；深入进行调查研究，努力破解发展难题；全力做好《汶川特大地震抗震救灾志》出版前的各项准备工作，凸显方志的存史资政价值；积极推进国家经济欠发达地区志书出版资助工程、中国地方志精品工程和中国名镇志文化工程，全力打造全国地方志专业出版基地，确保二轮修志任务高质量完成；重点依托中国地方志学会和《中国地方志》期刊，全面加强地方志理论研究和学科建设，不断提升研究水平和学科地位；着力抓好指导小组办公室制度建设，逐步实施国家方志馆改造工程，进一步提高服务能力和工作水平。新一届指导小组及其办公室积极作为，科学布局，各项工作扎实推进，全面贯彻落实“一纳入、八到位”，即把地方志工作纳入国民经济和社会发展规划、各级政府工作任务之中，做到认识到位、领导到位、机构到位、编制到位、经费到位、设施到位、规划到位、工作到位（“一纳入、八到位”是刘延东副总理在与第五次全国地方志工作会议部分代表座谈时明确提出来的，并在第五次全国地方志工作会议中作为做好地方志工作的基本经验加以强调。即把地方志工作纳入国民经济和社会发展规划、各级政府工作任务之中，做到认识到位、领导到位、机构到位、编制到位、经费到位、设施到位、规划到位、工作到位）。地方志事业发展呈现良好势头。

9. 地方志工作法治化、制度化建设深入推进

全国各省地方志工作机构在贯彻落实国务院《地方志工作条例》的基础上，制定了大量法规、规章，全国初步形成依法修志的良好局面。继北京、河北、吉林、安徽、江西、山东、湖北、湖南、广东、广西、四川、贵州、陕西、宁夏等14个省（自治区、直辖市）之后，先后又有江苏、甘肃、新疆、云南、上海、河南、山西、海南、内蒙古、浙江、福建等11个省（自治区、直辖市）颁布地方志工作法规规章，四川省人大常委会修订了《四川省地方志工作条例》。截至2014年底，据不完全统计，全国已有27个省（自治区、直辖市），47个地市级，145县（区）颁布地方志工作法规规章或政府规范性文件，其中山东省形成较为完善的法规体系，颁布实施市级条例1个、市级政府规范性文件14个、县级政府规范性文件117个。有些部门和行业制定部门志、行业志编纂工作规定，解放军将《军事志工作条例》列入中央军委立法计划，武警部队出台《中国人民武装警察部队史志工作规定》。河北、山西、吉林、江苏、山东、河南、湖北、广西、贵州、甘肃、青海等省（自治区）开展人大执法检查或政府督察，河北省地方志办公室、沈阳市地方志办公室等取得行政执法主体资格，河北省2012年、2013年与省法制局一起进行了修志执法检查，强化了地方志工作法规规章的权威性，有力地推动了地方志工作的健康开展。

地方志工作规范化、制度化建设不断得到加强。按照各地制定的地方志工作法规规章要求，许多地区制定出台地方志事业发展规划，把地方志工作列入“十二五”经济社会发展规划或写入政府工作报告，制定第二轮修志工作规划和志书编纂方案，完善资料报送制度、编修备案制度，为地方志工作有序开展提供制度保障。各级地方志工作机构认真落实国务院《地方志工作条例》和实施办法，在指导思想、组织领导、编纂原则以及队伍建设和办公条件等问题上，依法管理，实现认识、领导、机构、编制、经费、设施、规划、工作“八到位”，确保地方志工作顺利开展。北京市将以行政区域名称冠名的地方志编纂许可，纳入政府行政审批目录清单。四川省地方志编纂委员会与省人大联合召开座谈会，编纂委员会机关执法人员申领执法监督证，规范依法行政活动。各地在地方志工作的制度和机制建设方面纷纷出台相关文件，如目标考核责任制、督查通报制、资料报送制、志书编纂行文规范、志书审查验收办法等，志鉴编修规范体系初步形成。

（二）全国方志事业面临的新形势

方志事业在全国方志人的共同努力下，取得了辉煌的成就，也为未来方志事业的发展奠定了坚实基础，赢得了良好的发展环境。可以说，今天的方志事业正处于一个历史上最好的发展时期。成绩令人鼓舞，但也要清醒地认识到，今天方志事业所处的时代背景、社会环境以及技术条件等，都与过去发生了巨大的变化。这种巨大的变化，既为方志事业的发展创造了机遇，也为方志事业的发展提出了挑战。科学分析当前方志事业面临的形势和任务、机遇与挑战，胸怀大局、把握大势、着眼大事，才能做到因势而谋、应势而动、顺势而为，牢牢把握方志事业发展的主动权，推动方志事业迈上一个又一个新的台阶。

1. 党中央国务院高度重视修史修志工作，为方志事业发展指明前进道路

党中央国务院历来高度重视地方志工作。以毛泽东同志为核心的党的第一代领导集体高度重视地方志的作用，身体力行使用志书，积极倡导全国各地都要编修地方志。以邓小平同志为核心的党的第二代领导集体将编纂社会主义新方志提到议事日程，开启了首轮修志。以江泽民同志为核心的党的第三代领导集体，将修志工作纳入各地经济社会发展计划和各级政府职责，全面编纂首轮地方志书，有力地推动了方志事业的发展。以胡锦涛同志为总书记的党中央将地方志纳入法制化轨道，形成了党委领导、政府主持、地方志工作机构组织实施、社会力量积极参与的地方志工作体制，圆满完成首轮修志任务，开启了第二轮修志工作。

党的十八大以来，以习近平同志为总书记的党中央多次就史志工作发表重要讲话，从历史和战略的高度重视和加强史志工作，为方志事业的未来发展指明了方向。2014 年 2 月 25 日，习近平总书记在首都博物馆考察调研时强调，“搞历史展览，为的是见证历史、以史鉴今、启迪后人。要在展览的同时高度重视修史修志工作，让文物说话、把历史智慧告诉人们，激发我们的民族自豪感和自信心，坚定全体人民振兴中华、实现中国梦的信心和决心。”2014 年 4 月，李克强总理对地方志工作作出重要批示，地方志是传承中华文明、发掘历史智慧的重要载体，存史、育人、资政，做好编修工作十分重要。修志问道，以启未来，为弘扬优秀传统文化、服务经济社会发展作出新的贡献。以习近平同志为总书记的党中央关于史志工作的一系列重要论述，更加深刻概括了地方志的千秋功业和当代功用，更加鲜明地指出了方志事业的发展道路。

发展道路决定事业兴衰成败。方志事业要实现可持续发展，就必须高举中国特色社会主义伟大旗帜，在中国特色社会主义事业建设的大格局中思考、谋划和布局地方志工作，以中国特色社会主义道路引领社会主义新方志编修之路。方志事业作为中国特色社会主义事业的有机组成部分，社会主义新方志编修之路理应是中国特色社会主义道路题中应有之义。准确把握中国特色社会主义道路，必须深入学习贯彻中国特色社会主义理论体系，深入学习贯彻习近平总书记系列重要讲话，坚持地方志工作为中国特色社会主义服务、为人民群众服务的大方向，坚持用马克思主义的世界观和方法论研究解决方志事业发展遇到的实际问题，坚持用历史唯物主义和辩证唯物主义指导地方志编纂工作，使地方志工作成为社会主义文化事业不可或缺的重要组成部分。

2. 实现中华民族伟大复兴的中国梦，为方志事业发展搭建广阔舞台

党的十八大提出“两个一百年”的奋斗目标。习近平总书记于 2012 年 11

月在参观《复兴之路》展览时向全世界宣示了中国梦，他指出，实现中华民族的伟大复兴，就是中华民族近代以来最伟大的梦想。“两个一百年”的奋斗目标铸就中国梦。中国梦凝聚和激励着包括地方志工作者在内的全体中华儿女，为广大地方志工作者提供了施展才华、服务国家的广阔舞台，在实现中国梦的伟大进程中地方志工作必将大有可为。

把实现中国梦的波澜壮阔的历史进程记录好，忠实展现中华民族伟大复兴的历史画卷，是地方志工作者的根本任务。地方志包括地方志书和地方综合年鉴。地方志书，是全面系统地记述本行政区域自然、政治、经济、文化和社会的历史与现状的资料性文献。而地方综合年鉴，是系统记述本行政区域自然、政治、经济、文化、社会等方面情况的年度资料性文献。存史是地方志的首要价值。可以说，地方志就是通过对地方点点滴滴的全景式记述，客观、全面、准确地记述了地方的发展变化，进而反映了中华民族建设中国特色社会主义、实现伟大复兴的历史风貌。如何把党领导全国各族人民探索中国特色社会主义道路，完善中国特色社会主义制度，不断开创中国特色社会主义事业一个又一个新局面的生动实践，全面客观准确地记录好；如何把全国改革开放的共性与各地落实改革开放的个性结合起来，既体现宏观和共性，又体现微观和个性，全面客观准确地记录好；如何挺立时代潮头，把改革开放以来出现的新事物、新思想、新技术等展现出来，特别是有些事物刚刚结束，还未定性并达成共识，有些事物还在进行中，需要进一步的深入认识，在这种情况下，如何走出“不识庐山真面目、只缘身在此山中”的误区，超越认知和历史局限，全面客观准确地记录好等，这些都是摆在地方志工作者面前的现实课题。改革开放以来，我国经济社会发生变化的深刻程度和剧烈程度，在古今中外历史上都是极其罕见的，而且这种深刻剧烈的变化仍在进行之中。这就需要地方志工作者深刻地研究世情国情变化，认真地体察地情变化，敏锐地把握行业变化，全面提高收集资料的能力和水平，把发生过的和正在发生的记录好，在记述中不断开创地方志事业发展的新境界。

把实现中国梦的波澜壮阔的历史进程宣传好，为实现中华民族伟大复兴凝心聚力，是地方志的重要使命。教化是地方志的内在价值，主要通过地方志所记述的人和事，寓观点于资料之中，对人的精神塑造产生潜移默化的影响。地方志内容丰富多彩、包罗万象，既包括了对党领导人民建设中国特色社会主义新思路、新经验、新创造的记述，也包括了对在建设中国社会主义中涌现出的可歌可泣人物和事件的记述。今天的地方志工作者不仅要把这些新思路、新经验、新创造和可歌可泣人物事件记录好，而且要把这些新思路、新经验、新创造和可歌可泣的人物事件宣传好，发出地方志的声音，讲好地方志的故事，传播地方志的正能量，振奋民族精神，帮助全国各族人民更加深入地理解和支持中国特色社会主义事业，更加深入地理解和支持中国梦，坚定道路自信、理论自信、制度自信，自觉与党同心、同向、同行，汇聚奋力实现中国梦的力量洪流。

把实现中国梦的波澜壮阔的历史进程研究好，为实现中华民族伟大复兴建言献策，是地方志的重要职责。资政是地方志的外在价值，主要通过对历史事件的记录，寻找历史规律，达到以史鉴今、古为今用的目的。地方志资料浩如烟海，如实记录着历代执政者的执政理念、施政举措和施政效果，如实记录着重大事件的来龙去脉、前因后果，翔实记录了前人和当代人的实践活动和智慧经验，可以为各级领导干部了解熟悉地情提供咨询服务，为推动经济社会发展和深化改革提供智力支持，为推进治理体系和治理能力现代化提供历史借鉴。特别是当前我国的改革开放事业进入结构不断优化升级，动力从要素驱动、投资驱动转向创新驱动的新常态，破解前进中的发展难题，可以从历史中探寻规律、寻找智慧。这就需要地方志工作者围绕党政中心工作，积极服务大局，加大对地方志的开发利用，深化地方志的智库建设，发挥智库功能，积极围绕区域发展定位、发展举措、生态建设等献真言、提灼见，在实现“两个一百年”奋斗目标进而实现中国梦的进程中扮演更为重要的角色，承担更为重要的任务。

3. 中国特色社会主义文化强国战略的深入实施，为方志事业发展提供难得机遇

党的十八大准确把握国际上思想文化发展竞争态势，从坚持和发展中国特色社会主义的政治高度和广阔视野，明确提出建设社会主义文化强国的大政方针。方志事业是社会主义文化建设的基础工程和重要组成部分，是提升国家文化软实力的重要推动力量。社会主义文化大发展大繁荣，必然包括方志事业的大发展大繁荣，而方志事业的大发展大繁荣也必然推动社会主义文化的大发展大繁荣。

发展方志事业可以更好地传承中华民族的优秀传统文化。地方志资源纵贯古今、横陈百科，覆盖了我国各个地域，既包括山川河流、地理地貌，也包括风土人情、经济社会。加强地方志资源库建设，有助于认清中华文化和地域文化的历史渊源、发展脉络、基本走向，有助于了解中华文化的独特创造、价值观念、鲜明特色，这对于树立中华民族的文化自信和文化自觉具有十分重要的意义。不同地域有不同的地域文化，地方志在弘扬、继承和交流地域文化方面具有独特和不可替代的优势，地方志在记录着地域文化的发展变化，促进着地域文化的传承创新，而丰富多彩的地域文化共同构成了璀璨的中华文化。

发展方志事业可以更好地弘扬社会主义核心价值观。社会主义核心价值观最终是由人来弘扬、宣传和践行的，要格外重视人的因素。弘扬社会主义核心价值观，不仅要高扬主旋律、加强正面宣传，而且更要注重发挥典型人物的示范带动作用，用老百姓身边的人和事，来激励人民群众自觉弘扬和践行社会主义核心价值观。地方志特别是地方志书，自古以来就有“古今志书半人物”的说法，人物历来在志书中都占有十分重要的位置。可以充分挖掘地方志入志人物的事迹，采用生动的故事叙述和传播方式，突出时代特点，帮助人民群众更好地理解和树立社会主义核心价值观。比如，通过对革命先烈事迹的宣传可以加深对爱国精神的理解，通过对王进喜、时传祥等劳动模范事迹的宣传可以加深对爱岗敬业的理解等。

发展方志事业可以更好地推进文化走出去工程。建设文化强国，既要吸收借鉴人类的一切优秀文明成果，也要积极向世界展示我们的传统文化和民族文化。地方志以其厚重的文化内涵、丰富的资料价值，被越来越多的国际学者所关注。西方一些著名大学的图书馆和研究机构正在收集整理中国的地方志，世界上的一些汉学家也在研究和关注着中国的地方志。地方志不能束之高阁，而要借助国家文化走出去工程的东风，积极将地方志译为多种语言，采用多种方式，下大气力向世界传播，使地方志成为文化交流的一面窗户，使世界通过地方志了解中国的历史和现在，更加理解中国的政治制度、经济制度、社会制度，这对于提升国家的文化软实力具有重要作用。

建设文化强国为方志事业提供了全方位的发展机会，必须加以好好利用。当前，各级党委政府为激励文化事业发展出台了一系列政策措施，要利用掌握丰富地情资料的独特资源优势，积极争取支持，为编纂地方志创造、提供更好的政策环境、法律环境和物质保障，加快推动地方志编修体系、地方志质量保障体系、地方志资源开发利用体系、地方志理论研究体系、地方志学科建设体系、地方志工作领导体系、地方志人才队伍体系、地方志工作物力财力保障体系建设，形成比较完善的地方志事业发展综合体系。当前和今后一段时期，要抓住发展哲学社会科学的机遇，积极推动方志学科建设，努力形成独立的方志学科；抓住大力发展基础文化设施的机遇，有条件的要尽快建设方志馆、地情资料库，没有条件的要尽快将方志馆建设列入党和政府的工作日程，进一步强化地方志的基础设施建设。

4. 以互联网为代表的信息技术突飞猛进，为方志事业发展注入强劲动力

当今时代，以信息技术为核心的新一轮科技革命正在孕育兴起，互联网日益成为创新驱动发展的先导力量，深刻改变着人们的生产生活，有力推动着社会发展。地方志工作者也应顺应这种信息化浪潮，加深对互联网的认识和理解，掌握互联网技术，更好地使方志事业适应以信息技术为核心的科技革命，开创方志事业在互联网时代的发展新局面。

树立互联网思维，开门修志，使方志事业搭上互联网发展的快车。今天的时代是互联网时代，技术发展催生思维观念的变化。在以往条件下，可以闭门修出一部好志。但在信息高度发达的互联网时代，闭门修志是修不出好志的，更罔谈读志用志了。很多信息，人们通过百度、谷歌等搜索引擎就可以得到比较详细的资料，那么人们还有耐心去翻阅一本动辄几十万字的大部头志书，去寻找自己所需的资料吗？因此，互联网技术是对方志事业的巨大挑战。迎接互联网挑战，关键是要树立互联网思维，客观分析地方志的优势和劣势，寻找方志事业的信息化发展之路。地方志提供的资料与百度、谷歌等搜索引擎提供的资料相比，优势在于权威性、全面性和系统性，劣势在于不便捷和无互动，且反馈滞后。改变这一现状就是抓住互联网思维的本质，把地方志提供资料的便捷化、与用户的互动、采用数据化思维等作为切入点和努力方向，开门修志，从收集资料到修志再到读志用志，努力实现最广泛的参与和互动，在修志过程中通过互联网广泛听取各方意见，接受各方提供的材料，实现网上有序参与；在读志用志方面，力争为用户提供便捷、迅速、互动性强的数据信息。

掌握互联网技术，推动地方志的信息化、数据化，实现互联互通。资料收集在地方志编纂中占据十分重要的位置，在坚持原有体制收集资料的基础上，利用互联网为网民提供修志资料开辟窗口和通道。毕竟现代社会发展迅速，单靠原有体制收集资料特别是收集新生事物的资料十分困难，而通过互联网建立的全民参与提供修志资料通道则可以有效弥补原有资料收集体制的不足。在此基础上，以收集资料为突破口，进一步扩大全民参与，形成互联网时代的地方志编纂新体制。已经编纂完成的地方志，包括旧志，应尽快数据化、网络化，实现关键词检索等功能，满足移动终端的技术要求，满足互联网用户的体验要求。针对地方志中对同一或同一类事物发展的记述，要在数据化的基础上，实现大数据云计算，形成相应的数据模型。将历史规律和历史智慧数据化，这是地方志在大数据时代的最大挑战，也是地方志在大数据时代的最大价值。

（王铁鹏）

二、方志事业发展中存在的问题及对策

虽然，全国地方志事业在广大地方志工作者奋发有为和辛勤耕耘下，取得了新的成绩，呈现出前所未有的大好局面，但同时应该清醒地认识到，方志事业还存在着许多亟待解决的问题，有些问题甚至已经在困扰着方志事业的正常发展。对于这些问题，方志界必须找出解决问题的对策。

（一）存在问题

1. 方志事业定位与工作体制问题

方志事业起步于20世纪50年代末60年代初短暂的修志活动，又在20世纪80年代初逐步兴盛发展起来。由于两次修志启动都是自下而上推动，并且都是以完成一本志书为目标，尤其是五六十年代新方志编纂，没有长远的规划。随着新方志编纂工作成为一项影响越来越大的文化事业，缺少顶层设计而产生的问题开始困扰着方志事业发展。其中根本性的问题是方志事业的定位与工作体制问题。尽管《地方志工作条例》（以下简称《条例》）赋予了方

志机构五个方面的职责，但把方志定位于“工作”而不是“事业”。不少地方仍然奉行传统的“一本书主义”，临时组建一个修志班子，聘请几位退休老人，以完成志书为目标，缺乏长远的规划和打算，出现方志工作短期化、临时化现象。工作与事业不同，只是阶段性的具体任务，任务完成即意味着工作结束。将修志定位于“工作”，客观上降低了方志事业在中国特色社会主义文化建设中的地位和作用，使方志事业在深化文化体制改革、推动社会主义文化大发展大繁荣的大背景下，仍然游离于国家文化发展战略之外运行，与经济建设和社会发展难以合拍。

由于方志事业未能准确定位，虽已形成覆盖全国四级政府比较完整组织机构体系，但体制不顺问题始终没有得到解决。在国家层面上，中国地方志指导小组的基本定位仍然局限于第一次修志时中国科学院与国家档案局联合成立的地方志小组模式，尽管认定为国务院下属机构，但只是“指导”机构，不是“领导”机构，其办事机构——办公室只是局级，由中国社会科学院代管，行政权威不够。“小马拉大车”，对需要组织协调和统一规范的全国方志事业难以起到组织协调作用；在省级层面上，由于采取委员会制，主任委员由行政首长担任，更具行政权威，但其办事机构设置不统一，多数单设，少数与党史或与档案合署。多数为正厅级，少数为副厅级甚至处级，多数归属政府，少数归属党委或是党委宣传部；市县两级既有单设的，也有与党史或是与党史、档案合署的，级别不一、归属多样，少数地方没有设立方志机构；有的虽然单设或与其他机构合署，但只挂了一块牌子，实际上无人负责。另一方面，《条例》虽然明确规定“县级以上地方人民政府负责地方志工作的机构主管本行政区域的地方志工作”，但除广东依照《条例》改为“广东省人民政府地方志办公室”外，并由副厅级升格为正厅级，其他各省级方志机构名称仍然使用“地方志编纂委员会”，其所设办公室承担的任务实际就是编纂地方志。虽然与《条例》精神相悖，但绝大多数份省份未作调整，名实不符，在一定程度上影响了方志机构对法定职责的履行。由于方志事业地位与性质始终没有得到明确和落实，但凡机构改革，方志机构首当其冲，屡被撤并。在本次机构改革机构中，方志机构又被列在改革之列，悬而未决，人员的身份也处在不明朗状态之中。

2. 方志事业发展趋势认知与应对问题

在经济全球化、文化多样化和文化大发展大繁荣、文化经济日渐融合的现实背景下，方志事业已呈现新的发展趋势：修志由省市县三级志书向乡镇志、街道志、村志和各级各类专志拓展；方志工作由单一的修志向编纂年鉴和建设地情数据库、地情网站、方志馆以及地情咨询、编纂地情类书籍等多元化方向发展；社会对方志的需求由综合性资料向专题性资料和精准化资料方向发展；方志工作方式由单纯的组织编纂志书向研究地情、提供服务方向发展；方志理论由单纯的志书编纂实践问题向方志学科建设方向发展。方志界对这些21世纪以来日渐显著的发展趋势预判不足，《条例》虽对有关趋势做出了反应，制定了相关规定，但显然已经不能满足于方志事业快速发展的需要。在实际工作中，强调多、要求多，但缺乏针对性的解决方案和应对举措，无论是思想观念、管理体制、工作模式，还是理论研究、技术规范、队伍建设等方面，主要还是依赖过去单一修志的工作模式，停留在半封闭的发展阶段，自我运行、自我发展。

3. 依法修志与依法治志问题

《条例》颁布后，各地先后颁布了实施办法或规定，方志事业走上了依法修志、依法治志的轨道，改变了过去完全依靠行政力量组织推动的局面。但从8年来的实施情况看，加强法制化建设的步伐依然艰巨，依法修志任重而道远。主要表现在以下方面：社会认知度不高，这与方志系统宣传不够有关，也与社会法制观念不强不无关系；方志工作没有列入当地国民经济和社会发展计划，财政预算没有方志事业发展经费。依法修志观念不强，还有一些地方启动修志仍然需要政府红头文件和召开会议部署才能开展。即使是常规任务之一的地方综合年鉴，有些地方一直没有开展起来。有些地方依然没有依法将年鉴划归方志机构。修志启动时间、志书上下限时间以及编纂技术规范难以统一；志书和年鉴质量保障措施、依法审查验收还不到位；依法治志主动性和积极性不高。一些地方仅仅把方志机构当成修志单位，对组织、指导、督促、检查工作重视不够，对旧志整理、理论研究、社会服务等方面用心不多。多数地方对辖地社会修志情况不了解，既不指导也不审查，没有依法对社会修志进行管理；方志事业规划编制、上下级方志机构之间必要的工作程序等难以实现。总之，依法修志的法治观念有待进一步加强，还存在“地方志，地方治”现象，未能全面履行《条例》赋予的职责。

4. 资料搜集与保管收藏问题

资料是方志事业赖以存在和发展的基础和根本，是方志事业一切工作的价值所在。方志事业起步于志书的编纂，20 世纪 80 年代的首轮修志是在计划经济体制下开展的，党委和政府部门全面掌握了管辖范围内的所有资料，承编单位基本上不存在资料缺失的问题，依靠档案馆和本部门保存的资料就能够满足志书编纂对资料的需求。新中国成立前的资料则从敌伪档案、图书馆收藏的旧志、报刊、地方文献和口碑资料中获得，虽然不全面不系统，但也基本能够达到“详今略古”编纂原则的需要。风俗、方言、艺文等地域文化方面的内容，主要来源于旧志、报刊、口碑资料以及社会调查，由方志机构的人员搜集或聘请专家搜集。由于没有普遍建立资料长编编辑制度，首轮修志“志成人散”，所搜集的资料大部分随之散尽，造成了巨大的浪费和损失。第二轮修志是在市场经济体制下开展的，由于对市场经济与计划经济条件下修志异同缺乏超前研究，修志模式基本沿袭首轮修志。由于机构改革、企业改制、人员变动、办公自动化以及办公地址变更频繁等多方面原因，造成资料散失，给搜集资料带来了预想不到的困难。最突出的问题是：撤并的机构、改制的企业、新设立的机构（设立前的相关职能）的资料散失严重，尤其是商业、工业的资料几乎难以搜集到完整的资料；政府机构职能转变之后，难以掌握服务对象的情况，缺乏全面系统的资料；市场化的企业缺少保存资料、提供资料的意识和积极性，导致经济部类档案资料严重缺乏；档案馆收藏的资料多为红头文件和领导批件，修志所需的事物发展过程的资料缺乏；方志机构除收藏志书、年鉴和有关地情类文献外，鲜有专题性的翔实的地情资料，等等。市场经济条件下资料状况不容乐观，是方志事业发展面临的一个非常严峻的问题。方志界所拥有的资料主要是志书、年鉴以及少量的地情类文献，这对于修志、社会对地情资料的需求是远远不够的。

5. 社会服务与基础设施建设问题

志书是应了解地情而产生、因能够表现地情而发展、为全面反映地情而完善起来的记述地情的最佳著述形式。读志用志从来都是少数社会人群，属于小众文化。在经济全球化和世界多极化背景下，大众对文化的需求呈现多样化的趋势，对反映地情的志书阅读和使用兴趣越来越强烈。从 90 年代首轮志书基本完成之时，方志界就开始探索方志成果的利用问题，并用“读志用志”这一方式加以推进。进入 21 世纪之后，开始建设方志馆、地情数据库和地情网站，收藏地方志类图书，将方志成果数字化、网络化，展示地情文献，开展地情教育。由于对这些新型的方志资源开发利用形式迅速发展的形势估计不足，使原本能够也必须规划和规范的方志基础设施建设缺乏应有的规范。方志馆的定位、功能、规模、内容、风格等没有制定统一的建设规范。地情数据库和地情网站也没有统一的技术标准，这给今后全国联网和实现资源共享造成了障碍。最近几年，各地方志馆、地情数据库、地情网站建设步伐加快，但又受制于财力与人力等条件限制，在没有全国统一规范的情况下各自为政，规模与质量并不理想，社会服务的广度与深度也因此受到限制。

6. 方志理论研究与学科建设问题

传统方志活动只限于编纂一部志书。志书体例自宋代定型以后一直沿用，成为无形的规矩，无须再做过多的探讨，也无人再做更多研究，所以留下的方志理论遗产有限。方志作为传统只是修志，理论研究并未形成习惯。新方志同样如此。20 世纪 50、60 年代开展了新中国成立以来首次短暂的新志编纂工作，230 多个县进行了修志，只有少量的志书出版或完成志稿，因难以见到，其经验教训也无从总结。首轮修志是在对续志理论准备不足的情况下启动的。第二轮修志的全面启动，理论准备工作同样不够充分。从本质上说，这种现象是传统影响所致。由于与旧志区别较大，自首轮修志开始后强调理论研究，采取边实践、边总结、边研究的方式，但大多围绕志书编纂问题而展开，缺乏系统性，对基础理论关注不多，因而至今拿不出一本为各方面公认的权威教科书，未能形成系统、完整、规范的学科体系，更没有被国务院学位办列入学科目录。这种状况与我国上千年的修志历史不相称，也与当代迅速发展的方志事业不相适应。究其原因，除传统因素外，主要是对方志理论研究重视不够，没有方志理论研究规划，也没有形成方志理论研究机制；研究力量不足，由于方志学没有独立的学科地位和对新方志的不了解，高校和有关研究单位鲜有人涉及志书编纂和方志理论研究。从事方志理论研究的主要是修志人员，他们基于实践的需要而对某些实践性强的方志理论问题进行探讨，对关系方志事业发展的重大问题和基础理论问题关注度不高，实用主义倾向比较明显。由于这些人员中的多数缺乏学术背景，研究能力较弱，所取得的理论研究成果理论性、系统性、完整性不够，层次较低，也缺少学术规范。即便如此，自 2009 年机构改革后，方志机构参照公务员法管理，因不能评聘专业技术职称而使不少人失去了研究热情，方志理论研究处境尴尬。

7. 方志队伍建设与方志事业可持续发展问题

方志队伍组建始于首轮修志的20世纪80年代初，当时是临时任务、临时机构，各地尤其是县一级机构主要是从学校、机关抽调人员以及聘用部分离退休老同志组成修志队伍。第二轮修志与首轮有所不同，由在职人员和聘请离退休的老人共同承担志书编纂任务。尽管从人数上说，到2013年底全国有地方志在职人员22691人，其中在编人员18486名，聘用4215名，在编人员中大约还有三分之一的行政后勤人员。由于方志队伍形成的特殊性、培训不足以及体制不顺等原因，整体专业化程度不高。比较而言，省市两级因自身修志和指导修志的任务量大，延续时间长，形成了相对稳定、专业化程度较高的专业队伍。县一级方志队伍存在问题则比较突出，编制偏少，行政后勤人员所占比例过大，再加上不少地方配备的负责人往往不考虑实际需要，把无法安置的干部派到方志工作机构任职，不懂专业也无热情，造成队伍素质弱化；有的地方甚至为解决某些人的待遇，任职方志机构，人却在别处工作，对方志工作敷衍应付。而队伍培训大多因修志而进行，既无规划又无制度。从方志队伍专业化角度说，方志队伍的成长基本处于自然状态，不利于方志事业持续、稳定、健康的发展。

（二）主要对策

今后一个时期是方志事业发展的重要时期，省级志书全面开展，市县两级志书接近全面完成，年鉴将普及到每一个县级行政区域，方志馆、地情网站和地情数据库建设速度加快，社会修志越来越广泛，社会对方志的认知度越来越高，对地情资料的需求也越来越多。需要方志界振奋精神，冷静思考，沉着应对，促进方志事业的发展。

1. 认清方志事业发展形势，增强方志事业的自觉自信

党的十八大提出了全面建成小康社会，实现中华民族伟大复兴目标。强调全面建成小康社会，实现中华民族伟大复兴，必须推进社会主义文化强国建设，推动社会主义文化大发展大繁荣，兴起社会主义文化建设新高潮。作为中华民族的优良文化传统，方志事业是社会主义文化建设的基础工程和重要组成部分，是提升国家文化软实力的重要推动力量。我们党中央历来重视方志工作，习近平总书记2014年2月25日在首都博物馆考察调研时强调要高度重视地方志工作，把历史智慧告诉人们，激发我们的民族自豪感和自信心，坚定全体人民振兴中华、实现中国梦的信心和决心。这一重要论述精准地概括了方志功用和价值，明确了方志事业的发展方向。党的十八届三中全会作出了关于全面深化改革若干重大问题的决定，开始了全面建成小康社会和全面深化改革新的征程。在这一伟大的历史征程中，中国共产党领导全国各族人民的实践活动和智慧经验以及珍贵资料，需要及时发现、记录、保存和宣传，为丰富人民精神生活提供新鲜材料，为推动经济社会发展和深化改革提供智力支持，为各级领导干部了解熟悉地情提供咨询服务，为推进治理体系和治理能力现代化提供历史借鉴。方志工作者任重道远，不仅为方志事业发展指明了前进方向，也为方志事业发展提供了广阔空间。

2. 转变观念，推进方志事业法治化进程

法治化是保障方志事业发展的前提和基础，要实现依法修志、依法治志的目标，必须适应法治中国的要求，改变过去依靠行政命令方式开展方志工作的模式，树立方志法治观念，积极推动建立各级政府依法履行领导责任、各级方志工作机构依法履行组织实施和管理职责、社会各界依法履行修志权利和义务的法治化工作格局。积极推动方志立法，对与法律相配套所必需的制度进行梳理和规范，逐渐形成完善的体系，使方志事业走上法治化、制度化和规范化的轨道。要善于运用法律手段推进方志工作，开展执法检查和行政督察，推动方志法规规章的贯彻落实。坚持做好宣传工作，加大普法力度，加强全社会对方志事业必要性和重要性的认识，营造依法开展方志工作的良好社会环境。

3. 理顺方志工作体制，推进方志事业发展进程

方志机构是我国政府系统当中唯一一家从事传统文化传承的组织机构体系，其使命是传承文明、记录历史、弘扬文化、服务社会，不同于一般的行政机构，又区别于一般的文化机构，既具有方志行政管理职能，又肩负编纂方志的专业职能。方志工作机构是传承中华民族修志特有文化传统的组织机构，是在机构改革过程中自下而上逐步建立健全起来的，并已运行三十余年。尽管这一组织机构所承担的使命并不直接关系国计民生，但为中华文明代代相续、血脉相承发挥了至关重要的作用。长期以来，体制不顺问题一直影响这种特有文化基因传承的质量与速度，各级政府应当依法确保“认识到位、领导到位、机构到位、编制到位、经费到位、设施到位、规划到位、工作到位”，使方志机构在现有的基础上实现完整统一、层级相称，运转顺畅高效。与此同时，方志系统自身要努力克服机构和人员非专业化的传统因素，制定切实有效的解决方案，提高专业化水平。

4. 建立与方志事业发展相适应的资料搜集制度

资料是方志事业发展之源和立足之本，是方志事业一切工作的基础，要把资料搜集列为方志机构的基本职能，置于方志事业发展的战略高度来认识与规划。应当打破以编纂志书为中心的搜集资料传统格局，更新观念，树立全新的方志资料理念，实现资料搜集的制度化、常态化和动态化，覆盖自然、社会与人文各个方面。具体措施包括建立方志资料年报制度，搜集各行业（事业）年度资料，年报主体为各部门各单位；建立方志资料调查制度，调查无主管部门的市场主体（主要是企业）和人文（风俗、方言等）资料，调查主体为方志机构；建立资料征集制度，征集个人珍藏的资料，征集主体为方志馆（未建方志馆的由方志机构进行）；建立所搜集各类资料的审查、整理、管理、发布、利用制度。为方志事业可持续发展奠定基础，同时也便于方志资料为公众咨询服务，为地方经济社会发展服务。

5. 增加投入，加强方志事业基础设施建设

从目前方志事业发展趋势来看，基础设施主要是方志馆、地情网站、地情数据库三项，实现地情资料的集中化、网络化和数字化，为公众提供方便快捷的地情信息服务。自20世纪末21世纪初起步以来，受到普遍关注，但进展缓慢，成效并不显著。方志事业基础设施建设属于公共文化服务基础设施建设，应当纳入当地经济和社会发展总体规划，列入公共文化服务体系建设规划之中；方志馆建设要纳入城市建设规划，制定方志馆建筑设计标准，使方志馆建设的标准化、规范化和现代化。同时制定方志馆地情资料建设规范，形成完善的特色鲜明的地情资料馆藏体系；制定全国地情网站建设技术规范与安全要求，整合方志系统网站数据资源，建设以“中国地方志网”为基础平台，国家、省、市、县四级地情网站联网的全国地情网络，实现资源共享；制定地情数据库建设规范，使内容组织和技术实现、运行维护和用户服务等方面统一规范。方志事业基础设施建设对于实现方志文化小众化向大众化转变至关重要，是方志事业发展的重要转折点，应当在起步阶段给予科学的规划与规范。

6. 加强方志理论研究，推进方志学科建设

加强方志理论研究水平，推进方志学科建设既是方志编纂实践的现实需要，又是方志事业发展的必然要求。应当根据方志工作特点、方志事业发展需要和方志理论研究实际、方志学科建设需要制定方志理论研究与方志学科建设规划，从梳理现有方志理论研究成果入手，着重研究解决关系方志事业发展、方志编纂、地情资料和方志学科建设的重大理论问题和基本理论问题。要整合方志理论研究队伍，建立社会力量参与方志编纂实践和方志理论研究的工作机制，建立方志学科人带头人制度，设立方志理论研究基金，实施年度方志理论研究项目，不断推出方志理论研究成果。充分发挥中国地方志学会和省级地方志学会作用，组织经常性的学术活动，进一步提高《中国地方志》和省级方志期刊的学术性。要争取教育行政部门的支持，加强与高校、社科院研究生院的联系，设立方志学专业，使方志学学科形成从大学本科到博士研究生培养的国民教育系列，基本建成独立、完整、严密、科学的方志学学科体系。争取用十年左右的时间形成比较完善的方志学科体系，为方志事业发展提供理论支撑。

7. 加强方志队伍建设，提高专业化水平

作为一项传承中华民族优良文化传统的事业，建立一支稳定的专业化人才队伍对于实现方志事业可持续发展至关重要。要树立方志工作专业化的社会形象，破除人人都能修志的肤浅认识，尤其是要注意避免和克服安置性的人员配备现象。专业化是指一种需要长时间训练和学习做基础、可以终身从事的职业或工作领域，需要从业者具有系统的知识和精熟的技能。经过三十多年的发展，方志工作已经成为特定的专门的工作领域，从业人员需要相当的方志专业能力。许多人在此工作到退休，成为终身的职业，并已形成职业化的趋势。方志队伍专业化水平成为决定方志机构运行效率和质量的重要因素，要实现方志事业可持续发展，就必须提高方志队伍的专业化水平，这是加强人才队伍建设的关键，既要提高现有人员的专业化水平，也要对新任职人员进行岗前培训，使之从一名新手逐渐成长为具备专业知识、专业技能和专业态度的成熟方志工作者。要建立专业化的培训制度，应当编写统一的专业化的教材，选用专业化的师资，分层分级进行专门训练；要实现方志工作专业化管理，使工作人员在从业实践中进一步获得方志专业知识、专业技能，养成修志素质，从而成为真正的方志专业工作者。

（方　洲）

三、全国方志事业发展的总体趋势

通过以上对全国方志事业新局面和面临的新形势的论述以及存在问题和对策的论述与分析，我们看到，地方志事业历经了艰辛探索、不懈努力，积累了丰富经验、厚重成果，历程曲折，成就斐然。方志事业发展中存在的主要问题得到了充分的认识，并有望得到解决。同时，方志事业的发展与各地区域文化建设乃至社会主义先进文化建设之间的关系越来越紧密，修志工作在区域文化和各地经济社会发展建设中的作用凸显，迎来了极为宝贵的发展机遇。中国特色社会主义事业的深入推进，社会主义文化强国建设的时代格局，地方志事业在持续发展中建构起来的历史基础，存史、育人、资政等工作对地方志书的现实需求，方志文化在优秀传统文化传承体系中的重要地位，党和国家对地方志事业的重视领导，新一届中国地方志指导小组及其办公室的规划指导，全国各地各级方志机构和地方志工作者的辛勤耕耘，社会各界力量的助益支持，都让我们有足够的理由期待地方志事业必将更上一层楼的美好图景。

（一）地方志事业的社会影响力与日俱增

新的局面和新的形势下，各省方志工作机构在贯彻落实党的十八大精神、十八届三中全会精神以及习近平总书记重要指示、李克强总理重要批示和刘延东总理的重要讲话的同时，必定将方志事业规划与发展同中国特色社会主义文化大发展大繁荣紧密结合起来。在贯彻落实第五次全国地方志工作会议精神和指导小组领导讲话精神的同时，必定将统筹安排好修志编鉴与开发利用方志资源为现实服务工作，积极谋划读志用志，将本职工作与当地经济社会发展相结合，各种形式的地情研究成果大量涌现，在编制规划、旅游开发、招商引资、历史文化遗产发掘保护、防灾减灾等方面，充分发挥修志成果的现实作用和实际价值。同时，努力扩大方志文化的影响，积极宣传方志文化，不断扩大方志文化的吸引力、感召力和影响力。积极发动社会力量参与志书编纂，依托各地方志馆这一公共文化基础设施，广泛征集地情资料、补充丰富志书编纂素材，拉近修志工作与社会大众之间的距离，在基层社会传播方志文化、吸纳推动方志事业发展的动力。在与学术界的交流协作上，方志界将会更加重视与历史学、社会学、宗教学、民俗学等人文社科界专家学者的紧密合作，在提升志书质量的同时，引进学术研究力量，建立深化方志学研究的机制。如此种种，都将为地方志事业发展营建良好的社会环境、群众基础。

（二）地方志事业获得可持续的发展动力

2013 年 12 月，经中央宣传部同意并报国务院批准，第五届中国地方志指导小组正式组成。2014 年 4 月 19 日，第五次全国地方志工作会议在北京举行，中国地方志指导小组组长、中国社会科学院院长王伟光总结了自第四次全国地方志工作会议召开至今五年里地方志事业的大好局面和修志工作取得的系列重大成果，提出深入学习贯彻中国特色社会主义理论体系和习近平总书记系列重要讲话精神，坚持正确的政治方向；坚持把修志作为基本任务，努力为人民群众提供更多、更优秀的方志文化成果；继续做好年鉴工作，真正使年鉴成为翔实可靠的年度地情文献；大力加强资料建设，夯实地方志事业发展和方志文化建设的基础；积极推进旧志整理工作，抢救保护好地方历史文献；加大对地方志工作基础设施的投入，更好地发挥地方志工作在经济社会发展和文化建设中的作用；深入挖掘地方志资源，充分展示方志文化魅力；大力加强地方志理论研究和方志学学科建设，努力扩大方志学在哲学社会科学领域的影响；继续加强人才队伍建设，不断增强推动地方志事业可持续发展的内在动力；深入推动地方志工作法治化进程，为地方志事业发展提供法律保障；加强对地方志工作的领导，为地方志事业发展提供有力组织保障，努力做好地方志事业发展规划纲要制定工作，确保地方志事业健康持续发展①等今后五年的主要工作任务。王伟光同志的重要讲话和新的工作任务的

---

① 王伟光：《发扬成绩谋划长远奋力书写地方志事业发展新篇章——在第五次全国地方志工作会议上的工作报告》，《中国地方志》2014 年第 5 期。

提出，为广大方志工作者指明了一个时期内的工作方向和奋斗目标，具有纲领性、引领性和指导性的推动力量。

随着我国文化事业的深入推进，优秀传统文化当代价值的深入人心，地方志工作者的文化自觉意识日益提高，对地方志事业地位和重要性的认识日益深化，大家越来越充分地认识到地方志在建设中华民族共有精神家园中的重要作用；越来越主动地寻求地方志事业与国家的文化发展大业的内在联系，融入推动社会主义文化大发展大繁荣的事业中去；越来越明晰地感受到自己肩上担负的时代责任和历史使命，更加自觉地以翔实记录党领导人民建设和发展中国特色社会主义的奋斗历程、光辉成就为己任，认真、严谨、高质量、高水准地完成著录当代、传承历史的光荣职责。这种文化自觉意识和高度的历史使命感，蕴含于方志机构和方志工作者之中，是地方志事业发展动力的源头活水。

（三）地方志工作法治化建设得到深入推进

法规规章和政府规范性文件，是开展地方志工作、保障地方志事业可持续发展的法律和政策依据，也是建设法治中国的有机组成部分。2006 年 5 月 18 日国务院颁布《地方志工作条例》以来，地方志法治化建设卓有成效。

2014 年 10 月，十八届四中全体通过《中共中央关于全面推进依法治国若干重大问题的决定》，提出了“建设中国特色社会主义法治体系，建设社会主义法治国家”的依法治国总目标，为地方志事业的依法修志工作指明了方向，提出了更高要求。深入推动地方志工作法治化进程，为地方志事业发展提供法律保障，将成为 2015 年工作的重要领域。在法治中国建设的大环境下，随着各级政府法治意识的增强和依法履行领导责任意识的提升，我们可以预期，依法履行组织实施和管理职责、社会各界依法参与和提供支持的法治化修志工作格局将逐渐建立完善。方志界内部的依法修志工作更加得到重视，修订完善《地方志工作条例》，督促各级地方志工作机构推动本地方志工作法制化、制度化建设，加速推进尚未制定或正在制定的地方志工作法规规章，进一步贯彻落实地方志工作法规规章或政府规范性文件等，都将成为 2015 年各地开展依法修志工作的重点。同时，依法治志认知度不断增强，方志事业是一项各业并举、全面发展的文化事业的理念更加深入人心。随着地方志工作法规规章宣传和普法力度的增加，依法开展和管理地方志事业的社会氛围将日渐浓厚。

（四）修志编鉴实施精品工程成为地方志工作的重中之重

经过首轮和二轮修志的实践探索，目前地方志工作逐渐形成以三级地方志书编纂为中心，向年鉴、数据库、方志馆、期刊、学会、学科建设、资源开发、地情服务等多向度、多层次统合协调推进的工作架构和发展格局。然而，在此总体框架中，我们必须坚持以三级地方志书编纂和地方综合年鉴编纂为地方志事业核心和基础的原则，“方志编修是地方志工作的基本任务，是检验评估地方志工作的首要标准。”① 编纂出具有时代特征、经得起历史检验的精品佳志，是地方志工作者应该担负的最为本质的工作职责。

至今为止，全国首轮修志任务全面完成，第二轮修志工作深入展开。在此过程中，中国地方志指导小组及其办公室积极开展修志工作调研，不断加强业务指导，组织召开全国省级方志工作机构主任会议、第二轮省级志书编纂工作经验交流会议、修志工作试点经验交流会议、年鉴编纂理论研讨会议和各类业务培训班，总结交流修志编鉴经验，研究解决存在的志书年鉴质量问题，积极推动《地方志书质量规定》和《地方综合年鉴编纂出版规定（试行）》的贯彻落实。各地方志机构不断加大资料搜集力度，充分发挥主编和总纂的作用，完善志稿评议制度、审查验收制度和质量评估制度，编制编纂规范、编纂指南和编纂手册，开展志书质量建设年和优秀志鉴评比活动，努力提高志书编纂质量。在志书编纂实践中，方志工作者锐意进取，大胆探索，不断创新工作方式和编纂方法。在2013—2014年出版的市县志书和年鉴中，不乏精品佳作，深得方志界内外的好评。例如河北省《冀州市志》以资料丰厚翔实、脉络贯通古今、人文色彩浓郁、地方特色鲜明、秉笔客观记述、文体大胆创新的特色而备受称誉。特别是注重实地调查，记述412个建制村的资料，补充汉至宋代职官128名，记述已消失事物，保存重要政治运动史料；大量采用附记、附录，灵活、具体、生动地记事载人，保留珍贵史料；适当

---

① 王伟光：《发扬成绩　谋划长远　奋力书写地方志事业发展新篇章——在第五次全国地方志工作会议上的工作报告》，《中国地方志》2014年第5期。

采用分析性写法，揭示事物联系、因果、特点和规律等，都使得该志严谨、规范、特色鲜明。地方综合年鉴中也不乏精品推出，如《广东年鉴（2013）》在框架、分类、资料信息量、地方特色以及检索使用功能等方面，获得业内专家一致好评。

在已有成绩的基础上，随着方志资源的开发利用和社会对志书使用价值关注度的提升，以及志书质量保障体系的持续建立健全，理论研究和实际指导水平的不断提升，全国修志试点工作的深入推进，全国地方志书评奖工作的开展，方志出版社志书精品工程的扎实实施，全国地方志专业出版基地的建立，修志编鉴实施精品工程将成为2015年方志工作的重中之重。方志工作者将一如既往地坚持存真求实、质量第一的原则，严把政治关、体例关、资料关、内容关、文字关，将精品意识贯穿于志鉴编纂的全过程，为引领风尚、教育人民、服务社会、推动发展提供更加丰富的优质志书。

（五）适合于地方志事业发展特点的理论研究格局逐渐形成

方志学作为历史学的学科分支，具有学术研究的特征。方志理论研究开展至今，成果丰硕，正在向独立学科的地位努力迈进。然而，地方志又具有不同于其他人文社会科学的极其鲜明的独特性。一是极强的行政性，《地方志工作条例》第八条规定："以县级以上行政区域名称冠名的地方志书、地方综合年鉴，分别由本级人民政府负责地方志工作的机构按照规划组织编纂，其他组织和个人不得编纂。"因此，地方志是一项行政工作，从体制安排、机构设置、人员身份、组织协调、承编单位的支持配合等各个方面，都与政府工作紧密结合；二是极强的操作性，地方志书是"全面系统地记述本行政区域自然、政治、经济、文化和社会的历史与现状的资料性文献"，内容广泛、政策性强、部门行业众多、参与人员庞杂、形式上众手成志、编纂实务繁重，在机构队伍组建、资料征集整理、部门行业初稿分纂、方志机构总纂统稿等一系列工作流程上，都具有基于实践层面的操作性。因此，与哲学、历史学等单纯的人文社会科学学科相比，地方志集行政性、学术性、操作性于一体。尤其是机构列于政府序列、人员身份参照公务员管理的现实，都决定了其理论研究，不能简单照搬现行学术界的研究机制和模式，不能只走类似于人文学科学术研究的常规路径，而是需要从实际情况出发，在现行体制机制、机构性质、人员身份的客观环境里，从方志界内部，依靠方志工作者自身，探索符合方志学学科特征和地方志事业发展特点的方志理论研究的方法、路径和机制，形成科学合理的理论研究格局，由此以鲜明的独立学科的体系和姿态，跻身于人文社会科学的行列。

一直以来，这都是困扰方志界的难题，一度成为短板和“不可能完成的任务”，在一定程度上造成了方志理论研究滞后与修志实践推进缓慢的局面。方志界同仁为此多方努力，积极寻求解决之道。然而事物发展有其客观规律，历史演进也有其内在逻辑，既不能揠苗助长，也难以一蹴而就。实践呼唤着适合方志界特性的理论研究，实践也培育了这种理论研究格局的形成。回望2013—2014年以来的方志界理论研究，我们欣喜地发现，方志理论研究从方志界工作任务、人员素质、编纂实践需求等实际情况出发，体现了方志界理论研究在组织方式、平台搭建、主题设置、研究导向上的自身特色。中国地方志指导小组自2009年创办新方志论坛以来，连续6年针对方志基础理论、志书编纂业务理论和方志文化进行研讨，尤其是2013年以方志基础理论和新编地方志政治部类的编纂理论为主题进行研讨，2014年以志书自然部类和地域文化为主题进行研讨，论坛研讨的成果对于当前第二轮志书编修和理论研究的开展起到了很好的引导作用，活跃了方志界理论研讨的氛围。同时，省级方志工作机构也在开展方志理论研究方面积极探索，例如为解决湖南全省各级地方志工作机构学习氛围不浓，修志队伍整体素质不高，省情地情研究不够深入，服务地方经济社会发展功能不全等问题，2013年9月，湖南省地方志编纂委员会主办，湖南地方文献研究所（湖南方志馆）、《湖南地方志》编辑部和湖南省地方志研究与传播中心承办了每月一讲的“湖南方志论坛”。论坛在内容上设置了地方志研究、地情与地方文化研究、时事政策研究和其他研究4个板块，大致比例为4∶3∶2∶1。地方志研究板块根据全省地方志工作队伍的素质和第二轮修志中的实际问题安排专题，地情与地方文化研究旨在为方志工作提供地域文化的参照背景，时事政策研究和其他研究旨在全面准确地贯彻落实党和国家的精神、提升编纂人员的政策水平，论坛由此而具针对性、实用性、知识性、政策性和前瞻性。2014年10月，山东省史志办举办方志理论研讨会暨方志期刊座谈会，将方志理论研究与期刊工作紧密结合，充分发挥方志期刊对方志理论研究的组织引导功能，关注修志工作中亟须解决的问题，不断研究新问题，解决新问题，推出对实践具有指导、推动意义的研究成果，为地方志事业的科学发展提供强有力的学术理论支持。安徽作为方志大省，历史上留存下来的旧志达400多种，其中《新安志》《和州志》《凤台县志》《泾县志》分别由古代方志名家罗愿、章学诚、李兆洛、洪亮吉编纂，安徽籍学者戴震在山西编纂了《汾州府志》。为汲取和借鉴前人的修志理论和经验，促进我国方志事业的繁荣和发展，安徽省地方志办公室于2014年10月，以专题研讨的形式，邀请全国方志界的学者，举办了5位古代方志名家学术研讨会。

此类方志理论研究活动的共同特点是，立足激发方志界内部的研究兴趣，着力调动修志人员这个方志理论研究的内因和主力军的能动性，整合方志界内部的理论研究力量，以方志馆、方志期刊、方志学会、专题学术研讨会等为载体和组织形式，面对各级修志人员，开展针对修志编纂实践需要的方志理论和相关领域的学术交流研讨、培训辅导活动，旨在提升修志人员切实致用的业务能力，从修志实践中总结提炼理论研究成果。

上述理论研究活动与学术界常规的课题规格、经费额度、获奖等级等机制、路径无涉，也与个人的年终考核和奖励无关。其成功之处在于与修志实践的紧密结合，在于解决困扰志书编纂的实际难题，是对修志工作的切实推进。它们昭示着具有方志学学科特色的新型研究格局，正在逐步形成之中。随着方志学学科建设规划的制定和实施，中国地方志学会和《中国地方志》期刊平台作用的进一步发挥，中国地方志学术年会的持续开展，2015年的方志理论研究和方志学学科建设，必将取得更为深入和广泛的成果。

（六）乡镇村志编纂蓬勃兴起，成为地方志事业深入拓展的空间

乡村是中国文化传统的原生地，基于农耕文明而产生的自然经济、宗法关系、教化控制、传统指导等中国传统社会的基本特征，都与乡村生活形态紧密相关。乡镇既是宋代以后县以下的基层行政单位，在历史上也往往是具有重要军事地位的重地、商业繁华文化兴盛的集聚地，蕴藏着优秀传统元素，反映着一定历史时期的风貌，传承着历史的文脉。执守宗法名教、依凭伦理亲情、遵循经验习得、注重礼制教化的古代中国乡土传统，源远流长、根深蒂固、内涵丰富、特征鲜明。乡民们于此中休养生息，获益受教，更新创造，

形成了勤勉坚韧、吃苦耐劳、中庸平和、安分守己、重情讲义、敬畏自然等文化心理意识和民族性格，成为中华民族凝聚力的乡土底色，熔铸和维系了绵延不绝的中华文化传统。

乡镇志的编纂具有较为悠久的历史，一般认为，修于南宋绍定三年（1230）的《澉水志》为目前可知的镇志编纂之始。而与作为中华文明根底的乡村历史文化和源远流长的地方志编纂传统相比，村志编纂则显得颇为弱小。“为村立志”或始于清，康熙时郎遂编撰的安徽池州《杏花村志》，其时“颇为稀奇，是修村志之起端”，《四库全书》亦将其收录。此后修编村志屡见不绝。《中国地方志联合目录》著录现存1949年前编修的乡、镇、村、里志为160多种。据书目文献出版社《中国新方志目录（1949—1992）》截至1992年的统计，出版乡镇（包括区）志共计1234种，村志为9种。首轮修志中，全国出版乡镇村志最多的是浙江省，“据不完全统计，已出版的新编镇志有68种，村志才46种。”[①] 其他省份如河北省，截至2007年底编纂的乡镇村志为46部，其中村志20部；2009年出版的《山西新编方志书目提要》中，收录的村志为25本。从这些数据分析，村志编纂不仅大大少于三级志书，与村的数量相比，更是凤毛麟角。[②] 首轮修志时，从当时社会经济发展程度不高、地区发展不平衡的实际情况考虑，为避免大规模修志可能带来的经济负担，尤其是当时对乡村文明价值和工业化、城镇化给乡村带来的生存危机认识不够，乡村志的编纂一度不被提倡和鼓励。

近年来，随着人们对乡村文明价值认识的提高，特别是面对城市化迅猛发展带来的古镇古村落逐渐消失、乡土文脉趋于断裂的现实，乡镇村志的编纂日益受到政府领导、有识之士和方志工作者的关注和提倡，期望通过乡镇村志的编修，留住乡土记忆、记住文化乡愁、接续传统文脉、提供发展动力。而乡镇村经济条件的普遍改善，闲暇时间的增多，第二轮修志任务规定的三级志书编纂任务的逐渐完成，也为乡镇村志编修提供了客观条件的保障。第五次全国地方志会议要求“继续鼓励对方志编修的探索和创新，加强对部门

① 邱新立：《中国新编地方志二十年成就（二）》，《中国地方志》2000年第3期。

② 以上数据和研究见张勤：《在村民、学者与地方志机构之间的地方志书写——对村志编研现状的不完全考察》，浙江省社科院2014年立项课题，《浙江方志》2014年第4期。

志、行业志、专题志、乡镇村志编纂的指导和服务。”①中国地方志指导小组常务副组长李培林认为：“修志工作要往社区、乡镇和村延伸”，“我们从事地方志工作的同志有责任留住这笔乡土文化财富。”②河北方志界在工作中也逐步认识到：“村志编纂工作是挖掘整理优秀传统文化的基础性工作，是传承弘扬优秀传统文化的基本功和前奏曲，是寻根、铸魂、聚心的一种有效形式，是一次最好最全面的市情村情调查和文物普查，是研究谋划未来发展的重要举措，是历史赋予我们的责任。”③

与此认识相对应的是，从目前全国方志界的情况来看，镇志、村志编纂蓬勃兴起，一些地方形成了编修热点。据统计，截至 2013 年 12 月，全国大陆地区 31 个省（市、自治区）累计出版乡镇村志、街道社区志 4090 部。其中出版 100 部以上的有山西、吉林、上海、江苏、福建、江西、山东、河南、湖北、广东、重庆、四川 12 个省（市）；出版 300 部以上的有江苏、山东、广东、四川 4 个省份；最多的是四川省，达到 843 部。④

有计划、有组织地系统开展乡镇村志编纂，已经提到一些省级方志工作机构的工作议程上。例如，2012 年河北鹿泉市第一部村志《千年古镇——永壁》的出版，引起鹿泉市地方党委政府的高度重视，做出了积极稳妥推进村史编纂工作的决策。经过两年努力，截至 2014 年 8 月底，在全市 208 个村街中，共有 115 个村街开展村志编写工作，至今 7 部出版，7 部交付印刷，14 部完成初稿，其余村街正在编写。河北省地方志办公室以学习借鉴、提炼共性、总结推广为目的，对鹿泉市的村志编修工作进行多次调研，总结推广其成功经验。河南在 2013 年以省政府办公厅名义印发了《关于做好乡镇志编纂工作的通知》，要求全省 2800 多个乡镇都要修志，这在全国是第一个。⑤山西省地方志办公室认为：“在编纂省市县三级志书的同时，一些地区也掀起了编

① 王伟光：《发扬成绩　谋划长远　奋力书写地方志事业发展新篇章——在第五次全国地方志工作会议上的工作报告》，《中国地方志》2014 年第 5 期。

② 李培林：《在江苏省调研地方志工作时的讲话》，《中国地方志》2014 年第 6 期。

③ 任丽英、张海、庄海雨、郑小明：《从鹿泉编修村志经验浅谈村志的编纂工作》，《中国地方志》期刊网，2015 年 12 月 9 日。

④ 中国地方志指导小组办公室：《2013 年度全国地方志系统工作进展情况统计》，《中国方志通讯》2014 年第 19 期。

⑤ 李培林：《在河南省调研地方志工作时的讲话》，《中国地方志》2014 年第 9 期。

纂村志的热潮。这是全面建设小康社会发展到一定阶段的产物，也是社会主义文化建设的客观需要。村志作为充分展示新农村建设辉煌成就的重要载体，对于深刻认识农村变革发展的路径、模式和规律，有着重要的意义。”为组织、指导和规范村志的编纂、出版，提高村志质量，制定了《村志编纂方案》，从“指导思想”“总体要求”“编纂规范”“审查验收”“印制出版”“保障措施”等各个环节走出详尽规范性要求，并提供了《村志编纂大纲》范本。

为适应全国方兴未艾的村志编纂热潮，严把志书质量、打造精品乡镇村志，中国地方志指导小组办公室于近期启动了《中国名镇志丛书》编纂出版工程。由此可见，在各方面的合作努力下乡镇村志的编纂将会形成新的编纂和出版热潮，成为地方志事业发展的新增长点和进一步深入拓展的空间。

展望未来，中国地方志事业风鹏正举，前程似锦，任重道远。我们相信，在新的一年里，全国各级地方志工作机构和广大地方志工作者，必将深入学习贯彻党的十八大和十八届三中全会精神，学习贯彻习近平总书记一系列重要讲话精神，乘第五次全国地方志工作会议之东风，怀振兴地方志事业之雄心，敬业守责，踏实工作，刻苦钻研，勤勉努力，全面推进全国地方志事业的繁荣和发展，为弘扬优秀传统文化、实现中华民族复兴中国梦做出应有的贡献。

（陈　野）

Ⅱ

区域报告

北京市地方志事业发展报告

北京市课题组

北京市地方志事业在中共北京市委和市政府的领导下，在中国地方志指导小组及其办公室的指导下，按照国务院《地方志工作条例》和《北京市实施〈地方志工作条例〉办法》以及《北京市地方志工作规划纲要（2011—2020年）》的要求，全面、有效得到推进，为全面完成第二轮修志，推进地方志事业再上新台阶打下坚实基础。

一、北京市地方志事业基本情况

（一）第一轮修志全面完成，第二轮修志进展顺利

北京市第一轮修志启动于20世纪80年代末，规划志书172部，其中《北京志》分志154部、区县志18部，约1亿字，已全部完成。这是新中国成立以来，前所未有的、大规模的对北京地情的全面调查研究和系统挖掘整理，也是北京历史上少有的浩大的基础文化建设工程，为今人和后人了解研究北京，发展各项事业，提供了比较全面的基础性资料，也为志书的可持续编修积累了经验，锻炼了队伍。

北京市第二轮修志规划编修《北京志》67部，区县志18部。上限为第一轮志书下限，下限为2010年，计划于2015年前后陆续终审出版。2012年

8月8日，在北京奥运会成功举办4周年之际，第二轮首部志书《北京奥运会志》已如期出版，首发式在中央电视台新闻联播节目中播放，在业界产生较大影响。截至2013年底，多数修志单位已进入初稿形成和评议阶段，其中《旅游志》《人民代表大会志》《人力资源和社会保障志》《体育志》和《统计志》5部分志完成并提交初稿，37部分志进入初稿撰写阶段，56部分志开展了试写工作，36部分志完成了试写稿评议；18部区县志全部开展了试写工作，其中14部提交了试写稿，《石景山区志》《通州区志》完成初审评议。

在二轮修志工作的推进中，制定了一系列规范性文件，印发了《北京市第二轮修志指导手册》，针对修志过程中出现的问题，及时出台各项规定和办法，对第二轮修志的一些关键问题做出明确规定。健全责审管理机制，创新评审方式，加强专家库建设，修订审查验收规定，编纂质量体系进一步完善。做好修志人员培训与交流，结合历年工作重点，开展了多层次、有针对性的培训，平均每年对主编主笔、编纂业务人员、资料收集人员不同规模的培训近百次。定期编辑《北京志工作月报》和《区县二轮修志动态》，及时反馈沟通全市及各区县修志动态。

（二）北京年鉴逐年出版，年鉴工作稳步推进

《北京年鉴》是在市政府领导下，由市地方志编委会主持编纂的大型综合性资料工具书，每年编纂出版一期，已连续出版23期，多次在全国评比中获奖。至2012年底，实现区县综合年鉴全覆盖。

2010年召开的北京市年鉴工作会议上，提出了“大年鉴工作格局”新要求。2011年，市和区县地方志办公室开始对区域内年鉴编纂进行指导和服务，并成立了北京地方志学会年鉴工作委员会，以此为平台将全市年鉴编纂单位联系起来，组织开展了理论研讨、工作座谈、业务培训等活动。截至2013年底，北京市编纂年鉴的总数约300余种，其中市和区县综合年鉴17种，市属委办局编纂的年鉴53种，高校校级年鉴39种，市属国企年鉴16种，统计类年鉴约40种，区县专业年鉴、乡镇年鉴、高校院系年鉴、民办年鉴等其他年鉴约140种。在中国版协组织的第七届全国年鉴编校质量评比中，《北京年鉴》《北京教育年鉴》《北京理工大学年鉴》《北京林业大学年鉴》《首钢年鉴》《中关村国家自主创新示范区年鉴》获得特等奖。

制定了全市年鉴工作的指导性意见，组织编印了《北京市年鉴编纂参考手册（试用版）》。认真学习中指办《地方综合年鉴编纂出版规定》，部分年鉴编纂单位组织组撰稿人员培训、修订编纂方案、增加索引和英文目录等，在年鉴编纂规范化建设方面迈出新的步伐。为方便百姓生活，市地方办还组织编纂了记录年内重要的新政策、新资讯和新鲜事的《北京市民生活年鉴》，至2014年已连续出版5期。

（三）规划外志书相继出版，旧志校点整理不断推出新成果

在编纂规划内志书的同时，一批由市和区县地方志工作机构组织的和乡镇、村社、企事业单位自发编纂的规划外志书相继出版。据初步统计，截至2013年底，各区县已启动编修基层志书223部，其中村镇志书130部，部门志书93部，其他2部，已经出版76部。其中《川底下村志》《卢沟桥乡志》《大华山镇志》《百花山志》和《卢沟桥乡村志集》等产生较大社会反响。《北京胡同志》（上下册）、《北京风物图志》（10卷本）、《北京古镇图志》（10卷本）已出版，目前正在组织编纂《北京四合院志》、《北京风物图志Ⅱ》（10卷本）的编纂工作。北京卫戍区指导各区县编纂军事志，目前已经编纂出版了14部。

在北京市旧志整理丛书编委会的统一组织和推动下，启动了旧志整理出版工作，研究制定了整理标准和规范，实行统一审定、分阶段实施的办法。截至2013年底，在现存的旧志中已启动校点整理23部近200卷，以《北京旧志汇刊》的形式出版了8种，即《（永乐）顺天府志》、《（万历）顺天府志》、《（康熙）顺天府志》、《（嘉靖）通州志略》、《（民国3年）密云县志》、《（康熙）广济寺新志》、《（光绪）潭柘寺志》、《（乾隆）延庆卫志略》。《（康熙）房山县志》、《（康熙）怀柔县新志》两部旧志的一校样排印完成。《（康熙）顺义县志》、《（乾隆）上方山志》校点稿完成审稿，已进入出版排印程序。《（光绪）上方山志》、《（光绪）顺义县志》、《（光绪）密云县志》、《（光绪）宛平县志》和《（康熙）房山县志》等旧志点校整理工作进展顺利。在实践中，一支由专家学者和高校教师、学生参与的旧志校点队伍开始形成，并取得了组织领导和业务推进的经验，为这项艰巨细微的工作开了好头。

（四）方志理论研究逐渐深化，学术交流日臻活跃

在志鉴编纂的基础上，广大地方志工作者密切联系志鉴实践，不断推出方志理论研究成果。编辑出版了《主编的印迹》《主编的脚步》《赵庚奇志鉴论稿》《方志年鉴论文集》等论著，并多次在《中国地方志》杂志发表论文。作为志鉴理论研究阵地的各种地方志期刊，《北京地方志》《东城史志》《西城追忆》《海淀史志》《朝阳方志》等杂志和报纸连续编纂出版，起到了丰富发展志鉴理论的作用。2011—2012 年，组织开展了首轮志书研读工作，41 家修志单位形成首轮志书研读材料 95 篇，逾 45 万字，汇编成《首轮志书研读文集》，邀请中指办领导和全国修志专家参与研读成果评议工作，举办交流会对首轮志书研读成果进行研讨交流，认真总结本市首轮修志工作，为推进第二轮志书编纂，提高队伍整体素质，起到了重要作用。编纂下发《修志文献汇编（2003—2013）》，为二轮修志提供了政策和理论保障。

制定并实施《北京市地方志课题管理办法》，在全市地方志系统设立北京市地方志课题研究项目，首批申报课题 12 项，通过评审 10 项。成立地方志学术委员会，聘请第一届学术委员会委员，为繁荣地方志学术建设、促进地方志工作决策科学化提供了条件。组织召开学会年会暨学术研讨会，邀请专家开展学术交流，进一步活跃了学术气氛。部分修志单位积极参加全国性地方志学术会议，促进理论交流，扩大学术影响。参与组织北京文史论坛，为人文北京建设出谋划策。

（五）为经济社会发展服务，地方志开发利用取得新成果

坚持“修志为用”“修用并举”方针，志书和年鉴成为各级领导决策的参谋助手，成为社会各界了解北京、研究北京不可或缺的资料。定期编辑《志鉴信息》领导专阅版，针对市领导关注的问题，挖掘志书、年鉴资源，从历史中寻找答案，提供借鉴。自 2009 年起，连续 5 年在《北京日报》推出“志说北京”栏目，在《北京晨报》推出“志书撷英”栏目，已形成固定读者群。《京都志趣》搬上北京人民广播电台，在城市管理频道“茶余饭后话北京”栏目中向广大听众宣传北京历史文化和志鉴知识，在社会上引起较大反响。与中央电视台合作，录制《文明之旅》栏目的《中华文化瑰宝——地方

志》。与北京电视台合作，录制三集《方志·北京》节目，并在北京电视台播出。与《北京晨报》合作，以“城南新志”为题，从地方志的视角点评，进行“城南三年行动计划”宣传报道，向市十一次党代会献礼。组织媒体对京郊方言进行深度跟踪报道，《新京报》北京地理栏目整版报道京郊方言。启动非物质文化遗产资料收集整理工作，市地方志办与市文化局合作，拍摄和制作《非遗项目手工技艺类》资料片。举办了“全市地方志资源开发利用成果展”，并在各区县巡回展览，起到较好的宣传效果和促进作用。

各修志单位利用修志资料，发挥存史、资政、教化功能，在开发利用方面也取得一定成果。在纪念新中国成立60周年和建党90周年的活动中，志鉴资料得到广泛的利用。市旅游委制作多媒体宣传片，推进深度游北京市场开发；市工商局利用史志资料编辑出版大型画册《以史为鉴，开创未来》；市水务局将志书内容运用到水务普查和相关工程改扩建等实际工作中；中关村管委会将二轮志书资料长编做成区情资料集，并公开举办首发式；市教委志办在市方志馆举办了中小学毕业证书展；朝阳区地方志办通过《朝阳方志》第一时间将区情和修志情况呈报区委区政府；怀柔区志办在《怀柔报》上开辟《史志怀柔》专栏；昌平区志办在街道悬挂灯箱展示历史文化名人等，均引起良好反映。

（六）资料工作得到加强，信息化建设逐步完善

地方志资料年报工作不断规范，已形成了“市地方志办—修志单位—下属单位”三级资料年报网络，截至2013年底，共报送图书、报刊、文件资料、音像资料总计5200余份，丰富了北京地情资料库。2012年，《北京地情资料管理制度手册（试行本）》正式下发，形成规范性、指导性的管理制度。2013年，制定了《北京地情资料公开定级方案》，启动全市地方志系统资料公开定级工作。各修志单位对资料收集工作更加重视，市国检局自行设计并开发地方志资料收集系统；市统计局完善资料收集长效机制；朝阳区完成了街道和农村系统二轮修志资料汇编印制和存档工作。完成《北京文化名人收藏的北京地方文献的调研》项目，为今后开展地方文献的抢救工程打下基础，提供了事实依据。拍摄制作《京郊方言访谈录》及《北京史专家谈北京》系列视频节目。市地方志办编辑整理《北京“7·21”特大暴雨自然灾害资料汇

编》，房山区编辑出版《房山区抗击“7·21”特大自然灾害专辑》。

北京地情资料网是市地方志办宣传北京、面向社会、服务修志和展示成果的网上窗口。通过多项举措加强了网站多媒体和互动栏目的建设，设置京韵视听栏目，不定期加入修志培训视频；强化数据库的充实和管理工作，截至2013年底，北京地情库已入库志鉴148部；增开《新闻短播》栏目。完成数字方志馆基础性建设并顺利上线。推动资料三大管理系统的后期建设，截至2013年底，图书管理系统共收录图书45000余册，图片管理系统共收录图片26787幅，地情资料管理系统共收录地情资料6130卷。同时，数字化地情书6400万字，业务资料60万页。利用首轮《北京志》资料，挖掘新中国成立前资料数据，进行基础性数据资源库建设。各修志单位也开设了网站或专栏网页，向社会各界展示修志工作动态及编修风采，北京教育志编纂委员会办公室开设“京教纵横”网；市纪委、市公安局、市文物局、市卫生局等开设修志专栏网页或专题网站；东城区、房山区、密云县、顺义区志办均在各区县网站开设修志网页。

加强收集音像多媒体资料，通过制作《京郊方言访谈录》系列节目，收集留存了平谷、延庆、门头沟、房山、密云、怀柔等6个区县的方言多媒体资料。各修志单位也不断加强地情资料收集工作，丰台区各乡收集多种地情资料充实建设乡史馆；大兴区以“传承乡土文化，推动基层修志，促进社会和谐”为目标，启动并完成“拆迁村庄史志资料搜集与保护工作”。

（七）方志馆建设取得初步成果，面向社会提供服务

北京市方志馆集收集、保管、阅览、编研、咨询、展示、交流于一体，按照“地情馆”的要求进行设计和功能布局，馆内设置“北京地情展”、“人文北京地理信息查询系统”、“北京历史地图主题墙”、图书资料室和阅览大厅以及多功能厅，将目标定位在地方志和地情资料收藏、展示中心，市情、地情的研究、咨询中心，地方文化的对外交流中心，爱国主义的教育基地。

2013年10月22日，北京市方志馆举行开馆暨图书捐赠仪式，标志着北京市方志馆实现开馆试运行。方志馆秉承“挖掘地情资源、展示地域文化、存史资政教化、服务社会公众”的宗旨，截至2013年底，馆内常设展览共接待社会各界参观1000余人次。举办“京华讲坛”公益讲座，每期社会各界听

众200余人。同时，通过网络扩容，利用“数字方志馆”提供读者在线预约、个人图书馆、360度全景网上展厅、音视频在线点播等功能。与市教委合作举办“北京教育证书展”，不断丰富展览内容。通过设立方志馆微博与微信、举办首届北京地情知识竞赛项目等方式，广泛宣传北京的历史和地情，扩大北京市方志馆的影响。

二、北京市地方志事业发展经验和存在的问题

回顾北京市地方志事业发展历程，深深感到在我国现代化建设迅速发展，文化大发展大繁荣的背景下，地方志事业也迈入了新的发展阶段。主要经验是：

（一）坚持“党委领导、政府主持、编委会组织实施”的工作体制，是做好地方志事业的关键

这一工作体制的建立，首先确保了地方志编纂的正确方向。地方志编纂是贯通古今、涉及各个领域的文化基础工程，只有在各级党委领导下，才能坚持正确的指导思想，存真求实，确保志书的政治质量。其次加强了对地方志事业的组织领导。在各级政府主持下，将修志工作纳入当地发展规划和政府工作之中，才能保证领导到位和修志事业的正常开展。再次便于协调解决问题。编委会包括了地方志工作的各个相关部门，能够及时解决修志工作中出现的主要的、关键性的实际问题。实践证明，实行这一工作体制，既是对志书官修传统的继承，也是新时代创新的结果，能够切实有效地推进地方志各项事业的开展，必须进一步坚持和完善。

（二）坚持依法修志，是确保地方志事业顺利推进的前提

中共北京市委、市政府和各部委办局、各区县以及承编单位，认真落实国务院《地方志工作条例》和《北京市实施〈地方志工作条例〉办法》，在指导思想、组织领导、编纂原则以及队伍建设和办公条件等问题上，依法积极领导，提供支持，实现领导、机构、经费、队伍、条件“五到位”，保障广大地方志工作者克服重重困难，较好地完成了任务。同时，进一步推进法制

宣传和培训，积极推动开展对条例和实施办法执行情况和监督检查，督促第二轮修志任务的落实。

（三）加强修志队伍建设和人才培养，是完成修志任务的基础

在长期的修志实践中，特别是北京市和各区县《地方志工作规划纲要（2011—2020年）》出台后，确立了“出成果、出理论、出人才”的全面统筹发展的思路，出版了一批理论专著，形成了一支比较成熟的专家队伍，带动了一批中青年业务骨干迅速成长，为地方志事业可持续发展积蓄了一批人才。目前，北京市已经形成了一支以离退休老同志和部分在职中、青年同志为骨干，专职人员达千人、兼职人员达万人以上的修志队伍。其中有一批具有一定理论水平、精通本职业务、文字功底较强的老同志，有的已经成为在本领域中有一定名望的专家。还有一批专心于修志事业的中、青年同志，已在艰苦磨炼中成为骨干或正在逐步成长，有些已经成为地方志编纂专家或某个领域的“地情通”、业务行家。

（四）加强制度规范建设，是高质量完成修志任务的保证

第二轮修志启动以来，根据修志所处阶段和遇到的问题，北京市地方志编委会及其办公室先后制定印发了《北京市第二轮修志指导手册》《关于第二轮北京志书编纂若干问题的意见》等一系列指导文件，并不断加以充实、完善。在地方志编纂中实行主编负责制，明确了主编的条件、责任和待遇，要求尽量保持主编稳定，不要轻易更换；要确保主编到位，解决好主编挂虚名不出征的问题。在审查验收环节，严格实行分级把关、各负其责的“三审制”（初审、复审、终审）和“三校制”（志稿三校），并组织有关党史、政务、经济、法律、统计、方志等方面的专家，严把志书质量关，在保证志书质量和提高工作效率等方面，见到了明显效果。

（五）加大地方志宣传力度，使全社会认识、了解和使用地方志，是发挥地方志功用的重要条件

经过长期的地方志编修和宣传，以及北京市方志馆的投入使用和地情资料信息数字化建设等地方志开发利用工作的开展，使社会各界对地方志历史

和社会价值的认识进一步提高，主动自觉使用地方志的趋势正在增强；各级地方志编修机构逐渐成为地方和单位的权威资料信息提供部门，开始直接为地区、部门现代化建设提供服务；北京市群众性的读志、写志、用志活动日渐增多，方志事业逐步得到社会各界的理解和支持，发展的外部环境得到很大改善。地方志已成为发展文化事业和文化产业的基础性资料，在首都政治、经济、社会发展中，发挥着潜移默化的、直接间接的、越来越明显的促进作用。

北京市地方志事业取得较大成绩的同时，仍有不少困难和问题。一是少数单位领导对地方志工作和事业认识不到位、不重视，排不上工作日程，修志工作动不起来，或打打停停。二是修志机构和队伍不稳定。有的单位没有明确专门的机构和人员，有的虽然指定专人，但变动频繁，影响了修志工作的正常推进。三是志书资政育人作用发挥不够，志书出版后仅局限于业内流转使用，在读志用志方面缺乏引导宣传力度。四是对社会力量自发性修志编鉴缺乏及时指导，有些志书质量不高。此外，在工作效率、资料搜集整理和使用、方志理论学习研究和创新、方志基础知识宣传普及等方面，都有需要加强和改进之处。

三、北京市地方志事业发展机遇、趋势与展望

近年来，北京市地方志事业欣欣向荣，迎来难得的发展机遇。一是各级领导对地方志工作高度重视，为地方志事业发展营造了良好氛围。2014 年 2 月 25 日，习近平总书记在北京考察工作时强调，要高度重视修史修志，让文物说话、把历史智慧告诉人们，激发我们的民族自豪感和自信心，坚定全体人民振兴中华、实现中国梦的决心和信心。4 月，第五次全国地方志工作会议在京召开，中共中央政治局常委、国务院总理李克强作出批示：地方志是传承中华文明、发掘历史智慧的重要载体，存史、育人、资政，做好编修工作十分重要。修志问道，以启未来。中共中央政治局委员、国务院副总理刘延东在与部分会议代表进行座谈时要求，要从战略全局高度重视和加强地方志工作，将其作为文化强国建设的一项重要基础工作来抓，进一步推进地方志事业的发展和繁荣。11 月 21 日，中共中央政治局委员、北京市委书记郭金龙

到北京方志馆调研地方志资源开发利用工作时强调，要增强责任感和紧迫感，把首都快速发展的历程记录下来，激发我们的民族自豪感，坚定我们实现中华民族伟大复兴的中国梦的决心和信心。各级领导的关心和支持，为地方志事业顺利推进指明前进方向，提供有力保障。二是地方志工作与“两个百年”奋斗目标紧密相关，已成为实现中国梦的重要组成部分。党的十八大提出“两个百年”的奋斗目标、习近平总书记提出实现中华民族伟大复兴中国梦的战略部署。“方志乃一方之信史。”地方志全面翔实地记录了中华民族自强不息、绵延辉煌的悠久历史，记录了中国共产党领导全国各族人民谋求民族独立解放、国家繁荣昌盛的奋斗历程，记录了我国社会主义建设和改革开放的伟大历程。推动地方志事业的发展，既能展示中华文化的博大精深和无穷魅力，也能体现现代文明与历史文明的一脉相承，特别是能够更好地凝聚人心，提升民族自信心和自豪感，并为全面建成小康社会和全面深化改革提供历史借鉴和智力支持，对实现“两个百年”和中华民族伟大复兴中国梦的奋斗目标具有重要意义。三是推动地方志事业发展，是北京市建设中国特色社会主义先进文化之都的必然要求。在中共北京市委办公厅、北京市人民政府办公厅印发的《关于贯彻实施〈中共北京市委关于发挥文化中心作用加快建设中国特色社会主义先进文化之都的意见〉的分工方案》中，地方志工作部门被明确列为分工负责单位，承担和参与部分推进首都文化建设重要举措的落实工作。地方志工作将在北京市建设中国特色社会主义先进文化之都的进程中，围绕弘扬优秀传统文化、挖掘历史文化资源、促进文化产业发展和历史名城保护等方面将发挥不可替代的作用。

当前，在重大发展机遇频现的大背景下，北京市地方志事业发展呈现出五大发展趋势。

（一）质量意识和精品意识将进一步提升

各级领导对地方志工作高度重视，对地方志编纂质量提出了更高的要求。地方志质量是地方志事业发展的根基所在、活力所在、价值所在。北京市市长、北京市地方志编纂委员会主任王安顺在北京市第七届地方志编委扩大会议上讲话时指出，志书是严谨、朴实、科学的资料性文献，是否具有权威性、能否经得起历史的检验，关键在于质量。从北京市二轮修志编纂进度情况看，

2015年将有志书陆续进入终审和出版环节，这个阶段尤其要处理好进度与质量的关系，坚持质量第一原则，将质量管理贯穿工作始终，打造志书精品工程。在编纂思想和方法上，继续坚持正确的指导思想，按照历史唯物主义和辩证唯物主义的立场、观点和方法，加强对志书编纂的指导，切实把好质量关；在组织领导上，继续抓好队伍建设，选好主编和编纂业务骨干，吸收专家学者参与编写和审查；在工作流程上，继续抓好篇目制定、人员培训、试写评议、资料搜集等关键环节；在志书审查上，将继续坚持和完善志书的"三审制"，落实《第二轮〈北京志〉各分志和区县志审查验收程序的规定（暂行）》等相关制度。通过以上措施，进一步提升志书质量，力争多出佳志和名志。

在构建大年鉴工作格局的背景下，《北京年鉴》和区县年鉴将进一步突出年度特点和区域特色，提升编纂水平和编纂质量，为全市各类年鉴提升精品意识、做好编纂工作起到良好的带头示范作用。同时，继续推进全市各级各类年鉴的编修工作。特别是随着二轮修志的陆续出版，将继续鼓励支持志书承编单位编修年鉴，逐渐扩大年鉴编修范围，实现年鉴的广覆盖，逐步形成全市大年鉴工作格局。在此基础上，进一步提升年鉴的编纂质量。

（二）社会修志热情将进一步升温

我们国家地方志的编修历史十分悠久，绵延数千年。随着经济社会的发展、我国国力的增强和人民群众文化需求的日益增长，地方志的重要意义和对社会生活产生的重要作用将日益明显。近年来，在规划志书编纂出版的带动下，北京市行业志、部门志、村镇志等规划外志书编修方兴未艾，编修数量得到快速增长。有的区县乡乡修志，有的乡镇村村修志。很多社会有识之士也纷纷要求，一些即将消失的村庄、街道，通过修志把资料留下。随着社会各界对编修和利用地方志书的认识不断提高，编修热情将持续不减，需求热度将不断提升，将会有更多的规划外志书面世。各级地方志工作机构应尽快适应这一发展和变化了的形势，跳出只负责指导规划内志书的局限，鼓励、保护和引导社会各界特别是基层的修志热情，支持有条件的区县、单位、乡镇街道编纂志书，并指导、规范社会修志工作。有的区县已经制定了一些规范性的指导意见，应注意总结经验，不断完善，加以推广，力争指导编纂出一批合格的村镇（乡）志、街道社区志、厂矿志、学校志、山水志、专题志等各类规划外志书和地情资料书。

（三）方志资源的开发利用手段将进一步创新

“修志为用”，志书编修的目的是为了使用，只有通过使用才能检验志书的质量和修志工作的效果，也才能促进修志工作的不断进步。当前各级领导都很重视从历史中寻找智慧，借鉴经验，为方志资源开发利用提供了难得的契机。地方志工作应着眼“存史、资政、教化”功能的发挥，积极寻找地方志开发利用的切入点，扩大地方志事业的社会影响，提升地方志开发利用的价值。首先，要进一步增加服务意识，找准地方志工作“围绕中心、服务大局”的结合点，有针对性地从地方志中查找有用的资料，积极主动地“送货上门”，为各级领导决策服务，为本地区经济社会发展服务。2014 年，围绕北京市领导关心的问题，编辑报送了多个系列的志鉴信息（领导参阅版），得到市领导的认可，将进一步总结经验，不断改进和完善。其次，应充分利用信息化手段，展示、宣传地方志，为社会各界读志用志提供更为便捷的条件。当前互联网和大数据的广泛应用，既为传统的方志传播手段提出了挑战，也带来了难得机遇。地方志工作必须扬长避短、开拓创新，顺应这一历史潮流，加快工作变革，充分利用好信息化手段。下一步工作重点是加快方志资料数字化建设，让社会各界早日共享方志资源，同时强化宣传和信息的时效性。第三，应充分利用社会力量，编写各类普及知识的宣传品、教科书、百科全书、辞典等，最大限度地发挥地方志的功用，更好地满足社会需求。要科学规划旧志整理工作，组织专家学者，推动旧志整理工作有计划有步骤地进行。力争 2015 年前完成 19 种北京旧志的校点整理和出版任务，并全面启动并争取 2020 年前完成规模宏大的光绪《顺天府志》和其余 26 种州（县）志的校点整理工作，为社会提供更多的文化产品。

（四）方志馆等基础设施建设将进一步提速

北京市方志馆落成开馆，实现了方志系统直接面向社会、面向广大人民群众服务的大跨越，对北京市地方志事业的发展产生了深远的影响。为更好地实现和完善“三个中心、一个基地”的功能定位，使其在全市各类文化设施中，成为具有无可替代的唯一性、标志性文化基础设施。北京市方志馆将不断加大自身基础设施建设力度，以更好地完善和发挥服务功能。特别是面对全球进入信息化时代，大数据、云计算等新科技新思维正蓬勃兴起的新形势，将在拓展地方志领域的数字化应用方面加快建设步伐：一是加快建设“北京市地情资料网”和“数字方志馆”，实现地方志资料数字化；二是建设志书、年鉴的全文检索数据库，实现馆藏资料的数字化处理；三是构建网络办公平台，提高办公和资料收集整理的自动化水平；四是推动全市各修志单位和区（县）地方志工作机构建立地方志资料网站，更好地为社会各界提供服务。

在北京市方志馆的带动和全国地市级方志馆的影响下，北京市各区县正在逐步考虑建设方志馆，为建设全市方志馆联盟、发挥集聚效应创造了基础条件。目前，北京市房山、西城、通州等多个区县利用文化事业大发展大繁荣的契机，进一步整合资源，按照将方志馆建设成为本区域文化中心的工作目标，制定方志馆建设规划，并加快推动组织落实。可以预计，在未来 5 年内，北京市有望建成一批区县级方志馆。

（五）地方志队伍建设将进一步增强

志鉴编纂任务是否能高质量地完成，地方志事业是否能够可持续发展，归根到底取决于志鉴队伍的素质。在志鉴编修的实践中，一支业务水平高、组织能力强、热爱并安心地方志工作的专兼职、老中青相结合的工作队伍，是地方志工作顺利推进的根本保证。近年来，随着北京市制定并组织实施地方志人才培养规划和人才培养工程，人才培养机制逐步健全，人才队伍建设得到逐步增强。下一步，将把队伍建设的着力点放在以下几个方面：一是积极培育全市志鉴业务骨干。目前，北京市参与修志编鉴者达万人以上，专职修志者近千人，一批中青年干部陆续进入地方志工作队伍。应重视骨干人才培养，定期开展业务骨干培训，确保业务骨干能不断“充电”，同时注意选拔安排中青年同志承担重头任务，使他们尽快成长，力争逐步培养一批知识面广、熟悉地情、有创新意识、善于分析研究解决地方志工作中疑难问题的学科带头人和业务骨干。二是继续发挥首都优势，借助中央单位、高等院校、科研单位等力量，吸收各领域的专家学者，共同参与修志工作，加强修志队伍专业化水平。三是以理论研究推进队伍建设。进一步发挥北京地方志学会的功能和优势，定期组织学术年会和学术论坛，开展学术交流活动，加强修志队伍理论素养。以地方志期刊为载体，以志鉴研究课题为抓手，力争定期推出一批具有较高学术研究水平、较强实践指导意义的理论著述。同时，积极推进地方志学科建设，联合全国地方志专家，推出一批具有较大影响的研究成果和学术专著，为修志队伍建设提供有力的业务指导和理论支撑，实现《北京市地方志工作规划》确定的“出成果、出理论、出人才”的目标。

四川省地方志发展报告

四川省课题组

四川人杰地灵，志书编纂历史源远流长，历代历朝四川修志工作从未间断，四川是目前全国收藏旧志最多的省区之一，有方志大省之称。1949 年中华人民共和国成立后，特别是社会主义新方志编纂工作启动，在四川省委、省政府高度重视下，先后经历第一轮三级志书、第二轮三级志书编纂工作，四川各级地方志工作管理体制机制不断完善，志书、年鉴编纂，方志馆建设，地方志工作法规建设，方志资源的保护和开发利用建设工作全面推进，形成了从省到市、州县（市区）的全省地方志事业体系。地方志工作在围绕中心，服务大局中发挥了积极的存史、资政、教化作用。

一、四川省地方志事业发展的新局面

（一）法制建设新突破

四川省是全国各省、市、区中最早将地方志立法工作纳入省人大常委会、省政府法制工作规划的省。2003 年 7 月 24 日，四川省人大常委会第四次会议审议通过了《四川省地方志工作条例》（以下简称《条例》），当年 10 月 1 日发布实施，这是全国第一部规范地方志工作的地方性法规，它的颁布实施标志着地方志工作步入法制化轨道，为四川省地方志工作依法行政、依法修志提供了法律依据和强有力的法治保障，也为 2006 年出台的国务院《地方志工作条例》起到了推动、借鉴和促进作用。

2013年，四川省法制办公室同意将四川省地方志编纂委员会提出的修订《条例》列入计划，后经省政府批准同意，将《条例》的修订纳入了省政府立法计划；省人大教科文卫委员会、省政府法制办和四川省地方志编纂委员会认真进行立法调研，广泛征求各方意见，相关部门经过反复磋商、修改。历经四川省人大常委会三次审议，于2013年11月28日四川省第十二届人民代表大会常务委员会第六次会议修订通过，自2014年1月1日起施行。

新修订的《条例》共二十六条，较原《条例》增加十三条。新《条例》严格遵循《中华人民共和国立法法》有关规定，同国务院《地方志工作条例》紧密衔接，力求使各项规定符合四川实际。一是对应了上位法。此次新《条例》修订参照《地方志工作条例》的相关条款，确保了新《条例》与上位法相一致。二是内容体现了时代特征。新《条例》修订结合了我省地方志工作的实践，体现出与时俱进的时代特征。三是体现了地方特色。明确规定民族自治地方的地方编纂工作应当有当地少数民族人员参加；有条件的民族自治地方的地方志除汉语语言文字外，可采用当地通用的语言文字编纂地方志，突出了我省的多民族地方特色。四是规范了语言表述。新《条例》一方面对原有条款的表述进行规范，另一方面，按照立法新依据的要求、内容的修改需要，对改动过的条款表述进行了规范，使新《条例》更加完善，符合立法要求。五是强化了地方志部门、机关企事业部门修志工作职责任务；明确了方志馆的功能及作用。

修订的主要内容：一是对应上位法的修订。如第六条规定："县级以上地方志书每20年左右编修一次，综合年鉴一年一鉴，公开出版。"二是明确地方志工作责任。在明确各级政府及其地方志工作机构职责的基础上，进一步规定了机关、社会团体、企业事业单位和其他组织在地方志工作中的责任。三是完善修志工作程序。建立了志书意见征求和处理制度，明确了志书评议制度，规定了地方志书评奖制度。四是突出地方志服务功能发挥。提出了加强地方志信息化建设，丰富了服务方式。同时，还结合四川省近年来经济社会发展和地方志工作实际，借鉴兄弟省（区、市）的立法经验，新增了以下内容：一是强化了地方志史料、资料保存；二是促进地方志理论研究；三是规范其他类别志书编纂工作。

按照依法修志工作要求，四川省委、省政府加强了两轮三级志书编纂、“5·12”汶川特大地震志编纂、年鉴编纂、旧志整理等工作的领导，先后发布政府规规范性文件予以部署；四川省地方志编纂委员会加强了全省地方志事业的规划管理、监督指导，适应地方志工作需要相继制发了《四川省地方志事业第十二个五年发展规划》《四川省地方志信息化建设意见》以及二轮省市县三级志书编纂、抗震救灾志编纂和加强全省地方综合年鉴工作等系列规范性文件，规范了全省依法修志工作。

在工作机制上，四川省地方志系统建立健全了依法修志责任追究制度、资料征集与报送制度、督促检查制度、总结表彰制度、志稿送审评议制度、志书质量责任追究制度等，形成了依法修志工作格局，推动了地方志事业创新发展。

这些工作的推进，使四川成为了全国第一轮三级志书编纂先进省份之一，以及全国第二轮三级志书编纂的两个试点省份之一，地方志信息化建设、第二轮三级志书编纂等多项工作步入全国先进行列。

（二）志鉴编纂取得新硕果

1. 省市县三级志书编纂工作

截至2013年12月，《四川省志（1986—2005）》93部分卷已完成《四川省志·农业志》《四川省志·工业经济志》等41部省志分卷终审工作，出版2部。省直部门积极开展部门志编纂工作，2012年，根据部分省直部门的工作实际，四川省地方志编纂委员会先后批复同意省纪委、省直工委、省人防办、四川博览局、省监狱管理局、省红十字会开展部门志编纂工作。各承编单位认真组织，至2013年底，省纪委编纂的《四川省纪检监察志》、省人防办编纂的《四川省人民防空志》、省直工委编纂的《中共四川省直机关工委志》已完成初稿。

规划内的21市（州）志已审查验收16部，出版15部；181部县（市、区）志已出版或交付出版142部，占规划数的85%。21个市（州）积极开展部门（行业）志、乡镇村志编纂。据不完全统计，截至2013年12月，已出版部门（行业）志千余部，乡镇村志150部。

在第二轮修志工作中，四川省地方志编纂委员会高度重视志书的质量管理与监督工作。明确了志书实行“三审制”分级审查制；四川省地方志编纂委员会坚持三审制程序、提前介入、全程跟踪指导等方式加大对省直部门参编部门的指导力度，重点推进计划送审省志分卷编纂工作。

坚持按照程序加强对市县志的审查验收工作。坚持市州志篇目审查报批制度，严格按照2007年省政府印发的《四川省第二轮市县级志书审查验收办法》规定的上报审批程序、质量标准，做好市（州）志审查验收工作，即市州志出版需报经省政府批准同意，并经省政府组成的终审委员会的终审。各市（州）制定了志书审查验收办法，规范审查验收工作。市、县级地方志机构积极指导部门（行业）志、乡镇村志编纂。

2. 抗震救灾志编纂工作

（1）“5·12”汶川特大地震四川抗震救灾志编纂

2008年5月12日，汶川特大地震灾害发生后，四川省地方志编纂委员会按照国务院编纂《汶川特大地震抗震救灾志》和省委、省政府关于编纂《汶川特大地震四川抗震救灾志》的部署，紧急启动了《汶川特大地震四川抗震救灾志》编纂，下发了《〈汶川特大地震四川抗震救灾志〉编纂方案》等15个文件，各地各部门举办培训班、召开编纂工作会20多期（次），培训人员千余名，130余家省级部门和各市（州）全力组织参与编纂。截至2013年12月，《汶川特大地震四川抗震救灾志》之《总述·大事记》《灾情》《抢险救灾》《医疗防疫》《赈灾》《灾后重建》《人物》《附录》分卷完成复审或复审修改工作。德阳、阿坝、眉山和汶川、都江堰、汉源、石棉、宝兴等“5·12”汶川特大地震的重灾市（州）、县（市、区）地已出版抗震救灾（灾后重建）志；成都、雅安、广元、广安和北川、都江堰、彭州、崇州、绵竹、什邡、广汉等地抗震救灾志已进入总纂、审查验收、交付出版阶段；绵阳市已完成全市各县（市、区）抗震救灾志审验工作；四川省地方志编纂委员会编纂出版《汶川特大地震四川抗震救灾文献选》（6卷11册）。

（2）“4·20”四川芦山强烈地震抗震救灾志编纂

2013年4月20日，芦山强烈地震发生后，四川省地方志编纂委员会迅速反应，派员参加省政府指挥部工作，组织编纂《四川“4·20”芦山强烈地震大事辑要》，指导灾区地方志部门开展资料收集，服务抢险救灾以及灾后重建工作；雅安、眉山市及受灾区、县加强了有关灾情、抢险救灾以及灾后恢复重建资料收集，启动了抗震救灾大事记、《芦山强烈地震抗震救灾志》编纂；芦山方志办搭建“帐篷方志馆”，为参加抗震救灾的社会各界人士提供地方文献查阅及县情信息咨询服务共计3000余人次。

（3）综合年鉴编纂出版情况

四川省编纂出版市、县两级综合年鉴已有二十多年历史。截至2013年12月，全省21个市（州）全部实现一年一鉴；80%以上的县（市、区）开展综合年鉴编纂工作。《四川年鉴（2013）》已出版，版式设计、内容都有较大更新，更加关注民生、贴近社会。四川省级部门目前有20个单位开展部门（行业）年鉴编纂。

（三）旧志整理与保护取得新成绩

四川人杰地灵，志书编纂历史源远流长，自东晋即有蜀郡江源（今四川崇州市）人常璩所撰的《华阳国志》，该志是一部专门记述公元四世纪中叶以前，今四川、云南、贵州三省以及甘肃、陕西、湖北部分地区的历史、地理。此书体制完备，内容丰富，考证翔实，史料可靠，是研究古代西南地方史和西南少数民族史以及蜀汉、成汉史的重要史料，这是我国历史上第一部以“志”为书名的史地典籍。

四川历代历朝修志活动从未间断，累计修成千余种旧志。1985年版《中国地方志联合目录》载190个图书馆所藏1949年前省、市、府、州、县、乡志书8264种，按地域统计，其数量四川为最多达671种，其中仅清代四川所修各类志书即达400多部。

自20世纪80年代初四川恢复地方志编纂工作以来，在完成新修地方志书之余，四川各级地方志机构就开始对少数价值较高的旧志，进行标点、注释、校订和翻译工作。

2009年初，四川省的旧志整理工作步入规范、有计划的时期。四川省地方志编纂委员会制定了《四川省地方志事业发展第十二个五年发展规划》，印发《四川省地方志编纂委员会关于开展旧志普查工作的通知》《四川省旧志整理工作方案》，部署全省旧志普查工作，明确了旧志整理的指导思想、任务和整理标准、工作目标、方法步骤以及组织、人员、经费的保障等。

按照工作方案，四川省旧志的抢救保护和整理出版工作分四步开展：一是开展旧志普查，摸清家底，做好登记、建立数据库和开展培训。二是制定《全省旧志抢救保护整理出版规范》《旧志数字化处理及数据库建设规范》等规范，分级开展工作。三是组织专家学者有计划、分步骤、有重点、分期分批开展缩微影印、版本着录、鉴定、定级、数字化处理等工作，建立全省旧志目录及全文数据库。四是开发旧志资源，开展旧志影印出版工作。

四川省委、省政府重视古籍的保护和开发工作，将旧志的抢救保护纳入全省古籍保护工作规划。2010 年 7 月 23 日，省政府办公厅发出关于公布第一批 373 部四川省珍贵古籍名录中，包括有近 20 余部志书。如，（晋）常璩撰《华阳国志》、（清）程穆衡撰《金川纪略》四卷、（清）《蜀土司记》不分卷；（清）曾学传纂〔光绪〕《温江县乡土志》；（清）廖寅李嘉佑修，蒋梦兰等纂〔道光〕《邻水县志》；（清）陈仕林纂修〔乾隆〕《大竹县志》；还有（宋）乐史撰《太平寰宇记》、（明）李贤万安等纂修《大明一统志》；（清）顾炎武撰《肇域志》等珍贵志书。2010 年立项的国家社科基金重大项目、四川省重大文化工程《巴蜀全书》，其史部卷中也将方志类提要作为重要内容列入。2010 年四川省地方志编纂委员会所提出的整理出版《四川历代旧志集成》（400 种）纳入规划、列入财政预算，并组织实施，这为四川旧志整理出版工作提供了良好工作基础。

经过几年努力，四川旧志的搜集整理与出版发行工作取得阶段性成果。2011 年 4 月，经过全省旧志普查，《四川历代旧志目录》编纂出版，为下一步旧志抢救保护和整理出版工作打下了基础。2012 年 12 月《四川历代旧志提要》（60 万字）正式出版。2014 年该书获得由省政府授予的四川省哲学社会科学优秀成果二等奖；2014 年《四川历代旧志集成》（第一辑 73 种、24 册）即将正式影印出版；《西康通志稿》也已完成点校工作。

（四）地方志信息化建设取得新进展

近年来，四川省积极利用国家加大电子政务建设、办公自动化的机遇，积极应用信息技术、网络技术加强地方志工作管理和地方志资源的保护和利用工作，取得积极成效。

四川省地方志编纂委员会印发了《四川省地方志信息化建设意见》，明确了地方志建设的指导思想、基础设施建设、标准规范、保密及数据库建设等工作要求，开通四川地方志网站，党政网建设取得新进展，机关局域网及机房改造基本完工，省情数据库和志书数字化系统建设完成并不断完善，安装了“四川省方志馆地情资料管理系统”，并在省政府门户网站开设第一轮省志、《四川年鉴》栏目，方便公众利用。成都、绵阳、内江、乐山、广安、遂宁、宜宾、甘孜、凉山和双流、旌阳、高县等36个市（州）、县（市、区）建立地方志网站，开展志书数字化处理和数据库建设工作。成都市“数字方志馆”一期工程设计完成，开展志书音频化工作。

（五）方志馆建设迈出新步伐

四川省地方志编纂委员会始终把方志馆建设作为基础文化设施的重要工作来推动，积极开展四川方志馆立项工作，2014年11月已完成选址，进入立项筹建阶段。巴中市方志馆装修和展馆布置工作进展顺利（总建筑面积4800余平方米、投资600余万元），即将开馆；资阳市方志资料库筹建工作完成；南充市方志馆3800平方米，已经开始建设；广安市方志馆建设纳入广安市博物馆整体立项，计划“十二五”期末建成投入使用；成都、泸州、宜宾等市方志馆建设列入本地“十二五”规划；一批县（市、区）级方志馆建成。这为发挥方志馆作为地方志文献的保护和开发利用中心、爱国主义教育基地的功能打下了基础。

（六）地方志干部队伍建设显现新面貌

四川省各级地方志部门按照“外树形象、内强素质”的思路，努力创建“学习型、研究型、创新型、服务型”机关，不断增强大局意识、责任意识，抢抓机遇，主动作为。在各级党委政府及组织部门重视支持下，地方志部门的班子和干部队伍建设得到了加强，采取社会化招考、公务员遴选、基层选调等方式，加大地方志干部队伍选拔任用力度，一批经历丰富、年富力强的干部调整、充实到了市县地方志部门领导班子，人员编制增加，业务骨干成长，干部队伍学历、专业、年龄构成不断得到优化。四川省地方志编纂委员会每年采取专题培训、定期轮训、以会代训等方式，举办编纂人员培训班、主编培训班，组织召开市、县志办主任（主编）学习会，努力提高修志人员工作能力和业务素质。四川省地方志编纂委员会通过“走出去和请进来”的方式加强与国外、省外地方志机构的学习交流工作。各地还举办专题理论研讨会、鼓励职工撰写理论文章，积极组织干部参加社会化选学，运用课题制、项目制、政府部门购买服务等机制，吸引了一批有志于此的社会人才参与到地方志编修工作中，为地方志事业的长期发展打下了坚实的人才基础。2013年与四川省人力资源和社会保障厅联合表彰四川省地方志系统先进集体45个和先进个人65名。先进的示范效应，凝聚了人心，增强了地方志人员队伍努力工作的信心和决心。

二、全省地方志事业发展中存在问题分析及主要对策

从目前四川全省地方志工作发展的历程看，各级党委、人大、政府、政协的重视支持是工作发展的领导保障；不断完善的法规建设是地方志工作顺利开展的法治保障；相对稳定的地方志工作机构管理体制是地方志事业发展的体制机制保障。但是存在的薄弱环节有：

机构体制机制需要进一步完善。由于各种原因，全省各市州、区县地方志工作机构有部分是史志合一（一套班子、两块牌子，分别由党委或政府分管领导分管），或与档案史志合一。从市县级地方志工作情况看，是现实的客观存在，整合了资源；但也有精力分散，忙时有被忽略的情况发生。随着依法行政工作的加强，按照《地方志工作条例》规定，在地方志部门开展依法行政工作建设不断健全的趋势下，独立的地方志工作部门更有利于工作的开展将逐渐被有关部门所认识和理解，但行政编制的严格控制，将长期制约地方志工作机构人员的扩展。然而随着方志馆建设的拓展，作为事业单位的方志馆的增设，将因其工作任务的拓展为地方志队伍人员增加带来新的活力和生机。在今后的工作中，积极向有关部门加强依法修志工作的宣传依然任重道远，机遇与挑战并存，进一步理顺地方志工作机构体制在全面深化改革中需要引起各级地方志部门的高度重视。

基础设施建设需要进一步加强。与发达省市区比，四川人口多、底子薄、经济欠发达仍是基本省情，这使四川地方志事业在各级方志馆建设、信息化建设方面滞后于沿海发达地区，甚至和部分中西部省（市）相比也有差距。这需要各级地方志部门勇于担当，积极争取党委政府重视，在服务全省实施

三大发展战略过程中，抓住注重经济增长点和区域经济增长极的文化设施配套机遇，从区域经济增长中心城市入手，争取把方志馆（库）建设纳入城市群的公共文化设施建设规划；抓住实施全省扶贫攻坚战略、大小凉山彝区、乌蒙山区、高原藏区民族特色文化和秦巴山区红色文化开发，推动四大片区地方志馆（库）建设和相关地方文化资源开发，为保护传承优秀的民族文化和巴蜀文化、藏羌彝文化、红色文化、科技文化，为增强文化软实力做出贡献。

班子及人才队伍建设需要进一步加强。要特别注重地方志工作机构体制机制、班子及人才队伍建设，认真做到认识到位、领导到位、机构到位、编制到位、经费到位、设施到位、规划到位、工作到位。要谋篇布局，重视人才队伍年龄梯度建设，通过举办各种形式的培训班，不间断地加强对地方志工作者的业务技能培训，为开展第三轮志书续修工作做好人员保障支持，使地方志工作后继有人。

地方志资源开发利用建设需要进一步推进。在新的形势下，各级地方志部门如何围绕中心服务大局，找准与中心工作的结合点，发挥地方志资源优势需要引起各级地方志部门高度重视。为此，在继续推进地方文献资源收集保护工作的同时，全面开展对这些资源的开发利用，尝试创新开发利用模式和渠道，探索利用信息技术开发数据终端实现同步更新的方式扩大区域地方文献的阅读、使用范围。实现全省三级地方志机构网站和办公系统联网，提升地方志信息化服务水平。

今后的四川地方志工作要进一步转变思路，突破目前平面宣传桎梏，通过网络、电视等立体媒介，扩大宣传、交流范围，将四川地方志工作作为四川建设文化强省的重要内容纳入全省经济社会发展规划。

三、四川地方志事业发展趋势及展望

为推进全省地方志工作科学发展、可持续发展，适应经济社会发展对地方志工作的总要求，在今后的工作中，四川省各级地方志部门要认真贯彻落实党的十八大精神，以及习近平总书记系列讲话精神。按照省委省政府部署，始终坚持认真贯彻国务院《地方志工作条例》和《四川省地方志工作条例》，按照第五次全国地方志工作会议精神，围绕中心，服务大局，切实履行依法修志职能，“五业并举”，全面推进四川地方志事业服务四川“三大发展战略”“两个跨越”中作出更多贡献。

（一）加强文化建设的治国方略为地方志事业发展指明了前进方向

习近平总书记、李克强总理等党和国家领导人把弘扬传承中华民族优秀文化传统作为实现中华民族伟大复兴中国梦的重要内容，并就加强地方志工作作出重要批示，在增强文化软实力、推进建设文化强国战略中，为地方志事业发展指明了方向。四川的地方志事业迎来了更好的发展机遇。第五次全国地方志工作会议的召开，对今后地方志事业发展作出了战略部署，完成任务的时间表、路线图指导性、操作性强。这为四川各级地方志部门结合四川实际，完善《四川省地方志事业发展规划（2016—2020 年）》，明确了目标，落实了措施。要在省委、省政府坚强领导下，全面落实第五次全国地方志工作会议精神，不断拓展地方志工作范围，为四川的地方志事业保持有序发展提供有力指导和政策保障。

（二）依法治国方略实施为依法修志格局形成提供了制度保障

党的十八届四中全会通过了《中共中央关于全面推进依法治国若干重大问题的决定》，四川正全面实施中共四川省委《四川省依法治省纲要》《关于贯彻落实党的十八届四中全会精神全面深入推进依法治省的决定》，在各个领域全面深入推动法治建设。四川作为全国地方志工作立法最早的省份，将乘助东风、借梯攀高，认真贯彻国务院《地方志工作条例》和《四川省地方志工作条例（修订）》等地方志法规的要求，依法履职、依法修志。继续牢固树立政府主导修志理念，坚持“一纳入，八到位”工作机制，进一步巩固“党委领导，政府主持，人大、政协支持，社会各方力量积极参与”的地方志工作管理体制机制，四川地方志事业的持续发展将会获得有更加强劲的发展动力和活力。按照《条例》要求，四川的地方志工作的制度规范建设将得到不断完善，长期以来修志工作中的成功经验与做法将得到理论的提升，为规范性文件、业务标准的制定提供了前提和保障。随着《条例》的贯彻落实，各级地方志部门、企业事业单位的地方志编纂工作将得到拓展，各种门类的志书、年鉴将作为留存历史文化财富的组成部分受到尊重和弘扬。

（三）地方志工作的拓展和创新，将极大地丰富了地方志工作理论与实践成果

近年来，四川地方志工作者秉承修志人的精神，辛勤耕耘、默默奉献，围绕中心，服务大局，各级地方志部门的工作内容得到拓展，指导范围扩大，依法修志的法规制度不断建立健全，一大批优质志书涌现，获得了不少新的工作经验，极大地丰富了地方志工作理论与实践成果，四川地方志工作的生动实践，为今后工作的不断创新发展打下坚实基础。在实践过程中总结提出要坚持标准、严格程序；推进业务指导提前介入、全程跟踪、动态指导；审查中实行“三审制”，由上级政府分级终审市州县志，较好地提升了志书编纂出版质量，涌现出一大批经得起历史检验、无愧于时代的精品良志。

2014 年 11 月全国新方志论坛在四川召开，激发了四川方志人探索方志理论的热情。参会专家的经验交流，给四川地方志工作实践与学科理论水平的提升以启迪。2015 年四川省地方志编纂委员会将以地方志学会为组织平台，开展地方志事业，如地方志事业规划、方志馆各项业务建设、地方志信息化标准规范等关键问题、重点业务工作的研究，继续完善志书编纂的规范机制、质量标准体系建设；在地方志人才队伍培养上，四川省地方志编纂委员会将继续加快《四川方志简史》《志书编纂实务》《年鉴编纂实务》等地方志工作人员培训教材的编纂组织工作。

2015 年的四川省各级方志馆馆库建设工作将有序推进，特别是省方志馆，成都市、南充市方志馆的开工建设，会对全省各级方志馆馆库建设起到积极示范和激励作用，方志馆馆库建设将迎来新一轮建设时期。2015 年四川省各级地方志部门的信息化建设、基础设施建设和技术设备购置将随着国家资金的投入而得到加强，积极应用现代信息技术、网络技术、数字处理技术开展方志文献资源的抢救保护和开发利用的工作水平会不断提高，初步形成技术先进、设备完善、功能齐全的方志馆（地情资料中心）数字化管理和保护开发利用体系；遵循修志为用，紧紧围绕中心，坚持服务大局，充分发挥自身优势，不断提高服务水平和能力，形成修用结合、良性互动机制。

信经传后，问道笃行，这是地方志工作者的光荣使命。要秉持崇高信念，以更加饱满的热情、以求真务实的作风进一步做好地方志管理、编纂和开发利用工作，为弘扬四川优秀传统文化、服务经济社会发展作出新贡献。

山东省地方志发展报告

山东省课题组

2014年是山东省地方志事业发展进程中的重要一年，外部发展环境趋好，内部各项工作都有新的进展，全省地方志事业站在了一个新的发展起点上，为未来的加快发展打下了扎实的基础。

一、全省地方志事业发展的新局面和面临的新形势

（一）全省地方志事业发展的新局面

1. 第二轮修志取得阶段性成果。全省地方志系统全力抓紧抓好第二轮省市县三级志书编修，实现了进度和质量的同步推进。一方面抓紧工作进度。2014年初，省史志办经过认真调查研究，制定下发了《全省第二轮修志倒排工期计划表》，使工作进度相对滞后的修志单位明确尚未完成的任务和可用时间，心中有数，增强他们的紧迫感。同时，全省每半年调查一次修志进展情况，并与省政府督查室建立了联合督查制度，每年对第二轮修志进展情况进行一次督查。上述措施大大加快了第二轮修志进度。目前，已编纂出版省志分志28部，完成计划的38%；市级志书4部1册5卷，完成25%；县级志书75部，完成54%。另一方面，全省地方志系统狠抓志书质量的提高。一是制

定了13项志书质量管理制度，内容涵盖志稿评议评审等志书编纂的主要环节。二是成立了全省修志业务专家咨询组，广泛吸收社会各界专家学者参与志稿评审。从已出版的二轮志书看，质量较首轮有明显提高，《山东省志·烟草志》《淄博市志》《宁阳县志》等一批优秀志书在全国地方志系统得到高度评价，其中《淄博市志》被评为中国地方志精品工程志书。

2. 年鉴工作成效显著。一是大力改革创新。《山东年鉴》2013卷和2014卷进行了全面改革创新，突出了党和国家领导人关心支持山东工作，省委、省政府重大决策部署等内容，尤其通过改进工作方式，提高工作效率，时效性大为增强。2013卷出版时间提前2个月，总字数减少30万，2014卷再精简200页、10万字，并取消了广告，提前4个多月出版，是全国出版最早的省级年鉴。首次使用二维码等技术，受到广泛好评。二是数量不断增加。全省各级各类年鉴发展到221种，其中地方综合年鉴121种，数量、种类均居全国前列。三是机制不断健全。坚持地方综合年鉴全部由地方志部门编纂、管理，专业年鉴全部由地方志部门组织、指导的工作体制。四是形式丰富多样。通过对年鉴资料进行提炼、补充，编纂出版了一批短平快成果。省史志办组织编纂了《当代山东概览》丛书，青岛、淄博、泰安、日照等市编纂的《市情手册》，烟台、济宁编辑的《大事记》，潍坊、滨州出版的袖珍版年鉴等，提高了年鉴资料利用水平，丰富了为现实服务的内容。

3. 信息化建设不断加强。山东省是全国地方志工作信息化建设起步最早并率先全面建成省、市、县三级地情资料库和地情网站的省份，还援建了陕西、广西、新疆、四川等地的地情网站。全省地方志系统不断对各级地情网站进行升级改版，实现了互联互通、资源共享，被省政府纳入“全省文化信息资源共享工程”。山东省情网先后6次大规模升级改版，共开设382个栏目，增加了动漫、视频、卫星地图等功能，访问量达1100多万人次。各市县地方志机构也通过开通官方微信、微博、英文版市情网站等，拓展了地方志信息传播范围。

4. 方志馆建设再上台阶。省方志馆建成后不断扩充馆藏，拓展新的服务项目，提高为读者服务的水平。聘请著名学者欧阳中石先生担任省方志馆名誉馆长，由季缃绮副省长颁发聘书，并举办文化讲座。不断改善硬件设施和服务环境，新开辟旧志、年鉴、过刊三个专题库，每年都拿出一定资金购买图书资料，目前馆藏文献资料近10万册。各市县地方志机构积极争取把方志馆建设纳入各地公共文化设施建设规划，加快建设步伐。目前全省建成市级方志馆（室）14家，县级方志馆（室）80家，收藏各级各类地方文献20多万册。2014年，王随莲副省长专门视察了菏泽市方志馆，给予充分肯定。东营市方志馆突出黄河文化特点，重点打造沿黄流域三级志书收藏专题，目前收藏率达90%以上，覆盖沿黄9省（区）、50多个地市州、300多个县市区，特色十分鲜明。

5. 地方志工作领域不断拓宽。一是编纂了一批重要专门志。建立为大型活动、重要事件专题修志制度，在全国首次编纂《第十届中国艺术节志》。出版《汶川特大地震山东省救助援建志》，得到社会高度评价。《山东省历史地图集》被列入文化强省建设标志性工程，2015年八个分册有望全部出版。二是旧志整理取得很大成绩。目前，全省累计整理出版旧方志162种。宣统版《山东通志》影印工作已经完成，保护了山东历史上规模最大、内容最翔实、体例最完备的通志。在充分调查论证的基础上，制定了《山东省历代旧志集成》编纂方案，得到王随莲副省长和有关专家的广泛认可，正在积极争取财政支持，力争用5年时间把山东现存的647种旧志搜集齐全、影印出版。三是乡镇村志编纂全面铺开。目前已编纂出版乡镇村志727部。青岛市崂山区、肥城市、平阴县等开展“村村修志”工程，青州、高密、临朐等出版了“村镇大观”“村庄大典”“村镇志略”，对于传承和保护乡村文化起到了重要作用。

6. 开发利用地方志成果取得新成绩。一是为各级领导提供决策服务。组织翻印《山东革命历史档案资料选编》丛书，编纂《中国历代简史》《世界史概要》《山东地方史概要》，供省领导参阅，起草《关于推动京杭运河通水复航的建议》等十余篇资政文章。二是积极举办文化活动。省史志办参与举办的“文化齐鲁大讲堂”“孙子兵法与文化创意产业高层论坛”，东营市史志办“老照片及其背后的故事”有奖征集，菏泽市史志办古村探源征文大赛等文化活动，为繁荣文化事业做出了积极贡献。三是创新地方志成果利用方式。不断开拓思路，采用新方式、新手段普及利用地方志成果。莱芜市、即墨市、广饶县、利津县等积极探索影视化的新路子，枣庄市编辑出版了《枣庄古代清官廉吏史话》领导干部廉政读本，菏泽市编辑出版了《可爱的菏泽》中小学教材，并开通了菏泽历史知识手机报，使地方志成果的社会效益得到充分发挥。

7. 法制化建设取得丰硕成果。目前全省已有 15 个市、125 个县（市、区）颁布实施地方志工作法规、规章或规范性文件。地方志法制化进展在全国领先，为全省地方志工作顺利开展提供了法制保障。

山东地方志工作在开展的过程中，紧密结合山东省情，使地方志工作同经济社会发展相适应，在全国地方志系统中形成了诸多特点和亮点。如市县基层地方志工作创造了“临朐经验”；第二轮修志中的《淄博市志》被评为中国地方志精品工程志书；信息化建设、方志馆建设发展较快；法制化建设也走在全国前列。

（二）全省地方志工作面临的新形势

当前，地方志事业发展面临着大好形势与发展机遇，亟须乘势而上、顺势而为。

1. 贯彻落实党和国家工作大局的要求。近年来，党和国家高度重视优秀传统文化的挖掘和阐发。习近平总书记历来高度重视弘扬中华优秀传统文化和地方志工作。2014 年 4 月 1 日，习近平总书记在比利时欧洲学院谈中华文明时指出，“独特的文化传统，独特的历史命运，独特的国情，注定了中国必然走适合自己特点的发展道路。我们走出了这样一条道路，并且取得了成功。”这实际上就把历史传统、文化积淀看成为政治选择的重要因素。2 月 25 日，他在首都博物馆考察调研时强调，要在展览的同时高度重视修史修志，让文物说话、把历史智慧告诉人们，激发我们的民族自豪感和自信心，坚定全体人民振兴中华、实现中国梦的信心和决心。李克强总理在关于全国地方志工作的批示中强调，地方志的作用和和社会价值在于“修志问道，以启未来”。作为优秀传统文化的产物和载体的地方志承载着接续文化传统、延续民族记忆的重任，地位日渐持重，正如刘延东副总理所指出的，地方志正成为“国家战略的一个方面”。这是党和国家的大局对地方志工作的新要求。作为地方志工作者应认清这个大局，积极服务于这个大局。这样，地方志工作面临着前所未有的发展机遇，这是历史赋予地方志的社会责任和历史责任。

2. 贯彻落实全省发展改革大局的新要求。第一，全省发展改革大局对地方志工作提出了新要求。正在编修的第二轮省市县三级志书，全面客观记述了改革开放以来，全省各地区、各行业在各级党委、政府领导下改革开放推进现代化建设的历史进程和取得的伟大成就，展现地方特色和优势，揭示地方经济社会发展规律和趋势，总结发展改革中的经验教训，探索地方治理科学方略，为当前全面深化改革提供历史经验借鉴和参考。第二，经济发展离不开地方志的积极参与。地方志与区域经济融合会形成历史文化资源，产生直接的经济效益和社会效益，推动特色文化产业的发展，推动地区经济增长。

3. 贯彻落实文化强省建设的要求。地方志编修既是一项地方政府的行政活动，更是一项地方文化建设活动。第一，地方志编修是地方文化建设的重要组成部分。地方志作为综合记载一定行政区域自然及人文社会情况的一种地方性著述，不仅保存了地域内社会和自然的大量历史资料，而且还扩大了地方性知识的认知领域和记忆空间。所以，地方志本身就是地方文化的自然记忆与自我意识，是当地人们文化活动的存在见证和具体记录，是地方文化的一种重要形式。全省第二轮修志工作本身就是地方志系统为社会提供更多的优秀精神文化产品、服务文化强省建设的重要举措。第二，地方志是地方文化建设的重要根基和宝贵资源。山东历史上就是方志大省，地方志编修代代相续，名志辈出。从古至今，修志就肩负着维护传统文化传承的重要历史使命。当前省市县三级志书编修对于传承弘扬优秀传统文化和齐鲁文化，促进文化强省建设具有重要意义和作用。地方志编修实质上是一种文化的积累和创造，在传承地方文化上有着不可替代的特殊作用。在当前的文化构建体系中，地方志促进了跨学科、跨文化以及对传统齐鲁文化的反省与再认识，是山东文化继承和创新的重要纽带，也是进行文化创新的源泉。第三，地方志编修推动社会主义核心价值观建设。地方志通过对区域经济社会发展历史的客观记述，揭示“中国人民走上社会主义道路的历史必然性和通过改革开放和社会主义现代化建设，实现中华民族伟大复兴的历史必然性”的历史发展规律，这就为构建社会主义核心价值体系，筑牢全省人民团结奋斗的共同思想基础提供了历史的诠释和佐证。同时，新旧地方志中都收录全省各地著名的先贤和英模人物，都翔实地记载全省各地的民风风俗，特别是当前正在进行的全省第二轮地方志编修更是突出记述了全省各地精神文明建设的历程、取得的成就和经验。这些内容对于陶冶人们的精神情操，劝善惩恶，构建社会主义价值判断与伦理道德体系，培育文明道德风尚具有重要的借鉴作用。

4. 贯彻落实各级领导对地方志工作提出的新要求。山东全省各级党委、政府关心支持地方志工作，有关领导对地方志工作提出了殷切希望和要求。郭树清省长对地方志工作作出重要批示指出，“编史修志是传承文明、垂鉴后世的事业，对于弘扬社会主义核心价值观，彰显齐鲁文化魅力，提高中华文化软实力，增强文化自觉和文化自信具有非常重要的意义。修志是国家行政管理的必要组成部分，各级政府要把发展史志事业作为重要职责，纳入经济社会发展规划，确保各项工作落实到位，不断推进全省史志工作跨上新的台阶。”省委常委、常务副省长孙伟也作出重要批示，要求认真贯彻郭树清省长的重要批示，着力研究解决存在的薄弱环节，促进全省地方志工作科学发展。省政府督查室将孙伟常务副省长的批示转发33个省直部门进行督办。省政府6月份召开全省史志工作电视会议，传达贯彻第五次全国地方志工作会议精神，表彰史志工作先进集体、先进个人和优秀成果，安排部署下一步工作任务，王随莲副省长出席会议并作重要讲话。省政府领导批示和史志工作电视会议引起了各级政府和省直各部门的重视，在全省形成了关心支持地方志工作的良好氛围，各地迅速掀起贯彻落实第五次全国地方志会议精神的热潮。

二、全省地方志事业发展中存在的主要问题和对策

地方志编修作为一项公共文化事业，由于处在新的社会变革背景下，再加之本身体制性等制约因素的长期影响，地方志事业发展面临着新的问题和新的困难，需要用改革创新的办法不断加以解决。

（一）全省地方志事业发展中存在的问题

全省地方志事业发展中遇到的新问题和挑战，既有源自事业内部自身的原因，也有社会大环境的因素。随着改革开放的深入发展，经济社会等都发生了一系列深刻变化，传统社会向现代社会转型步伐加快。这既给山东地方志事业的发展带了发展机遇，也带来了不少问题和挑战。这些问题和挑战有些是随着经济社会变化新出现的，有些则是地方志事业自身长期存在的素质性和体制性先天不足等老问题在新形势下的新变化，地方志事业固有的发展

所需社会资源（政策、经济、舆论）相对稀缺的问题比较突出。

1. 地方志事业内部自身存在的问题。从全省地方志系统内部看，相对于经济社会的发展和文化环境的变化，地方志事业发展的指导思想、工作体制机制和志书编纂内容等的调整创新力度不大，用业务的办法解决业务问题有待进一步加强。志书编纂上不逾矩、求平稳思想较重；提高志书编纂质量的学术基础和业务基础有待提高和加强，提高志书质量总体上还处于攻坚探索阶段；业务人员的专业结构、知识结构不合理情况突出，业务水平和编纂能力提高不尽如人意。第一，在地方志事业发展的指导思想上，改革创新的意识还不够强，长期形成的思维方式、工作模式与全面深化改革的要求还有差距。比如，思想解放不够，观念比较陈旧，视野狭窄，知识储备不足，对新事物、新变化不够敏感等。第二，第二轮修志工作进展不平衡，志书质量还需进一步提高。从全省第二轮修志工作进度看，各地区、各单位差距较大。省级志书、市级志书的编修进度总体上落后于县级志书的编修。这是因为行政层级越高，行政区域内事项越繁杂，志书记述内容越繁富；参与修志的部门、单位越庞杂，组织协调的难度也越大。从全省已出版的第二轮志书质量总体情况看，良莠不齐，差距较大。有些志书质量上乘，但也有相当一批志书距精品志书的要求还有不小的差距，编纂质量还有较大的提升空间。山东第二轮志书编纂质量问题主要表现为两个方面。一是在志书的著述性上，存在总体设计不周、内容安排不当、资料贫乏、文字粗疏、缺乏创新等问题。二是在志书记述内容的客观性上，往往更多记述当地在经济社会发展中取得的成就和进步，少记甚至不记发展中遇到的失误挫折、体制上存在的弊端和社会上存在的落后现象。第三，地方志机构参与文化强省建设的意识有待加强，领域有待拓展，手段有待丰富，地方志工作对经济社会发展的影响力和贡献力有待增强。第四，专业人才较为缺乏，方志理论研究滞后。地方志事业是一项学术性很强的文化事业，方志编纂又是社会科学中的一门专门学问，有自己独立的理论和话语体系，需要从业人员要有一定的专业理论基础和学术修养。目前，全省各级修志人员专业结构、知识结构不尽合理，业务人员方志编纂理论水平和实际编纂能力不是很高，方志编修的学术性缺乏人才支撑。修志业务工作存在学术和技术层面的诸多问题，志书的质量难免会受到影响。方志理论研究方面，缺少在全国有地位的学科带头人和有分量的学术成果。修志理论滞后于修志实践问题较为突出。一方面，第二轮修志实践中出现的热点、难点问题，得不到理论的及时指导；另一方面，由于缺乏理论的概括和提升，也使不少基层修志实践创新缺乏前瞻性和发展后劲。另外，方志理论研究缺乏有效的激励机制。

2. 地方志事业面临的外部环境问题。地方志事业是公益性文化事业，从属于上层建筑。这就决定其发挥作用带有滞后性、精神性及间接性等特点和局限，社会影响力受到一定程度的限制，地方志容易被忽视，造成很多社会因素制约地方志事业发展。第一，从社会大环境对历史学学科的认知角度看，存在某种程度上的历史信仰缺失。一方面，由于对历史学的透支，史学的公信力在下降，史书的信誉在下降。另一方面，历史学功能也在变迁，直接资政功能下降，教育功能上升。从大的学科范畴划分，地方志属于历史学的分支学科，不可能不受到大的社会环境和学术氛围的影响。第二，经济社会结构的变化使原有的修志组织形式不适应。随着由计划经济体制向社会主义市场经济体制过渡，社会经济成分、组织形式、利益关系等日益多元化，各级政府主要职能也有很大变化。原来仅仅依靠政策性文件和行政手段来组织地方志工作的模式已难以适应需要，原有靠政府职能部门提供资料的渠道已经不能完全解决问题，甚至在一些行业和领域不起作用。另外，随着改革开放的深入，新出现的“三农”问题、人口老龄化问题等没有哪一个行政部门能够掌握详尽资料，这恰恰是当前我们社会面临的突出问题，是二轮志书应该反映的重要内容和时代特点。第三，方志文化群众的参与度不高。在地方上，地方志事业尚未完全真正纳入地方公共文化服务体系，有些地方和单位还未能从公共文化服务的高度认识这一问题；方志文化自身也尚未走出“象牙塔”，以至于社会对修志行业了解不多，尤其是普通群众对地方志了解甚少，修志事业的公共文化服务作用发挥不够充分。

（二）解决问题的对策

从根本上看，地方志事业发展面临的内外问题是前进中遇到的挑战，需要在改革创新中不断加以克服和解决。

1. 以改革创新为主线，从思想观念、组织管理、业务编纂等方面进行大胆探索和锐意创新，推进全省地方志事业科学发展。面对经济社会的变化和方志编纂本身的不断进步，全省地方志系统应适时适地地求新求变。地方志事业应放在当前重视传统文化的大背景下考虑谋划，深入研究当前山东文化事业发展规律和特点，创新思维，拓展思路，开阔视野，从创新中找办法，从前进中找出路，充分发挥地方志在文化强省建设中的独特作用。

2. 加强统筹规划，增强发展的科学性。全省地方志系统应不断回顾事业发展的历程，总结经验教训，探索对地方志事业发展规律的认识，深入研究地方志事业各项具体工作的特殊规律，按照客观规律推动地方志事业各项工作的开展。省史志办作为全省业务领导机关，应加强顶层设计，提高统筹协调能力和水平，处理好地方志事业内部各项具体工作之间的辩证关系，推进全省地方志事业科学发展。

3. 进一步加强质量管理，提高志书质量。地方志事业是公益性文化事业，志书要回归社会，才会得到有效利用和实现其价值。志书只有高品质，才会有更广泛的受众人群。要提高志书的客观性、著述性、科学性，更加关注社会效果。要坚持实事求是、客观公正，保证志书的社会公信力和“官书”的权威性。要继续建立健全志书质量保障体系，严格规范志稿评议评审程序和要求；探索开展篇目评审制度，真正把质量关口前移落到实处；充分发挥全省修志业务专家咨询组的作用，广泛吸收社会各界专家学者参与志稿评审；强化政府对志书质量的管理，采取政府修志质量督查、评奖、问责等方式，切实提高志书质量。

4. 积极探索修志组织形式创新，创新运行机制，引导社会力量广泛参与。面对新的形势和要求，地方志机构应积极探索建立面向社会的开放性的管理机制，形成党委领导、政府主持、社会广泛参与的修志新格局。地方志部门自身人力有限，须开门修志，与社会各界建立广泛的联系，打破专业和区域界限，吸纳社会各界学有专长的人员以各种方式和渠道参与地方志工作，逐步实现地方志成果提供主体的多元化和提供方式的社会化，推动专家学者修志与参加方志学术研究互动机制的建立。对于一些学术性、专业性较强的志书，可尝试采用“项目招标”、政府购买社会服务等形式委托高校和学术机构承担编写，既能保证学术质量，又能加快工作进度。

5. 充分发挥法规和行政两种手段和资源，为地方志工作开展提供法律和组织保障，着力解决修志工作进展不平衡问题。地方志工作是一项行政性公共事务，需要运用法规规章和行政手段进行管理。这就要求必须转变事业发展观念，从主要依靠组织行政手段转向依靠行政、法制两种手段并用。要进一步贯彻落实国务院《地方志工作条例》和《山东省地方地方志工作条例》，坚持依法修志。全省尚未颁布实施地方志工作法规、规章或规范性文件的2个市、12个县（市、区）应积极推进，确保在年底前全部颁布实施，实现地方志工作法规、规章省级层面上的全覆盖，为全省地方志工作顺利开展提供法制保障。鼓励开展地方志工作执法检查，推动地方志工作法规规章的贯彻落实。

6. 拓展视野，深化地方志资源开发利用，提高地方志机构参与文化强省建设的能力和水平。地方志事业作为一项不可或缺的文化事业必须适应和促进社会的发展。山东文化建设与发展的历史经验和现实实践表明，地方志事业是文化建设的基础性工程，也是社会公共文化的重要组成部分，应自觉地把地方志工作纳入全省公共文化服务体系建设的大局中来谋划和发展，积极推动全省市、县两级地方志部门结合当地文化发展建设规划，加快全省地方志工作基础设施建设，提高其为经济社会发展服务的能力和水平。地方志中蕴含着丰富的历史文化财富，要组织专门力量对地方志这一资源宝库开展深加工，积极拓宽地方志资源的服务渠道和服务手段。加强与传统媒体和新兴媒体的合作，加大对地方志工作、地情信息和方志文化、地域文化的宣传力度，满足社会各界对方志文化资源的需求，使全省广大基层群众都能享有知晓本地历史与文化的权利，都能享受到地方志系统提供的方志文化服务。

7. 加强方志理论研究和人才队伍培训，构建专家学者修志与参与方志理论研究的互动机制。方志理论研究是史志工作的基础，是实践工作经验的总结，担负着为提高二轮志书编纂质量提供理论支撑的任务。根据山东地方志工作实际情况，方志理论研究应主要围绕提高二轮志书质量加强理论创新，解决修志实践中遇到的新情况新问题。当前第二轮修志工作正进入一个关键时期，应更加重视方志理论的介入、引导和指导，做到两手抓。一手抓工作推进，一手抓理论研究，即认真吸纳、消化全国方志界的理论研究成果，以此指导修志实践，并根据修志实践得出的新鲜经验不断推进业务理论创新，从而实现第二轮修志业务理论和编纂实践的不断突破和创新，提高第二轮志书质量，推进地方志事业的科学发展。强化方志理论研究的学术激励机制建设，面向全社会发布理论研究课题指南，拿出专项经费资助课题研究，提高研究的水平和档次。要建设高素质的专业人才队伍，加强对修志人员的业务培训。全省地方志工作者必须与时俱进，加强业务学习与研究。因为业务知识靠学习，提高工作水平靠创新。探索适合地方志工作的人才政策和措施，建立健全人才评价和激励机制，重视专业人才的选拔、引进和任用，采取各种措施吸引优秀人才参加地方志工作。不断优化人才成长环境，尝试以研究课题带动人才培养新模式，建立全省人才梯队，做到既出成果，又出人才。

三、全省地方志事业发展的预测

在较长时期内，为进一步巩固党长期执政的理论体系，把现行的政治体制与中国的特殊历史文化背景联系起来，更好地维护政权稳定，对外用一整套中国式的“文明话语”来争取中国在世界文明中的话语权，党和国家会更加重视传统文化，地方志事业发展会有一个有利的社会环境和政策环境。从方志学和地方志事业自身演进规律及目前的发展趋势看，方志学科体系构建加快进行，地方志事业也日益成熟，山东地方志事业会保持不断向前发展的趋势，并在以下几个领域会有新的突破和进展。

（一）全省地方志事业以深入贯彻落实中国地方志指导小组的有关要求和《全国地方志事业发展规划纲要》为契机会上新的台阶

任何一项事业的发展都是综合因素的结果。2014 年 9 月，中国社会科学院院长、中国地方志指导小组组长王伟光和中国社会科学院副院长、中国地方志指导小组常务副组长李培林到山东威海调研地方志工作，充分肯定山东取得的成绩，对今后的工作提出了明确要求。王伟光组长强调，第五次全国地方志工作会议最主要的精神就是落实“一纳入、八到位”。具体到地方上，“一纳入、八到位”的关键就是为地方志事业发展争取更多、更可靠的行政资源支持。随着各地文化强省建设的深入推进，各级党委、政府会更加重视历史文化资源的开掘和整理。作为历史文化资源载体和宝库的地方志，将会具有更大的现实价值和发挥更大的作用。各级地方志机构会把握形势，使地方志工作主动与当地经济社会发展战略和全局工作的整体规划相对接，把对接的过程变成落实“一纳入、八到位”的过程，“一纳入、八到位”的落实会有一个更为顺畅的政策环境和社会舆论环境。有地方党委、政府的重视支持和全社会的关注，全省地方志工作明年会上一个新的台阶。

（二）修志主业将会得到进一步加强

方志编修是地方志工作的基本任务，是检验评估地方志工作的首要标准。高质量地向前推进第二轮修志是明年全省地方志工作的重中之重，还会加快进度，提高质量。省史志办会以《全省第二轮修志倒排工期计划表》为总抓手，统筹谋划，及时调度通报各地区、各单位修志进度，搞好督查。可以预计，2016 年第二轮省市县三级修志工作会平稳推进，在进度上不会有大的出入。同时，随着 2016 年全国《方志学科建设规划》颁布施行以及山东在方志理论研究工作中引入课题制，全省方志理论研究会获得新的活力和动力，特别是围绕提高二轮志书质量加强理论创新，解决修志实践中遇到的新情况新问题的研究，将会大大提高二轮志书编纂质量，地方志事业的发展也会得到必要的学术支撑。

另一方面，随着第二轮修志不断向前推进，完成二轮修志规划任务的地区和单位会越来越多。他们在编辑年鉴、加强地方志各项基础工作的同时，会有更多的时间和精力投入到乡镇村志编修的业务管理和指导上。同时，由于有中国地方志指导小组办公室《中国名镇志丛书》编纂出版工程的规范导引，乡镇村志中也会不乏精品佳志。可以相信，全省乡镇村志的编修会迎来一个高潮，成为明年全省地方志工作的亮点之一，地方志事业将会得到进一步拓展。

（三）全省地方志系统信息化、方志馆建设水平会进一步提高

地方志工作是地方公共文化建设的重要组成部分，地情网、方志馆既是地方志工作向社会提供公共文化服务的基础设施和重要平台，也是地方构建公共文化服务体系的重要一环。全省地方志系统信息化建设将会有新的进展。一是市、县两级地方志机构中尚未改版升级的地情网站会完成相关工作；二是全省地方志成果数字化速度会加快，地情资源数据库建设会不断完善，社会各界查阅使用将更为方便快捷。全省地方志系统方志馆规范化建设也会得

到加强。方志馆的定位会更加明确，志鉴类成果交流平台的作用将会得到发挥，省市县三级方志馆体系将会进一步得到完善。

（四）开发利用地方史志资源为现实服务会有新举措

地方史志资源宝库中蕴含着丰富的地方历史文化财富。加强对地方史志资源的深加工、积极拓宽为现实服务的渠道和手段一直是山东地方志工作的长项，2016年预计也会有新的举措。2015年是中国人民抗日战争胜利70周年，国家和山东省会举办一系列纪念活动。山东抗日根据地在整个抗日战争期间发挥着独特的重要作用，是山东一笔宝贵的历史财富。郭树清省长要求省史志办为明年山东纪念抗战胜利70周年活动提供历史资料服务。省史志办将会编辑出版《铭记历史　鉴古开来——山东抗战遗址和纪念设施名录》《山东抗日将士传略》等一批纪念抗战的文献资料，以配合纪念活动的开展。

广东省地方志发展报告

广东省课题组

一、广东省地方志发展情况

（一）行政推动与编纂管理相结合，在全国率先完成第二轮修志任务。

2002年2月，广东省启动第二轮修志工作。2014年11月，第二轮修志任务全面完成。编修出版省志1部（43卷、33册）、副省级市志2部、地级市志17部、县级志书100部。

广东省在第二轮修志中，将行政推动与编纂管理相结合，一手抓进度，以强化规划、加强督查等行政手段推动修志工作平衡开展；一手抓质量，认真贯彻中国地方志指导小组（以下简称中指组）《地方志书质量规定》，把以质量为中心的编纂管理贯穿修志全过程。一是全面开展志稿评议。每部志稿完成总纂后，均开展志稿评议并修改完善，方送审查验收。二是加强修志工作的督促检查。针对修志工作进展不平衡，省政府或省政府办公厅先后发出《关于加强第二轮新方志编修工作的通知》《关于对第二轮新方志编修工作进行督办的通知》和《关于加快第二轮新方志编修工作进度的督办通知》，并以省政府名义多次对重点地区、单位进行电话督办。修志工作后期，省政府将第二轮修志工作列入问责范围。省地方志办定期通报全省修志进度。2011年

6月至2013年9月，每月通报一次全省修志进度，推动修志工作平衡开展。三是完善审查验收。2008年，省政府办公厅印发《地方志书审查验收办法》，细化标准，将第一轮修志的“三次审查”改为“三级审查”，明确重点，落实责任，逐层把关。2008年12月，省政府成立由各方面专家组成的广东省地方志书审查委员会。2009年4月至2013年10月，广东省志43卷、21部地级以上市地方志书通过省地方志办复审、省地方志书审查委员终审。四是加大修志经费扶持力度。省财政每年划拨专项经费，补贴修志经费困难地区的地方志工作机构与省志编修单位。2012年划拨850万元，给经济欠发达地区40多部志书每部10至20万元出版经费补贴。

1. 综合立卷，《广东省志》质量特别是整体性、统一性明显提高。第二轮《广东省志》在加强整体性方面积极探索，将第一轮省志按部门独立设分志（94部分志）的做法改为按行业综合设卷（43卷），打破部门界限，整体性明显加强。2002年开始，省地方志办组织省直与中央驻粤单位、行业协会、大型国企等150余家单位3400多名人员，共同编纂《广东省志》1部（43卷）。2010年开始，启动省志出版印刷工作，省地方志办全程跟进省志出版印刷。第一轮省志出版印刷及其三审三校由编修单位各自负责，第二轮省志则由省地方志办集中统一出版印刷，并对三审三校全程跟进，自始至终把好质量关，确保省志总体质量较一轮有较大提高。省志出版印刷经费1000万元由省财政厅集中划拨省地方志办，统一负责《广东省志》出版印刷。2009年，《广东省志·资源环境卷》在全国省级志书编纂工作经验交流会接受评议，受到专家一致好评；2011年，《广东省志·总述卷》在全国首批地方志书精品工程评选中唯一全票当选；2014年7月，《广东省志》入选《“十二五”国家重点图书、音像、电子出版物出版规划》项目，是迄今全国三级综合志书中唯一入选的志书。

2. 分级管理，各尽其责，按时按质完成任务。第二轮修志中，省地方志办注意扩大地级以上市、县地方志工作机构在编纂管理和审查验收的职权，发挥各级地方志工作机构的积极作用。审查验收方面，2008年的《广东省地方志书审查验收办法》规定，“省和地级以上市人民政府应成立地方志书审查委员会”；“地级以上市编纂的地方志书，由本级人民政府地方志工作机构组织初审、省人民政府地方志工作机构组织复审、省地方志书审查委员会终审”；“县（市、区）编纂的地方志书，由本级人民政府地方志工作机构组织初审、上一级人民政府地方志工作机构组织复审、上一级人民政府组织的地方志书审查委员会终审”。出版印刷方面，市、县根据省地方志办制定的统一版式要求，自行进行政府采购，确定出版社与印刷厂。《阳江市志》于2010年3月率全省之先通过终审、同年9月出版印刷；梅州市的9部市、县（区）于2011年4月全部完成出版印刷，成为全国最早全面完成二轮修志任务的地级市。

（二）县级以上行政区域全面编纂综合年鉴，并理顺管理体制。

1. 认真落实《地方志工作条例》，推动县级以上行政区域全面编纂综合年鉴，理顺综合年鉴管理体制。2007年1月省地方志办增设年鉴工作处，加强综合年鉴编纂的管理与指导；2008年1月广东年鉴社从省政府发展研究中心划转省地方志办；2011年制订《广东省地方综合年鉴编纂规范》，提出一年一鉴、公开出版、当年出版的规范要求；2012年以省政府名义督办12个未开展综合年鉴编纂工作的县（市、区），2013年8月地方志系统外编纂的9部市县综合年鉴全部划转地方志部门；2013年，县级以上行政区域全面编纂综合年鉴、县级以上综合年鉴全部由地方志办组织编纂。2. 创新年鉴编纂工作。2010年起，打破传统行政区域界限，广州市政府牵头、珠三角9市政府参与，共同编纂《珠江三角洲城市群年鉴》，记述贯彻国务院《珠江三角洲地区改革发展规划纲要》、推动珠三角地区一体化发展历程。3. 加强年鉴业务培训。2008年前，每年举办全省综合年鉴编纂业务培训班。2009年起，每年举办全省综合年鉴主编培训班，并开展综合年鉴评议活动。广州、深圳、东莞、肇庆、清远、云浮等地级以上市也开展综合年鉴评议活动，东莞市更是年初评议年鉴篇目、年中评议年鉴初稿。4. 年鉴质量不断提升。2014年，县级以上综合年鉴全部一年一鉴。《广东年鉴》获第四届全国年鉴编纂出版质量评比特等奖、2010年全国地方志系统第二届年鉴评奖特等奖和广东省优秀期刊等奖项。5. 积极推动专业年鉴编纂。2013年省地方志办与中国移动广东公司合作，首次开展专业年鉴主编培训，提高专业年鉴编纂水平。据国家图书馆对1949至2013年中国出版年鉴总书目的统计，广东省出版综合年鉴和专业年鉴236种，居各省市自治区首位，成为全国年鉴大省。

（三）在全国首创并率先完成全面搜集整理出版历代方志工作。

2006年，广东省启动全面搜集整理历代方志，出版《广东历代方志集成》工作。这是广东有史以来首次也是全国首创的重大文化工程，省财政投入1900多万元、历时近6年，于2011年全面完成。从国内外将新中国成立前历朝历代编纂、现存且可查的433种省通志、府州志和县志全部搜集，按照忠于历史、保持原貌的原则影印整理，出版《广东历代方志集成》（每套277册，印刷500套），成为全国第一个全面完成旧志搜集整理与出版的省份。出版后，赠送国家与省级方志馆，国家与省内大型图书馆，省内综合大学图书馆，港澳台地区，全省县级以上档案馆、方志馆（室）。使昔日难得一见的广东历代方志以崭新容貌展现于各主要文化场馆，有效地抢救与保护了一笔珍贵的历史文化遗产，为了解与研究广东历史提供了丰富的文献资料，引起社会强烈反响，专家学者称之为“功德无量之举”，中指组向全国推广这一做法，第五次全国地方志工作会议将此项工作列为今后五年工作任务之一予以部署。

（四）在全国首创地方志资料年报制度，率先开展地方志资料年报工作。

2006年1月，广州市政府办公厅印发《广州市地方志资料年报制度》，在全省、全国首创地方志资料年报（以下简称年报）制度并开展年报工作。2007年，广东省政府将年报工作作为地方志工作的一项内容，列入《广东省地方志工作规定》。年报制度指各行各业各单位逐年搜集整理并向地方志工作机构报送上一年度自然、政治、经济、文化与社会等方面的资料，将修志启动后集中搜集前20年资料改为修志启动前逐年搜集上一年度资料，使资料搜集常态化、规范化，有效防止资料散失，保障资料全面准确，为下一轮修志打下坚实基础。

2012年，经省政府同意，制定了《广东省地方志资料年报制度》，省市县全面启动年报工作，逐年搜集报送二轮志书下限年后的地方志资料。一方面，省地方志办印发省级年报制度的《实施细则》，制定《省级资料年报编写要求》《省级资料年报编写示例》与《省级资料年报提纲及审核办法》，明确省级年报工作的内容、要求、程序与规范，列入规划的150个省直与中央驻粤单位、行业协会全面开展年报工作，2013—2014年，省地方志办通过政府采购方式，连续两年购买了15个行业协会的年报资料；另一方面，2013年4月，广东省召开市县区地方志工作机构主要负责人参加的全省地方志资料年报工作会议，对年报工作进行动员部署。另外，举办全省年报业务培训班，培训市县区地方志工作机构主要负责人和省级资料年报编辑室主任与工作人员。2013年，县级以上行政区域全面启动年报工作。至此，广东省成为全国第一个县级以上行政区域全面开展年报工作的省份。2014年，广东省重点抓好年报资料的评议验收，9月在中山市召开全省地方志年报资料评议会，是广东省首次全省范围的年报资料评议会，评议广州市等11个市的司法局年报资料及深圳市等12个市（区）的科技部门年报资料，同时还对中山市2013年度市级全部年报资料进行评议，以促进全省资料年报质量的提高。资料年报制度，是广东省在全国地方志工作的一项制度创新，得到中指组充分肯定，第五次全国地方志工作会议将此项工作作为今后五年工作任务之一予以部署。

（五）地方志信息化建设日臻完善，网、库建设齐头并进。

1996年，广东省就提出省建立地情基础资料信息库、市县开展方志资料电子检索的设想。1997年，在省政府网站建立全省第一个地方志网页。1998年中山市依托市政府信息服务平台开通全省第一个地级以上市网站——中山地情信息网，2000年肇庆市端州区建成全省第一个县级地方志网站——端砚专业网站。2001年，广东省情信息库网站正式开通，是全省第一个具备数据库和全文检索功能的面向互联网世界的地方志网站。2005年，广东省确立“统一规划，分级管理，资源共享”的地方志信息化建设原则，统一开发省市县地情资源网络管理系统，全面推进市县区地情网站建设，加强栏目设计，做大做强信息量，逐步完善省情信息库。2008年，建成广东省情数据库和广东省三级地情资源集群网络系统平台，是全国地方志第一个统一系统、分级管理的省市县站群管理平台和站群。同年，广州市地情资料数据库系统开通使用，是全省第一个具备数据库和全文检索功能的市县地方志网站。2012年，全省市县区全部建立地情网站并联网。至2014年，省情网建一级栏目1700多个，广东省情网建子库700多个，数据量7亿多字、图片3万多幅、视频

200多部，基本完成新编志书、年鉴、地情文献数字化，设政务纪事、大事要录、灾祸实录等现时省情栏目，贴近社会现实与群众需求。广东省情网以其鲜明的特色、丰富的地情信息受到社会广泛关注，公共服务水平不断提升，2013年点击量突破1000万次，2014年点击量超过1500万次，成为了解广东、宣传广东的重要窗口。2014年12月，开通广东省情网手机APP应用和方志广东微信公众推送，与广东省情网同步发布地情信息。

（六）主动作为，地方志资源开发利用成果初显。

2000年12月，广东省召开全省用志工作现场会，交流经验，部署开展用志工作。中国地方志指导小组副秘书长单天伦评价此会为“破天荒的创举”，“在全国带了好头”。之后，广东省结合经济社会发展与群众需求，积极开展以地情研究、地情展览、举办地情讲座、编写地情书、拍摄地情片、编辑资政参考资料为内容的地方志资源开发利用（以下简称开发利用）工作。2006年，省地方志办编写出版《广东省情简明读本》，赠送全省各级领导干部。2012年省地方志办在省委党校开设《概说广东省情》和《领导干部要读地方志》讲座，宣讲省情知识和利用地方志的基本方法；同年3月，开始编辑省情卡片《广东印记》，每周2期、每期1目，向省领导与省直单位、地级以上市300余名主要领导介绍基本省情，至2014年12月，共编辑发送270期；2012年8月，成立《广东方志地情研究丛书》（以下简称“丛书”）编审委员会，组织专家学者以《广东历代方志集成》为基础，开展历史上自然灾害、乡村基层权力组织建设与基层社会管理、乡都图里建置沿革、民间信仰专题研究，2014年结项出版，研究成果将报省委省政府及有关部门。自2013年4月，召开全省地方志资源开发利用工作现场会，总结推广南海区地方志办开发利用的做法与经验，部署实施《广东省地方志资源开发利用项目管理办法》，以项目管理制度推进开发利用。要求每个市县区“十二五”期间实施1至2个开发利用项目，以项目为抓手，通过申报项目、论证立项、经费扶持、实施跟踪、结项验收、评比推广等措施，确保开发利用取得实效，力争取得一批对经济社会发展有促进作用的成果。2013年5月，徐少华常务副省长视察省地方志办，进一步提出“修志编史记录社会进程，开发利用服务文明进步”的要求。各级地方志工作机构以项目为载体，积极开展开发利用工作。

2013—2014 年，全省共申报 221 个项目，立项 110 个。开发利用工作紧贴中心，找准方向，主动作为，并取得一定成效。如湛江市霞山区地方志办从志书中发现该区特呈岛历史上曾经存在古盐场，而该岛旅游开发中却缺乏历史文化特色，便向区委、区政府递交在特呈岛开发古盐场景观的建议，被区委书记批示予以充分肯定并被区委、区政府采纳实施。梅县区地方志办制作“梅县微志”，以短信形式发至全区副局以上领导干部，宣传梅县历史文化。新兴县、肇庆市鼎湖区地方志办主动联系电视台，合作拍摄地情系列片，广泛宣传地情。

（七）加强方志馆建设，方志馆功能定位有新突破。

1994 年，梅州市建成新中国成立后全国第一座由香港同胞捐建的方志馆。1995 年，广州市建成新中国成立后全国第一座由政府立项与投资兴建的方志馆。至 2014 年，广东省建成、在建与立项方志馆 11 个，其中，广东方志馆 1.1 万平方米、深圳方志馆 1 万平方米。广东省摒弃“方志馆 = 资料室 + 办公室”的传统模式，将方志馆定位为地情馆和公共文化服务设施。广东方志馆确立了省情展示与教育基地、地方志文献收藏与服务中心、省情信息收集与发布平台三大功能，其中省情展厅 4000 平方米，以勾勒全貌、突出特点为方针，以“基本省情 + 四地”（岭南文化中心地、海洋文明发祥地、民主革命策源地、改革开放先行地）为内容，展示广东历史与现状；地方志文献库与阅览室 3000 平方米，收藏志书、年鉴、家谱、古籍、史料等文献，为社会提供借阅服务；设立省情信息库，采集与整理各类省情信息并数字化，向社会发布。2013 年，广东方志馆启动了地方文献文物征集工作，向社会购买文献文物。

（八）理论研究彰显特色，对外交流不断加强。

除了开展日常性理论研究，2007 年以来，广东省实行每两年开展一次全省地方志理论研讨活动的制度，广泛组织撰写论文、自下而上交流与推荐、专家学者评选优秀论文、召开研讨会交流与表彰优秀论文、出版优秀论文集。至 2014 年 12 月，广东省共举办 4 次全省性研讨活动、推荐 511 篇论文参评，获奖论文 136 篇，出版优秀论文集 4 部，研究水平不断提高。2008—2014 年，广东省有80余篇论文参加全国或国际地方志学术研讨会，在《中国地方志》发表论文66篇，是在该刊物发表论文较多的省份之一。2013—2014年，广东省入选全国地方志系统国内或国际大型理论研讨活动的论文数量连续两年居各省（市、自治区）前列；2013年，省地方志办出版的地方志专著《岭表志谭》，全面评述民国时期前广东修志名家的方志思想与所修志书特点，评析总结广东省一轮93部县级志书优点、特点与不足，具有较强的学术性与指导性，中国社科院研究员、中指组办公室原主任诸葛计称其为“填补历史空白之作”。

广东省地方志办主办的《广东史志》（1984年创刊，2004年由季刊改为双月刊），2013年全新改版，增加年鉴论文刊发量、开展旧志研究，新设“广东纪事”和“修志人物”栏目，编辑部人员主动采访、撰稿，及时记录广东经济社会发展中影响较大的事物，介绍近年来广东地方志领域有突出贡献的地方志工作者。该刊至2014年共出版144期、发表论文800多篇，是广东省地方志理论和地情研究与交流的重要阵地。广东省积极利用毗邻港澳的地缘、人缘优势，开展地方志对外交流。1988年，广东省召开粤港澳台地方志学术交流会，这是大陆地方志工作机构首次与港澳台学者开展的学术交流。2013年，广东省成功承办第三届中国地方志学术年会暨两岸四地方志文献学术研讨会，大陆与港、澳、台地区140余位专家学者与会研讨。1984—2014年，广东省共举办国内、国际大型学术研讨活动9次，并加强与美国、加拿大、日本等国和中国香港、澳门、台湾地区的学术交流。

二、广东省地方志事业发展的基本经验

（一）坚持与完善“党委领导、政府主持、地方志工作机构组织实施、社会组织与力量参与”的地方志工作体制是推动地方志事业全面发展的根本保证。

1. 广东省地方志工作一直得到省委、省政府高度重视与大力支持，一直在各级党委领导和各级政府主持下开展，逐步成为政府一项基础性工作并发展成为一项事业。省政府历任分管领导认真履行职责，把省委、省政府加强对地方志工作的领导落实到工作中，解决了地方志事业发展中的许多重大问

题。1984年广东开展新方志工作至2014年，省政府共召开6次全省地方志工作会议，部署各时期地方志事业发展任务，省政府分管领导基本每年都出席全省地方志工作年度会议并提出工作要求。省委、省政府在加强对地方志工作的领导方面，一是将地方志事业发展纳入文化大省、文化强省建设规划纲要，保障地方志事业健康发展。二是加强地方志工作法制化建设，及时颁布地方志工作规章，以行政手段推动地方志工作健康开展，地方志工作中的普遍性和重大问题都得到较好解决。三是高度重视地方志工作机构与队伍建设，省市县全部建立地方志工作机构并列入参公管理范围，2011年省地方志办升格为正厅级，2014年全省地方志专职干部845人。

2. 省市县三级地方志工作机构认真履行主管本行政区域地方志工作的职责，开展对地方志工作的组织、指导、督促和检查，拟定规划方案，组织地方志书与综合年鉴编纂、地方志资源开发利用和地方志理论研究，推进地方志工作健康开展，全省涌现一批受到全国和各级表彰的先进集体和先进工作者。

3. 各级党政机关、企事业单位与社会组织是做好地方志工作的主要力量。按照地方志工作规划，各级党政机关、企事业单位与社会组织，设立机构，落实人员，保障经费与条件，有效开展与较好完成地方志书、综合年鉴编纂和地方志资料年报任务。

4. 社会各界专家学者积极参与，在地方志书编纂、理论研究及开发利用中发挥了重要作用。探索发挥专家学者在地方志工作中积极作用的方式，2007年建立广东省地方志专家库，聘请自然、政治、经济、文化、社会、史志6个部类地方志专家34名，组织他们参与省志编修、业务培训、理论研讨与地方志书审查验收，为全省各级地方志工作机构建立起联系地方志专家的渠道。同时，聘请一大批省内外专家学者参与志书编修与年鉴编纂工作。

实践证明，党委领导、政府主持、地方志工作机构组织实施、社会组织与力量参与的工作体制，符合地方志事业发展的规律与要求。

（二）树立与强化事业意识、大局意识、机遇意识、行政意识、作为意识，是推动地方志事业全面发展的内在动力。

1. 树立事业意识，把地方志作为一项事业总体谋划、整体推进。广东省把地方志工作作为一项事业总体谋划、整体推进，构建以志书编修、年鉴编纂、旧志整理为发展基础，信息化建设、方志馆建设、地方志资源开发利用为服务途径，法制化建设、地方志机构与队伍建设、地方志理论研究为发展保障的地方志事业基本体系，广东省地方志工作从编“一本书”起步，逐步形成了“以科学发展为主题，以服务中心工作、服务经济社会发展、服务人民群众需求为出发点与落脚点，以法制化建设、机构与队伍建设、理论研究为保障，全面开展志书编修、年鉴编纂、旧志整理、信息化建设、方志馆建设、地方志资源开发利用工作，充分发挥地方志工作在经济社会发展中的积极作用，推动地方志事业科学发展”的发展思路，并不断夯实发展基础，提升服务水平，强化发展保障，扎实推进地方志事业全面发展。

2. 树立大局意识，把地方志事业放在经济社会发展大局中谋划与推进。广东省各级地方志工作机构以开放的视野，注意学习党委政府各个时期的方针政策、发展规划与工作部署，加强社会调查，了解中心工作、经济社会发展和人民群众需求，找准地方志事业与经济社会发展大局的结合点，充分发挥地方志工作在经济社会发展中的积极作用。

3. 树立行政意识，以行政手段推动地方志工作。广东省各级地方志工作机构摒弃“地方志办是编纂机构”的观念，以政府为坚强后盾，利用政府有效的工作手段与渠道，强化地方志工作机构的行政职能。国务院颁布《地方志工作条例》和省政府颁布《广东省地方志工作规定》，明确了县级以上地方政府及其地方志工作机构在地方志工作中的职责，广东省地方志工作纳入了法制化轨道，成为政府的正常性工作。2010 年 5 月，广东省撤销临时议事机构省地方志编纂委员会。地方志工作由过去主要依靠临时议事机构协调，改为依靠政府的规划手段、会议文件手段、督办手段、总结表彰手段等，将行政职能贯穿于地方志工作始终，事前规划部署、事中组织指导、督促检查，事后审查验收、总结评比。

4. 树立机遇意识，主动抢抓发展机遇。广东省各级地方志工作机构摒弃“等靠要”观念，不断增强机遇意识，注意观察社会发展趋势，特别注意抓住党委、政府制定发展规划、作出重大部署、出台扶持政策，重大节日、纪念日，党委、政府领导莅临调研、发表讲话等机遇，将地方志工作融入其中，顺势而上。2002 年 12 月，省委提出建设文化大省的奋斗目标，省地方志办即向省委呈报《关于将地方志事业纳入文化大省建设的意见》，并根据省委领导的重要批示，报送将地方志事业发展的主要任务列入《建设文化大省规划纲要》的建议，得到了省委、省政府的重视与支持。广东方志馆作为文化大省重点建设的文化设施，全面完成二轮修志任务、全面搜集整理与出版历代方志、加强地方志信息化建设作为文化大省建设的主要任务列进了《规划纲要》，使争取多年未果的广东方志馆顺利通过立项，全面搜集整理与出版历代方志和地方志信息化建设近3000万元的经费获得批准，二轮修志全面推进，对推动地方志事业发展起了重要作用。

5. 树立作为意识，以发挥作用谋求地方志事业的社会地位与发展空间。1998年广东省地方志办提出“有为才能有位”的工作理念后，各级地方志工作机构发挥优势，主动作为，积极推进地方志资源开发利用，以发挥作用凸显地方志工作的社会价值，提高地方志工作的社会地位，谋求地方志事业的发展空间。包括加强信息化建设，为社会提供全面丰富的地情信息服务；加强方志馆建设，为社会提供地方文献与地情展示服务；编写地情书、编辑地情资料，拍摄地情电视片、开辟地情专栏，举办地情讲座与地情展览，开展地情宣传，推进地方志进党校、进学校、进社区，为领导干部与群众了解省情、市情、县情服务。开展专题地情研究，挖掘历史文化资源，为建设项目提供地情信息咨询服务，为经济社会发展提出专项建议。

三、广东省地方志事业发展中存在的主要问题

（一）地方志资源开发利用工作水平不高，成效不明显。

目前，开发利用工作是广东省地方志事业发展中最大的短板，与中心工作、经济社会发展、人民群众需求结合不紧，缺乏深度，作用不明显，总体水平仍停留在编写地情书、编辑资政参考资料、举办地情展览水平。

（二）年报资料工作有待规范。

作为一项全新的工作，资料年报在规范报送内容，拓宽资料来源，准确把握专题资料等方面仍有不足，导致部分年报资料缺项、内容不全面、资料

来源不清晰等问题。

（三）县（区）级地方志工作亟须加强。

部分县（市、区）党委政府不重视或重视不够，地方志工作机构人员编制与工作经费较少，人员素质不高，影响工作正常开展，难以完成信息化建设、资料年报和开发利用等工作任务。

四、广东省地方志事业发展展望

目前，广东省地方志事业发展已经站在新的起点上。2014 年 4 月召开的第五次全国地方志工作会议，部署了全国地方志事业发展目标与任务。中国地方志指导小组要求，广东省地方志工作要先行先试，为全国地方志事业新一轮发展特别是为开展第三轮修志和地方志资源开发利用探索做法和经验。2014 年 8 月，王伟光在广东省调研时明确要求“广东省地方志工作要继续发挥排头兵作用”。9 月，王伟光为广东省地方志工作题词“改革创新再努力，继续当好排头兵”。

2015 年，广东省地方志事业发展任务艰巨、责任重大，将呈现五个发展趋势：一是地方志资源开发利用将进一步深化，在经济社会发展中的作用增强；二是地方志信息化建设将不断完善，社会服务水平进一步提高；三是方志馆作用将得到发挥，广东方志馆、广州方志馆、深圳方志馆全面建成开放；四是将启动第三轮修志的理论、资料与队伍准备工作，探索开展第三轮修志工作的思路与方法；五是地方志工作将向基层延伸，更加全面记录各行各业各地的发展历程；六是对外交流与合作将更加深入，地方志文化的影响力进一步扩大。

五、广东省地方志事业发展对策建议

（一）夯实基础，不断提升志鉴总体质量。

1. 加强队伍专业素养培训。以修志编鉴为重点，依托高等院校，分期分批对全省地方志业务骨干进行全面系统的业务培训，提高地方志队伍的志鉴编纂、地情研究、开发利用项目管理等方面的能力。同时，继续抓好综合年鉴主编、资料年报业务、信息化建设等专项培训工作。

2. 规范综合年鉴管理，不断提高编纂质量。2015 年起，把年鉴工作作为地方志工作新的增长点和支撑点，认真落实《广东省地方综合年鉴编纂规范》要求，加强全省综合年鉴的规划管理。2015 年，制定印发全省年度综合年鉴编纂工作规划，各地级以上市地方志工作机构在年初上报本市及所辖县市区综合年鉴报送年度编纂计划，年底上报本年度计划执行情况。建立综合年鉴出版前评议、出版后审读制度。每年地级以上市至少评议（或审读）一部年鉴、一部年鉴篇目，县市区每两年至少开展一次年鉴稿评议（或审读），提倡地级以上市开展年鉴互评、互相抓错；省志办每年至少抽查五部市县区年鉴，不断提升综合年鉴编纂质量。2015 年，全省基本实现一年一鉴、公开出版、当年出版的目标。

3. 全面落实资料年报制度，为第三轮修志做好资料准备。2015 年重点规范年报工作，提高年报资料质量，为第三轮修志打下坚实的资料基础。一是加强督促检查，抓好工作进度。进一步完善年报资料编写、报送、审查验收、评议等具体制度，保障年报工作按期进行。对于年报工作中发现的突出问题，要积极呈请政府以通报、电话、专项督查等形式予以督办，提出要求，限期改进，推动年报工作健康开展。二是加强业务指导，开展评议活动。从第三轮修志的需要出发，明确资料收录与审核标准。2015 年起，地级以上市全面开展年报资料评议活动，以评议促质量提高。省地方志办成立全省年报资料评议指导小组，上半年，分必评内容和抽评内容对地级以上市年报资料进行评议，并在全省范围通报评议结果。地级以上市地方志工作机构上半年也相应对所属县市区年报资料进行评议，并召开一至两次全市年报资料评议会，查找存在问题，以评代训，以评代指导，确保年报资料质量。三是细化业务培训，提高针对性。选取年报资料实例，制做培训教材，以 PPT 格式发到各级地方志工作机构，用于培训承报单位年报人员，帮助承报人员准确理解年报工作的内容、做法和要求。同时，各地将集中培训与分散培训相结合，做好分类培训或专门培训，提高针对性。

4. 加强理论研究，全面总结第一、二轮修志经验教训，为第三轮修志做好理论准备。继续坚持与完善每两年开展一次全省地方志理论研讨活动的制度，分专题有计划地组织对第一、二轮修志的组织方式、编纂方法以及志书体例、篇目、选材、写作等编纂业务重大问题的研讨，总结经验教训，提出继承与改进意见，拟定第三轮修志的组织方式与第三轮志书的基本体例、篇目与编写规范；编辑《广东省一、二轮修志工作文件汇编》《广东省一、二轮修志地方志书审查验收会议纪要汇编》和《广东省一、二轮修志编纂理论研究论文集》，为三轮修志提供借鉴参考。

（二）抓住重点，提升地方志服务水平。

1. 加强地方志资源开发利用工作。继续实施与完善开发利用项目管理办法，立足于服务中心工作、经济社会发展和人民群众需求，以项目为抓手，挖掘开发广东历史与岭南文化资源，一是开展地情研究。认真总结历史经验、历史教训和历史警示，深入探索社会发展规律，为推进治理体系、治理能力现代化和经济社会发展献计献策。二是开展地情教育。举办方志讲坛与地情展览，编写省情干部读本、中小学生乡土教材与社会普及读物，推动地情教育进党校、进学校、进社区，推动干部群众对广东历史和传统文化的深入了解。三是开展省情调查。组织对全省自然村落历史与现状的全面普查，编写出版《广东省自然村落简明事典》丛书，为保护历史文化遗产和建设历史文化名村服务。四是挖掘岭南历史文化资源。开展优秀家训征集评选，出版《广东经典家训》。

2. 继续完善地方志信息化建设。2015 年起，加快全省地情资料数字化进程，进一步做大做强省情信息数据库，至 2020 年，全面完成志书、年鉴与地情文献（数据）等智能化分析、处理和入库。依托省政府大数据中心，建立省情资源数据中心，开发和建设省情资源数据挖掘和采集系统、智能检索分析系统、谱牒非结构化数据库和数据仓库等，全面提高省情数据搜集和解析能力。2015 年，继续做好广东省情网手机 APP 应用和方志广东微信公众推送，应用新手段扩大地方志影响力和传播力，提升省情网及各级地情网站的社会服务水平，向社会广泛宣传广东发展历史与发展新成就，为群众提供全面便捷的地情信息服务。

3. 加强方志馆建设。2015 年，完成广东方志馆省情展厅、深圳方志馆展厅布展，全面开展地方文献征集，向社会开放，为全省各地方志馆建设发挥示范作用。

4. 加强对外交流。继续发挥广东地缘人缘优势，加强与港澳台史志界、国外文史年鉴编纂机构的学术与成果交流，借鉴经验，共享资源，以开放促发展、合作促提升。2015 年，与台湾文史机构建立地方志书与地方文献交换机制，加强对台湾地方志书与地方文献的征集与交流。积极推动地方志文化产品走向海外，充分发挥地方志文化在宣传推介广东，增强中华文化凝聚力、广东影响力与竞争力方面的积极作用。

（三）开拓视野，推动地方志工作向基层延伸。

极推动有条件的部门、行业协会编纂部门志（年鉴）、行业志（年鉴）和中心镇与历史文化名镇编纂综合年鉴，有条件的地区特别是珠三角地区编修乡镇（街道）志（年鉴）、村志，更加全面记录我省各行各业发展历程。加强指导，制定部门志（年鉴）、行业志（年鉴）、乡镇（街道）志（年鉴）、村志编纂规范。

（四）强化保障，完善地方志工作法制化建设。

认真总结《广东省地方志工作规定》颁布以来地方志工作法制化建设的成绩、经验与存在问题，2015 年启动《广东省地方志工作规定》的修订工作，适时推进《广东省地方志工作条例》的制订，为地方志事业进一步发展创造良好的法制环境。

河南省地方志发展报告

河南省课题组

一、河南省地方志工作发展态势

截至 2014 年 6 月，第二轮河南省志编纂仍处艰苦攻坚阶段，省志工作进入对无对口承编单位志稿的扫尾阶段。在第二轮省志 88 个承编单位中，基本定稿 85 家，占总数的 97%；完成三校三审 47 家，占总数的 53%；已经发排正在一校、二校的 38 家，占总数的 44%；尚未送审 3 家，占总数的 3%。

截至 2014 年 6 月，全省市县两级 167 个有续志任务单位，完成初稿 167 个，占总数 100%。其中 18 个省辖（管）市中商丘、濮阳、洛阳、鹤壁、焦作、平顶山、新乡、安阳、郑州、漯河、三门峡、济源、信阳等 13 个市志书已出版，周口已审核通过；有任务的 149 个县（市、区）已审核出版 125 家。全省各市均能按照要求健全和落实质量责任体系，制定了承编责任制、主编责任制，志书质量岗位（编辑）责任制、志稿三级评审和审核验收制度，从资料核实、内容编辑、出版校对等各个环节做到责任明确，保证了志书质量。

编辑出版省一级期刊《河南年鉴》。全省各市县综合年鉴及各级各类年鉴也取得新的进展，截至 2014 年 6 月，18 个省辖市均编纂了本级综合年鉴；158 个县（市、区）出版综合年鉴 113 种，占全省县级总数的 71.5%。全省各级综合年鉴发展到 132 种，占全省市、县两级总数的 74.6%。同时，我省还出版各类专业企业年鉴近 40 种。全省现已出版各种各类年鉴逾 170 种。

《河南大事月报》围绕“客观求是，领导参阅，资政存史，鉴往昭来”的办报宗旨，认真实施，精心组稿，科学编排，按期按时连续出版、发放。截至年底，共收到报送和采集稿件5000多条，采用约2000条，为各级领导决策提供了准确、快捷的信息咨询服务，受到有关领导和多家撰稿单位的高度重视和广泛好评。全省各市县大事月报工作发展势头良好，截至目前，全省共有17个省辖（管）市、53个县（市、区）开展了大事月报工作，占全省市（县、区）的50%以上。

省情数据库、方志馆、网站等信息量不断增大，本年省情数据库完成新增入库容量近5000万字。省情数据库录入总量达到2.5亿字，规模基本形成，成为了解河南地情的主要窗口。河南省情网累计访问量达到16万人次。各地市、县（市、区）史志系统信息化建设也取得长足发展。新乡市方志馆早已建成，展厅布置紧凑合理，影响较好。三门峡市方志馆建成开馆，总面积4030平方米，其中布展面积2400平方米，被确定为河南省爱国主义教育基地。其中濮阳、商丘、平顶山、郑州、焦作、周口、鹤壁等市方志馆正在筹建中。全省县（市、区）方志室已建50%左右，其中宝丰县方志室建设规模较大。整体信息化建设正在有力推进。

2013年，经省政府同意，依据《地方志工作条例》和《河南省地方志工作规定》，为进一步加强地方志编纂工作，充分发挥地方志在促进经济社会发展中的作用，省政府办公厅出台了《关于做好乡镇志编纂工作的通知》（豫政办〔2013〕89号），标志着我省乡镇志编纂工作全面启动。省史志办出台乡镇志的编纂方案和实施细则。2014年7月14日举办了全省乡镇志编修培训班，有220余人参加，覆盖了全省各市、县（市、区）修志机构。平顶山、信阳、三门峡已举办了全市乡镇志培训班，其他各市正在筹备市级培训班。全省现已出版乡镇志近百部。总之，我省全面启动乡镇志编纂工作，是在市县两级史志机构先期探索实践基础上进行的，现正在如火如荼地开展。

旧志整理出版工作是《地方志工作条例》和《河南省地方志工作规定》赋予史志机构的重要职责之一，也是服务中原经济区建设主体功能区之一——华夏历史文明传承创新区的重要方面。河南是方志大省，方志资源丰厚，河南历代旧志是中原文化的重要内容和载体，它既是华夏文明传承的重要载体，也是华夏文明创新的源泉。旧志整理与开发是地方志工作的重要组成部分，也是参与和服务中原经济区建设的重要内容之一。在省政府的关心和大力支持下，这项我省史志事业的重大工程经省政府批准并在省财政的积极推进下正式启动。河南历代方志编修960余部，现存的有近600部，计划全部影印，共计分了300余册，省志卷已开始影印出版。整个工程计划用五年的时间完成。

方志理论研究成果对方志事业的发展起着重要的引领和指导作用，也是方志学科建设的重要标志。在不断深化方志理论的探索和研究，充分发挥史志协会专业功能的同时，利用《河南史志》刊物平台，调动史志工作者研究积极性，在方志理论研究方面取得了新突破。《河南史志》本着“研究史志理论，探讨修志方法，交流修志经验，服务史志事业”办刊宗旨，全年出版6期，刊登文章150余篇，总字数43万字，其中方志理论研究文章70余篇，在《中国地方志》和有关刊物上发表文章10余篇，参加全国交流文章数篇，参加全国性交流培训活动20余人次。现出版集体和个人理论专著十余部。今年省史志协会组织近30名史志工作者参加《新方志编纂论》一书的编纂评审工作，年底出版发行。以上活动都有力地推动了我省方志理论研究工作。

各级史志机构努力开发方志资源，为各地经济和社会发展提供了多层次的信息和咨询服务。郑州市《郑州名典》系列丛书已部分出版，《荣誉郑州》《数字郑州》《民生郑州》微型系列地情书已经出版；洛阳市编辑出版《洛阳名碑十品》，正在编写《洛阳十三朝》《千古白居易》《图说洛阳姓氏》《图说洛阳佛道胜迹》；开封市编辑出版《开封地方文化全书》《开封菊花志》；安阳市编辑出版中国古都系列丛书《古都安阳》；漯河市编辑出版《宜居名城——漯河》；焦作市编辑出版《美丽焦作》；三门峡市编辑出版市情集锦大型画册《走进三门峡》；濮阳市编辑出版《魅力濮阳》；信阳市固始县编辑《固始历史文化丛书》，新县编辑出版《红色印记——鄂豫皖苏区首府新县革命旧址览胜》等。其他省辖市在利用方志资源，做好用志开发、服务经济社会发展方面，均取得新的成就。

二、河南省地方志工作发展当中存在的问题及对策

1. 河南省省级地方志工作机构以及个别省辖市地方志工作机构规格偏低，

行政职能较弱，组织指导和协调的难度较大。以省史志办自身机构而言，由于机构规格的原因，造成了干部流动性差、政治待遇上欠账较多，矛盾比较突出。

对策：在目前新形势下继续向上级请求支持帮助，理顺机制体制。

2. “一纳入、八到位”在一些地方落实得还不好，地方志工作条件较差，个别地方对史志工作重视不够，机构队伍不稳，经费难以保证。

对策：按照建设“四个河南”文化强省的要求，进一步向各级政府做好地方志的宣传工作，以期引起重视。

3. 地方志工作机构整体边缘化的趋势没有得到根本性的改变。缺乏依法修志的手段，规范化、制度化建设仍需加强。伴随着国家历次机构改革，我省地方志机构都无一例外的面临着被裁撤、被合并、被降格的命运。虽然在国家和省层面都先后制定并颁布了政府规章，但是依法修志的力度和手段依旧处于弱势。

对策：进一步加强《地方志工作条例》《河南省地方志工作规定》宣传贯彻和执行的力度。

4. 服务社会经济发展上手段滞后，基础设施跟不上，服务主动性小、超前性少，围绕党委、政府中心工作开展专项研究的成果少。

对策：主动与各级党委政府相互沟通，宣传地方志的作用和意义，发挥自身优势，充分利用地方志的资源开展有效服务工作。

5. 志书编纂工作整体进展不平衡，已出版的志书有的在质量上还存在差距。

对策：进一步强化质量意识，严格按照《地方志工作条例》和《河南地方志工作规定》进行规范修志行为，并落实各项质量制度规范。

6. 方志学科体系建设、理论研究相对滞后，方志理论之于编写上的应用积淀较为缺乏。

对策：进一步加强相互交流，更加注重在实践层面上升华理论的认知，发表更多的研究成果。

三、河南省地方志工作的发展趋势和展望

（一）河南省地方志工作的发展趋势

1. 各级党委政府和领导对地方志工作重视程度的不断加强，这是与对地方志工作的认识程度紧密地联系在一起的。随着地方志工作不断取得新的成绩，方志成果不断服务于社会和广大的民众，这种认识的程度会更进一步的加深和加强。

随着贯彻落实十八届四中全会精神的不断深入，依法治国已然成为今后我国发展与进步的新常态。因为我们有充分的理由相信，在《地方志工作条例》和《河南省地方志工作规定》认真贯彻的基础上，依法修志会达到一定程度的共识。

此外，全省方志工作机构更加注重史志成果质量，使史志成果质量进一步提高。从建立健全质量保证体系、实施督查通报制度，开展志书创优工程志书以及回头看等各个质量保证的过程，确保了河南省第二轮志书的质量。在全省第二轮修志工作行将胜利结束之时，更要将质量放在第一位，以高质量的地方志成果更好地服务经济社会的发展。

史志队伍素质建设将成为常态化，以适应全省史志工作发展需要。大力实施“人才带动战略”。制定史志人才培养规划，大力弘扬淡泊名利、无私奉献、爱岗敬业、求实创新的精神。把对史志工作者的教育、培养工作纳入议事日程和制度建设中，通过有计划的实践锻炼、业务培训、轮岗交流、学习考察等途径，不断提高干部队伍素质和工作能力，力争培养一批在全国叫得响的修志用志专家学者。

随着全省第二轮志书编纂进入扫尾阶段，编纂乡镇志成为省、市、县三级志书的延伸和补充，是对新方志事业的创新和拓展，也是全省修志事业的重要组成部分。我省第二轮志书即将结束，除了继续编好年鉴、大事月报、部门志、推进地情信息库建设外，修志是我们的基础性工作，拓展修志领域，在全省范围内启动乡镇志编纂工作，无疑将提到议事日程上来，这是全省史志事业可持续发展的必然要求。

与此同时，方志事业发展也面临着三大挑战。所谓三大挑战，一是面临着创新理论、创新观念、创新体制机制的挑战；二是面临着提升修志、用志、学术成果质量水平的挑战；三是在修志用志、地情数据库、办公自动化中现代科技手段运用的挑战。面对新趋势、新挑战，给史志工作者提出了三个更高要求：一是对修志队伍的水平素质提出了更高要求；二是对史志工作实现高效率的现代科技手段提出了更高要求；三是对史志工作各种成果质量提出了更高要求。我们必须由闭门修志向开门修志、由单一修志向全面推进方向实现新的转变。

（二）河南省地方志事业发展的展望

1. 基本完成全省第二轮修志任务

编纂我省第二轮省、市、县三级志书是我们的一项主体任务。因此我们要坚决完成好省委、省政府交办的《河南省志》编纂工作，在大部分内容已完稿的基础上，要千方百计推动省志需待完成的剩余任务，并争取做好省志出版前的排校定稿、成书设计、统编合成、申请书号、印刷材料等各项准备工作，力争年内正式启动二轮省志的印刷出版工作。同时，尽快建立省志资料年报制度，适时启动《河南省志年报》论证设计项目，继续推动省志各承编单位的行业志、部门志、行业年鉴等编纂工作，保证省志业务可持续发展。对于未完成市、县（市、区）志书的史志机构，高质量地完成第二轮志书编修任务，仍是2015年的工作重点。市、县（市、区）二轮修志工作已进入扫尾阶段，力争评完剩余的10部志书，确保全省修志工作的高质量完成，已评过志稿的地方，按照标准要求，提高工作效率，在完善修改后，抓紧送审定稿，争取年内出书，基本完成全省二轮修志工作。

2. 进一步扩大综合年鉴覆盖面

按照《地方志工作条例》《河南省地方志工作规定》以及省政府办公厅《关于做好县级综合年鉴编纂工作的通知》要求，要把综合年鉴编纂工作作为史志机构的基础任务抓实，切实做好地方综合年鉴的编辑出版工作，推动25%左右的重点，推动全省县级综合年鉴均衡发展、扩大覆盖面，覆盖率目标最终达到100%。

3. 稳妥推进乡镇志编纂工作

从2015年开始，按照省政府办公厅要求，河南省乡镇志编纂工作已经全面启动，各地史志机构要认真做好安排和部署。2015年的主要任务是开展动员和培训，即全面发动，全覆盖式培训。每年达到200部左右的编修任务，全面加强对乡（镇、街道）志的编纂指导，使乡（镇、街道）志客观、真实地记述乡（镇、街道）的经济社会现状、历史变化和发展轨迹，留下乡情和历史记忆，推动基层文化繁荣，服务促进乡（镇、街道）经济社会的全面发展。

4. 扎实推进《河南历代方志集成》整理出版工程

根据《河南省地方志工作规定》《河南省地方史志工作“十二五”规划》要求，依托文化部“古籍整理再造工程”，利用国家图书馆等馆藏河南方志众多的优势，会同有关部门和单位，积极开展好这项工作。此项工程初步测算，将影印近600种，规划300余册。我们要扎实推进，依照程序，保证质量进度，使之落实到位。按照规划要求，力争年内完成工程总量的30%以上，争取用五年左右的时间全部完成影印整理任务。

5. 不断提升大事月报品位

目前我省还有50%左右的县（市、区）未编辑大事月报，我们要求凡是没有启动大事月报的市、县（市、区），要创造有利条件，启动大事月报的编辑出版工作，不断拓展编辑月报的覆盖面，最终达到80%县（市、区）编大事月报；已编辑出版大事月报的地方要结合本地情况，勇于创新，努力把大事月报作为史志部门的一项经常性工作抓出成效，为各级党委、政府提供及时的信息咨询和服务。

6. 进一步扩充库、馆、网等基础建设

2015年省地情数据库年入库信息量力争再增加5000万字，同时充分与各省辖市相互协作，力争达到年增录入1亿字的目标。全省各级史志机构要认真落实好全省地方志信息工作会议精神和省志办信息化建设要求，规范地情信息化建设。没有建立方志馆（室）的地方，要创造条件建立自己的方志馆（室），已列入计划项目的要加快实施步伐；未建立地情数据库的市，要千方百计申请经费，独建或和省地情数据库结合，建立子库，以适应信息化建设需要；未建立网站的地方，必须尽快建立网站以适时与省地情网的对接，为实现全省地情信息共享奠定基础。

7. 着力提高公共服务能力

要围绕“四个河南”建设和党委、政府的中心工作，切实发挥好地方志的地情服务功能。省里尽快论证实施具有带动全局作用的用志开发项目，争取形成“当代河南名片”系列丛书编纂方案，主动融入助力服务“四个河南”建设。各地要继续深入研究、科学论证、广泛征询，尽快形成系统稳定、开放兼容、灵活机动和易于操作的用志项目。完成和接近完成二轮修志任务的地方要率先开展，总结经验，稳妥推进。将来要把服务经济社会发展成效作为对史志机构工作水平高低的考核评判的一项标准。

8. 推动方志理论研究不断深入

各级史志办和协会、学会要围绕学科建设及史志工作中的热点、难点问题，采取多种方式，及时组织各类交流、研讨和培训活动。要充分发挥《河南史志》刊物的理论阵地作用，推动修志理论的研究，探讨修志方法，交流修志经验，服务史志事业发展。年内编辑出版《新方志编纂论》，用以指导全省修志实践，在方志理论研究方面取得新进展。

Ⅲ

专题报告

方志文化助力文化强国建设

陈 强 萧艳娥

提 要：方志文化是地方志编纂实践发展而形成的独特的文化体系，至2013年底初步形成了由制度保障、工作成果体系、事业发展构架、共同价值理念等构成的中国特色社会主义方志文化，在文化强国建设中能够也正在发挥着积极作用：为人民群众提供优质的公共文化服务；忠实记录文明进程，全面展现时代风采；承载中华民族精神品格，弘扬社会主义核心价值；维系海内外中华儿女，增强民族认同感；传播中华文明，展现国家软实力。展望未来，在社会主义文化强国建设强有力的支撑下，在党与国家领导人的高度重视与支持下，方志文化将呈现良好的发展局面，成为文化强国建设的主体力量，在记录历史、传承文明、服务社会、引领风尚等方面发挥重要作用；成为公共文化服务平台的重要组成部分，公共文化服务水平全面提高；与其他领域的合作交流将更加普遍，方志文化的特点与作用进一步发挥。

关键词：方志文化　助力　文化强国建设

文化是民族的血脉，是人民的精神家园。中共十八大报告指出，要扎实推进社会主义文化强国建设，强调全面建设小康社会，实现中华民族伟大复兴，推动社会主义文化大发展大繁荣，提高国家文化软实力，发挥文化引领风尚、教育人民、服务社会、推动发展的作用。地方志是中华传统文化的瑰宝，是中华民族特有的文化基因，是文化强国建设的重要组成部分。经过两千多年来的世代相传，特别是20世纪80年代以来30多年的发展，地方志已从单纯的地方志书编纂，“初步形成了由制度保障、工作成果体系、事业发展构架、共同价值理念等构成的中国特色社会主义方志文化。”[①] 方志文化，以其独特的价值与魅力记录了中华民族伟大的文明进程，传承着中华民族优良传统，弘扬中华民族传统美德，在培育社会主义核心价值，提高国家文化软实力，推动社会主义文化强国建设上发挥了重要作用。

一、方志文化的特征与发展现状

（一）方志文化的特征

方志文化是由地方志编纂实践发展而形成的独特的文化体系，包含人们在方志编纂和应用实践中所获得的物质和精神的总和。方志文化以地方志编纂为根基，具有独特的民族性和鲜明的时代性。

文化具有独特的民族性，而方志文化是中华民族独有的历史文化，并且具有鲜明的时代性。地方志两千多年的传承不是简单的重复，而是通过师法、借鉴传统的编纂体例、体裁和记述规范，在编纂内容和著述方式上，赋予新的时代内容和时代精神，以新观点、新方法、新材料，记述该时代的新事物、新成果、新发现，反映时代特色、时代精神。中华人民共和国成立后的新编地方志，以马克思主义唯物史观为指导，全面、客观记录中国共产党领导全国各族人民进行社会主义建设的伟大进程。同时，在对传统旧方志的继承上，取其精华，去其糟粕，摒弃了旧志中宣扬的皇权、愚忠、愚孝等思想，继承与发展了爱国爱乡、自强不息、守望相助等中华民族精神，弘扬敬业守法、开拓进取、改革创新、乐于奉献等时代精神。在此基础上发展的当代方志文化，适应社会主义先进生产力发展要求，代表和维护最广大人民的根本利益，是社会主义先进文化的重要组织部分。

民族性与时代性相辅相成，共同推动方志文化代代相济，传承发展，永

---

① 王伟光：《发扬成绩　谋划长远　奋力书定地方志事业发展新篇章——在第五次全国地方志工作会议上的工作报告》，《中国地方志》2014年第5期。

葆青春活力。

（二）方志文化的发展现状

新中国成立后，特别是经过改革开放以来三十多年的发展，地方志工作从编纂“一本书”，逐步拓展工作领域，不断赋予地方志工作新的内涵，“初步形成了由制度保障、工作成果体系、事业发展构架、共同价值理念等构成的中国特色社会主义方志文化。”①

在制度保障方面，形成了党委领导、政府主持、地方志工作机构组织实施、社会力量积极参与的工作体制，以及推动将地方志工作纳入地方国民经济社会发展规划、文化事业发展规划和各级政府工作任务，要求做到领导到位、机构到位、经费到位、队伍到位、条件到位的工作机制。在工作成果方面，至2013年底，全国已编纂出版了7000多部省、市、县三级地方志书，26000余部行业志、部门志、专题志、乡镇（街道）志、村（社区）志，1900多种、数万卷的地方综合年鉴，以及种类繁多的地情文献资料②，加上现存的8000多种旧志及其整理成果，构成一座不断丰富、以国情地情为主要内涵的地方志资源宝藏。在事业发展构架方面，初步形成志书、年鉴、旧志整理、数据库、方志馆、地情网站、方志期刊、理论研究、地情资源开发利用等全面发展的格局。在共同价值理念方面，坚持在中国特色社会主义理论体系指导下开展修志编鉴工作，秉持实事求是、存真求实的修志人从业道德，形成了“淡泊名利、甘于奉献、恪尽职守、锲而不舍、开拓进取”的修志人精神。

种类繁多、数量庞大的工作成果，忠实记录了中华民族的伟大文明进程，充分展现了中华民族优秀的传统美德、民族精神和时代精神，有助于人们认清中国文化和地域文化的历史渊源、发展脉络、基本走向，有助于了解中华文化的独特创造、价值观念、鲜明特色，为人民群众提供了丰富的精神食粮，为弘扬中华传统美德、培育社会主义核心价值观，为开展社会科学研究，为党委政府资政参考提供基本素材；方志人的共同价值理念，是方志人践行社

---

① 王伟光：《发扬成绩　谋划长远　奋力书定地方志事业发展新篇章——在第五次全国地方志工作会议上的工作报告》，《中国地方志》2014年第5期。

② 新编地方志书、年鉴的数据，来源于《中国方志通讯》2014年第19期。

会主义核心价值观的具体体现，是一种无形的精神力量，能够激励人们积极向上、勤勉敬业、奋发有为，将在培育与建设社会主义核心价值观上发挥重要作用；全面发展的事业构架，使地方志从提供大部头的纸质文献到利用现代信息技术、现代传播技术实现快速、便捷、零距离的地情信息传播，从被动提供地情资料到主动开发利用地方志资源，主动为经济社会服务；较为成熟的工作体制与工作机制，为方志文化的发展，为方志文化发挥社会效用提供强有力的保障。

二、方志文化在文化强国建设中发挥积极作用

方志文化是社会主义文化的重要组成部分，全面记录中华民族的文明进程，为当代中国改革与发展提供历史借鉴与智力支持，在丰富人民的精神生活、服务社会发展、引领社会风尚、增进民族感情、展现国家软实力等方面发挥积极作用，成为社会主义文化强国建设的重要推动力量。

（一）为人民群众提供优质的公共文化服务

方志文化在发展中积极提高公共服务水平，为人民群众提供了大量优质、便捷、惠民的公共文化服务。

蔚然可观的地方志成果群，为人民群众提供了丰富的精神食粮。日臻完善的方志文化设施建设，为人民群众提供了快速、便捷、零距离的地情文化服务。至2013年底，全国已建设国家方志馆1个、省级方志馆14个、市级72个、县级馆238个；全国开通省级地情网站27个、市级网站206个，县级网站638个[①]。新旧志书、年鉴、期刊以及地情书等成果的数字化工作正在紧张进行，地情资源数据库不断壮大，方志文化服务水平不断提高。

方志文化活动推动了公共文化的公民参与。地方志书、地方综合年鉴等方志文化产品都是众手成书的协作性产品，具有广泛的群众参与性。据统计，全国参与第一轮、第二轮修志的专兼职人员均达十万人。此外，一些地区还创新工作方式，拓展公众参与方志文化建设渠道，凝聚群众力量，汲取群众

① 数据来源：《中国方志通讯》2014年第19期。

智慧。例如，广东省地方志办在广东省情网上设有“网上太史公”栏目，公众可以通过该栏目参与修志、进行志稿点评、对地方志工作进行建言献策。北京市地方志办在编撰《名人故居志》和《北京奥运志》时，向社会有偿征集资料和数千张照片。这些活动，推动了公共文化的社会参与，保障了公民的文化参与权。

（二）忠实记录文明进程，全面展现时代风采

地方志横陈百科，纵不断线，以其独特的编纂体例全面、客观地记述了一地一个时期自然、政治、经济、社会、文化各个方面的历史发展与现状，展示了中华民族文明进步的进程。历代方志，虽然主观上是为封建统治服务，但客观上全面展示了当时的生产力发展水平、主流思想和主流文化，记录了中华民族的文明进步；新编地方志，以马克思主义唯物史观为指导，在记好中国古代史、近代史的同时，全面翔实地记录了中国共产党领导全国各族人民进行社会主义建设的伟大历程、取得重大进展以及存在的困难和问题，全面彰显了中华各族人民在社会主义建设中体现出的民族精神与时代精神。改革开放是我们这个时代的主旋律，新编地方志书在政治、经济、文化、社会等篇章中全面记述了改革开放的历程、成就与曲折。一些志书还以专篇、专志的形式集中展示改革开放。如《广东省志（1979—2000）》设立“经济体制改革卷”，全面记述了改革开放的先行地广东，在无经验可借鉴的情况下，摸着石头过河，敢于涉险，敢于碰硬，为全国探索出成功的改革发展方略的过程，展现了“敢为人先、务实进取、开放兼容、敬业奉献”的广东人精神。《深圳市志》设立“改革开放卷”，全面记述了作为全国改革开放试验田的深圳特区在改革开放中的艰难探索，以及取得的举世瞩目的巨大成就，全面展现了深圳人“务实求新、脚踏实地”的拓荒牛精神。

中华民族在文明发展进程中具有许多机遇，也面临许多挑战。地方志工作机构坚守职责，全面、忠实地记录时代变革，并通过大事件、大项目志集中展现时代风采。北京奥运是中国人百年梦想，经过一代代人的不懈努力，2008 年，我国成功举办了一届无与伦比的奥运会，圆了中国人的百年梦想。北京市地方志办抓住机遇，倡导并与北京奥组委、北京奥运城市发展促进会共同编纂《北京奥运会志》，完整记录北京奥运会成功申办、筹办、举办历

程，彰显中国特色社会主义的巨大优越性，增强中国人民和中华民族的自豪感和凝聚力。该志于2005年启动编纂，2012年8月出版发行。2008年5月12日，四川省汶川地区发生了特大地震，造成重大人员伤亡。该场世纪灾难牵动了党中央、国务院，各级党委、政府，以及全国各族人民、海外同胞、世界友好人士。我们举全国之力，弘扬中华民族“一方有难、八方支援”的团结互助优秀品质，战胜一切艰难险阻，开展抗震救灾和灾后重建工作，最大限度地减少灾害损伤，又快又好地恢复人民的生产生活。在中国地方志指导小组的倡导下，2008年11月国务院启动了《汶川特大地震抗震救灾志》编纂工作，全面、客观地记述地震灾害、抗震救灾和灾后重建的全过程，弘扬伟大的抗震救灾精神，激发全国各族人民在党和政府的领导下战胜一切艰难险阻的信心和决心。该志预计2015年出版。此外，各地地方志部门还紧跟时代脉搏，编纂《上海世博会志》《广州亚运会志》《广东改革开放纪事》《深圳特区30年》等，忠实记述中华文明进程，全面展示时代风采。

（三）深入挖掘方志资源，服务社会发展

“治天下者以史为鉴，治郡国者以志为鉴”。资政、兴利是地方志的主要功能之一，浩如烟海的方志文化成果是取之不尽、用之不竭的文化宝藏。各地在推动方志文化发展中注意围绕中心、服务大局，深入挖掘方志资源中蕴藏的文化精髓和历史智慧，不断地发挥方志文化服务社会、推动发展的作用。2012年，广东省地方志办制定并印发《广东省地方志资源开发利用项目管理办法》，以制度推动地方志资源开发利用。项目形式包括专题调研报告、专项建设规划建议、展览、著述、数字产品与音像制品等，提倡开展以地方志资源为基础的专题调查研究，向党委政府提出包括历史文化资源开发、旅游开发、城乡建设开发、传统特色经济发掘在内的专题调查报告与专项规划建议。2013年，广东省有110个市县区地方志工作机构申报开发利用项目155个，经审议立项78个。项目运行良好，取得了一定成效。湛江市霞山区地方志办从志书中发现该区特呈岛历史上曾经存在古盐场，向区委、区政府提交报告，建议在特呈岛旅游开发中恢复古盐场景观，反映地方历史文化特色，被区委、区政府采纳实施。连南县地方志办围绕本县旅游经济大局，积极发掘油岭瑶寨历史文化资源，向县委、县政府提出开发建议，得到采纳实施并取得阶段

性成效。浙江省地方志系统于2013年起参与该省的农村文化礼堂建设，发挥地方志的特色与优势，挖掘各地富有地方特色的民俗文化活动和历史文化传统，整理挖掘家谱族谱中积极健康的家训族训，供各地开展农村文化礼堂建设活动参考。2014年又提出了“五个一”的要求，即召开一次方志服务文化礼堂建设的专题会议，到当地文化礼堂举办一次历史文化讲座，指导有关乡村编一部志书、家谱家训等书籍文献，送一批志书年鉴等地情书进入礼堂图书室或展室，为文化礼堂设计、布置一个历史文化长廊或展室等①，进一步发挥地方志在地方文化建设中的突出作用。此外，各地地方志工作机构还积极开展地情研究，参与规划编制、旅游开发、招商引资、历史文化遗产发掘保护、防灾减灾等方面的工作，努力为当地经济社会发展服务。

（四）承载中华民族精神品格，弘扬社会主义核心价值

一部地方志就是一个地方人们的精神家园，一部地方志记载的就是一个地方的人文精神。数万种志书，传承着中华民族独有的民族气质、精神品格。中华民族在五千年的历史发展中形成的以爱国主义为核心的团结统一、爱好和平、勤劳勇敢、自强不息的民族精神，通过地方志的世代相传，得以发扬光大。中国特色社会主义建设中呈现的爱国、敬业、诚信、友爱的核心价值观，通过地方志的翔实记载，得以广泛传播。如今，各级地方志工作机构认真挖掘地方志中蕴含的人文精神，积极参与社会主义核心价值体系建设，为弘扬中华民族精神、中华民族传统美德、改革创新的时代精神而努力。在辛亥革命100周年之际，武汉市地方志办组织编纂《中国红——辛亥革命百年祭》，弘扬辛亥志士忧国忧民、锐意进取、不惧艰险、敢为天下先的精神，并从中提炼出“勇于担当、敢于创新、精于民生、乐于无我”的“中国红”精神。② 天津市地方志办编纂《抗日烽火在天津》，利用各区县的志书中记有的抗日斗争时期的许多材料，包括人物、战事、遗址、遗迹等，全面系统地反映天津抗日战争情况，使后世铭记中国抗战的不朽历史和丰功伟绩，弘扬中

① 浙地办〔2014〕10号：《关于进一步参与做好全省农村文化礼堂建设工作的通知》，浙江地方志网。

② 舒炼：《打造“中国红”创新地方志工作》，《中国地方志》2012年第9期。

华民族不畏强暴、英勇奋战、热爱祖国、热爱和平的伟大精神。[①]《吉林年鉴》编辑部与新闻媒体联合持续组织“感动吉林”年度十大人物评选活动，宣传表彰在社会主义建设中涌现出的道德模范，弘扬助人为乐、见义勇为、诚实守信、敬业奉献、孝老爱亲的中华传统美德和时代新风，传播正能量，引领社会风尚。

地方志是最好的乡土教育素材。从方志中，人们能够了解家乡的美丽景观，丰富的物产资源，了解家乡的建设成就，对家乡的热爱之情、自豪感就会油然而生，从而激发热爱祖国、热爱民族的热情。为此，各地地方志部门积极开展乡土文化宣传、乡土人文教育。如广东省新兴县史志办从2010年起，与县电视台合作创办《新兴商旅》节目。该节目以乡土文化为题材，内容涉及历史沿革、民俗风情、传说故事、古建遗存、古树名木、名人传记、家族牒谱、传统技艺等诸多方面[②]，通过身边的人文史迹、先辈故事，传播了乡土文化和人文精神，深受本地观众的欢迎。2014年，浙江省桐庐县与浙江大学党委工学部社会实践团合作，专门组建了一个由地方志办工作人员和青年大学生组成的村志搜集团队，开展微村志编纂，并通过微信公众号向社会发布。[③] 青年学生通过参与微村志资料收集、村民访谈、村志编写，从而更好地认识家乡，学习与传承先辈的优秀品格。

“广大地方志工作者在艰苦、辛苦、清苦的岗位上默默耕耘，忘我奉献，形成了‘淡泊名利、甘于奉献、恪尽职守、锲而不舍、开拓进取’的修志人精神。这种精神，是地方志工作者爱民报国情怀的完美诠释，也是社会主义核心价值观的具体体现。”[④] 方志人正身体力行，弘扬中华民族优秀品德，践行社会主义核心价值。

（五）维系海内外中华儿女，增强民族认同感

自古以来，许多中华儿女漂洋过海到异国他乡谋生。至今，定居海外的华人华侨约有5000万人。他们虽然身在四方，但无不心系故土，不忘中华之

---

① 天津市地方志办公室：《天津市读志用志情况撮述》，中国地方志指导小组办公室《新方志开发利用成果汇编》，方志出版社2007年版，第12页。

② 练小杰：《开办地情电视栏目〈新兴商旅〉的做法及体会》，《广东史志》2014年第4期。

③ 滕昶：《桐庐县携手浙大学子发掘乡村历史——微村志 诉乡愁》，浙江地方志网。

④ 王伟光：《发扬成绩 谋划长远 奋力书定地方志事业发展新篇章——在第五次全国地方志工作会议上的工作报告》，《中国地方志》2014年第5期。

根、民族之魂。贯通古今的地方志是中华民族的集体记忆，从中能够寻找到先人的印记或是儿时的回忆，因而成为每位海外游子了解家乡的最佳途径，成为他们思乡的精神寄托。地方志部门通过多种渠道向海外同胞赠送家乡的志书，受到热烈欢迎。许多海外游子通过地方志部门寻根认祖，探访故土。为此，各地地方志部门，特别是一些侨乡，在帮助海外同胞寻根方面做了许多努力。如泉州市地方志编纂委员会编辑出版《泉州同胞回乡寻根指南》，重点介绍泉台历史渊源、泉属各乡镇古今地名演变、主要姓氏分布，对海外侨胞、港澳同胞寻根认祖、探亲旅游发挥了积极作用。① 一些海外同胞看到故乡的发展新貌，看到志书中对其先人的公正评价后，思乡之心得以慰藉，激发了他们建设祖国、回报家乡的热情，很多人因此回到大陆探亲观光、投资兴办实业、捐资支持家乡建设、举办公益事业。

港澳台地区与祖国大陆一衣带水，同宗同源。作为中华民族优秀文化传统的地方志也在这些地区得以传承发展。台湾修志始于清康熙二十三年（1684），蒋毓英的《台湾府志》为台湾地区首部方志。自康熙至光绪150年间，台湾地区又有多部府、县志面世。甲午战争后，日本侵占台湾长达50年。期间，亦有收集旧资料，编修县厅志。1945年台湾光复后，传承中华民族官修方志的传统，各县（市）由省文献会辅导，纷纷成立文献委员会，展开县（市）志的创修、续修、重修等工作。② 1993年出版的《中国新方志目录》收录台湾方志共122部。其中：省级志书6部，市志17部，县志52部，区志2部，镇志16部，乡志29部③。香港在明清时期是广东新安县的辖地，新安县志中记载了其史迹。香港回归后，2004年在中国地方志指导小组的支持下，岭南大学牵头推动香港地方志工程；2007年2月，香港地方志工程正式启动；2009年，香港地方志基金会成立，以非牟利机构为操作平台，推动香港地方志工作。④ 澳门自南宋开始，属广东省香山县地。历代香山县志中有记录澳门的情况。澳门回归祖国后，2008年12月澳门特区政府设立《澳门地

① 福建省地方志编委会：《充分利用地方志资源为“三个文明”建设服务》，中国地方志指导小组办公室《新方志开发利用成果汇编》，方志出版社2007年版，第139页。

② 陈德昭、徐惠玲：《论台湾方志在中国方志发展史之贡献——以当代〈新修嘉义县志〉、〈新修桃园县志〉为例》，第三届中国地方志学术年会论文选编（内部资料）。

③ 《中国新方志目录》，书目文献出版社1993年版，第635－644页。

④ 刘智鹏：《建设香港方志馆的构想》，第三届中国地方志学术年会论文选编（内部资料）。

方志》编纂委员会，启动《澳门地方志》编修。因方志结缘，祖国大陆与港澳台的文化交流日益频繁。2007 年 6 月，澳门特别行政区政府社会文化司崔世安司长一行专程到京拜会时任中国社会科学院副院长、中国地方志指导小组常务副组长朱佳木，就澳门编修地方志事宜进行咨询。2013 年 10 月，第三届中国地方志学术年会暨两岸四地方志文献学术研讨会在广东东莞召开，来自祖国大陆和台湾、香港、澳门的专家学者共 150 余人共同探索方志文化发展问题。方志文化在海内外的传播与发展加强了中华儿女的沟通与交流，增强了中华儿女的文化认同感与民族认同感。

（六）传播中华文明，展现国家软实力

地方志是中华民族优秀的文化遗产，也是人类共同的精神财富。地方志贯通中国历史与现实，在国外受到欢迎，成为外国人了解中国、认识中国的主要途径之一。历史上，世界上许多国家都通过各种方式主动收藏中国地方志。改革开放后，中外文化交流越来越频繁，方志文化资源通过宣传、推广、营销、赠予、交换等形式对外传播，国外收藏中国方志的范围与数量大大扩大。据一些学者统计，美、日两国藏有中国明代地方志孤本 40 多种 900 多卷，哈佛大学图书馆收藏康熙、雍正、乾隆时期中国地方志书 3500 多种、3.5 万卷[①]，美国国会图书馆收藏的中国地方志总数不下 5000 种，美国犹他州家谱学会也保存了我国 5000 多种地方志和数千种家谱。[②] 国外在收藏我国地方志的同时，利用各种地方志进行科学研究。如日本学者曾根据我国的《八闽通志》《霞浦县志》和福建其他地方志中有关渔业资源的资料撰写论文，以供本国渔业生产参考。英国科学家李约瑟主编的巨著《中国科技史》中也广泛参考、引证了我国地方志中的资料。

随着地方志信息化建设的推进，地情网站和方志资源数据库的做强做大，方志文化正以崭新的形式、以现代化的手段，呈现数量级、无障碍、高速度地向世界传播。地方志通过翔实的资料，有力的数据，客观的记述，向世界展示了中国灿烂辉煌的历史文明与持续推进的现代化进程，展示了当代中华

① 陈曼平：《方志文化发展改革浅探》，《中国地方志》2012 年第 3 期。

② 王熹：《方志文献国际学术研讨会述评（上）》，《中国地方志》2012 年第 3 期。

民族的精神风貌，展示了中华民族为人类和平发展作出的贡献，传播了当代中国的价值观念。

综上所述，方志文化以其独特的价值与魅力，在社会主义强国建设中，能够也正在发挥积极作用。但当前，方志文化建设水平还比较低，在文化强国建设中的应有作用未能全面发挥。主要表现在：地方志的内容和形式与读者阅读习惯还有一定的差距，社会读志、用志的积极性不高；方志资源开发利用水平总体水平不高，不能更多地满足社会需求；对方志文化中蕴含的精神价值的挖掘与弘扬力度不大，方志文化的精神价值作用不明显；方志文化的传播渠道和方式有限，对外影响力不足。

三、方志文化建设的展望

中共十八大明确提出建设社会主义文化强国，强调建设优秀文化传承体系，弘扬中华优秀传统文化。习近平总书记多次强调指出，历史是最好的教科书，总能给人以深刻启示，要善于从前人留下的思想宝库中汲取治国理政的珍贵滋养，要认真汲取中华优秀传统文化的思想精华和道德精髓；李克强总理对地方志工作作出“修志问道，以启未来”的重要批示；刘延东副总理在第五次全国地方志工作会议上作重要讲话，肯定地方志的当代功用和千秋价值。2014 年，中国地方志指导小组召开第五次全国地方志工作会议，明确地方志事业奋斗目标和今后五年工作任务。社会主义文化强国建设的提出与全面推进，党和国家领导人对中华优秀传统文化的重视、对地方志工作的支持，地方志事业发展的大好形势，为方志文化建设提供了广阔平台和有力支撑。展望未来，在文化强国建设的引领下，在各级党委政府的重视下，在中国地方志指导小组的有力指导下，在全国地方志工作机构和地方志工作者的努力下，在社会各界的支持下，方志文化将持续健康发展，为文化强国建设，为经济社会发展作出更大的贡献。

方志文化将成为文化强国建设的重要力量，在记录历史、传承文明、服务社会、引领风尚等方面发挥重要作用。通过持续编修地方志书、年鉴、专题志、地情资料书，全面记录中国共产党领导全国各族人民推进中国特色社会主义发展、全面建成小康社会和全面深化改革的历史进程、具有广泛社会影响力的重大事件和典型人物，以及在全面深化改革实践中出现的新思路、新创造、新经验，充分展示以爱国主义为核心的民族精神和以改革创新为核心的时代精神，发挥地方志记录历史、传承文明的作用。利用熟悉当地地情，掌握地方自然、政治、经济、文化和社会资料性文献的独特优势，发掘历史智慧，汲取历史经验，为党和政府决策服务，发挥地方志服务社会经济发展的作用。整理、阐发方志文化成果中蕴含的中华民族传统美德、中华民族精神和中国特色社会主义时代精神，继续弘扬方志人实事求是、存真求实的价值理念以及“淡泊名利、甘于奉献、恪尽职守、锲而不舍、开拓进取”的精神品格，发挥地方志在培育与建设社会主义核心价值观中的作用。研究建立方志文化传播机制，加强地方志对外学术文化交流，方志文化在海外的传播与影响进一步扩大，发挥地方志在增强中华文化凝聚力，提升中国文化软实力。

方志文化将成为公共文化服务平台的重要组成部分，方志文化服务水平全面提升。随着第二轮修志持续推进，列入规划的省、市、县三级地方志书全部出版；年鉴工作全面展开，省、市、县三级地方综合年鉴实现全覆盖，乡、镇、村志、专题志、地情书深入发展，方志成果的数量与种类将大大丰富，为人民群众提供更多更优质的精神食粮。地情网站、方志馆、地情信息库等方志文化基础设施的建设与完善，地方志资源共享的逐步实现，将为人民群众提供更加优质、惠民、便捷的方志文化服务。积极推动方志进机关、进企业、进社区、进校园、进军营、进主流媒体，吸纳公众参地方志编修、年鉴编纂，地情书编写以及地情开发利用等方志文化活动，进一步提高方志文化的公众参与性。

方志文化与其他领域的交流合作将更加普遍，方志文化的特点与作用进一步发挥。与宣传、教育部门合作，积极参与宣传教育活动，利用方志资源以及方志中展现的人文精神，进行爱国主义教育、社会主义教育。与旅游部门合作，积极参与当地旅游项目建设，利用方志资源充分挖掘本地旅游资源的文化内涵，提高旅游资源的文化品位，提升区域旅游竞争力。与文博部门合作，积极参与地方历史文化资源保护，利用方志资料阐明地方文化资源历史渊源，历史价值与现实意义，发挥地方志在地方历史文化资源保护中的作用。与相关企业合作，积极参与地方特色产品开发，利用方志资源恢复或重建地方特色产品生产工艺，阐明地方特产历史内涵，提高产品的附加值。积极参与本地的港澳台工作、侨务、外事活动，发挥方志在联系海内外同胞，增进民族感情上的纽带作用。加强与其他各部门、各领域的交流合作，充分发挥方志文化的特点与优势，实现互助共赢，更好地为经济社会发展服务。

方志资源开发利用组织管理和工作模式的探索

刘秋增

提　要：方志是全面、系统、权威的国情书、地情书，丰富的史志资料是人类总结昨天的记录，又是人类把握今天、创造明天的向导。充分发挥方志的资源优势，广泛开展方志资源开发利用活动，努力做好为现实服务的文章，是方志机构和工作者的重要职责，是体现方志价值的根本途径，对于方志事业的发展具有战略性、全局性重要意义。本文通过对方志资源开发利用组织管理和工作模式的一些调查研究，以期总结经验，探寻规律，使方志资源更好地服务于经济社会发展。

关键词：方志资源　开发利用　管理　“三个中心”模式

方志是全面系统记述本行政区域自然、政治、经济、文化、社会的历史与现状的资料性文献。因此，也有人称之为全面、系统、权威的国情书、地情书。充分发挥方志的资源优势，广泛开展方志资源开发利用活动，努力做好为现实服务的文章，是方志机构和工作者的重要职责，是体现方志价值的根本途径，对于方志事业的发展具有战略性、全局性重要意义。山东省史志机构在方志资源开发利用组织管理和工作模式上做出探索，建设成地方文献中心、地情资料中心、区域研究及课题咨询中心，为经济文化强省建设服务。但是，从全国来看，方志资源的开发利用还存在一些问题，需要方志人做出进一步的思考和探索。

一、方志资源开发利用组织管理

（一）方志资源开发利用的政策推动和项目引导

中共十八届四中全会对全面推进依法治国作出重大部署，强调把法治作为治国理政的基本方式。同样，方志资源的开发利用离不开法律法规的政策保障。国务院《地方志工作条例》第一条和第十六条明确要求，地方志工作应当为地方经济社会的全面发展服务，并将组织开发利用地方志资源作为各级地方志机构职责之一。《全国地方志事业发展规划纲要（2014—2020）（草案）》将“地方志资源开发利用体系”纳入“八位一体”的地方志事业发展综合体系统筹规划。各省也出台了相关的规划、规定。山东省史志办出台《关于加强读志用志工作的若干规定》，河南省政府办公厅出台了《关于加强用志工作的意见》，对地方志资源开发利用作出明确规定。广东省史志办进一步出台了《广东省地方志资源开发利用项目管理办法》，明确立项条件与程序、项目实施与结项要求、经费扶持与成果推广应用办法，确保开发利用取得较好成效。

随着方志资源开发利用作用的逐步显现，各级地方史志工作机构普遍把开发利用方志资源作为服务地方经济社会发展的重要内容，将修志和用志作为两大日常性工作，统一部署，一并考核。评价各级地方史志工作机构工作时，不仅看修志工作、修志成果，也看用志工作、用志效果。山东省开展了“八个一优秀”评选活动，将优秀读志用志成果纳入其中，获奖成果和单位以省政府办公厅名义行文公布，在全省地方史志工作会议上进行表彰，并给予一定的物质奖励。只要是利用地方志成果或地情资料，在促进当地政治、经济、文化、社会建设等方面发挥较为重要作用，并取得的社会效益和经济效益的成果都可参与评选，调动了开发利用方志资源的积极性。

全国各省修志工作机构还围绕各省中心工作，规划开展领导和群众关注、影响力大的项目。例如，《山东省历史地图集》作为大型历史地理著作，被列为山东文化强省建设标志性工程。自2006年启动，编纂过程长达8年，包括

《政区》《自然》《经济》《文化》《社会》《军事》《村镇》《古地图》8个分册，含地图上千幅、资料200多万字、照片数百幅，编纂时参考文献2000余种，全面展示山东省行政区域内五千年自然与人文地理变迁，对历史地理学研究、城乡规划与建设具有重要参考价值。

此外，由于地方志收录各个历史时期英模人物和感人事迹，经过挖掘整理，对加强社会主义精神文明建设具有重要的促进作用。地方志资源，特别是旧志资源，可以为古遗址、古墓葬、古建筑、石窟寺、石刻、壁画等物质文化资源的搜集、保护提供线索，也可以为民俗活动、礼仪节庆、传统手工艺等非物质文化遗产的传承和保护提供依据。各地通过拍摄地情专题片，编纂地名志、地名图志、地情画册、历史文化普及读物等群众喜闻乐见的形式，不断拓宽史志成果外延。例如，山东省积极探索方志影视化路子，制做了《话说沂山》等专题片；广西建设地情移动传播平台，打造"智慧方志"创新服务体系，探索地方志工作的移动化、智能化，各地史志系统也开通了官方微博微信等，广泛传播方志文化，满足了人民群众精神文化需求。

（二）方志资源开发、利用、探索新的宣传、普及方式

1. 通过各类新闻媒体，加大史志工作宣传力度，让社会各界深入了解编史修志成果，增强对方志资源的主观需求。史志机构除了通过自身地情网站、方志期刊以及简报、通讯等形式加强宣传，还积极通过新闻发布会、新闻通报会等形式，邀集各类媒体，集中宣传史志成果和开发利用政策。广东、山东、山西等省在纪念新编地方志工作30周年时，对史志工作成果进行了集中专题报道。各地修志工作机构以各种宣传方式，告知社会各界，地方史志文献是政府向社会和公众提供的公共服务产品，地方史志文献向社会公开，地情文献库向公众开放，单位和个人可以免费利用地情文献库和地情文献网站查阅、摘抄地方史志文献，保障了公众知情权，不断满足社会各界利用方志资源的需要。

2. 找准方志资源需求的重点领域，主动提供服务，普及方志成果和资源。方志提供了比较全面、系统的历史资料，对各级领导进行科学决策有很重要的价值，是为现实经济社会发展服务的珍贵资料。2008年5月12日，四川汶川发生里氏8.0级特大地震，国务院即决定编纂《汶川特大地震抗震救灾

志》，这以专志的形式记录一次重大灾害事件。由国务院组织发动编纂一部针对特大自然灾害志，意在以修志的方式总结抗震救灾的历史经验教训，发挥志书资治、存史、教化的独特功能和作用。此项工作还带动四川、陕西、甘肃、山东等省、市也开展了本省的抗震救灾或者救助援建志的编纂。对于各省认识防灾减灾的重要性，弘扬抗震救灾精神、增强民族凝聚力，推进和增强抵御自然灾害能力具有重要意义。

二、方志资源开发利用工作模式探索——山东省史志系统“三个中心”模式

山东省各级地方史志机构以续修新志为总抓手，以培植地情信息资源为核心，以地方史志资源开发利用为目的，以地情资料库和地情网站建设为龙头，全面推动地方史志系统“三个中心”建设。以方志馆（室）为依托，建设地方文献中心，以地情数据库为龙头，建设地情资料中心，积极开展区域地情研究及研究论著的征集工作，形成区域研究及课题咨询中心，为经济文化强省建设服务。

（一）地方文献中心建设

1. 做好志鉴编修是地方文献中心建设的基石。地方文献是一个地区长期以来社会发展的信息载体，能够直接、真实地反映这一地区的社会发展过程。地方文献的范围非常宽泛，在建设“地方文献中心”的过程中，应该有特点有重点地加以选择。根据地方志工作的实际，应坚持以本地的志鉴资料作为“地方文献中心”建设的主体，将做好志鉴编修工作作为“地方文献中心”建设的基础，并不断拓展志鉴编修的范围，将“志”的内涵扩展到各类志书、年鉴、地情资料书等所有志类产品，丰富地方文献的内容。对于列入政府规划的省、市、县三级志书，精心编纂、按期完成，并积极组织各类部门志、行业志、专业志、企业志、基层志、人物志等志书的编纂工作，大力推动旧志整理工作，还要扎实推进地方年鉴、专业年鉴、部门年鉴、企业年鉴、行业年鉴工作，出版社会急需而又能够丰富地方文献中心内涵的地情资料书，为“地方文献中心”建设打下坚实的基础。

2. 建设好各级方志馆是形成地方文献中心的主要载体。山东在全国率先提出了建设省、市、县三级方志馆的构想，并努力付诸实施。目前建成省级方志馆1家、市级方志馆13家，县级方志馆63家，收藏各级各类地方文献30多万册，并形成了科学的馆藏体系与馆藏结构，相对完善的馆藏收集、整理、服务机制，初步具备了支持研究决策的能力。一是抓好机构建设，争取政府和人事编制部门的支持，将方志馆作为各级史志机构的正式序列工作部门，配备专门的人员编制，从根本上保障方志馆的建设与发展。二是抓好馆舍建设，利用各级党委、政府重视社会文化事业发展的契机，普遍争取将方志馆纳入当地公共文化服务机构建设文化设施建设，并积极争取专项资金。三是抓好馆藏建设，定期进行普查统计，摸清家底，制定完善的征集工作方案，形成行之有效的史志出版物报送制度和规范。

3. 地方文献中心对于开发利用方志资源的作用。地方文献不仅涵盖内容十分广泛，而且存在形式也呈现出多样化的特点。山东省各级方志馆加大工作力度，搜集范围不断扩大，种类不断增加，包括地方报刊、地方政府颁发的法规文件，在修志过程中形成的文物、档案、图片、稿件资料，地方各部门刊印的各种普查、统计、汇编、图表、手册资料，事关地方的专题、专著、调研资料，与当地有关的磁带、软盘和正式出版的电子版图书、多媒体文字声像资料等，丰富了“地方文献中心”建设的内容。在此基础上，山东省筹建了山东省史志博物馆，展览面积1000余平方米，展出文物文献3000余件，图片1000余幅，真实再现了山东省历代修志的历程，充分展现了史志事业发展取得的成绩。史志博物馆建成后将免费向公众开放，吸引包括韩国、法国、美国学者以及港澳台同胞在内的3000余人次进馆参观。还在山东省情网开设了网上虚拟展馆，运用3D视频与动画技术，使浏览者通过互联网足不出户就能身临其境感受展馆现场，进一步扩大服务功能，成为地方志收藏展示中心、地方文化对外交流中心，爱国主义宣传教育基地。

（二）地情资料中心建设

1. 建设地情资料库和地情网站是地情资料中心建设的基本途径。山东省自1996年在全国率先建成省情资料库，山东省情资料库目前建有79个分库、99个专题数据库、23个年鉴库，入库资料数十亿字。山东省情网自1998年开通运行以来，先后进行了6次升级改版，共开设382个栏目，形成纵贯古今、横及百科、内容丰富、特色鲜明的大型地情资料网站，成为各界人士回顾山东历史、了解山东省情、把握山东发展脉搏的重要信息平台。全省17个市、137个县（市、区）全面完成了地情资料库、地情网站建设任务，实现了省、市、县三级地情网站互联互通、资源共享，在为经济社会发展服务中发挥了重要作用。一是高度重视数字化资料的搜集，规定本系统内出版的志书、年鉴及其他地情资料的数字化资料要及时报送省史志办，与社科院、高等院校、省图书馆、省内各大网站等单位建立了数字化资料共享关系，提高了地情资料库、地情网站建设的效率。二是统筹规划，因地制宜，分期分批进行，保证了全省地情资料库、地情网站建设按计划圆满完成任务。三是注重规范化、标准化管理，地情资料搜集范围、上网资料规模，数字化资料报送、专题栏目建设和上网制度等有章可循，有条不紊，有效避免了资源浪费、概念混淆、无法共享等问题。

2. 实行地情资料年报制度是地情资料中心建设的重要手段。只有占有足够的方志资源，才能够更好为地方志的开发利用奠定基础、提供保证。随着国家经济体制和政治体制改革的不断深化，客观上要求资料工作随着形势变化有所创新。各级史志机构纷纷探索建立地方志资料年报制度，形成常规性的资料收集网络。2006年，广州市政府办公厅印发《广州市地方志资料年报制度》，随后青岛市也开始地方志资料年报制度的探索实践。2009年，《广西壮族自治区地情资料年报规定》出台。2010年，山东省制定印发了《山东省地方史志资料年报制度》。2012年，广东省出台《广东省地方志资料年报制度》，2013年印发了《广东省地方志资料年报制度实施办法》。这些措施和办法确立了地方志事业大资料的概念，把征集地情资料作为各级史志机构的基础性工作，纳入工作议事日程，长抓不懈。年报资料不仅包括省、市、县三级行政区域内各行业事业发展的年度详细资料和全省三级综合年鉴编纂所需资料，还包括各种基础地情资料，实现史志事业可持续发展。

3. 地情资料中心对于开发利用方志资源的作用。山东省史志系统信息化建设组建了一个以互联网为纽带的省、市、县三级网络，搭建了一个以各级地情网站为框架的交流平台，开发了一批活化史志资料、服务社会发展的读志用志成果。各级地情网站通过开展信息咨询、企业上网等活动，现已成为全省史志系统在线交流的阵地、对外宣传的窗口、沟通内外的桥梁、社会各界了解山东的大型平台，在招商引资、文化建设、资源共享、信息咨询等方面发挥了独特作用。“文化信息资源共享工程”利用现代技术手段，对优秀文化信息资源进行数字化整合，利用覆盖全国的网络服务系统，实现文化信息资源在全国范围内的共建共享。山东省将史志系统地情资料中心建设纳入了“全省文化信息资源共享工程”，扩大了工程的受众面，为更好地发挥文化信息资源工程的效益发挥了积极作用，同时也扩大了地方志工作的社会影响，为地方志事业的全面发展争取了更多的支持和资源。

（三）区域研究和课题咨询中心建设

1. 区域研究和课题咨询的概念界定。“区域研究和课题咨询”指以一定地域范围内的自然与社会、历史与现状为研究对象，以志书、年鉴等地方文献为基础资料，运用历史学、地理学、经济学和社会学等多学科的理论和方法进行理论研究，目的在于从理论上构建区域的具体状态及特点，反映区域发展变化的多元性内在运行逻辑，探索这种状态在当地历史发展过程中的复杂性，深化对区域情况的认识，揭示区域经济、社会等各项事业发展的一般规律，阐释区域文化内涵，总结汲取区域内各项事业发展的历史经验和教训，为地方经济社会发展提供专题咨询等智力支持和服务。结合地方志编修的特点和规律，根据区域研究和课题咨询的过程和终端成果来分，“区域研究和课题咨询”有广义和狭义之分。广义的区域研究包括编修各级志书、年鉴，编撰地方史，编写地情宣传材料，专题资料汇编等，因为志书、年鉴等编修过程也包含区域研究成分。狭义的区域研究则专指这方面的研究论文和专著、调研报告，在研究的基础上针对有关问题提供相应的对策、建议和专题咨询服务等。

2. 区域研究和课题咨询的特点和基本方法。山东史志系统开展的区域研究和咨询工作有三个明显特点。第一，区域研究和课题咨询紧密联系史志工作的实际，结合志书、年鉴编修的特点和规律，将区域研究就融入编修志书、年鉴的过程，成为日常史志工作的一部分。第二，紧密结合“地方文献中心”和“地情资料中心”的建设，科学规划，配套进行。第三，研究人员以修志人员为主，专兼职相结合。在区域研究的基本方法中，研究课题的选题至关重要。首先，要进行研究课题的来源分类，大体分为以下几种类型：（1）现实的需要，即围绕党委、政府的中心工作，把为政府决策和社会各项事业的发展服务作为课题来源。（2）上级和社会指定。（3）理论研究的需要，即在编修志书、年鉴及收集分析地方文献资料和地情资料过程中发现和积累的研究线索和课题。其次，题目初步确定后，要进行专门的课题论证。进行可行性论证和成果预计去向及使用范围的论证，整理与该课题相关的研究成果，对该领域有整体把握和深刻的了解，知晓这个课题目前的研究现状，在前人研究成果的基础上继续和延伸。

3. 区域研究和课题咨询中心建设对方志资源开发利用的推动作用。区域研究和课题咨询是方志资治功能适应社会发展变化，发展到今天的必然结果和有效形式。建立在开发利用方志资源基础上的区域研究和课题咨询则是现实的、主动的和超前的，它既可解决全局性问题，如总结本区域历史上的经验教训，为社会提供具有深邃理性的历史启示和具有反思性、哲理性的解答，揭示当地经济社会发展规律，使决策者获得深远的战略性的历史眼光，做出正确的宏观性决策，又可通过有针对性地咨询解决一些现实的具体问题。山东省史志系统紧紧围绕各级党委、政府的中心工作，加大史志事业为经济社会发展服务的力度，自觉承担起“政府第二研究室”的职责，对党委、政府的工作起了重要的辅弼作用，与方志编修紧密相连的区域研究和课题咨询已成为山东史志工作的特点和亮点。全省史志系统每年都组织力量开展调查研究，推出了一批水平较高的“资政”论文，按年度编辑的《资政论文集》得到了省委、省政府领导的重视和社会各界的好评，不少有分量的成果受到省领导重要批示，并印发各地及省直有关部门参考，很多研究成果进入决策领域，对深化省情再认识和促进经济社会发展起到了重要作用，提高了史志工作在领导和决策机关中的地位，提升了史志工作中的学术含量，扩大了史志工作的社会影响力，在全国方志界也产生了重要反响。

三、方志资源开发利用存在的问题

1. 法规尚需完善。缺乏强有力的法律法规对方志资源开发利用提供保障。应纳入公共文化服务体系的方志馆、地情网站等基础设施建设，尚无统一的国家标准和规范性文件，全国各地建设不平衡，影响了方志资源开发利用。

2. 认识有待提高。对待方志资源的开发利用问题，一些地方的领导没有认识到它服务经济和社会发展的潜在价值和功能作用，把它看成是可有可无的附带品，因而在组织领导上缺乏强度，在重视程度上缺乏高度，在经费投入上缺乏力度，使方志资源开发利用工作基础设施和工作条件远远跟不上时代要求。

3. 资源整合较弱。一些地方的方志工作基础设施、工作手段、资源聚合平台都相对薄弱，方志馆方志信息化程度很低，还有不少资料因缺乏馆藏条件造成损害和丢失，不能形成整体联动、社会共享的网络格局，影响了方志资源服务经济社会发展功能的发挥。

4. 开发方式滞后，水平有待提升。部分地区存在着重开发、轻利用，重收藏、轻开放，重政界、轻社会的问题，开发利用方志资源方式方法比较单一，一些部门的方志资源开发利用层次水平保留在简报、日志、月报等一般性资料的整理利用上，未能从深入挖掘，或面向社会，彰显地情优势，服务发展大局方面深入考虑，跟不上经济社会发展形势需要，没有发挥资治、教化的应有作用和效应，造成了宝贵方志资源的浪费。

四、 方志资源开发利用对策建议

1. 加快“依法治志”建设。进一步完善地方志法律法规体系，制定方志资源开发利用方面的法律法规。积极争取国家有关部门的支持，将方志馆地情网站建设作为现代公共文化服务体系的重要组成部分，并研究制定具体的建设标准、投资机制、配套措施等，使之成为各级政府经济文化建设的重要组成部分。

2. 将方志资源开发利用摆在和修志编鉴同等重要的地位，加大对各地方志资源开发利用的督促检查和考核力度。及时发现和推介在方志资源开发利用中的好做法好经验，对方志资源开发利用的优秀成果适时表彰。

3. 整合社会各类资源，加大方志资源开发利用基础设施投入。探索政府投入和民间投入等多种投入相结合的方志资源开发模式，加强方志馆、地情网站、资料库建设，鼓励与各种社会组织合作建设方志资源开发利用平台。

4. 转变开发利用模式。一是加大地情资料征集力度，健全完善资料年报制度，把广泛征集方志文献资料作为方志系统的重要基础性工作。二是积极开展方志索引、资料类编等工具书、资料书的编辑工作，为社会各界利用方志资源提供指南。三是搞好特色志书的编纂，为深入开发利用方志资源打好基础。四是形成方志系统“志、鉴、库、馆、网”各类平台和资源有机统一、互相促进、一体发展的机制，为方志资源开发利用提供良好保障。

5. 加强方志资源开发利用人才培养。大力培育开拓创新精神，倡导理念创新、理论创新、实践创新，促进方志资源开发利用工作在不断创新中与时俱进、不断发展。大力培养具有扎实专业功底的业务人才队伍，造就高层次的领军人物。完善培训机制，建立健全分级分类的人才培训机制，制定实施各类人才培训规划，创新人才培训、培养模式，不断提高修志人员的业务技能和综合素质。培养善于开拓地方志服务新领域的拔尖创新人才、掌握现代传媒技术的专门人才、懂经营善管理的复合型人才、适应方志事业走出去需要的国际化人才。

五、方志资源开发利用发展趋势

1. 方志资源开发利用的公共文化服务属性越来越明显。随着全面深化改革和依法治国工作的不断深入，地方志工作服务经济文化发展的作用越来越凸显。地方志工作机构作为当代公共文化服务体系的重要组成，在主导方志资源开发利用的过程中，将更大程度跳出地方志工作视角，按照公益性、基本性、均等性、便利性等要求，以全体人民为服务对象，以保障人民群众参与公共文化活动等基本文化权益为主要内容，构建结构合理、功能健全、实用高效的地方志公共文化服务体系。更多地考虑满足人民群众精神文化需求，为人民群众提供优质高效的公共文化服务。

2. 方志资源开发利用主体呈现出多元化的趋势。中共十八届三中全会提出：“使市场在资源配置中起决定性作用”。这既是解放思想带来的重大的理论突破，也是下一阶段全面深化改革的工作重心。方志资源本身的历史价值、文化价值等在市场经济条件下，可以转化为市场价值。按照深化改革的总体要求，市场配置资源的决定性作用也必将作用于方志资源的开发利用，在更大程度上开发方志资源的市场价值。会有越来越多的市场主体，包括文化企业、学术社团、民间组织以及自然人等参与到地方志资源的开发利用，呈现出主体多元化的趋势。

3. 方志资源开发利用的管理方式将越来越灵活。十八大以来新一届政府大力推进转变政府职能，简政放权，把政府工作重点转到创造良好发展环境、提供优质公共服务、维护社会公平正义上来。按照这一理念，地方志工作机构不再“垄断”地方志资源，而是以更加开放的姿态方便社会各界开发利用。同时严格按照国务院《地方志工作条例》等法律法规加强管理，通过政府购买服务、与高校科研机构合作等灵活多变的方式方法开展方志资源的开发利用，呈现出“主导但不包办”“放开市场但不放松管理”的特点。

4. 方志资源开发利用的信息化程度将越来越高。当前信息化发展不断深入，尤其是大数据、移动互联网等新技术的成熟发展，在信息获取、传递、处理、利用等方面达到新层次，逐渐改变人们的生产、工作、学习、交往、生活，以及思维方式，使人类社会发生极其深刻的变化。方志资源开发利用受此影响，与信息化建设结合得越来越紧密，一方面这些方志资源越来越多地被整合到统一的信息网络中，得到更广泛地开发利用，另一方面移动互联网、大数据、云计算等新技术也作用于方志资源开发利用，使方志资源开发利用工作理念越来越贴近互联网思维，对市场、用户、产品、价值链乃至整个方志资源开发利用环境进行重新审视和思考，催生更多的创新性举措。

Ⅳ

回顾与展望

新方志事业发展回顾

周　慧

提　要：编修地方志是中华民族的优良文化传统。新中国成立以后，不仅党和国家领导人高度重视方志文化这项优良文化传统，基层干部也在积极推动和开展修志活动，全国上下自觉自信地传承中华民族的方志文化传统，建立了较为完善的方志文化传承组织机构体系、较为系统的方志编修法规体系、较为完善的志书质量保证体系、较为有效的方志资源开发利用体系、较为系统的方志理论研究体系，极大地推动了方志文化传统在当代中国的传承。这种传承既是对方志文化传统的延续，又是在新的时代背景下进行的与当代社会和现代文明相适应的文化创新，把方志文化传统推向了一个前所未有的崭新发展阶段，使之成为当代中国文化建设不可或缺的重要组成部分。

关键词：当代中国　方志事业　发展回顾

新中国成立后，百废待兴，但党和国家领导人仍然高度重视方志文化这项优良文化传统，在20世纪50年代末即开始倡导编修地方志，并将其纳入社会主义文化建设的一项重要工作组织实施。后虽因经济困难和“文化大革命”而中断，但也取得了不小的成果。据国家档案局1960年调查统计，全国有20多个省、市、自治区的530多个县进行新方志编修工作，其中有250多个县编出了初稿，正式出版30部，不少志稿还铅印、油印出来。后因经济困难和“文化大革命”而中断，但此次修志承前启后，为后来发展文化传承打下了舆论和实践基础。

1978年结束了“文化大革命”造成的混乱局面，在百业待举的形势下，方志文化传统伴随着改革开放纳入了中国特色社会主义文化建设规划，开始普修新方志，至今已完成首轮修志，并正在进行第二轮修志。至2013年末，全国首轮省、市、县三级志书规划5827部，出版5743部。全国第二轮省、市、县三级志书规划志书5932部，已完成1614部。出版省、市、县三级地方综合年鉴1914种，专业年鉴1039种。出版行业志、部门志、专业志22277部，乡镇村志和街道社区志4090部，山水名胜古迹志479部，地情书9239部，历代志书整理2270部，教材、理论著作、工具书1021部。网站、网页871个，方志馆324个。此次修志已历三十余年，不仅成就巨大，而且形成了比较完备的方志文化传承体系，使这项传统在当代得到了空前发展。2014年首次制定《全国地方志事业发展规划纲要（2015—2020年）》，总体目标是到2020年，全面完成第二轮修志规划任务；实现省、市、县三级综合年鉴全覆盖；加快信息化和方志馆建设；做好第三轮修志工作准备；基本形成方志编修体系、理论研究和学科建设体系、质量保障体系、资源开发利用体系、工作保障体系“五位一体”的地方志事业发展综合体系。努力开创方志事业发展新局面，为实现“两个一百年”奋斗目标和中华民族伟大复兴的中国梦作出更大贡献。

一、当代中国自觉自信地传承中华民族的方志文化传统

方志是记述一个地方自然、政治、经济、文化和社会的资料性文献，具有地域性、综合性、资料性、连续性、科学性和时代性特征，经世致用，是传统文化中的精华，国人莫不以此为荣，也受到国际的广泛赞誉。不仅为历朝历代所推崇，也为中国共产党人所重视。中共中央1941年8月1日下发的《中央关于调查研究的决定》中，明确要求“收集国内外政治、军事、经济、文化及社会阶级关系各方面材料，加以研究，以为中央工作的直接助手”，其中关于收集材料的方法就包括“收集县志、府志、省志、家谱，加以研究”。这是对方志文化价值的高度肯定。1956年9月27日通过的《中共八大关于政治报告的决议》指出，对于继承和吸收中国过去的和外国的一切有益的文化

知识，并且必须利用现代的科学文化来整理我国优秀的文化遗产，努力创造社会主义的民族的新文化。继承中华民族方志文化传统是与建设民族的、科学的、大众的社会主义文化目标相一致的。所以，在新中国成立之后，毛泽东、周恩来、董必武等党和国家领导人高度重视方志文化传统，他们不仅号召保护方志，重视方志的整理和利用，而且还大力倡导编修新方志，繁荣社会主义文化，为人民大众服务。

改革开放以来，党和国家始终从建设中国特色社会主义事业的整体布局思考社会主义文化建设，从培育一个国家综合国力和国际竞争力的高度推进中国特色社会主义文化建设，文化建设由此进入到一个空前发展、空前繁荣的新阶段。在改革开放初期就明确倡导用新观点、新方法、新材料继续编修方志，强调要继承和发扬光大中华民族方志文化传统。1987 年 5 月，江泽民明确指出："编纂地方志，不是一件可有可无的工作，而是一项认识过去，服务现在，开创未来，不仅有近期社会效益，而且可以产生久远社会效益的意义重大的事业。"2014 年 2 月，习近平在考察首都博物馆时强调，搞历史博物展览，为的是见证历史、以史鉴今、启迪后人。要在展览的同时高度重视修史修志，让文物说话、把历史智慧告诉人们，激发我们的民族自豪感和自信心，坚定全体人民振兴中华、实现中国梦的信心和决心。这种认识把方志的地位与作用提升到前所未有的高度，极大地推动了方志文化传统在当代中国的传承。

应当指出的是，不只是党和国家领导人自觉自信地传承中华民族的方志文化传统，基层干部也有着同样认识，积极推动和开展修志活动。非常巧合的是，20 世纪 50 年代末至 60 年代初和改革开放以后开展的两次修志，都是自下而上推动开展起来的。更为重要的是，来自基层的修志活动和建议得到了党和国家领导人的高度赞许和积极回应，使方志这项"不容易引起重视的重要的工作"引起了全国上下的高度重视，迅速开展起来。这表明，优良的方志文化传统深入人心，代代编修、永不断章是国人根深蒂固的传统文化理念。

第一次修志发端于 1954 年，黑龙江省兰西县完成了《兰西县志》，山东省教育厅副厅长王祝晨在第一届全国人民代表大会第一次会议期间，提出"立即着手编写各省地方志"的建议案，引起了周恩来总理的称赞，不但接见了他，还指示立即在全国组织、推进地方志工作。1955 年，国务院科学规划委员会在《十二年哲学社会科学规划方案》中，提出了编写新的地方志的任务，并将其列为 12 个重点项目之一，计划到 1967 年前大部分县市完成新地方志编修。第一次修志由此展开，形成修志热潮。

第二次修志始于 1977 年。黑龙江省等 13 个省（自治区、直辖市）数十个县市相继开展修志工作。1979 年 7 月 9 日，中共中央政治局委员、中宣部部长胡耀邦在李百玉《建议续修县志》的建议信上批示："大力支持在全国开展修志工作。"1982 年，方志编修被列入国民经济和社会发展第六个五年计划哲学社会科学重点研究课题的"史学的研究"26 个项目之一。次年 4 月，中国地方志指导小组正式恢复。中共中央总书记胡耀邦批示地方志工作："确要有一个敢抓敢闯的人来领导。"全国修志工作由此全面展开，形成了历史上规模最大的修志活动。

这两次修志虽然时代背景不同，但有一个共同特点，即坚持"厚今薄古""古为今用""推陈出新"的方针，都在继承传统的基础上不断创新。第一次修志要求对旧志体例"必须批判的加以革新"，贯彻执行"厚今薄古"原则，反映我国各地人民的革命斗争和与自然做斗争的实际情况，特别着重新中国成立以后人民大众在政治、经济、文化建设上的新成就，借以系统地整理和保存资料，为社会主义服务，并达到教育干部和群众的目的。第二次修志中的首轮修志坚持"详今略古"原则，以新观点、新方法和新资料着重记述现代历史和当前现状，力求体现当地环境资源和社会发展的基本面貌，充分反映中国共产党创立以来的革命斗争、社会变迁和社会主义建设的基本情况，准确地记录并积极发扬当地各族人民爱国爱乡、振兴中华的革命精神和英雄业绩，积累和保存地方文献，为地方领导提供决策服务、为各族人民进行爱国主义、共产主义和革命传统教育。以上两次修志的要求尽管有所不同，但基本原则却是一致的。

不同的是，第二次修志是在中国和世界都处在大发展大变革大调整时期的大背景下进行的，比首次修志更加注重开拓创新，把传统修志只编修一本志书拓展为修志编鉴、方志资源开发、服务社会等多元发展的方志事业，在方志编修制度、方志工作体制机制、方志工作内容、资料收集与考证、志书编纂方式方法、志书质量管理、方志理论和学科建设、方志资源开发利用、队伍组织与培训等方面进行了全方位的创新，并取得了重大进展和重大成就。这种创新既是对方志文化传统的延续，更是在新的时代背景下进行的与当代社会和现代文明相适应的文化创新，把方志文化传统推向了一个前所未有的崭新发展阶段。

二、建立了较为完善的方志文化传承组织机构体系

传统修志的组织机构方式是“修志人聚、志成人散”，并无常设机构。第一次修志尽管在很短的时间内就掀起了修志热潮，但从修志的组织机构来说，基本沿袭了传统修志模式，没有统一规定。从国家层面来说，修志并没有纳入政府工作范畴，而是从学术角度考虑，把修志当作一项社会科学项目予以规划安排。所以，把 1958 年 6 月成立的地方志小组设在国务院科学规划委员会中，很快并入中国科学院。次年，考虑利用档案资料的便利性，中国科学院又与国家档案局联合成立中国科学院地方志小组，隶属中国科学院，但小组办公室又设在档案局，而组长则由国家档案局局长曾三兼任，两家共同主持全国的修志工作。

1958 年 10 月，中国地方志小组发出《关于新修地方志的几点意见》，要求全国各县市按照“1956—1957 年哲学社会科学规划纲要”编写新的地方志，并要求在各省、市、县党委和人民委员会的领导下开展工作。各地成立编纂委员会或领导小组作为领导机构，其下无论是否再设或不设办事机构，都是直接由主编负责实施。就全国而言，各地修志机构设置和名称都不统一、隶属关系也不一致，但均为临时机构，临时人员，以完成志书编纂为终极目标。市、县两级也大致相同，或者由党委组织领导，或者由政府组织领导，由党委办公室、宣传部、档案局单独或联合组织实施。

第二次修志自 20 世纪 70 年代末，只有少数县成立临时机构开展修志工作。1981 年 7 月中国地方史志协会成立，承担着宣传、联络、发动全国地方志工作的作用，并发出《给党中央、国务院的建议书》，建议重新组建中国地方志小组。1983 年 4 月中国地方志指导小组及其办公室（以下简称中指办）成立，委托中国社会科学院领导（1985 年改由国务院委托社科院代管），从政策上和业务上指导全国方志工作，结束了由民间组织负责全国修

志的历史，标志着新中国成立后大规模、正规化的新编方志时代的到来。次年又进一步明确中国地方志指导小组办公室为国务院委托中国社会科学院代管的独立机构，从国家层面正式确立政府主持修志的“官修”方式，改变了过去方志编修为学术工作的状况，方志事业从此开始了空前繁荣的新时期。

2002年，中国社会科学院确定中指办为局级单位，具有行政和业务指导双重职能，并健全了内设机构，从根本上改变了中国地方志指导小组临时机构的性质，进一步确立了政府主持的修志方式。2006年国务院颁布实施《地方志工作条例》，从法律上明确了方志机构的地位与职责：国家地方志工作指导机构统筹规划、组织协调、督查指导全国地方志工作；县级以上地方人民政府负责地方志工作的机构主管本行政区域的地方志工作，职责为组织、指导、督促和检查地方志工作；拟定地方志工作规划和编纂方案；组织编纂地方志书、综合年鉴；搜集、保存地方志文献和资料，组织整理旧志，推动方志理论研究；组织开发利用地方志资源。方志队伍也与2009年开始实行参照公务员法管理。这不仅改变了方志机构长期临时机构的尴尬处境，而且改变了方志机构专业技术人员的身份和管理方式。

中国有许许多多的优良文化传统，但政府设立专门机构从事文化传统传承工作的只有方志这一项。从中央政府到县级政府，层层设置了方志机构。国务院一些部委和省级政府部分厅局内部以及军队系统也设置了方志机构。尽管方志组织机构建设方面历经周折，还存在不规范、不统一的现象，但从总体上看，已经形成了一个较为完善的方志工作组织机构体系和“党委领导，政府主持，各级地方志编纂委员会及办公室组织实施”的工作体制，是目前政府系统唯一一个专门从事文化传统传承的组织机构体系。到2013年末，省级方志机构32个，市级371个，县级3091个（其中临时机构251个）。定编19210个，现有人员22691人，其中在编人员18486人，聘用4215人。其中省级定编1401个，在编1256人，聘用88人；市级定编4277人，在编3927人，聘用597人；县级定编13532个，在编13293人，聘用3530人。每当修志，全社会的组织机构都要参与搜集资料，甚至编纂志稿，直接或间接参与修志的人员难以数计，呈现“千人动手，万人动口”的生动局面。

三、建立了较为系统的方志编修法规体系

方志历来被称为“官书”，中央政府均会发布修志命令启动修志工作，并对志书的体例和内容等问题进行规范。新中国成立后至今，既继承历史传统又创新发展，已发布修志政令10份。到2006年5月，国务院发布施行《地方志工作条例》，一改过去发布行政命令组织修志的局面，进入到依法修志、依法治志的历史新阶段。

在首次修志期间，1958年10月20日，国务院科学规划委员会地方志小组印发了《关于新修方志的几点意见》。这是新中国成立以后第一个关于新方志编修的文件，对新方志体例、记述重点、遵循原则、时间断限、编纂方法及以及志书种类等问题都作了规定，并指出要考虑形成方志编修制度。1961年3月，该组与国家档案局发布了《关于新修方志提纲（草案）》，提出志书的主要内容应当包括概况、政治斗争、经济建设、文化教育、政治工作、民情风俗习惯、名胜古迹、人物等八个门类。1963年7月，中共中央宣传部转发了中国科学院哲学社会科学部、国家档案局的《关于编写地方志工作的几点意见》，其中就要求加强组织领导、建立审阅制度、控制出版发行、有计划有步骤地编修地方志等问题提出了明确要求。这三份文件虽然不够完善，但对新方志编修做出基本规范，使首次开展的新方志工作有所遵循，也为以后新方志编修工作的制度化和规范化打下了基础。

第二次修志开展之后更加注重规范化建设，党和政府制定了一系列有关修志工作的方针政策。1983年9月，中共中央宣传部批转了中国社会科学院党组《关于地方志工作情况和意见的报告》，除要求各地建立修志机构、配备修志人员、坚持正确的指导思想外，首次对志书定稿审批程序和内容保密问题做出严格规定。1985年7月，中指组颁布了《新编地方志工作暂行规定》，首次对修志的指导思想、编纂原则、志书体例、记述内容、编纂方法、组织领导、出版发行等问题，做出了具体而系统的规定。1996年，国务院办公厅下发了《关于进一步加强地方志编纂工作的通知》，要求地方各级人民政府要把方志工作列入政府的议事日程，并首次明确了方志一般分为省市县三级志书，每二十年左右续修一次。1998年2月，中指组颁布了《关于地方志编纂

工作的规定》，对一些普遍性问题做出更为具体的规定：坚持“党委领导，政府主持”的修志体制；明确中指组及其办公室和各地的地方志编纂委员会及其办公室地位和职能；政府要保障修志机构经费和必要的工作条件；志书主要按照省市县三级进行编纂；坚持述、记、志、传、图、表、录等体裁；严格执行志书的审查验收制度与程序；有条件的地区要建立方志地情资料库和方志馆，逐步实现信息网络化。各级地方政府和方志机构根据中央、国务院有关部门的规定，制定了一系列的规章制度。这些文件使方志工作更为规范，也为后来的方志工作立法打下了基础。

2000 年以后，部分省市开始了方志立法工作，将方志工作纳入法制化轨道。2003 年 7 月，四川省人大常委会审议通过《四川省地方志工作条例》，成为全国第一部方志工作地方性法规。2003 年 8 月，中指组开始筹备全国方志立法工作，经过 3 年七稿的修改，2006 年 5 月，国务院 467 号令公布施行《地方志工作条例》（以下简称《条例》），结束了方志工作无法可依的历史，这不仅是对我国古代由政府组织修志制度的继承，更是对方志文化传统的发扬光大。它以国务院立法的形式，从法律上保证了方志事业的可持续发展，标志着方志工作从此进入依法修志、依法治志的新阶段，在方志发展史上具有划时代的意义。《条例》吸纳了二十多年来有关方志工作的政策规定和理论成果，突出方志工作的重点与难点，对方志工作的各个方面，做出了比较全面、系统、完整的规定。主要内容有以下七个方面：（1）明确了政府的职责和方志官修性质。（2）明确了方志工作机构的职责和定位。（3）明确了方志性质与范围以及编纂主体与周期。（4）明确了社会各界对方志工作的权利与义务。（5）《条例》明确了志书质量保证措施。（6）明确了修用并举的原则。（7）明确了著作权、署名权。

此后，中指组又相继出台了《关于建立地方志书编纂规划备案制度的规定》《关于第二轮地方志书编纂的若干意见》《地方志书质量规定》等规范性文件。至今，全国已有 20 多个省、自治区、直辖市，以及 20 多个市和民族自治地方，制定了本行政区域的方志工作条例、实施办法或管理办法。尤其是对条例第十二条关于对地方志书进行审查验收主体、程序等由省级人民政府规定的条款，各地都做出详细的规定。此外，各地政府根据方志法规还制定了目标考核责任制、督查通报制、资料报送制等制度；各地还普遍制定了志书编纂方案、志书编纂行文规范、志书审查验收办法、志书出版印刷规范等制度，逐步建立起较为系统的方志工作法规体系。方志工作法规的制定施行，为方志工作机构及队伍的稳定、后勤保障、志书质量、资源开发利用等提供了法律保障，较好地解决了长期以来一直困扰方志事业发展的普遍性问题，促进了方志事业的持续健康发展。

四、建立了较为完善的志书质量保证体系

志书质量历来为编纂者和运用者所关注。由于第一次修志属于新方志草创时期，只是局部开展且中途中断，但也进行了积极的探索，强调编修县志是一项“光荣任务”，要求坚持正确的指导思想，运用辩证唯物主义和历史唯物主义的观点和思想方法筛选考证资料，严格志稿审查制度。这些经验只是初步的，却非常宝贵，为提高方志质量探索出了一条可示范性的路子。在第二次修志中的首轮修志初期，方志界就开始关注志书的质量问题，把它作为一个必须解决的问题进行了比较集中的讨论。这种讨论与首轮修志工作同步开展，并且随着志书编纂工作的深入而持续不断地进行。经过30多年的修志实践，已逐渐建立起了较为完善的志书质量保证体系。

决定一部志书质量高低的因素涉及众多环节，机构设置、工作体制、组织方式、后勤保障、工作流程、队伍素质、指导思想、志书体例、资料搜集、志稿编纂、质量标准、审查验收、出版印刷等方面，都是影响志书质量的因素。本节只讨论与志书质量直接相关的质量观念、志书质量标准和志书质量保障措施。

关于志书质量第一的观念。在20世纪80年代中后期，中指组办公室多次召开会议讨论志书质量问题。这一时期要求各地在制定规划时，不但要有数量上的要求，更要有质量上的要求，强调要树立质量第一的思想，一切工作都要服从服务于编纂高质志书的需要，把质量问题当成志书的生命线，放在一切工作的首位。20世纪90年代开始注重人在志书质量方面的作用，要求方志工作者加强质量意识，树立全面质量观念，切实把质量问题放到第一位。同时，又强调要正确处理好质量与速度的关系，在保证志书质量的前提下加快修志进度，不能顾此失彼。质量第一，不是一个简单的数位关系，而是一

个在修志各个环节都要关注的全面质量观念。经过20多年的不懈努力，志书质量第一的观念在方志界普遍确立。

关于志书质量标准。第二次修志的首轮修志之初就提出的关于志书质量标准问题。《新编地方志工作暂行规定》对志书的类型和名称、断限、体裁、框架和篇目、大事记写法、人物传写法、文体、资料、字数、开本及印刷装帧等方面作出较为明确的规定。到20世纪90年代后期，方志界对志书质量问题的研究又掀起了一个高潮。《关于地方志编纂工作的规定》规定："编纂地方志要加强调查研究，掌握翔实资料，力求观点鲜明正确，材料真实可靠，体例完备严谨，篇目结构合理，内容充实深刻，段落层次清楚，审校严格认真。"这比《新编地方志工作暂行规定》有很大提升，且更为规范。各省、市、自治区地方志编委会根据两个规定制定了本地的编纂规划、编纂方案、编纂规范及版式规定。这些文件在志书质量方面的要求比旧志的质量要求更为详尽、系统。20世纪末21世纪初，随着首轮修志基本完成和第二轮修志的开始，方志界开始呼吁制定全国性志书质量标准，出台更合乎修志实践和时代要求的质量标准体系。经过多次研讨和修改，2007年10月，《地方志书质量规定》公布施行，对政治标准、资料标准、体例标准、要素（内容）标准、创新标准、行文标准、出版印制7个方面质量要求做出了全面系统的规定，把志书的编纂纳入更为科学、规范的轨道，为志书编纂、审查、验收和评价提供客观的参照标准和基本的衡量尺度，标志着志书质量标准体系开始初步建立。

关于志书质量保障措施。志书编纂就是一项实践性工作，就其本质来说，志书就是一种精神产品，有其自身的特殊要求与规范。第一次修志没有制定普遍遵循的志书质量保障措施，不过具体到志书编纂单位，还是采取了相应的保障措施。大多志书都经过拟定篇目、明确要求、搜集资料、调查核实、整理资料、编纂志稿、审查志稿、修改志稿、定稿付印等几个阶段的工作才完成编纂任务。为确保志书质量，经过第二次修志两轮修志经验积累总结，志书编纂已经形成了较为完整的编纂流程及相关制度：（1）制定志书编纂总体方案；（2）制定工作责任制；（3）制定篇目；（4）制定《行文规范》；（5）开展业务培训制度；（6）制定分类指导制度；（7）制定凡例；（8）制定资料搜集、整理与保管制度；（9）试写样稿制度；（10）志稿评议制度；（11）制定总纂志稿审查制度；（12）制定审查验收制度。以上方面只是各地的基本做法，具体到每一个地方也有不同。如志书的审查验收制度，大多数省市区是下管一级，即上一级方志机构审查下一级志书。但也有部分地区的市、县两级志书均由省级方志机构审查。

五、建立了较为有效的方志资源开发利用体系

方志自诞生之日起就是以用为目的的，自唐、宋以后保存至今的志书，种类繁多，自然、政治、经济、社会、文化、人物等内容无所不容，是世界上独一无二的文化资源宝库。新中国成立后，强调“古为今用”的方针。第二次修志实行修用并举、以用促修的工作方针，把开发利用和服务现实作为方志工作的重要内容，使方志资源开发利用成为方志事业不可或缺的基本内容。

随着首轮修志的开展，地情资料的日常咨询服务就随之开展起来，需要了解地情的政府部门、地质探矿部门、旅游部门、建筑设计单位、科研机构以及个人就开始向方志机构进行查询。随着经济社会的日益发展，方志机构的服务功能已经融入日常工作之中而广泛开展，成为常态化的工作。尤其是在科学研究、传统技艺传承、特色产业发展、旅游业发展、兴建大型工程、招商引资、编写乡土教材、传承地域文化、开展地情教育、华人华侨和本籍在外地人士寻根问祖等方面，成效显著。

旧志的整理和保存是方志工作的重要组成部分。20 世纪 80 年代初，全国方志系统开始规划旧志整理工作，并完成自然灾害、矿藏、渔业畜牧业、水利、科技、土特产、名胜古迹和人物资料类编。由于修志任务繁重，旧志整理工作一度停顿。当《地方志工作条例》将“组织整理旧志”列入方志机构的基本职责后，各地又加大了旧志整理的力度，因地制宜地开展旧志整理工作：对旧志现存情况进行普查，基本摸清了家底和馆藏情况；编辑出版旧志目录或提要、索引，有的整理（影印、校勘、标点、译注、汇编合刊、分类汇编资料等形式）出版了旧志，有的开展了旧志辑佚工作，甚至收集海内外收藏的旧志，使一些稀见旧志得到了抢救性整理。截至 2013 年末，全国方志系统整理出版历代旧志达到 2270 部。其中规模最大的是广东省，该省全面搜集、整理现存且可查、分散收藏在国内外的历代通志、府州志、县志 433 种，编辑出版了《广东历代方志集成》。此外，科研机构、图书馆和出版社等机构

也通过方志资料类编和编辑出版两种方式对旧志进行了整理，使许多稀见方志得以流传。如《中国古代天文史料汇编》《中国地震资料汇编》《中国地方志民俗资料汇编》《中国地方志集成》《稀见中国地方志汇刊》等。

为有效收藏、保管、利用方志资源，1985 年中国地方志协会就曾建议黑龙江省建设方志馆。1990 年，浙江省地方志办公室、浙江省地方志学会与建德县地方志办公室联合在建德县设立浙江方志馆，这是全国首家方志馆，但非实体机构。1996 年 5 月，上海市方志馆建成开馆，为上海市地方志办公室下属机构，主要职能是展示、收藏、研究、培训等。随后，广州市、湖北省、湖南省三家方志馆先后建成，但均非独立方志馆，多数面积用于办公。中指组 1998 年发布的《关于地方志编纂工作的规定》，明确要求“有条件的地区，要建立方志馆”。此后，山东、吉林、陕西、江苏、江西、广西、北京、广东省（自治区、直辖市）和国家方志馆先后建成开馆。截至 2012 年末，全国已建成 198 家方志馆，其中省级 13 家、市级 57 家，县级 198 家。此外，还有不少处于在建、筹建过程中，方志馆建设已越来越受到各地的重视，尽管存在许多问题，但有效拓展了方志工作领域，为收藏包括志书在内的地情资料，开展地情研究和地情教育提供了平台。

方志信息化建设始于 20 世纪 90 年代，山东、福建、黑龙江、吉林、四川、贵州等省相继建立了省情库，开通了省情信息网。2001 年 12 月第三次全国地方志工作会议要求方志要逐步实现数字化、网络化，利用现代化手段收集、整理、加工、存储资料，提高工作效率；通过现代信息手段，不断扩大方志的影响，实现方志的价值。2008 年 11 月第四次全国地方志工作会议要求开展数字化、网络化建设，做好方志资源的整合、共享与开发利用。此后，山东、内蒙古、天津等省（自治区、直辖市）以及宁波市被列为全国方志信息化建设试点单位，以此推进全国方志信息化建设工作。山东省是全国最早开展此项工作的省份，已全部建成省、市、县三级地情资料库、地情网站，实现互联互通，资源共享。中指办正在筹建全国性方志信息化工程，已开通“中国地方志网站”，正在建设中国地方志全文数据库，中国年鉴出版总库也在建设当中。除方志系统外，包括公共图书馆和高校图书馆以及数字出版媒体在内的图书馆系统也在对馆藏的历代旧志以及各种地方文献进行数字化、网络化工作。如国家图书馆馆藏地方志资源库、北京师范大学的“北京师范大学图书馆线装方志书目数据库”、万方数据的“中国新方志知识服务系统”、中国知网的“中国年鉴网络出版总库”等。

六、建立了较为系统的方志理论研究体系

编修方志源远流长，但由于实践性很强，直到清代才建立了方志学，民国时期进入到比较自觉地研究方志理论的阶段。新中国成立后直至“文化大革命”前夕这一阶段，方志理论研究仅限于科研院校少数学者、专家，他们主要对古代方志学进行研究，对旧志开展评论与研究，利用旧志保存的史料进行学术研究，并就新志的体例、内容和方法提出了一些主张和建议。

改革开放以后，伴随着大规模修志的开展，方志理论研究也随之展开。修志开展初期，主要对方志编纂指导思想、方志体例、篇目结构、方志特征、史志关系、资料搜集、经济部类和政治运动记述、方志发展史、方志性质、方志功能等问题进行研究与讨论。在大批志稿完成后，方志理论研究的主要内容集中在方志编纂方法、方志特色体现、事物发展规律体现、志稿评议方法、志书规范、志书质量标准、方志属性、方志编纂组织方式等问题，并扩展到方志的科学性、整体性、著述性、学术性、政治性等问题的研究。在大批志书出版后，方志理论研究开始深化，对方志基础理论、方志编纂理论、方志编纂技术、方志管理理论、方志发展史以及方志信息化、方志应用理论、方志批评理论和方志学与其他学科的关系等课题的研究全面展开。进入 21 世纪后，随着第二轮修志的开展，续志理论研究兴起。由于是首次开展续志编纂，研究内容主要围绕首轮志书与续志的区别、续志特点、续志断限、编纂原则与方法、首志和续志的关系与衔接、续志内容（主要是自然部类与人文内容记述、人物等）等问题进行研究。另一方面，随着经济社会的发展，对方志事业持续稳定发展的关注使方志理论研究拓展到对方志文化、方志与经济社会的、方志与地域文化、方志馆建设、方志学科体系建设、方志机构和队伍建设以及方志事业发展等问题的研究。

当代方志理论研究范围广泛，观点异彩纷呈。这与方志学的特殊性有关：一是方志虽然古老，但方志学却非常年轻。所以，当第二次修志广泛开展方志理论研究时，特别是新方志理论处于草创时期，因为没有固有理论的羁绊，仁者见仁，智者见智，自由想象和自由发挥的空间巨大，理论研究往往因解

决实践问题而生发开来，讨论热烈，甚至引起激烈的争论。二是任何理论研究都需要以实践为基础，作为实践性很强的方志学，其理论研究总是伴随修志而兴，一次修志掀起一次理论研究热潮，持续的修志活动为方志理论研究积累并提供了丰富的实践经验，使得方志理论研究得以持续开展。三是方志包罗万象，与志书记述内容有关的其他各学科理论和知识为方志理论研究提供的丰富而充足的养分，助推了方志理论研究在宽领域、大范围的开展。四是方志期刊的推动，尤其是首轮修志期间，不仅中国地方志指导小组办公室主办《中国地方志》杂志，各省（自治区、直辖市）地（州、市）方志机构几乎都办有期刊，甚至县一级也不定期出版期刊。第二轮修志期间虽然大部分地（州、市）、县（市、区）停办了期刊，却普遍建立和设置了地情网站和网页，有的个人还建立了博客，为发表方志理论研究成果提供了阵地。五是地方志学会推动，全国性的中国地方志学会和各省（自治区、直辖市）的地方志学会，以及部分地（州、市）、县（市、区）的地方志学会，定期或不定期地举办学术研讨会，开展方志理论研究活动。以上诸因素使得方志理论研究十分活跃，呈现百花齐放、百家争鸣的局面，既直接服务于方志事业，也推动了方志理论研究的持续发展，促进了方志学理论水平的提升，构建起了方志理论的基本框架和方志学科的基本体系。

方志理论研究力量以方志系统中从事方志编纂工作的理论研究爱好者为主体，数量较大，他们以自身实践为基础，一边从事编纂工作一边开展理论研究，对方志事业有着切身的体验和深刻的理解，不少课题就是源于实践问题而展开研究的，所以具有强烈的实践色彩和指导作用。另外，还有高校和科研部门相关学科的学者、专家，他们要么出于研究的需要，要么直接参与方志工作，要么与方志工作者合作，开展方志理论研究。作为旁观者，他们的成果理论色彩更强。正是因为方志理论研究人员数量众多，其成果数量之大，论题涉及范围之广、之深，远超历代方志理论研究成果的总和。至2013年末，出版各种方志理论著作1000多部，发表论文6万多篇。随着理论研究的持续深入和实践经验的不断丰富，方志理论研究已开始着手建设科学规范的方志理论体系和方志学学科体系。2014年已完成《方志学学科建设规划（2014—2020）》的制定，以期规范和引导开展方志理论研究，计划通过六年的努力，基本建成独立、完整、严密、科学的方志学学科体系，为方志事业发展提供理论支撑。

地方志工作法制化建设发展回顾与展望

刘永强

提 要： 自隋唐确立史志官修制度后，历代都把修志作为官职、官责，并通过行政命令形式推动修志工作。中华人民共和国成立后，历届党和国家领导人对修志工作非常重视，志界从未停止过对修志法制化的探索。直至2006年，国务院颁布施行《地方志工作条例》，为全国各地的修志工作提供了重要的法制保障，成为地方志工作法制化建设进程中具有里程碑意义的一件大事。各省（自治区、直辖市）地方志工作者积极贯彻落实国务院《地方志工作条例》，不断努力推进本地法制化建设。

关键词： 地方志　地方志法制化　《地方志工作条例》

持续不断地编纂地方志，是我国延续两千多年的优良文化传统。2006年5月，国务院颁布施行《地方志工作条例》，为全国各地的修志工作提供了重要的法制保障，成为地方志工作法制化建设进程中具有里程碑意义的一件大事。随后，各省（自治区、直辖市）地方志工作者积极贯彻落实国务院《地方志工作条例》，不断努力推进本地法制化建设，为构建全国地方志工作法规体系奠定了坚实的基础。

一、新中国建立前的志书官修

隋唐确立史志官修制度后，不断颁布政令对修志进行统一规范。唐、宋时期，有每三年或五年向朝廷编造报送一次图经的制度。唐德宗建中元年（780），朝廷颁布造送图经的规定，要求：“州图每三年一送职方，今改为五年一造送。如州县有创造及山河改移，即不在五年之限。后复故。”① 这是有史可查的封建朝廷修志政令。宋代设职方郎中、员外郎掌天下图籍，“凡土地所产，风俗所尚，具古今兴废之因，州为之籍，遇闰岁造图以进。……国初，令天下每年造图，纳仪銮司。淳化四年（993），另再闰一造。咸平四年（1001），令上职方。转运画本路诸州图，十年一上。”② 宋徽宗大观元年（1107），政府还创置九域图志局，“命所在州郡，编纂图经”，可以说是我国历史上最早设立的中央地方志机构。

明、清时期，编修地方志逐渐形成制度，朝廷多次颁布诏令，其中较为重要的有3次。明成祖永乐十年（1412），朝廷颁降《修志凡例》，对志书内容做出规定，统一志书规格体例；永乐十六年（1418），再颁《纂修志书凡例》，对《修志凡例》进行了修订，规定志书内容包括建置沿革、分野、疆域、城池、山川、坊郭镇市、土产　贡赋　田地　税粮　课程　税钞、风俗、形势、户口、学校、军卫、郡县廨舍、寺观、祠庙、桥梁、古迹、宦迹、人物、仙释、杂志、诗文，并对各门类记述哪些情况提出要求。清雍正六年（1728），颁布修志上谕，要求各省编修通志，“务期考据详明，采摭精当，既无阙略，亦无冒滥，以成完善之书”③，书编好后报送一统志馆，以便增辑成书。

民国时期，虽然战乱不断，但政府多次颁布修志政令，较为重要的有2次。民国18年（1929），国民政府内政部颁布《修志事例概要》，共22条，第1—4条要求各省设立通志馆，并将人员与经费、凡例和分类纲目、通志成书年限等由省政府专报内务部备案；第5—19条为志书编纂事项，涉及采用材料、使用文字、绘制地图、拍摄古迹古物照片、编制统计表、设大事记等；第20—22条为适用范围及办法，相当于附则。民国33年（1944），国民政府内政部颁布《地方志书纂修办法》，民国35年（1946）修订后重新颁布。修改后的《地方志书纂修办法》共9条，规定地方志书分为省志、市志、县志3

① 《唐会要》卷五九。
② 《宋史·职官志》。
③ 《世宗宪皇帝实录》雍正六年十一月二十八日上谕。

种；省志30年纂修一次，市志、县志15年纂修一次；修志事宜由各省市县的文献委员会负责；编纂志书应先编拟志书凡例、分类纲目及编纂期限，并报内政部备案；规定图照、表格的种类与制作，以及各门类的内容要点；志书编纂完成后，报内政部核定后付印；志书印刷后，分送行政院、内政部、国防部、教育部、中央图书馆等备查。

据不完全统计，新中国建立前历代中央政府共发布修志命令46份，包括清以前35份，民国11份。[①] 尽管这些政令的效果因时而异，但确立了编修地方志是"官职""官责"，并不间断地从编纂方法、内容要求等方面进行规范，为我们留下了8000多种旧志。

二、新中国成立后地方志工作法制化的积极探索

新中国成立后，毛泽东、周恩来等党和国家领导人就非常关心修志事业。1958年3月，毛泽东在成都主持中央工作会议期间，专门调阅《四川通志》《华阳国志》等一批志书，并选辑其中部分内容，转发给到会的领导同志，提倡利用方志，提高领导水平。他倡议全国各地要编修地方志。10月20日，国务院科学规划委员会地方志小组起草了《关于新修方志的几点意见》，发到各地征求意见。该意见对新方志的体例、记述的重点、应遵循的原则、方法及种类等问题都作了规定，还要求"各地应当指定一定的机构（如档案馆、博物馆）对已搜集的史料和实物加以保存，并且应当考虑把修订方志形成一个制度"。这是新中国成立以后关于新修方志编纂原则的第一个纲领性意见，对20世纪50年代新编方志工作的顺利开展产生了积极的影响。1959年，在周恩来总理支持下，中国地方志小组成立，曾三任组长。1961年3月，中国地方志小组起草了《关于新修方志提纲（草案）》，与国家档案局联合发布。《关于新修方志提纲（草案）》提出，志书除了前言、概况之外，主要应当包括政治斗争（革命斗争）、经济建设、文化教育、政法工作、民情风俗习惯、宗教、名胜古迹、人物等八个门类。1963年8月，中共中央宣传部转发了中

---

① 梅森：《从历代中央政府的修志命令看〈地方志工作条例〉的继承与创新》，《中国地方志》2006年第9期。

国科学院哲学社会科学部、国家档案局的《关于编写地方志工作的几点意见》，针对新编地方志工作中存在的问题，提出要建立审阅制度，控制出版发行；有计划有步骤地做好各项准备工作；加强组织领导，发挥档案馆的作用。这三份文件对新中国成立后的新方志编修提出了基本的规范性要求，加强了对当时修志工作的指导，是对新方志编修工作制度化建设的早期探索，为改革开放后首轮修志的开展奠定了基础。

1983 年 9 月，中共中央宣传部批转了中国社会科学院党组《关于地方志工作情况和意见的报告》，要求加强对地方志工作的领导，建立修志机构，配备修志人员；坚持正确的指导思想；重视保密工作；志书定稿后要经过审批程序；各地自行负责解决出版问题。1983 年 4 月，中国地方志指导小组恢复成立。1984 年 11 月，中共中央宣传部批复同意中国社会科学院党组报送的《关于加强全国地方志编纂工作的报告》，同意进一步充实、加强对修志工作的领导，制订《新编地方志工作条例》等。随后，中国地方志指导小组着手起草《新编地方志工作条例》。1985 年 4 月，国务院办公厅转发中国社会科学院《关于加强全国地方志编纂工作领导的报告》，除提出要加强对全国修志工作的领导外，还提出制订《新编地方志工作暂行规定》。1985 年 7 月，经国务院同意，中国地方志指导小组颁布《新编地方志工作暂行规定》，对修志的指导思想、编纂原则、志书体例、记述内容、编纂方法、组织领导、出版发行等问题，做出了具体而系统的规定。这是社会主义时期首轮新编地方志工作第一个条例性规定，确定了首轮修志一系列重要原则，作为共同遵循的依据。1996 年 11 月，国务院办公厅下发了《关于进一步加强地方志编纂工作的通知》，规定修志工作的指导思想、建立修志工作队伍、加强领导等，明确要求地方各级人民政府要把地方志工作列入政府的议事日程，并明确地方志一般分为省、市、县三级志书，每二十年左右续修一次。1998 年 2 月，中国地方志指导小组颁布《关于地方志编纂工作的规定》，对一些普遍性问题做出了更为具体的规定：坚持“党委领导，政府主持”的修志体制；明确中指组及其办公室和各地的地方志编纂委员会及其办公室地位和职能；政府要保障修志机构经费和必要的工作条件；志书主要按照省市县三级进行编纂；坚持述、记、志、传、图、表、录等志书体裁；严格执行志书的审查验收制度与程序；有条件的地区要建立方志地情资料库和方志馆，逐步实现信息网络化。

与此相应，各级地方政府和修志机构根据中央、国务院有关部门的规定，制定了一系列的规章制度。

上述文件对修志工作作了明确规定和部署，推动了地方志工作的发展，也为后来的地方志工作立法打下了基础。进入21世纪，随着全国首轮修志进入后期，第二轮修志全面展开，地方志工作已涉及社会生活各个方面，在社会主义市场条件下，仍靠过去的行政命令方式组织编纂地方志，已难以适应形势的需要；二是，由于没有全国性的法律法规可以遵循，修志工作随意性大、主观性强，各地发展不平衡等问题日益突出，迫切需要通过立法加以规范。

三、国务院《地方志工作条例》颁布施行

自1995年起，党和国家领导人就对地方志工作法制化问题做出多次专门指示。1995年8月，中共中央政治局委员、国务委员、中国地方志指导小组组长李铁映指出："根据当前修志工作的实际需要，应当考虑把制定地方志工作条例的工作提上议事日程。""为了规范今后全国的修志工作，使之法制化、制度化，保证修志机构和修志队伍的稳定，提高志书质量，有必要在总结本届修志经验的基础上，形成关于中国地方志工作条例性文件，报请国务院审批后，颁发各地参照执行。"① 1996年5月，国务院总理李鹏在接见全国地方志第二次工作会议代表时指出："编修地方志要制定章程或规定，以便使工作有章可循。"② 根据中央领导指示精神，2003年3月20日，中国社会科学院副院长、中国地方志指导小组常务副组长朱佳木在中国地方志指导小组办公室全体人员会议上，提出了第三届中国地方志指导小组的8项工作任务，其中之一是"要使地方志工作向制度化、法制化迈进。最低目标是争取在国务院那里颁布一个关于方志工作的法规；最高目标是草拟一部关于方志工作的

① 李铁映：《在中国地方志指导小组第二届第一次会议上的书面讲话》，《中国地方志》1995年第5期。

② 李鹏：《在接见全国地方志第二次工作会议代表时的讲话》，《中国地方志》1996年第3、4期。

法律，争取拿到人大常委会去审议。”[①] 9月，《地方志工作条例》起草小组成立，朱佳木任组长，全国地方志立法工作正式启动。

在此之前，各地在地方志工作法制化方面也做了不少尝试，已经走在了前面。2003年7月，四川省人大常委会审议通过《四川省地方志工作条例》，这是全国第一个由省人大常委会颁布的地方性地方志法规，也是全国第一个地方志工作地方性法规，具有重要的象征意义。山东、上海、江苏等地也在为地方志立法工作做必要的规划和准备。

2005年6月，中国社会科学院将《地方志编纂管理条例（送审稿）》报送国务院审议。国务院法制办收到此件后，立即印发21个中央部门和各省级人民政府征求意见。在吸收有关意见的基础上，形成《地方志工作条例（征求意见稿）》，多次征求方志系统、院校专家学者、全国人大常委会法工委和其他有关方面的意见，充分吸收了有关建议。在此基础上，形成了《地方志工作条例（草案）》。2006年5月18日，国务院总理温家宝签署第467号国务院令公布了《条例》，该条例自公布之日起施行。《地方志工作条例》共22条，大致包括总则、组织管理、编纂要求、开发利用、法律责任、附则等方面，具体内容则包括：第一条，立法目的；第二条，适用范围；第三条，地方志的定义、层级；第四条，纳入管理、预算；第五条，机构、职责；第六条，编纂原则；第七条，编纂规划；第八条，编纂主体；第九条，编纂人员；第十条，编纂周期；第十一条，资料征集；第十二条，地方志书审查验收；第十三条，综合年鉴的审查验收；第十四条，地方志的报备；第十五条，著作权问题；第十六条，地方志的开发利用；第十七条，表彰和奖励；第十八、第十九、第二十条，法律责任；第二十一条，军事志、国务院部门志书编纂问题；第二十二条，施行日期。条例是新中国地方志工作的第一个中央层次的立法，它的公布施行，是我国地方志发展史上具有全局性、根本性、战略性的一件大事，对于落实依法治国方略，实现依法修志，建立修志工作长效机制，保障我国地方志工作持续健康稳定发展，具有重要的现实意义和深远的历史意义。

关于适用范围。条例明确，中华人民共和国境内地方志的组织编纂、管

① 朱佳木：《在指导小组办公室全体人员大会上的讲话》，《中国地方志》2003年第4期。

理、开发利用工作，适用本条例。条例还明确规定，地方志包括地方志书、地方综合年鉴。考虑到编纂地方志需由地方政府组织人力、物力、财力，为了不给乡镇、村设定义务、增加负担，该条例仍维持了《国务院办公厅关于进一步加强地方志编纂工作的通知》关于地方志分为省级、设区的市级、县级三级的规定，乡镇、村组织编纂志书不包括在内。

关于地方志工作的保障。条例规定：一是县级以上地方人民政府应当加强对本行政区域地方志工作的领导。地方志工作所需经费列入本级财政预算。二是国家地方志工作指导机构统筹规划、组织协调、督促指导全国地方志工作。县级以上地方人民政府负责地方志工作的机构主管本行政区域的地方志工作，履行下列五项职责：组织、指导、督促和检查地方志工作；拟定地方志工作规划和编纂方案；组织编纂地方志书、地方综合年鉴；搜集、保存地方志文献和资料，组织整理旧志，推动方志理论研究；组织开发利用地方志资源。三是省、自治区、直辖市人民政府制定本行政区域地方志编纂的总体工作规划，并报国家地方志工作指导机构备案。四是以县级以上行政区域名称冠名的地方志书、地方综合年鉴，分别由本级人民政府负责地方志工作的机构按照规划组织编纂，其他组织和个人不得编纂。

关于确保地方志编纂质量的制度设计。条例规定：一是明确地方志编纂应遵循的指导原则。其一是存真求实；其二是确保质量；其三是内容涵盖要全面，要包罗本行政区域自然、政治、经济、文化和社会的历史与现状。二是对参与地方志编纂的人员作了要求，规定编纂地方志应当吸收有关方面的专家、学者参加；地方志编纂人员实行专兼职相结合，专职编纂人员应当具备相应的专业知识。三是确立了地方志书的审查验收制度，规定以县级以上行政区域名称冠名、列入规划的地方志书经审查验收，方可以公开出版；对地方志书进行审查验收，应当组织有关保密、档案、历史、法律、经济、军事等方面的专家参加，重点审查地方志书的内容是否符合宪法和保密、档案等法律、法规的规定，是否全面、客观地反映本行政区域自然、政治、经济、文化和社会的历史与现状。四是确立了地方综合年鉴的出版批准制度，规定以县级以上行政区域名称冠名的地方综合年鉴，经本级人民政府或者其确定的部门批准，方可以公开出版。

关于地方志作品的著作权归属。条例与著作权法作了衔接，明确规定以县级以上行政区域名称冠名的地方志书、地方综合年鉴为职务作品，依照《中华人民共和国著作权法》第十六条第二款的规定，其著作权由组织编纂的负责地方志工作的机构享有，参与编纂的人员享有署名权。

关于地方志的开发利用。条例对地方志的开发利用作了一条原则规定，主要有两层意思：一是明确规定，地方志工作应当为地方经济社会的全面发展服务；县级以上人民政府负责地方志工作的机构应当积极开拓社会用志途径，可以通过建设资料库、网站等形式，加强地方志工作的信息化建设。二是规定公民、法人和其他组织可以利用上述资料库、网站查阅、摘抄地方志。

关于法律责任。条例规定：一是对违反本条例规定，擅自编纂出版以县级以上行政区域名称冠名的地方志书、地方综合年鉴，由县级以上地方人民政府负责地方志工作机构提请本级人民出版行政部门依法查处。“依法查处”主要是指依照《出版管理条例》查处。二是对违反本条例规定，未经审查验收或者批准将地方志文稿交付出版，或者已出版的地方志存在违反宪法、法律、法规规定内容的，由上级人民政府或者本级人民政府责令采取相应措施予以纠正，并视情节追究有关单位和个人的责任；如果泄露国家重大机密造成严重后果，构成犯罪的，要依法追究有关责任人的刑事责任。三是负责地方志工作的机构的工作人员违反本条例第十四条第二款规定，将负责保管的有关文字资料、图表、照片、音像资料、实物及形成的地方志文稿应当移交而不移交，据为己有或者出租、出让、出借的，要依法给予处分。

四、 各地地方志工作法制化取得的进展

目前，除天津、辽宁、重庆、西藏、青海五省（自治区、直辖市）外，全国已有 26 个省（自治区、直辖市）出台了地方志法规、规章，四川省人大常委会修订了《四川省地方志工作条例》，另有 150 多个市、县颁布地方志工作规章或政府规范性文件，其中山东省形成较为完善的法规体系。有些部门和行业制定部门志、行业志编纂工作规定，解放军将《军事志工作条例》列入中央军委立法计划，武警部队出台《中国人民武装警察部队史志工作规定》。河北、山西、吉林、江苏、山东、河南、湖北、广西、贵州、甘肃、青海等省（自治区）开展人大执法检查或政府督察，河北省地方志办公室、沈

阳市地方志办公室等取得行政执法主体资格，强化地方志工作法规规章的权威性，有力地推动了地方志工作的健康开展。

下面，分省介绍地方志工作法制化情况：

北京市　2007年7月5日，《北京市实施〈地方志工作条例〉办法》由市政府颁布，2007年9月1日起施行。同时，不断推进法制宣传和培训，积极推动开展对条例和实施办法执行情况和监督检查，督促第二轮修志工作任务的落实。

河北省　2008年2月14日，《河北省地方志工作规定》由省政府颁布施行。另外，承德市、邢台市、保定市及清河县、临西县、宁津县等6市、县出台了地方志规章或规范性文件。同时，河北省建立了地方志工作督查通报制度，借助省政府督查室的力量强力督办。2009年5月，省政府办公厅正式建立起省、市、县三级志书编修督查通报和依法检查制度。2009、2010、2011年，配合省政府督查室在全省范围内进行了全面督查，省政府办公厅每次都印发了《督查情况通报》，许多“老大难”单位按照督查组的要求落实了机构、人员和经费，使全省的修志工作向前跨进了一大步。此外，还建立了执法检查制度，2012、2013两年，与省法制局一起持证进行修志执法检查，以巩固调度和督查的成果。

山西省　2011年5月27日，《山西省地方志工作条例》由省人大常委会通过并颁布，2011年7月1日起施行。另外，临汾市出台了地方志规章。从2012年7月开始，山西省地方志办公室全体班子成员分头带队配合省人大教科文委到全省11个市19个县（区）进行执法检查，有力地推动了全省方志工作。

内蒙古自治区　2012年10月9日，《内蒙古自治区地方志工作规定》由自治区政府颁布，2012年12月1日起施行。

辽宁省　沈阳市、营口市、鞍山市、抚顺市、本溪市以及康平县先后出台了地方志规章或规范性文件。《大连市地方志工作管理办法》已经上报待批。2012年，沈阳市地方志办公室取得行政执法主体资格。2013年，沈阳、鞍山、抚顺、本溪、营口、康平等市、县，依据本地制定的《地方志工作管理办法》开展了督导检查，依法促进了修志工作。

吉林省　2006年12月1日，《吉林省地方志工作条例》由省人大常委会通过并颁布，2007 年 1 月 1 日起施行。另外，长春市、吉林市、白城市三市出台了地方志规章。

黑龙江省 2014 年 9 月 17 日，《黑龙江省地方志工作规定》由省政府颁布，2014 年 11 月 1 日起施行。

上海市 2011 年 4 月 26 日，《上海市实施〈地方志工作条例〉办法》由市政府颁布，2011 年 5 月 18 日起施行。2011—2014 年，上海市地方志办公室连续在全市范围开展地方志法规宣传周（日）活动。

江苏省 2008 年 12 月 3 日，《江苏省实施〈地方志工作条例〉办法》由省政府颁布，2009 年 1 月 1 日起施行。另外，无锡市、苏州市以及丹阳市、扬州市邗江区先后出台了地方志规章或规范性文件。省委、省政府分别把“加强地方志编纂工作”列入《江苏省委“十二五”规划建议》《江苏省政府“十二五”规划纲要》；省发改委与省地方志办公室联合印发了《江苏省地方志工作“十二五”规划》；省财政厅积极保障地方志事业发展经费，并随着地方志工作拓展不断充实旧志整理等专项资金。

浙江省 2012 年 11 月 17 日，《浙江省实施〈地方志工作条例〉办法》由省政府颁布，2013 年 1 月 1 日起施行。另外，杭州市、宁波市也先后出台了地方志规章。

安徽省 2007 年 2 月 28 日，《安徽省地方志工作条例》由省人大常委会通过并颁布，2007 年 5 月 1 日起施行。另外，合肥市、淮北市、安庆市也先后出台了地方志规章或规范性文件。

福建省 2013 年 12 月 26 日，《福建省实施〈地方志工作条例〉办法》由省政府颁布，2014 年 2 月 1 日起施行。

江西省 2008 年 1 月 13 日，《江西省实施〈地方志工作条例〉办法》由省政府颁布，2008 年 3 月 1 日起施行。

山东省 2005 年 9 月 29 日，《山东省地方史志工作条例》由省人大常委会通过并颁布，2005 年 12 月 1 日起施行。《山东省地方史志工作条例》实施后，采取检查调研、政府督查、人大执法检查等一系列有效措施，扎实推进条例贯彻落实。2012 年，山东省出台《关于加强史志工作法规体系建设的意见》，要求所有市、县（市、区）制定出台关于史志工作的法规、规章和规范性文件。目前，山东省 17 个地级市全部出台地方志法规规章或规范性文件 14

个，137 个县（市、区）已出台规范性文件 128 个，全省地方志法规体系建设基本完成。

河南省 2011 年 5 月 12 日，《河南省地方志工作规定》由省政府颁布，2011 年 7 月 1 日起施行。另外，安阳市、南阳市、开封市、商丘市、三门峡市及邓州市先后出台了地方志规章或规范性文件。

湖北省 2007 年 4 月 5 日，《湖北省地方志工作规定》由省政府颁布，2007 年 6 月 1 日起施行。另外，襄阳市出台了地方志规范性文件。2009 年 7—8 月，湖北省地方志办公室联合省委办公厅、省政府办公厅两个督查室对全省第二轮三级地方志书编纂工作情况进行了检查督办，并以省委办公厅、省政府办公厅的名义下发了《督办通报》；2010 年 2 月，结合贯彻落实全省地方志工作会议精神情况，以省地方志编纂委员会的名义下发湖北省第二轮修志工作情况通报（第一期），现已坚持通报 13 期；2013 年又对市县年鉴工作进行检查和通报。

湖南省 2008 年 6 月 10 日，《湖南省实施〈地方志工作条例〉办法》由省政府颁布，2008 年 9 月 1 日起施行。

广东省 2007 年 11 月 21 日，《广东省地方志工作规定》由省政府颁布，2008 年 1 月 1 日起施行。此外，广州市出台了地方志规章。2009 年，省政府召开依法修志工作会议，对依法修志工作进行部署，进一步明确地方志工作是各级政府的重要工作。五年来，积极创建以政府为后盾、以行政手段推动地方志工作的机制，把地方志工作纳入法制化轨道。

广西壮族自治区 2008 年 7 月 14 日，《广西壮族自治区实施〈地方志工作条例〉办法》由自治区政府颁布，2008 年 9 月 1 日起施行。

海南省 2011 年 5 月 31 日，《海南省地方志工作规定》由省政府颁布，2011 年 7 月 1 日起施行。2013 年 9 月，省史志办协助省人大常委会在全省开展《海南省地方志工作规定》执法调研。

四川省 2003 年 7 月 24 日，《四川省地方志工作条例》由省人大常委会通过并颁布，2003 年 10 月 1 日起施行，使四川成为全国最早制定地方志法规的省份。国务院《地方志工作条例》颁行后，2007 年 11 月 13 日由省政府颁布《〈四川省地方志工作条例〉实施办法》，2008 年 1 月 1 日起施行。2013 年 11 月 28 日，完成实施十周年的《四川省地方志工作条例》修订工作，由省人大常委会通过并颁布，2014年1月1日实施。新修订的《四川省地方志工作条例》共26条，较原条例的13条增加了很多内容，就各级地方政府、地方志工作机构、各级机关企事业单位所承担的依法修志工作职责、任务与工作机制等作了更明确要求，对民族地区地方志工作、方志馆建设与管理、地方志资源的保护与开发利用从法规上予以明确，标志着四川省地方志法制建设迈上新台阶。该条例规定了四川省地方志编委会作为实施主体的12项行政权力。此外，宜宾市、巴中市及荣县出台了地方志规范性文件。

贵州省 2008年10月29日，《贵州省地方志工作规定》由省政府颁布，2008年12月15日起施行。2012年9—10月，省地方志办公室、省政府法制办、省人大教科文卫委联合组成8个检查组，依法对62家省级部门修志工作进行行政检查。检查各省级部门是否按照"责任书"的要求进度进行二轮贵州省志的编纂工作。2012年11月，下发《关于对二轮省志编纂工作进行考核的通知》，各厅局自查报告均报省委、省政府两督查室和省地方志办公室。2013年6月，省委督查室和省政府督查室联合下发《关于对二轮省志编纂工作开展督促检查的通知》，联合省地方志办公室对二轮贵州省志编纂工作开展督促检查，分别于7月、9月、11月分三个批次对省直各部门，省军区、省武警总队，部分中央在黔单位等近90个部门的二轮省志编纂工作进行了督促检查。

云南省 2010年8月4日，《云南省地方志工作规定》由省政府颁布，2010年10月1日起施行。此外，楚雄彝族自治州、文山壮族苗族自治州及石林彝族自治县先后出台了地方志规章或规范性文件。

陕西省 2007年9月29日，《陕西省实施〈地方志工作条例〉办法》由省政府颁布，2007年11月1日起施行。此外，西安市出台了地方志规章。

甘肃省 2009年1月14日，《甘肃省地方志工作规定》由省政府颁布，2009年3月1日起施行。此外，金昌市出台了地方志规范性文件。

青海省 2014年，青海省政府将地方志立法工作列入了省政府立法计划的重点项目之一，《青海省地方志工作规定》有望在年内颁布实施。

宁夏回族自治区 2007年11月9日，《宁夏回族自治区实施〈地方志工作条例〉办法》由自治区政府颁布，2008年1月1日起施行。2008年起，将每年的5月18日法定为地方志工作宣传日，利用这一平台连续七年开展了各种形式的宣传活动。

新疆维吾尔自治区 2009年4月7日，《新疆维吾尔自治区实施〈地方志工作条例〉办法》由自治区政府颁布，2009年6月1日施行。

五、地方志工作法制化建设展望

地方志工作法制化建设继续向前推进，首先要正视目前面临的困难和问题。当前，全国地方志工作面临如下困难和问题：地方志工作发展不平衡的状况没有得到根本扭转，地方志工作法规规章落实不到位的现象仍然存在，有的领导同志对地方志工作重要性认识还不够到位，一些地区地方志工作机构、编制和队伍还不健全，事业发展基础设施薄弱、投入不足的问题尚未妥善解决，地方志资源开发利用水平还不能更多地满足社会需求，方志学独立学科地位还没有完全确立等。以上问题，必须引起高度警惕和重视，并通过不断推进法制化，有重点、有步骤地切实加以解决。

一是地方志工作法规规章是开展地方志工作、保障地方志事业可持续发展的法律和政策依据。要适应建设法治中国的要求，推动全国地方志工作立法。没有制定或正在制定地方志工作法规规章的地方，要力争早日出台，特别是天津、辽宁、重庆、西藏、青海五省（自治区、直辖市），要力争省级地方志工作法规规章早日出台；已经出台的，要抓好贯彻落实。

二是坚持依法开展地方志工作，推动建立各级政府依法履行领导责任、各级地方志工作机构依法履行组织实施和管理职责、社会各界依法参与和提供支持的法治化工作格局。

三是进一步建立健全与法规规章相配套的制度体系，鼓励开展地方志工作执法检查和行政督察，推动地方志工作法规规章的贯彻落实。运用行政手段，通过政府督查、执法检查、通报批评、将地方志工作纳入政府年度工作目标或绩效考核内容等形式，督促各单位落实经费、配备人员，确保修志工作的顺利进行。

四是继续做好地方志工作法规规章宣传工作，加大普法力度，营造依法开展地方志工作的良好社会环境。

地方志信息化建设回顾与展望

胡巧利　常国光

提　要： 地方志信息化建设起步于20世纪90年代末，经过10余年发展，已普遍建立地情数据库和地情网站，初步探索地方志业务系统建设和开发地方志微博微信。然而，当前地方志信息化建设存在各自为政、发展不平衡、资金和人才不足、业务系统建设滞后、难以在实际工作中推广应用等问题。今后，地方志信息化要从展示模式向开发模式转变，从各自为政向共建共享发展，从制定地方志信息化建设总体规划、制定地方志系统信息化建设技术标准和规范、提升地情信息服务能力、探索在线修志模式和构建社会参与修志平台、建设方志信息化建设复合型人才队伍、推进地方志信息化建设均衡化发展六个方面着力，全面推进地方志信息化建设。

关键词： 地方志信息化　对策建议　地情数据库和地情网站　在线修志　地情信息服务

随着现代信息网络技术的迅猛发展，信息的加工、存储、传播及其利用方式都发生了革命性的变化，不仅大大提高了工作效率和质量，也给人们的社会生活带来跨越性的巨变。在网络信息技术普及的新形势下，抓住机遇，推动地方志工作融入信息时代，实现地方志事业的转型升级，是地方志工作者义不容辞的责任。地方志信息化建设起步于20世纪90年代末期，经过10余年的发展，已取得一定的成果，为社会提供了基本的地情信息资料。

一、地方志信息化建设的历程

（一）起步阶段（20世纪90年代末期至2005年）

1997年4月，中国第一次信息化工作会议正式提出了包括信息资源、信息网络、信息技术应用、信息技术和产业、信息化人才、信息化政策法规和标准六个要素的国家信息化体系。此后，一些地方志工作先进地区开始探索地方志信息化建设。1998年山东省情网在国际互联网上开通运行，成为全国方志系统第一家地方志网站。同年，广州市地方志办自筹经费、自行设计开发了“广州市地方志之窗”网站，成为全国省会城市最早的地方志网站。2000年，福建、黑龙江、贵州等省开通省情网。2001年广东省情信息网、吉林省资料库建成开通。与此同时，各地将制作电子版（光盘版）志书和年鉴作为方志信息化建设的尝试。1998年河南省志办制作了全国第一张省志光盘《河南省志》光盘。电子光盘使志书和年鉴的存储介质发生了变化，但并未实现信息高速传播，因而严格来说还不能视作地方志信息化工作。

2001年8月，中国地方志指导小组办公室在吉林长春召开第一次全国地方志网络建设研究会，提出顺应时代潮流，增强紧迫感，迅速建立多功能、多门类、综合性的信息资料库并上网发布，更好地为两个文明建设服务。[①] 这是中指组首次对方志信息化工作提出明确要求。之后，各地开始酝酿地方志信息化建设方案，并向政府有关部门提出立项申请。浙江、内蒙古、北京、上海、新疆、安徽等省（直辖市、自治区）以及哈尔滨、大连、武汉、成都等市都相继建立了网站。但由于对地方志信息化建设的意义认识不到位，许多地方没有实质性进展。

（二）发展阶段（2006年以来）

2006年国务院颁布实施《地方志工作条例》，将地方志信息化建设作为地方志工作机构的重要任务。此后，地方志信息化建设受到各地普遍重视，

---

① 《全国地方志网络建设研讨会纪要》，《中国地方志》2001年第6期。

其内涵不断拓展，影响力得到较快提升。同年，中国地方志指导小组办公室启动“一网两库”（中国地方志网站和中国地方志全文数据库、中国年鉴出版总库）的建设工作。2008 年 6 月 1 日，全国地方志系统信息网络建设经验交流会在武汉召开，提出以中国地方志指导小组办公室门户网站为依托，以各地地情网站友情链接的形式，实现全国地方志系统网站的联网。这一举措，为全国地方志系统最终实现信息化的良好开端，地方志信息化建设形成热潮。之后，2010 年 2 月，中国地方志网站的二级网站——《中国地方志》期刊网站建成并运行。到 2013 年底，全国 27 个省、直辖市、自治区（不计台湾省和香港、澳门特别行政区）建立了网站，15 个副省级城市全部建立了网站。

全国各省、直辖市、自治区和副省级城市地方志网站建设情况

表 1

序号	政区名	建成时间	网站名称	备注
1	山东	1996 年	山东省情资料库	1998 年开通山东省情网
2	广东	1997 年	在政府门户网站上设网页	2001 年广东省情信息网
3	福建	2000 年	福建省情资料库	
4	黑龙江	2000 年	中国龙志网	
5	贵州	2000 年	贵州方志与地情网	2006 年贵州地方志网
6	四川	2000 年	四川党政网上设省志编委网页	2011 年开通四川地方志网
7	吉林	2001 年	吉林省情资料库	
8	浙江	2002 年	在浙江在线新闻网上开通“浙江通志”频道	2010 年升级为“浙江地方志”网站
9	内蒙古	2002 年	内蒙古区情网	
10	北京	2004 年	京网	
11	上海	2004 年	上海通网	
12	新疆	2004 年	新疆通览网	
13	安徽	2004 年	安徽方志网	
14	河南	2006 年	河南省情网	
15	陕西	2006 年	陕西省地情网	
16	江苏	2006 年	江苏省地方志网	
17	湖南	2007 年	湖南地方志信息网	
18	湖北	2007 年	湖北方志网	

续表

序号	政区名	建成时间	网站名称	备注
19	海南	2008 年	海南史志网	
20	河北	2008 年	地方志河北省情资料中心	
21	广西	2009 年	广西地情网	
22	天津	2009 年	天津地方志网	挂在政务网站群上
23	山西	2010 年	山西地方志网	
24	甘肃	2012 年	甘肃地方史志网	
25	辽宁	2012 年	辽宁省地方志网	
26	江西	2013 年	中国赣网	
27	云南		无	
28	青海		无	
29	宁夏		无	
30	西藏		无	
副省级城市				
31	重庆		无	
32	广州	1998 年	广州市地方志之窗	
33	哈尔滨	2002 年	哈尔滨地情网	
34	大连	2003 年	大连史志网	
35	南京	2003 年	在政务网上设地方志网页	2008 年开通南京地方志网
36	武汉	2004 年	武汉方志网	2010 年升级为武汉市情网
37	成都	2004 年	成都方志网	
38	济南	2006 年	济南市情网	
39	青岛	2006 年	青岛市情网	
40	深圳	2006 年	深圳市情信息网	
41	宁波	2008 年	中国宁波史志网	全国首家双语、简繁双体的地方志网站
42	西安	2008 年	西安地情网	
43	厦门	2008 年	厦门方志网	
44	长春	2009 年	长春市情网	
45	杭州	2011 年	杭州方志网	
46	沈阳	2014 年	沈阳地方志	

二、地方志信息化建设的主要成就

（一）普遍建立地情数据库和地情网站

中国地方志指导小组办公室发布的统计数据显示，至 2013 年底全国地方志三级机构（省、市、县）网站、网页达 871 个，比 2010 年增长 71%。其中，省级地方志机构网站 26 个，普及率达 83.9%，仅有重庆、云南、西藏、宁夏、青海五地尚未建立网站；15 个副省级城市网站普及率达 100%。发达地区网站普及程度较高，其中山东省和广东省实现省、市、县三级地方志机构全部建网。

较早建设的网站，如北京、吉林、安徽、山东、广东、内蒙古等，大多对旧系统进行改造升级，功能、性能大为提升，数据库容量不断充实，网站栏目更加丰富，省级数据库容量普遍达到超亿字数规模。山东省情资料库经过三期建设，网站经过 6 次改版，至 2011 年省情资料库共有 79 个分库，99 个专题数据库和 23 个年鉴库，入库资料数十亿字，其辖下市、县（区）地情网站也有三分之二进行了改版升级，其中 20 多家网站多次改版；网站一级栏目 20 余个，二级栏目 260 多个。北京“京网”设置“京韵视听”栏目，在线播放京郊方言采访系列节目；“上海通”网站开通英文子网站，把《上海年鉴》（英文版）和《上海历史上的今天（英文版）》全文发布上网，为国外友人了解上海、认识上海服务。

近年建设的地方志网站，借鉴前人的经验，站在较高起点，取得不俗的成绩。河南省情数据库 2007 年建成，目前入库资料已达 3.5 亿字；湖北、江苏地方志网站目前已建有旧志库，收录了当地历朝历代的旧志。宁波史志网 2008 年开通，成为首家双语、简繁双体的方志网站。

较早建成地情数据库、地情网站的省级地方志机构，有不少及时将工作重点转移到市、县级地方志信息化建设上来，建成区域内网站群体系，实现数据共享。2007 年 10 月，山东全省 17 个市 140 个县（市、区）的地情资料库和网站全部开通运行，实现全省三级地情网站互联互通，资源共享，成为走在全国地方志前列的省级网站群。山东省还援建陕西、广西、新疆等地的地情资料库建设，并实现陕西、广西、山东三省（自治区）地情信息跨省共享。黑龙江省利用中国龙志网站平台，采取多站点发布系统技术，将全省三级地情网站系统、在线修志系统、省情数据库系统进行融合，实现一站式地情采集发布、志书编纂、理论研讨、信息整合、文献研究等功能。安徽省成功搭建网络平台，为辖下市县建立网站群，实现三级志书数据库资源共享。广东省于2009年建设全省三级网站群，至2012年11月，共建立地情网站144个（含省情信息网、肇庆高新区地情网），地情网站覆盖率达100%，实现全省地情资源数据的整合和共享。

（二）初步探索地方志业务系统建设

地方志信息化建设起步于服务社会，在建设好地情数据库、地情网站的同时，一些地区的信息化工作开始向地方志业务系统建设发展。主要在地方志系统的信息交流平台建设和志鉴编纂业务系统建设两个方面进行了积极探索。

2003年山东省建成地方志邮件系统，为省市县三级地方志机构开通专用邮箱。该系统与山东省情资料库和地情网站关联，信息交流方便快捷，大大提升了工作效率。2007年，黑龙江省建成“在线修志”平台，面向各级地方志机构和修志人员，下设145个市、地、县、区机构，实现实时信息交流，加强了全省各地方志机构间的工作往来和业务交流。

2010年，上海市建成“数字化上海地情资料库”系统。该系统具备网上修志编鉴功能，可在线完成资料收集上传、保存、资料长编编辑、志书编辑、志稿评审及志稿内容上网发布等一系列流程。2011年，吉林省建成“吉林年鉴采编系统”，已连续完成2011年至2014年4卷《吉林年鉴》的编纂工作。通过网络实现组稿、编辑、配图、审核、校对、排版等工作流程，排版结果直接交印刷厂进行印刷，提高了工作效率，降低了成本和差错率。2013年底，宁波市志办已开设史志办公学习平台、史志书籍阅读平台、征集新编《宁波市志》资料平台、宁波市党史地方志年度资料征集报送平台、宁波市志和年鉴撰修平台等，基本具备在线征集资料、修志编鉴功能。2013年，贵州省建成“志书在线审稿系统”，目前正在推广中。此外，福建省目前正在建设志书在线编纂系统、年鉴在线编纂系统、编纂目标管理系统等，计划两年内建成。

此外，部分地方志机构建成OA系统，实现办公自动化。2014年10月，对全国30家地方志机构发出问卷调查，有13家机构反馈意见。其中有7家建成OA系统，建成率超过50%。

（三）初步开发地方志微博和微信

近年来，地方志信息化开拓了新领域，逐步向移动互联网发展。利用微博、微信等现代网络技术，传播地方志知识和地情信息资料，方便快捷地为更多的普通百姓提供地情服务。在新浪微博、腾讯微信平台通过搜索统计，至2014年11月，已认证的地方志机构微博有北京、哈尔滨、南京、广州、萧山等75个；微信有北京、江苏、广州、金华等12个。2014年12月，手机广东省情网暨方志广东微信正式开通。虽然地方志机构的微博、微信覆盖面不广，大多还处于初级建设阶段，但随着移动互联网的迅速发展，可以预见包括微博、微信、手机APP在内的“指尖上的地方志”将会引起各地的重视。

（四）初步建成地方志信息化人才队伍

地方志信息化建设、管理具有较强的专业性、技术性和综合性，对工作人员综合素质要求较高。从调查情况来看，已建有地情数据库和网站的地方志机构，均设有专职部门和人员负责信息化工作，重视人才的培训。不仅招考、引进大学本科学历以上的计算机专业人才，同时加大对原有人员的培训力度。如山东省有7名信息化工作人员，其中2名为专业技术人员；每年都举办信息化建设培训班，至2011年，全省累计培训信息化工作人员2000余人，覆盖全省所有市、县。广东省2009—2011年共举办8期全省地情网站建设培训班，还举办一期了地情网站建设培训提高班，参加培训单位150余个。有些地方还设立专门评比激励制度，促进信息化人才的培养。如湖北省将计算机技能纳入干部操作能力培训内容，并把学习情况纳入年终考核。山东省每年开展一次全省史志系统优秀地情资料库、地情网站评选活动，评选结果由省政府办公厅发文通报。目前，大部分省、市两级地方地机构有若干专职工作人员，基本胜任数据库增容、网站内容更新及管理等工作。

从全国整体情况来看，地方志系统信息化建设正在向体系化、广度发展，网站由单纯工作网站向综合应用网站发展，由单一网站向网站群发展；数据库由小容量向大容量发展，由省级单级数据库向省市县三级数据库发展；办公自动化由信息共享、文字传输向互动编辑、流转、审批发展，由省级方志机构单一部门向省市县三级全覆盖发展；信息发布由传统互联网向移动互联网发展。

三、地方志信息化建设存在的主要问题和面临的机遇

地方志信息化建设虽然取得了初步成果，但无疑尚处于发展之中，存在着许多问题和困难，离建立统一、高效、可持续发展的地方志信息化系统有巨大差距。

（一）存在的主要问题

1. 地方志信息化建设各自为政，标准不统一。全国地方志信息化建设已开展10多年，一直缺乏统一规划和标准，尤其是2006年以前，无论是省、市、县均各自为政，存在信息资源“自成体系”的状态。目前，地方志信息化建设主要以省（自治区、直辖市）为单位开展，少数几个省份制订本地的建设标准，而且省与省之间也存在差异，仅数据格式就多种多样，有纯文本、PDF、flash、ceb等。数据库与数据格式各异，不同数据库之间无法直接兼容或形成有效关联；各网络平台之间不能共享，不能实现跨平台访问。这给全国范围内方志资源的有效利用带来了困难，阻碍了地方志信息化建设的可持续发展，也就达不到人们满意的效果和社会的要求。

部分地情数据库数据格式情况表

表2

名称	数据格式
山东省情资料库	纯文本
黑龙江省情数据中心	纯文本
贵州省地方志全文数据库	PDF、JPG
河南省情数据库	纯文本
吉林省情资源库	纯文本

续表

名称	数据格式
江苏省地方志资料库	纯文本、flash
大连（超星数字图书馆）	PDF、音频、视频
福建省情资料库	方正书版（ceb）
福州市地情资料全文数据库	纯文本、PDF
四川省地方志数字化数据库	PDF

2. 全国地方志系统信息化发展不平衡。发展不平衡主要表现在进度和水平上。起步较早的省份，数据库和网站已普遍进行了升级，信息化工作已开展至县级，建成网站群，实现了省内数据共享，如山东、黑龙江、广东等。但仍有相当多的地区信息化水平低下，仅有网页，网站内容单薄，多为静态信息；信息化工作仅停留于省级或市级，未延伸至县级。重庆、宁夏、青海、西藏等地的信息化建设还处于空白状态。总体来看，呈现出东强西弱的态势。

3. 资金和人才不足，妨碍地方志信息化持续发展。信息化建设需要大量资金，不仅建设初期需要集中投入，信息系统建成后还需足够的资金进行维护、管理和更新。全国地方志信息化发展水平呈现东强西弱的态势，与各地的经济发展基本吻合。从调查情况来看，西部省份普遍反映，因资金短缺，信息化工作只是“纸上谈兵”。如河北省于 2006 年提出信息化项目申请，2008 年门户网站上线试运行，后因资金没有到位，文献资料的数字化工作只能搁置。

除资金问题外，人才短缺也成为信息化建设的“拦路虎”。信息化属高科技领域，技术含量高，需要专业人员进行规划、设计、建设、管理和维护。虽然地方志系统逐步建立了一支信息化建设的人才队伍，但这批队伍大多集中在信息化工作的先进省市，经济不发达地区普遍存在人才不足的问题。如辽宁省辖下各市地方志机构缺专业技术人员，青海省地方志办没有专业技术人员。资金和专业人才短缺已成为制约地方志信息化建设的瓶颈。

4. 业务系统建设滞后，难以在实际工作中推广应用。相对于地情数据库、地情网站的发展水平，地方志业务工作的信息系统建设明显滞后，也就是说，地方志信息化偏重于信息发布，为社会提供地情资料服务，轻于自身业务的建设。从本质上说，就是信息化覆盖面不够。从调查情况来看，全国各地建成并在实践中应用的业务系统不多，能用于志书、年鉴编纂的更少，大部分只用于交流信息、发送邮件和业务讨论，远未达到通过信息系统开展地方志主体业务——修志编鉴的要求。有小部分省市已建成在线修志编鉴的业务系统，但在推广使用上遇到较大阻力。

阻力来自主观和客观两个方面。主观原因是部分老同志习惯于原有的工作模式，电脑操作水平不高，在线修志可以实现对修志人员工作进度的实时监控，无形中加重工作负担，因而对地方志系统信息化工作的热情不高。客观方面也存在诸多问题。首先是保密问题，在线修志尤其是基于外部互联网的修志系统，在传输文件时必然会有泄密的风险。其次是相关单位不支持，如上海市地方志办建立了“数字化上海地情资料库”，大规模收集文献资料，由于业务内容与档案馆的职能有交叉，遭到档案系统的反对。各修志单位多已建立本系统的内网，希望将修志资料集中到内网系统，而不愿意发送到“数字化上海地情资料库”。

（二）面临的机遇

1. 修志法规政策日益健全，为方志信息化建设提供了有力支持。2006 年国务院颁布《地方志工作条例》，其中第十六条规定：“县级以上地方人民政府负责地方志工作的机构应当积极开拓社会用志途径，可以通过建设资料库、网站等方式，加强地方志工作的信息化建设。”以法规形式将地方志信息化建设确定下来。各地政府相继出台的地方志工作规章，也都将地方志信息化建设作为地方志机构的重要职责之一。2014 年刘延东副总理在第五次全国地方志工作会议上强调，“加快方志馆、地情网站、数据库等基础设施建设”，“开展数字化、网络化建设，做好地方志资源的整合、共享与开发利用。”《全国地方志事业发展规划纲要（2014—2020）（草案）》将加快地方志信息化建设作为今后的重要任务，提出“以中国地方志网为基础平台，建成国家、省、市、县四级联网，覆盖全国地方志系统的地方志网络，逐步实现地方志资源共享。建成地方志书全文检索数据库，实现方志馆、地情资料库等馆藏地方志资料的数字化处理，面向社会提供优质服务。”日益健全的修志法规和有关政策文件，为方志信息化建设提供了有力支持。

2. 电子政务迅猛发展，为方志信息化建设提供了有利条件。实施电子政务是全球社会发展的大势所趋，方志资源是不可替代的公共信息资源，必然是电子政务不可缺少的重要内容，方志信息化建设也必然是电子政务建设的重要组成部分。进入21世纪以来，电子政务迅速发展，全国各地尤其是沿海发达地区普遍建成覆盖当地的政府基础网络设施，形成市、区、街道三级政府信息网络系统，开通网上政务之窗导航系统提供“一站式”电子政务，建成并开通了一批面向公众的电子政务系统。在电子政务的带动下，社会基础网络设施也不断完善，信息化应用水平不断提高。所有这一切，给地方志信息化建设提供了良好的外部环境。

3. 社会各界对方志资源的多层次需求，为方志信息化建设注入了强劲动力。地方志是对一地各种情况最具权威性和连续性的记载，只有地方志最丰富地掌握中国任一点任一历史时期的基本资料，是地方文化的富矿。科学研究、招商引资、旅游开发、地情教育和重大决策都需要利用地方志资料。尤其值得注意的是，地方志所反映的是当地的历史文化，所记录的是当地的人和事，对当地百姓来说是最具亲切感的文化资源。随着经济发展、人民生活水平不断提高，社会各界对方志资源的需求必将越来越多，然而，传统的地方志传播方式和开发利用方式限制了其功能和作用的发挥。实现方志信息化，改变方志资源传播方式和开发利用方式，可以说是社会各界对地方志的期待。

四、地方志信息化发展方向与对策建议

地方志信息化，既是时代的需要，也是地方志事业发展的必然要求。大力推进地方志信息化建设，为社会大众服务，为当下的经济社会发展服务，是地方志工作者义不容辞的责任。经过10余年的发展，方志信息化已取得了初步成果，但离信息化建设的最终目标、离人民群众对方志资源的需求都有着很大的差距。今后，方志信息化建设应进一步明确发展方向，并做好顶层设计。

（一）发展方向

1. 从展示模式向开发模式转变。当前，地方志信息化的重点是网站建设和数据库建设，其主要目标是把地方志机构现有的志书、年鉴和地情书籍等

方志资源向社会发布。这是一种重在展示方志资源的模式。虽然也把地方志工作动态向社会通报，也发布当地当前的重大事件，但总体来说，以静态展示为主，即展示内容与志鉴文本无异，只是将方志资源由传统的纸质保存变成网络化数字保存。今后，要加强方志经营理念，实现向开发模式转变，即对现有方志静态资料进行多角度多层次开发，形成有效信息服务，满足不同群体的个性化需求。

2. 从各自为政向共建共享发展。当前各地的地方志网站和数据库系统模式不一，无法兼容共享，因此实际上都是独立封闭的系统，方志资源的价值不能充分发挥。今后，方志信息化建设要向共建共享发展，加强统筹规划和顶层设计，打破行政区域界限，建立全国统一的地方志信息系统平台，整合全国方志系统资源。

（二）对策建议

1. 制定地方志信息化建设总体规划。规划是实际行动的指南，地方志信息化建设需要规划指引。方志信息化建设规划应分级制订。作为全国地方志工作的最高指导机构，中指组虽然在各种会议上提出加强方志信息化建设的要求，但仅停留于一般性号召，至今没有具体的发展规划，致使各地只能各依认识、各行其是，许多地方因为上级没有明确要求而未能落实建设资金，信息化建设至今没有起步。有鉴于此，中指组应尽快组织力量，制定全国地方志信息化建设总体规划，提出阶段性目标和长远目标，明确各阶段工作任务，对硬件配置、软件应用等提出统一要求，为全国各地的方志信息化建设指明发展方向。省市县三级地方志机构应根据中指组的规划，结合本地实际，制订各自的信息化建设规划。鉴于信息技术发展迅猛，各地可制订近期（如三年）规划，按步实施，避免盲目建设而造成不必要的浪费。

2. 制定地方志系统信息化建设技术标准和规范。标准化和规范化是数字资源建设的方向，不仅直接影响网络系统的使用效果、信息资源的互联共享，更决定信息化建设的进程。为消除当前地方志信息化“各自为政”带来的低水平重复建设、方志资源利用效益不高等现象，实现全国地方志信息资源共享，中指组办公室应尽快组织信息化建设专家和地方志专家，根据地方志工作特点，制定适合事业发展且可供各地统一操作的技术标准，主要是指各级地方志机构网络系统的软硬件环境、运行发布形式、接入方式及数据库文献资料的分类、排序、索引等事项的统一标准。开发省际数据接口，实现数据接口标准统一、各级网站资料互通共享。各地则要立足自身实际，加强研究，制定规划，为最终实现全国地方志资源的共享做好技术上的准备。

3. 提升地情信息服务能力。利用先进的信息技术，对庞大的方志资源进行开发利用，为政治、经济、文化和社会发展服务，是地方志信息化建设的首要目的。转变现有方志资源展示模式，多角度多层次开发地情信息，不断提升地情信息服务能力，应是今后地方志机构的不懈追求。（1）主动向社会推送地情信息。通过开发接口，使地方志信息系统与社会公众服务平台相接，主动向社会推送地情信息，成为政府向社会提供公共信息服务的组成部分。（2）向社会各界提供个性化地情信息服务。利用大数据、云技术等先进技术，建立地方志多维知识库平台。在知识库平台上，知识不再是被动地被检索，知识库将随时随地根据用户个性化需求，通过订阅等功能实时向不同的人群提供其所需的信息资料。如向地方领导提供资政参考资料，向专家学者提供与其研究领域相关的地情信息等。（3）挖掘提炼专题内容，增强地方志信息的可用性。在现有地方志网站与数据库的基础上，利用“数据挖掘”“云计算”等先进技术对方志数据资源进行处理，以决策部门和公众对地情信息的需求为出发点和落脚点，开发可信度高、参考价值大的专题信息，如热点信息、民俗专题、商务指南等，增强方志资源的可用性。（4）建设网上方志馆。除提供志鉴在线阅读外，还可运用3D视频与动画技术展示方志内容，举办各类网上专题展览，建设网上地情教育和爱国主义教育基地，让公众足不出户即可享受方志文化的教育。

4. 探索在线修志模式和构建社会参与修志平台。地方志工作归根结底包括“修志”“用志”两大方面。地方志信息化建设的目的，在“用志”方面，就是最大限度地实现方志资源社会共享；在“修志”方面，就是推动地方志工作向高效、优质方向发展。当前，不少地区通过建立OA系统，基本实现了地方志机构的办公自动化。也有小部分先进地区尝试开发志鉴编纂系统，但仍未有真正投入实际应用并取得效果者，今后要继续加强探索。为集中财力、人力和物力，建议由中指组牵头成立课题组，抽调各省人才，专门研究科学合理、便于操作、切合实践的志鉴编纂系统，实现从资料收集、编纂成书、评审验收、出版发行、开发利用等各个环节全过程的数字化和网络化，从而提高志鉴编纂效率和质量。

与此同时，为提高志鉴资料的全面性、客观性和权威性，还应探索构建社会参与修志的平台。社会参与主要放在资料获取和志鉴稿评议两个环节，让普通群众可以通过注册进入修志平台，提供相关图文资料和音影资料，对志鉴稿的质量进行评议并提出修改补充意见。通过网络，实现开门修志，使“党委领导，政府主持，地方志机构组织实施，全社会参与”的地方志工作体制真正落到实处。

5. 建设方志信息化建设复合型人才队伍。人才从来都是事业发展的第一资源。方志信息化建设实际上是对方志资源进行再开发再利用，是一项长期持续的系统工程，不仅需要英语和计算机网络技术，还需要历史学、方志学、编辑学、信息传播学等方面的知识，任何单一专业的人才均难以胜任这一特殊重任，因此必须建立一支复合型人才队伍。各级地方志机构要积极引进计算机网络人才，更要注重对现有的方志工作者加强计算机网络技术、信息加工处理、多媒体应用等方面的培养，有计划有步骤地实施相关培训，使之成为信息化建设的复合型人才队伍。

6. 推进地方志信息化建设均衡化发展。当前，全国地方志信息化建设发展极不平衡，中西部地区县级信息化建设严重滞后。未来，应将重心下移，将推进县级信息化建设提上议事日程。中指组应统筹规划，对信息化基础设施建设作出部署。对于经济实力不足的西部地区，中指组应参照广东、山东等省的做法，争取财政专项资金，对贫困地区进行必要的扶持，努力推进地方志信息化建设均衡化发展。

方志馆的建设回顾与展望

韩　旭　于　佳

提　要： 古今各种类型的方志馆一直是官方史志的编纂机构。中国方志馆建设目前正处于一个重要结点和历史转型期。形式逐步独立、修志功能日益明确的方志馆，成为今后方志馆的总体发展趋势。从一些地方的建馆实践来看，也暴露出一些诸如盲目建设、定位不准、宣传互动不够之类的问题。对此，方志馆未来的发展也要突出多元化、地域性特色，打造品牌、创新宣传理念，加快数字方志馆建设，优化服务方式，建立合作机制，发挥联动效应，以及树立开放意识、推动方志文化最终走向世界。

关键词： 方志馆　历史　现状　问题　展望

中华民族有着悠久的修志传统。作为集编纂、收藏、展示、研究诸功能于一体的官方史志编纂机构，自古至今为传承中华民族特有的传统文化作出了特殊贡献。

宋朝以前，由于方志尚未完全定型，而且受史志不分家的影响，当时的方志馆主要以两种形式存在：一是依附于官方史志合一的各类编修机构，二是散布于社会的各种藏书楼、书院、官学等收藏编纂场所。

自宋朝起，方志日渐成熟，逐步定型，从而大大推动了独立方志机构的建立与发展。特别北宋九域图志局的成立，标志着中国历史上独立的志书编纂机构的正式成立。自此开始一直到民国时期，尽管史志合一的官方志书编纂机构占主导地位，功能单一的志书编纂场所与当代综合性方志馆不可相提并论，但形式逐步独立、修志功能日益明确的志书编修机构，成为总的发展趋势，这些志书编修机构成为近现代方志馆产生的先驱。

民国时期，尽管战乱不断，中央政府仍十分重视修志，地方志编修工作并未中止，方志馆的建设发展同样如此。民国 3 年（1914），中国近现代史上第一个省级方志机构——浙江通志局成立，在全国方志界产生重大影响。1929 年，民国政府内政部颁布《修志事例概要》，其中对通志馆建设提出明确要求，对各地方志馆的建设起到了直接助推作用，先后有黑龙江、广东、贵州、安徽、河南、甘肃、河北、云南、上海、广西、南京等 23 地建立通志馆或通志局。总体上看，民国时期的通志馆尽管规模条件参差不齐，存世时间长短不同，但都是各地修志事业的重要平台，不仅为传承本地的方志文化和区域文明作出了重要贡献，也大大推动了方志馆的建设，为当代中国的方志馆建设留下了弥足珍贵的发展经验。

新中国成立初期，借鉴苏联经验，以全面展示综合地情的“山东地志博物馆”的兴建为标志，新中国的方志馆建设事业正式起步。20 世纪 80 年代后，上海通志馆和浙江建德方志馆的建立，拉开了新时期方志馆的建设热潮。但这时所建的方志馆，大多仍以收藏志书为主，同时兼及编纂、办公、展示方志文化等功能，因而从总体上看仍属于传统形式的方志馆。20 世纪 90 年代后，地方志事业进入快速发展阶段，作为城市进行地情教育、国情教育的主要场地、开发利用地方志资源的有效途径、面向社会文化服务的一个创新，方志馆建设在全国范围内如火如荼地展开。

进入 21 世纪后，随着全国地方志事业的快速发展，日趋繁荣，以中国社科院原副院长、中国地方志指导小组原常务副组长朱佳木的倡议和总体思路为开端，以陆续建成的山东、江苏、江西、广西和北京等地的方志馆为标志，运用传统与现代化多种手段展示特定行政区域历史文化和现实综合地情为主要模式的当代新型方志馆建设方兴未艾，中国方志馆建设目前也正处于这样一个重要历史转型期。

一、 方志馆的现状与分析

现代方志馆的兴建，始于 1995 年。从 1995 年到 2005 年，先后有上海、河南、山东、云南、湖南、湖北、四川、新疆、广西等省（自治区、直辖市）陆续建立方志馆。方志馆的功能也随之发生根本性转变，中国地方志指导小组原常务副组长朱佳木同志指出：“编纂地方志的过程，是对地情国情进行深入、持久、全面、系统调查的过程。从这个意义上可以说，方志办就是地情办，方志书就是地情书，而且没有比地方志更全面更系统的地情国情调研成果了。因此，所谓方志馆，应当追本溯源，把它办成和地情办、地情书相对应的地情馆。”可见，方志馆已由一个修志的机构，转变成为开发利用地方志资源最便捷最有力的手段之一，成为人们了解一个地方历史与现状的窗口。方志馆的功能已由单纯的修志，转变成为集收集、保管、阅览、编纂、研究、咨询、展示、交流于一体，具有开放式、服务性、公众化特征的标志性文化基础设施。

（一）规模类型

1. 省级方志馆：与地方志办或史志办合署办公，有固定编制，有财政拨款。有一定的馆藏基础，社会公众参与互动，能够独立运营。

北京市方志馆是隶属于北京市地方志编纂委员会办公室的正处级事业单位，建筑面积一万平方米，2013 年 10 月面向社会开放，下设地情采编部、借阅咨询部、展示交流部、文献编研部、网络技术部、综合服务部、运维保障部七个部门。

江苏省方志馆于 2010 年正式开馆，建筑面积 5000 多平方米，与江苏省科技馆、江苏省作协办公楼组成一个文化建筑群，一层大厅为三家单位共用。作为省级专业收藏地方志、地情书的图书馆，方志馆拥有三级志书、古籍旧志、年鉴及其他文献资料近十余万册，其中不乏具有珍贵史料价值的旧志。

上海通志馆于 1996 年 5 月建成开馆，是上海市地方志办公室下属的事业单位，总建筑面积 5800 平方米。按办公、展示、收藏、研究、培训等功能分隔，配置 7 间标准客房。一部分楼房出租给上海市公安局作为培训场所。此外还有山东省方志馆、江西省方志馆等，也属于这类情况。

2. 市县级方志馆：规模和发展情况参差不齐。有些结合地域优势，走出特色发展道路。也有部分受当地经济情况制约，发展状况堪忧。

广州市方志馆是市属局级事业单位，与市地方志办公室合署办公，两块牌子、一套机构和人员。1995 年 6 月 28 日，市地方志办正式迁入方志馆办公。广州市方志馆在全国率先开创了建设地方志编修中心、研究中心、收藏中心和地情信息资料查询中心的探索。馆内布局设有办公区、多功能会议室，并在重点突出位置，以较大面积设置了阅览室、书库、展览厅和学术报告厅。方志馆集陈列展览、资料收藏、学术报告、编修方志、地情研究等多功能于一体，突出其面向社会、服务社会的功能。

苏州市方志馆于 1998 年 9 月 22 日开馆。是苏州市地方志编纂委员会的办事机构、市人民政府直属的文化事业单位，与市地方志办公室合署办公。该馆的特色是苏州老照片资料库。收藏、收购、记录街巷、园林改造、建地铁拆迁前拍的老照片，数量已近 3 万张。市委市府各部门展览所需照片多自此出。

杭州市方志馆的建筑颇具特色，馆址位于老城区胡雪岩故居对面的老宅——望江路 266 号汪宅，是晚清杭州中等富裕民居的代表作，2000 年被列入杭州市市级文物保护单位。

有些县级和区级的方志馆，只是有一些方志方面的书，作为资料室或阅览室出现。受馆藏量的和资金的限制，难以独立运作，成为当地图书馆、展览馆、博物馆等其他场馆的一部分。

（二）功能定位

2011 年 10 月 23 日，中国地方志指导小组原常务副组长朱佳木同志在杭州方志馆设计方案论证会上讲话中指出，凡有条件建方志馆的地方，首先要把它建成地情馆、国情馆，利用方志馆对广大群众尤其是青少年学生进行地情教育、国情教育、爱国主义教育。2012 年 4 月 16 日，朱佳木到北京市方志馆进行工作调研时又指出，要把方志馆建设成为地情展示中心，地情资料收藏、研究和咨询中心，地方文化交流活动中心和爱国家、爱家乡、爱岗位的教育基地。朱佳木同志两次讲话中所阐述的观点，是对新形势下方志馆建设的经验总结和全新认识，为各地方志馆建设的功能定位指明了方向。

在方志馆的建设实践中，由于各地的规模不同，投入不同，以及其他原因，定位也有侧重点。

北京市方志馆是集收集、保管、阅览、编纂、研究、咨询、展示、交流于一体的综合型方志馆。以“挖掘地情资源，展示地域文化，存史资政育人，服务社会公众”为宗旨功能，定位在“三个中心，一个基地”（即地方志和地情资料收藏、展示中心，市情、地情的研究、咨询中心，地方文化的对外交流中心，爱国主义的教育基地）。

江西省方志馆目前的定位以藏书为基础，重点工作在藏书基础上展开。包括收集地情资料、志书，收集史料、专门史、思想史等。

景德镇方志馆作为地级市方志馆的代表，其功能定位颇具地域特色，以解读景德历史遗韵，传承陶瓷文化精髓为目的，挖掘地方人文元素，展示瓷都地域风情，打造地情研究中心，发展文化创意产业。

（三）内部建设

1. 馆藏资源建设

丰富的馆藏资源，是传承方志文化的硬件之一。随着社会信息量呈几何级增长，地方文献也越来越多，方志馆作为新生事物，运营模式、经费来源、硬件设施等都千差万别，这就使得很多方志馆在搜集资料上无法做到求多求全，要有选择性地收藏地方文献。特色馆藏的建设一方面缓解了经费、场地对方志馆馆藏工作的压力，另一方面彰显地方城市特色，助力地方经济、文化等领域发展。

北京市方志馆馆藏图书 5 万余册，地情资料数千卷，重点收存方志、年鉴及北京地情资料。其中，尤以北京地情资料最富特色，除图书、报刊外，还收藏修志过程中形成的各种资料以及市属各委办局在工作中形成的各类资料，涵盖了北京的政治、经济、历史、文化、社会等方面的内容，反映了北京地区在各个时期内的自然和社会状况。除纸质资料外，还不断扩人声像等载体资料。根据本地区的特色和优势进行专题视频资料的开发利用，制作了《京郊方言访谈录》《北京史专家谈北京》《延庆古城堡》等一系列视频节目，实现馆藏资源的特色化、精品化。

江西省方志馆目前已经收藏到全国的三级志书一万余册，并收藏了江西省及全国的部分重新翻印的旧志。采购了中国地方志数据库，此库拥有全国各地的旧志近 7000 余种，其中有许多旧志是很难看到的，从收藏的种类上，形成了自己的特色。

东营市方志馆的馆藏突出黄河文化特点，重点打造沿黄流域三级志书收藏专题，目前收藏率达到90%以上，特色非常明显。

2. 地情展览建设

方志馆作为公共文化设施，展览的设计要十分讲究，既要全面、详实地介绍本地区的地情，又要在展陈设计上尽可能地让公众多参与，要强调观众的体验性。

北京市方志馆的核心展览是北京地情展，展览采用展板、实物展品、多媒体等多种技术结合的方式，以深厚的史志资源和首都发展成就为依托，本着详今略古的原则，从自然环境、城市变迁、建置沿革、人口、经济发展、文化事业、方志编修七个方面，介绍北京的历史发展，展现首都的首善风貌。近年来，随着外来文化的交融影响，真正讲老北京话的人越来越少，为了让参观者体味老北京话独特的语言魅力，北京市方志馆特意在展厅中布置了一个老北京话的测试亭，通过日常对话设置问题，参观者在回答的同时也比较出普通话与北京方言的差别。许多具有代表性的胡同随着老城区的改造而消逝，展厅中的仿真自行车胡同游，让参观者在骑行中领略到老北京胡同的原始风貌，既满足了原著居民追忆历史、寻找归属的需求，也让“新移民”对北京地情文化有了更深入的了解。

景德镇方志馆的展览按天圆地方的理念设计，反映了景德镇几千年的历史变化，追溯了陶瓷业在瓷都的历史轨迹。

余杭方志馆作为区县级方志馆的代表，在地情展的设计中，着力凸显余杭悠久的历史文化，运用文字与地图、微缩场景复制，将方志和古代文献中提及的余杭行政区域的变迁，古代余杭县衙、临平古镇历史风貌，呈现在参观者眼前，再现了南宋时期临平镇人烟辐辏、商业兴盛的场景。

3. 信息化建设

馆藏文献主要以书籍形式保存，以纸质介质为载体的资料在传播手段、传播范围方面有明显的局限性，同时，受印数、价格、发行范围以及古籍旧志保护等诸多因素影响，更难满足异地查询。要广泛、迅捷地传播地方志知识，提高地方志在当代信息化社会的地位，必须与时俱进，融入信息网络社会，借助信息网络的现代化技术手段，提高为社会提供地情信息服务的能力。

北京市方志馆在信息化建设方面起步较早，做了很多建设性的工作。建立了覆盖面广、时间跨度大、查阅方便的地情资料库。开发《志书数据采集系统》，其主要功能是从志书中提取统计数据，根据事先设定的属性采集项，对其进行采集、加工和整理，从而生成具有连续性的统计报表和统计图表。目前北京市建设的志书数据采集系统主要收录了志书中新中国成立前的统计数据，对志书中有价值的数据源加以标引入库，生成基础性的数据资源库。数据资源库可以自动生成某一时间、区域内连续的统计分析表和柱状图，从而为社会各界学者研究提供基础性的数据支持，供其研究决策使用。目前该套系统已初步完成，共计收入统计数据数万条。建设的数字方志馆，以更加全面、专业的北京地情数据库为发展方向，依托互联网，提供读者在线预约、个人图书馆、360 度全景网上展厅、音视频在线点播等功能，成为方志馆在网上的一扇窗口。构建方志馆三大资料管理系统之图书管理系统、图片管理系统、北京地情资料管理系统，实现了馆藏资源数字化，为促进地方志信息共享开拓一条新路。

4. 教育基地建设

地方史教育成为近年来的新兴教育理念，其中突出的特点重视本土的历史人文教育，致力于在中小学生中建立对乡土文化的认同感和归属感。方志馆不仅为地方史教育提供了资料储备库，更可作为学生参观的实践地，在中小学生的地情教育中发挥重要作用。

北京市方志馆在这方面做了有益的尝试，挂牌中小学教育基地。针对青少年普及地情知识，开展“爱国家、爱北京、爱岗位”教育。2014 年，北京市方志馆与北京虎城中学开展合作，方志馆成为虎城中学特色德育实践基地，虎城中学成为方志馆“三爱”（即爱国家、爱北京、爱岗位）教育进校园的实验校，双方在四个方面进行深层次合作：一是组建以初一、初二同学为主的“我爱北京”宣讲团，对学生进行专业培训。学生结合自己的兴趣和爱好，分段、分类为社会公众讲解方志馆的相关展览。二是参加“了解北京发展”各种讲座活动。丰富学生的知识体系，并与方志馆一起开展相关征文、演讲、手抄报等比赛活动。三是建立“我是小小方志馆人”礼仪服务队，在举行大型主题和进社区宣传活动期间，提供礼仪服务。四是开展“方志进校园”活动。组织专家进校区，普及方志知识，为编修《虎城中学志》进行专业培训和指导。

5. 志愿者队伍建设

志愿者是方志馆在可持续发展过程中一个非常重要的软性环节，是面向社会开放的有力传播手段，也是将方志馆与社会大众联系起来的桥梁和纽带。更为重要的是，志愿者为方志馆提供了取之不尽的人力和智力资源。

北京市方志馆开馆一年来，已建立起稳定的志愿者队伍，其中既有在校大学生，也有退休教师和文史爱好者。他们在志愿者的服务岗位上学习与实践，并且服务社会。在保证队伍稳定的同时，还注重志愿者的日常管理，设立志愿者 QQ 群和微信群，定期召开志愿者座谈会，组织培训，确保为参观者提供一流的服务。

（四）存在问题

近年来，地方志事业的全面发展给方志馆建设带来了前所未有的发展机遇，部分具备条件的地区纷纷加快方志馆建设进程。据不完全统计，截至 2013 年底，省级地方志工作机构中有北京、吉林、黑龙江、上海、江苏、江西、山东、河南、湖北、湖南、广西、云南、陕西、新疆 14 个省（自治区、直辖市）建成方志馆并投入使用，四川、广东、浙江、海南、西藏等省（自治区、直辖市）已在立项筹建中，还有一些省市正在积极申请立项；另有 72 个市、238 个县（市、区）建成方志馆，三级方志馆共计 324 个。从一些地方的建馆实践看，逐步暴露出一些问题。

1. 盲目建设，名不副实

目前对于方志馆的建设标准，国家和各地有关地方志工作的法规、文件中，还没有做出硬性的规定，使得方志馆的建设呈现出很大的随意性。有些地区单纯以建馆为目的推进方志馆建设，方志馆设置目的不明确与社会需求结合不紧密，与地区实情明显脱节。

方志馆的建设需要很大投入，地级市、县级市由于受诸多条件限制（土地、资金、人力等），独立办好方志馆须克服诸多困难。有的省份尤其是经济欠发达省份县级市的方志馆，其实就是小型的资料室，明显与馆的定义不符。

要改变目前的状况，需要从法制方面加强约束。各地在推进方志馆建设中，要自觉遵守国务院《地方志工作条例》，在实践中不断强化依法建馆的理念，要尽快完善管理制度，尽快形成行业规范。建馆资金相对紧张的地区，应当尊重地区实际，立足于做好建馆的基础性工作，而不应盲目攀比先进地区，提出过高的设馆目标和布展理念。建馆资金相对充裕的地区，不应单纯以扩大规模为目的推进方志馆建设，而应考虑方志馆的发展特色与社会效益。

2. 功能定位不准，缺乏长远规划

目前，方志馆在存史方面的功能大大增强，但在开发利用地方志资源、服务文化建设方面与社会对接仍然有限。对于方志馆的功能定位，很多地方还存在认识误区，有的地方将方志馆视为地方志部门内部处室，忽略了方志馆作为公共文化事业单位的性质，专业性不强，缺乏长远的发展规划，导致方志馆各项业务工作难以持续发展。

方志馆的发展要敢于创新，不能因循守旧，要跟上时代的发展。如果还传统地把方志馆认为只是集修方志、编年鉴、收藏志书、存放志书编纂中的资料、研究方志学、交流方志工作经验等功能于一身的建筑，那将使方志馆失去其独一无二的地情意义和价值，最糟糕的结果也许就是被兼并，丧失独立存在的权利。福建龙岩市连城县客家文化方志馆建于2000年，是连城县方志委领导下的民间机构。建馆之初的目标为建成为全球客家人最完整、最丰富的史志基地。后因故未能独立运营，2005年以行政划拨的形式，将客家方志馆全部改为连城县博物馆，由连城县文化体育局管理，对外加挂客家方志馆牌子。在方志馆的发展中，如何不断地创新，进行综合开发、研究和利用，更好地服务社会，不仅是方志馆面临的重要课题，更是保持方志馆长久生命力的必然之举。

3. 自娱自乐，宣传互动不够

地方志编修长期以来是埋头苦干，默默无闻的事业。与各类文化机构相比，方志馆的社会认知度仍处于较低的水平，公众对方志馆的含义和用途缺乏必要的理解，有的方志馆因为建馆时间较早，展示宣传手段落后，难以吸引社会公众，有的省级馆两年只有几百名参观者，这不得不引起我们的关注和反思。

方志馆作为一个相对新鲜的事物，其知名度还局限在业内人士和特定的读者群体范围内，这些人普遍受过专业的文史教育，对于方志馆的功能和作用比较了解，而生活中接触到的很多人对方志馆很陌生。方志馆要真正地融入社会，走出自娱自乐的怪圈，仍然需要加大宣传力度，加强与公众的互动。

在网络化和信息化不断推进的背景下，公众的文化选择空间在不断扩大。方志馆要在激烈竞争的文化环境下生存与发展，需要采取各种创新措施，不断提高社会认知度，强调公众互动，以此来定位生存空间和发展空间，以适应变化发展的实际。

二、方志馆的未来发展

在文化大发展大繁荣的今天，文化馆、博物馆、图书馆、美术馆等构成了一个公共文化服务体系，方志馆是这个体系中不可或缺的节点，将发挥它与众不同的作用，随着科学和社会的不断发展，其历史文化价值必将随着时间的推移而显现。

（一）多元化发展，突出地域特色

我国各地经济发展不平衡，方志馆建设的客观基础也存在差异，因此必须充分考虑这种差异性，努力实现多元化发展，突出地域特色。馆藏资源丰富的方志馆，应当注意对现有资源进行深入挖掘和整合，努力实现馆藏资源精品化、特色化。馆藏基础相对薄弱的方志馆，应当加大对各类文化资源的搜集力度，进一步丰富馆藏。建馆时间较早、展厅面积有限的方志馆，要注重利用高科技手段，多方位多维度地拓展空间，使展览从静态转为动态，与观众形成互动，达到较好的展览效果。余杭方志馆选址于文化积淀深厚的水乡古镇——塘栖，具体馆址是水北街西端两幢具有明清风格的古宅，古宅坐落于百年古桥广济桥边，南邻京杭大运河，是传统的民宅结构，作为一个时代的见证和符号，古宅的历史感与方志馆的历史人文气息相吻合，彰显着余杭方志馆的文化定位和地方特色。这本身就是其他方志馆难以比拟的优势。

总之，方志馆的建设和发展不应回避其差异性，而应走上特色化的发展道路。

（二）打造品牌项目，创新宣传理念

地方志既有有形的历史价值，也有无形的品牌价值，在文化传播方式不断更新的形势下，方志馆要跟上时代的步伐，就要重视对自身形象的推广，推出形象鲜明、社会信服的方志文化来凝聚人，以此提高方志馆的影响力。利用馆藏资源，打造品牌项目，使方志文化的传播更持久、更深入；利用新

的信息渠道和宣传媒介，通过地情网站、方志期刊等内外信息交流平台，加大宣传力度。

北京市方志馆作为省级综合型方志馆，自建馆之初，就着力打造面向公众的服务品牌。“京华讲坛”公益讲座结合方志馆的功能定位，从宣传北京历史文化、讲述城市发展变迁的角度，邀请专家定期开展讲座，讲述古老、变革、创新的北京。为广泛征求社会公众意见，开通官方微博和微信，利用新媒体拓宽宣传渠道，给关注方志馆发展的热心市民搭建了互动平台。方志馆还与北京电视台《这里是北京》栏目组联合制作完成《方志北京》三集系列专题片，该片播出后收到良好反响。

（三）加快数字方志馆建设，优化服务方式

数字方志馆是利用网络技术、信息技术、多媒体技术等现代技术，在网络上建立的一种虚拟方志馆。数字方志馆建立在丰富的馆藏资源基础上，依托馆藏资源数据库和馆藏数字化系统，通过多样化的展示手段和表现手法并借助网络加以发布，最终达到传播方志知识，弘扬方志文化的目的。与实体方志馆相比，数字方志馆不受访问时间、空间的限制，为使用者提供了较大的自主选择余地。此外，数字方志馆广泛运用的模拟式、动画式的展示手法也可以充分调动使用者的兴趣，增强方志馆对公众的吸引力。数字方志馆可以实现馆藏的查询和预约。社会公众可以足不出户，在网上查阅馆藏的基本信息。同时可以通过在线预约系统进行馆内借阅预约，节约了时间；利用网上展厅，通过3D交互等数字化手段，将地情展览和部分临时性的特色展览虚拟在互联网络，让社会公众可以随时在网上进行参观浏览，提高社会用户对地情的了解和认知；个人图书中心可以为注册用户提供、收藏自己喜欢的地情资料，可记录读书笔记，增加读者间交互沟通等功能，通过组建自己的图书中心，为喜欢阅读的用户提供更为人性的使用功能。

（四）建立合作机制，发挥联动效应

方志馆的重要定位之一地情的研究和咨询中心，方志馆本身的人力有限，因此需借助“外脑”，与相关单位和学术团体建立合作机制，通过联合申报课题、举办论坛等方式，把地方志研究与国史研究、党史研究、区域研究、地

情研究结合起来，加强学术研究机构在地方志事业中的参与度。北京市方志馆与北京史研究会联合拍摄的《北京史专家谈北京》系列专题片，邀请北京市研究会的专家学者，从城市整体布局、特色建筑、皇家园林、水系、坛庙、会馆、胡同四合院等八个方面主讲，成为方志馆联合科研单位面向社会举办区域历史文化研究的范例。《京郊方言访谈录》系列节目是北京市方志馆与北京六个远郊区县的史志办合作，首次通过视频方式挖掘抢救京郊方言这一语言活化石，是结合地方志文字的记述使方言活化的重要尝试，对保护北京的语言文化遗产具有重要意义。该节目在北京数字方志馆播出后，在社会上引起巨大反响，亦受到北京市语委会的关注。为搭建北京地情资料资源的共享平台，补充方志馆馆藏资源，整合各修志单位在修志过程中收集的参考资料，北京市方志馆与北京市各委办局和区县的修志部门合作，建立北京修志资料联合目录，为今后开展北京地方文献的发掘、收集、整理和使用奠定良好的基础。

（五）树立开放意识，推动方志文化走向世界

地方志是中华民族独特的文化遗产，悠久的修志传统是方志馆产生的前提，卷帙浩繁的志书是方志馆形成的基础。作为公益性文化设施，方志馆在面向社会提供服务的同时肩负着弘扬民族精神和民族文化的重要任务。在世界经济一体化的今天，方志馆要有意识地加强同国外各类文化机构的沟通交流，学习他们先进的发展经验，与相关的国际协会对接，积极推动方志文化走向世界，弘扬传播中华传统文化。

我国地方志系统机构建设的现状与发展

■ 张世民

提　要： 地方志机构是我国独有的治国理政的传统智囊机构之一。本文通过地方志机构的历史缘起和发展现状的分析，主张这一机构的行政职能和事业职能理应并行不悖，并据此概括了当前我国地方志机构的六种基本运行模式，其关键仍在于政事关联的程度差异。同时，认为地方志馆作为地方志事业持续、稳定发展的全新平台，务必强化其公益性事业功能。作者认为，当前我国地方志机构发展尚不平衡，亟须在克服行政化、衙门化作风并深化学术研究气氛方面进行探索；要根据当前国家发展和区域发展的战略部署和决策需求，着力将那些事关国计民生、社情民意的命题加以梳理，提供党政机构或社会各界决策参考。

关键词： 地方志机构　地方志馆　职能分类　队伍建设

一、我国地方志机构的历史缘起和发展现状

中国地方志事业的开展，离不开相应的工作机构。

就历史上的类似机构而言，从早期的邦国治理需求，到后来的郡县治理需求，以致当今的城市治理、区域治理和行业治理需求，所谓地方志机构的设置始终与一定时期的国家管理、区域管理和行业管理有着密切的关系。秦

汉时期的地记编纂机构，唐宋时期的图录编纂机构，以及元、明、清服务于《一统志》编纂的地方志编纂机构，其基本使命和服务目标也在不断变化、不断调整中。清代中期，著名历史方志学家章学诚首次发出了州县设立志科专门执掌地方志编纂的社会呼吁，这一呼吁在民国时期得到了各级政府的认可和尊重。许多地方以地方文献委员会的名义出现（至今台湾省各地仍然保留有地方文献委员会的名义），主要职能是编纂省、市、县三级地方志及其他地情文献。其工作领域，正在不断向乡镇、家族和社区延伸和拓展。

中华人民共和国成立后，各级地方志机构存废不常，对于基本国情、地情的实体研究，未被提上必要的议事日程。

进入 20 世纪 80 年代，地方志编纂事业再度兴起，与我国进入改革开放新时期，亟须研究基本国情、省情和地情的新形势、新格局密切相关。地方志机构的演变和发展，逐步纳入了地情系统化、规范化和科学化的轨道。随着各级政府职能的调整和机构设置的深化，地方志机构从非官方的、临时性机构，逐渐演变成各级政府的直属事业机构，其行政职能和事业职能相得益彰，其社会角色和历史使命也在不断增强。总的来看，地方志机构在区域治理、行业治理等方面，不断发挥着深化国情、地情信息的征集渠道，为全方位、广渠道、深层次体现国家意志的现实作用。

以 2004 年和 2013 年全国各省市地方志机构和从业人员情况进行对照分析，可以看出，近十年来全国地方志事业的发展逐步迈向正轨，机构建设和队伍建设均取得了长足进步（见表 1、表 2）。

2004 年，全国地方志系统 31 家省级修志机构中，有 20 家独立机构，2 家属政府办公室（天津、青海），1 家与档案局合并（内蒙古），3 家与党史研究室合并（山西、海南、西藏），3 家属社会科学院代管（浙江、云南、宁夏），不含新疆生产建设兵团。至 2013 年，全国 32 个省、市、自治区和新疆建设兵团的修志机构，有 21 家独立机构（北京、山西、辽宁、吉林、黑龙江、上海、江苏、安徽、福建、江西、山东、河南、湖北、广东、广西、重庆、四川、陕西、甘肃、新疆），6 家属政府办公厅（室）（天津、河北、内蒙古、云南、青海、新疆建设兵团），2 家与党史研究室合并（海南、西藏），1 家与档案局（馆）合并（贵州），2 家属社会科学院代管（浙江、宁夏）。2004 年，有 195 家市级机构为独立设置，63 家归同级政府办公室，41 家与档案馆合并，98家与党史研究室合并，1家由社会科学院代管，广西壮族自治区有8家无机构，21家属于其他机构类型。至2013年，独立市级机构有164家，隶属政府办公室的85家，与党史研究室合并的92家，与档案局（馆）合并的18家，与党史研究室、档案局（馆）合并的11家，只有1家为临时机构。2004年，全国855家县级修志机构独立设置，556家归政府办公室，337家与档案馆合并，693家与党史研究室合并，另有12家与民政局合并，111家无机构，175家属于其他类型。2013年，县级地方志机构中，独立设置的722家，属于政府办公室的707家，与党史研究室合并的857家，与党史研究室、档案局（馆）合并的242家，无机构的39家，其他类型的251家。譬如73家西藏自治区县级修志机构、144家新疆生产建设兵团修志机构，均为临时机构。河北省个别县级修志机构与民政局合并，或隶属党委办公室。

2004年，全国地方志系统29省（自治区、直辖市）修志人员（除云南、青海、新疆生产建设兵团外，浙江、河南、湖北、广西填写不全）中，有定编人员13082名，在编人员13408名，聘用人员4090名；其中研究生332名，本科4187名，大专4858名。按照修志人员身份而论，有2284名公务员，3249名参照公务员管理，1497名事业编制人员。按照技术职务划分，有正高62名，副高883名，中级2256名。2013年，全国地方志系统省级定编19210名，在编18476名，聘用4215名；有正厅级27名，副厅级93名，正处级854名，副处级1230名，正科级4467名，副科级4211名，科员以下6617名。2004年，省级定编1113名，在编1286名，聘用257名；按学历等次划分，有研究生145名，本科733名，大专371名；按技术职称而论，正高1名，副高233名，中级253名。2013年，省级地方志机构定编1401名，在编1256名，聘用88名；其中正厅级21名，副厅级67名，正处级244名，副处级334名，正科级334名，副科级119名，科员以下103名。2004年，市级（地）定编3276名，在编3097名，聘用652名；其中研究生108名，本科1197名，中级1047名；正高9名，副高245名，中级567名。2013年，市级地方志机构定编4277名，在编3927名，聘用597名，正厅级6名，副厅级26名，正处级462名，副处级729名，正科级1217名，副科级640名，科员以下722名。2004年，县级定编8693名，在编9025名，聘用3181名；其中研究生79名，本科2257名，大专3440名；正高2名，副高405名，中级

1436 名。2013 年，县级地方志机构定编 14532 名，在编 3530 名，正处级 148 名，副处级 254 名，正科级 2916 名，副科级 3452 名，科员以下 5792 名。

在全国方志系统内，按照专业技术职务划分，2004 年，有正高 62 名，副高 883 名，中级 2256 名；2013 年，有 619 名高级职称，1192 名中级职称，1715 名初级职称。2004 年，省级有高级职称 1 名，副高 233 名，中级 253 名；2013 年，省级有高级职称 73 名、中级职称 95 名、初级职称 83 名。2004 年，市级有高职 9 名，副高 245 名，中级 567 名；2013 年，市级有高职 182 名，中职 217 名，初职 273 名。2004 年，县级高职 2 名，副高职 405 名，中级 1436 名；2013 年，县级高职 5792 名，中职 880 名，初职 1359 名。

在全国方志系统内，按照学历学位统计，2004 年，有研究生 332 名，本科 4187 名，大专 4858 名；2013 年，则有博士研究生 59 名，硕士研究生 886 名，本科 10301 名，大专 6499 名，高中以下 1389 名。其中 2004 年，省级机构中研究生 145 名，本科 733 名，大专 371 名；2013 年，省级博士生 22 名，硕士生 201 名，本科 715 名，大专 176 名，高中以下 165 名。2004 年，市级有研究生 108 名，本科 1197 名，大专 1047 名；2013 年，市级有博士生 28 名，硕士 338 名，本科 2625 名，大专 944 名，高中以下 161 名。2004 年，县级有研究生 79 名，本科 2257 名，大专 3440 名；2013 年，县级有博士生 9 名，硕士 347 名，本科 6961 名，大专 5379 名，高中 1063 名。

全国地方志工作机构设置情况择年对照表

表 1

年限	编制情况/级别	独立	属政府办公厅（室）	与档案局（馆）合并	与党史研究室合并	社会科学院代管	与党史研究室、档案局（馆）合并	与民政局合并	无机构	其他
2004	省级	20	2	1	3	3				2
	市级	195	63	41	98	1			8	21
	县级	855	556	337	693			12	111	175
	合计	1070	621	379	794	4		12	119	198
2013	省级	21	6	1	2	2				
	市级	164	85	18	92		11			1
	县级	722	707	273	857		242		39	251
	合计	907	798	19	951	2	253		39	252

注：表 1、表 2 均由陕西省地方志办公室钟晶莹同志协助制作。全部数据来自《中国地方志年鉴》2004、2013 年各项统计数据

全国地方志系统工作人员统计择年对照表

表 2

年限	级别	定编人员	在编人员	聘用人员	在编人员情况														
					行政管理人员							专业技术人员			学历学位情况				
					正厅（局）级	副厅（局）级	正处级	副处级	正科级	副科级	科员及以下	高级	中级	初级及以下	博士	硕士	本科	大专	高中以下
2004	合计	13082	13408	4090								945	2256			332	4187	4858	
	省级	1113	1286	257								234	253			145	733	371	
	市级	3276	3097	652								254	567			108	1197	1047	
	县级	8693	9025	3181								407	1436			79	2257	3440	
2013	合计	19210	18476	4215	27	93	854	1230	4467	4211	6617	619	1192	1715	59	886	10301	6499	1389
	省级	1401	1256	88	21	67	244	334	334	119	103	73	95	83	22	201	715	176	165
	市级	4277	3927	597	6	26	462	729	1217	640	722	182	217	273	28	338	2625	944	161
	县级	14532	12293	3530			148	254	2916	3452	5792	364	880	1395	9	347	6961	5379	1063

二、地方志机构的行政协调职能与业务组织职能应当并行不悖

地方志机构的基本职能，大体可分为行政职能和事业职能两个方面。在这里，事业职能是指地方志机构的基本目标，在于编纂一部或若干部旨在反映基本地情、省情或行情的资料性著述，而行政职能在于对本行业的政府管理，而不限于对于编纂行为的内部协调和内部管理。编纂行为的内部协调和内部管理，属于编纂行为自组织管理的一部分，不在本文所讨论的行政职能的范围。相比而言，上述两种职能中，事业职能是最基本、最基础的职能，缺失了事业职能的地方志机构必将丧失其存在的必要性，而行政职能是在事业职能发展到一定的程度上，在地方志编纂事业多元化、社会化的格局下，逐步衍生和拓展出来的一种政府职能。

按照国务院《地方志工作条例》的规定，地方志机构的编纂使命，一个是对各级地方志书的编纂，一个是对地方综合年鉴的编纂。就业务分类而言，上述两类编纂使命的表达还不够周全、不够严格。各级地方志机构的编纂任务，目前只规划了省、市、县三级志书编纂任务，按照我国历史上的史志编纂传统，尚应囊括：全国性的一统志或会通志编纂，同时可以延伸到乡镇志、村落志和族群志（谱牒类文献）等的编纂。事实上，在传统的村镇志或家谱、族谱等史志文献的积累中，也可以看出地方志编纂机构的直接作用。从这个意义上说，《地方志工作条例》有关地方志事业的顶层设计，其实具有较强的选择性、倾向性。

另一方面，就地方综合年鉴而言，带有编年性质的年鉴编纂，属于西方国家相当普遍的学术体裁之一。尽管我国宋代就有了“年鉴”一词，但就其作为区域性、行业性和编年著述而言，显然属于舶来品的范畴。将地方综合年鉴编纂纳入地方志机构的管辖范围，实际上是新时期我国政府对于年鉴事业系统化、规范化管理的探索性尝试，但将其管辖范围限于地方综合年鉴，则是基于年鉴编纂的多样性和庞杂性而言。将统计年鉴、行业年鉴和其他专题年鉴屏过不论，单独捻出“地方综合年鉴”这个内容，其实是突出了这一文体与地方志著述的关联度。由于纳入国家规划的省、市、县三级志书具有

全局性、综合性，而其他许多志书的门类尚不具备上述特征，所以这个有选择、有重点的定义本身，也就反映了表达上的逻辑矛盾和理念冲突。

由此可见，地方志机构的基本使命，并不简单适用于《地方志工作条例》中的限制性表述，我们还必须充分尊重这一文体的特殊性和公益性，要在突出重点的同时，逐步扩大其家族成员，梳理其表达语境，延伸其表述内容，充实其记述资料。举凡涉及地方基本国情、地情的研究性文献，应该不拘形式，不拘内容，一律纳入地方志机构的管辖和认识范畴。尤其是地方志著述赖以脱胎而出的区域历史学、地理学等著述体裁，更是广义地方志著述的基本内涵。换句话说，地方志著述中完全可以包括地方史志而不必过度强调其纯粹性和单一性。

地方志机构的事业职能，也不限于编纂当代地方文献，还要涵盖传统史志文献的整理与研究。尤其是传统志书的整理与研究，属于地方志机构的重要使命之一。换句话说，地方志机构的聚合、中心、窗口和平台作用，也要有所发挥，有所张扬。

地方志机构的行政职能，应当立足于地方志的事业职能之上，立足于地方志事业的公益意识和服务理念之上，立足于地方志工作者的参谋、助手、智囊和咨询的现实作用之上。归根结底，地方志机构的行政职能，属于其事业职能的直接延伸，其行政性、科学性和公益性交合为用，缺一不可。

从管理角度来看，地方志机构的领导人或带头人，应该具备较强的行政协调和业务组织能力，换句话说，也就集中体现在主任角色和主编角色的双重配置上。志书的主编角色，属于业务引领或学术组织；而主任角色属于行政领导或事务协调。行政领导和业务领导可以由一人双肩挑，也可以分而任之，各负其责。

就地方志工作机构的有效性而言，一人双肩挑的效率最高但对领导角色的要求也最高。行政管理和事业组织的有效统一，有助于地方志事业的全面、协调和可持续开展。从行政决策和业务决策的关联性而言，双肩挑也具有强势的正能量。但就领导者个体的特殊性而言，尤其是在个体行政管理和业务协调双重能力互相背离的情况下，同时同步设置主任和主编双重角色，分别发挥其行政管理和业务组织作用，恐怕也不失为提高志书质量、确保工作进程的重要举措。历史上，举凡国家层面操办的重大学术工程，譬如清代《四库全书》的立项编纂，都曾将行政管理和业务协调分别委任其人；就一个区域或行业而言，双重能力齐备一肩的情况毕竟难得，而有所突出、有所互补，属于比较普遍的社会现象。由此，对于地方志机构的管理而言，分而任之也是相当重要的管理选项之一。

以上是就地方志机构的管理职能的主体性而言的。就地方志机构的管理职能的客体性而言，地方志机构的管理问题，同样应该引起重视。

就历史上地方志机构的管理职能而言，设置地方志书的监修人员或编纂委员会、编纂领导小组，并以各级政府的行政主官出任第一责任人，实行行政主官的一把手工程，也是最基本、最普遍的管理模式之一。但是，由于当前机构改革的区域差异和行业差异，行政主官负责制并不能覆盖一切地方或行业的机构管理模式，更无法准确体现当前我国党政机构设置的特殊性。尤其是在党政机构的业务交叉方面，经常出现党史、组织史、地方志和档案馆等机构管理的重叠问题。有些地方推行二合一或三合一，甚至四合一体制，动辄与政府办公室职能合并，与地方党史、组织史职能合并，或与档案局（馆）职能合并，与社会科学院机构职能合并，甚至体外运行，与民政部门临时架构等，都值得注意。

地方志机构的管理职能，有自组织管理和行业管理的实际差异。自组织管理是指地方志机构的内部管理，而行业管理属于外部管理。就内部管理而言，地方志的业务规划、编纂组织和政务、事务、勤务协调等，属于这个范畴。地方志机构的内部设置中，哪些岗位属业务岗位，哪些岗位属行政岗位，以及直接编纂还是间接编纂，其管理模式是大相径庭的。要进行编纂管理，管理者首先要懂得业务内行，仅仅晓得这一行业的皮毛还不够，还需要对这一行业有所研究、有所思考，坚决避免外行管理可能造成的主体内耗和质量降低。但就行政事务管理而言，公益服务和涉外协调也是非常关键的管理要素。对于现有资源的合理支配和重点使用，对于内部关系的精心协调和科学组织，对于政务协调和事协调务的组织落实等，也都需要热心其事的人们来秉公办理。是“服务”而不是控制，是“补台”而不是拆台，地方志机构管理的本质正在于服务、协调而非控制和限制，这才是行政事务管理的内髓所在。

就行业管理而言，也是对地方志事业公益化、社会化的一种有效制约。

地方志事业的工作范围和事业目标，地方志人员的公众引进和合理组织，以及不同行业、不同区域的科学组织和业务指导等，都属于行业管理的范畴。相比而言，省级地方志机构的业务指导远胜于行业管理，在不同领域的政府架构内，有关国情、省情研究的课题设立、学术组织，以及质量评估等，都属于行业管理的范畴。市县级地方志机构的业务指导，因其机构的相对稳定和独立性，所以在课题设置和业务组织方面，甚至是在志书的区域特色和行业特色等方面，应该允许各级地方志机构葆有相对独立的地位和自治精神。但是在贯彻国家管理意志和征集舆情信息等方面，仍然要有基本的质量评估标准和资料采撷水准。从这个意义上说，国务院《地方志工作条例》中对于各级地方志机构管理内涵所做的具体规定，具有政府行政管理的指南作用。

就当前我国地方志编纂工作模式来看，有下列六种类型。

第一种是设置地方志编纂委员会或地方史志编纂委员会，负责本行政区域地方志工作的统筹规划、组织协调、督促指导，同时下设省（区、市）地方志办公室，如北京市、广东省、河南省、四川省、吉林省、陕西省、内蒙古自治区等，均设有地方志编纂委员会，甘肃省、河南省设有地方史志编纂委员会；大多省级工作机构主任为正厅级，而河南省、内蒙古自治区属副厅级机构。此类议事协调机构与办事机构同步分设，便于廓清其领导责任和工作责任。

第二种是地方志编纂委员会集议事协调与业务工作于一体，如福建省地方志编纂委员会依行政法规授权，主管全省地方志工作，主要履行组织、指导、督促、检查职责。1982 年，陕西省地方志编纂委员会初成立时，也曾推行此一制度，但 20 世纪 90 年代已全面分设。这种机构，将领导责任和工作责任完全统一，可以起到统一协调和直接指挥的作用，但其领导责任仍然不够清晰。

第三种是地方志编纂或编修委员会办公室挂靠同级政府办公厅，如河北省地方志机构或独立，或放在政府办，或与党史办合并，或与档案局合并，或与民政部门在一起。其机构规格较低，属处级机构。天津市地方志编修委员会办公室为负责本市地方志工作的，具有行政职能参照《中华人民共和国公务员法》管理的事业单位，归口市政府办公厅管理。名义上挂靠政府办公室，实际上仍然存在完全并入和相对独立两种情况。

第四种是地方志编纂委员会与党史研究室合并。如海南省，中共海南省党史研究室、海南省地方志办公室是省委、省政府工作机构，隶属省委，负责海南中共党史和地方志研究编纂工作，为正厅级事业单位。又譬如西藏，1996 年 6 月成立西藏自治区地方志编纂委员会和区地方志办公室（与区党史研究室合署办公）。至于新疆建设兵团，则属于特例。其地方志编纂委员会办公室既归属政府办公厅，又归属党史研究室。作为比照省级地方志机构，其工作范围也有自身特点。与党史研究机构二合一，有协同史志资源的便利，但也容易引起工作重点的偏移。为了全面推进地方志事业，山西省地方志机构从史志研究院独立出来，也可以说明一些问题。

第五种是地方志编纂委员会办公室与档案局（馆）合并，省级机构仅贵州省一家。2010 年，中共贵州省委决定将原贵州省档案局（馆）、原贵州省地方志编纂委员会办公室、原贵州年鉴社的职责整合，设立贵州省档案局（贵州省地方志编纂委员会办公室、贵州省档案馆），为省人民政府直属正厅级事业单位，履行全省档案方志事业行政管理、业务指导和档案方志接收保管利用等职能。其优势在于史志档案文献资源的高度整合，但同时也有修志功能相对削弱之虞。

第六种是地方志编纂或编审委员会属社会科学院代管，例如浙江、宁夏。浙江省地方志编纂委员会办公室（浙江省人民政府地方志办公室），前身为浙江省地方志编纂室，成立于 1984 年。2006 年，其级别由县处级升格为副厅级，为省社会科学院下属纯公益性事业单位。2009 年，始增挂省人民政府地方志办公室的牌子。宁夏回族自治区地方志编审委员会属自治区区社会科学院职能机构之一，负责地方志的审查验收工作；其日常工作仍由地方志编纂处承担。

三、地方志馆建设是地方志事业得以持续、稳定发展的全新平台

地方志馆的建设，缘起于国内外对于我国地方志著述文献的广泛典藏。我国各级地方志馆从单一的志书典藏机构发展为具有形象性、可视性的区域国情、省情陈列机构，也经历了不断发展、充实和演变的全过程。

众所皆知，我国具有悠久的地方志编修传统，但是在历史上，各地却缺乏地方志的系统搜集、典藏和研究机构，大量富有价值的地方志文献或毁于战乱，或散落民间，或流失海外。相比之下，境外某些发达国家或地区，诸如美国、英国、法国、德国、俄罗斯、日本、韩国等，历来重视收藏中国各地地方志，并致力于归类和提炼涉及我国国家资源、公共安全和产业发展的重要信息。当前我国各地地方志馆的建设与图书馆、博物馆、文化馆等基础文化设施建设一样，已经成为新涌现、新崛起的地方志主要典藏机构之一。

当代我国地方志馆的建设，可分为国家方志馆和地方方志馆两类。目前，国家方志馆已经全面建成，位于北京潘家园东里 9 号。地方方志馆又分省级、市级和县级方志馆三类。1996 年 6 月，广东省广州市方志馆在全国率先落成并投入使用。《地方志工作条例》颁布后，广西、上海、云南、湖北、湖南、四川、新疆、陕西等省（自治区、直辖市）相继建成了有相当规模的方志馆。至 2013 年，全国已有 14 家省级方志馆，72 家市级方志馆，238 家县级方志馆。同时，各省区市也有地情网站或地情资料库建设。至 2013 年，全国已有 27 家省级网站、网页，206 家市级网站、网页，638 家县级网站、网页。

其中，省级方志馆属于最高层级的地方方志馆，其馆藏功能、展览功能和服务功能更加繁复、更加集中。省级方志馆的建设包括两种类型，一种是纯粹的藏书和阅览机构，其基本建设格局接近于专题藏书楼或图书馆；另一种兼具省情展示和宣讲功能，其基本建设格局兼具图书馆和博物馆两个方面。而市、县两级方志馆的设置，可以根据财力、人力、物力和地方支持力度来设置，不必一刀切。譬如陕西省安康市地方志馆，与安康学院图书馆建设相挂钩，使之成为面向社会开放的公益性事业机构。地方方志馆所典藏的志书，不必限于地产，还要尽量囊括全国或全省各地的志书文献。

省级以下的市、县两级方志馆，在条件允许的情况下，可以建成为具有综合功能的公共服务机构，也可以与图书馆、档案馆和博物馆捆绑在一起，成为具有复合功能的公益服务机构。就发展趋势而言，地方志馆兼具图书馆、博物馆的性能，在国情教育、地情宣传和社会服务等方面发挥必要的社会公益作用，正是省级方志馆的基本特征。换言之，公益性、典藏性、展示性是省级方志馆的基本性质。

省级方志馆的规划设计，大都通过社会招标的形式加以实现，力求高起点规划、高规格建设、高层次管理，符合省城总体城市规划和历史文化名城等专项规划。在地段选择和涉外服务等方面，也起到了应有的公共窗口作用。

在馆藏设计上，大致体现了从省情展示到图书典藏的系统性和科学性，集中反映了地方基本地理省情和其他省情资讯，让所有参观者、阅览者能在较短的时间内了解到本行政区域的基本概貌。

在陈列方式上，方志馆既有图书、档案和馆舍等资料典藏设施，又相当重视用沙盘、图表、模型、雕塑、影视等生动形象来综合展示基本省情。地方志馆兼具图书馆、博物馆、文化馆和展览馆的基本职能，但又不完全雷同，而是要撷取图书馆的典藏特点、博物馆的陈列特点、文化馆的服务特点和展览馆的公用特点。

在机构管理上，大抵按照公益性事业单位来进行管理，但同时也可引进企业管理模式，以强化其管理效率。围绕地方志馆这个地情典藏、发布和研究平台，仍有大可作为的空间，但在具体管理上，究竟是推行行政化管理还是事业化管理、企业化管理，其管理效益和管理结果也将大相径庭。

四、当前地方志系统的机构稳定和队伍建设问题

地方志机构是否会成为各级政府自说自话、自体肯定的一种专门学术机构？我们应该怎样理解地方志机构相对独立的公益立场和学术角色？这是社会各界和地方志工作者应当深入思考的命题之一。

由于地方志事业是涉及国情、省情研究的一项长线事业，也是推动地方党政决策科学化、规范化的地情载体，所以地方志机构的科学定位和行业设计，都必须立足于基本的国情研究和省情分析，积极应对当前社会上不断涌现的新情况、新问题和新挑战。就对于地方志事业的推动而言，大体上保持了稳定的态势，有利于学术传承和精神赋归。

但是各个省市区之间的发展仍很不平衡，部门之间、地区之间的发展差距和协调并进任务仍然十分艰巨。在参照国家公务员管理后，各级地方志机构日益行政化、衙门化，学术风气有所钝化，也不利于地方志事业的全面深化和发展。地方志机构对于地情挖掘、整合的漫长周期，与区域经济、社会和文化事业发展的形势要求和地方决策层的迫切期望还存在着明显的差距。

解决这些问题的关键，在于有一套既能长线作战、又能短促突击的工作制度作保障，有一支既谙熟管理、又熟知省情的专家队伍作后盾。

地方志事业的发展，既有重要的一面，又有关键的特点。关键性与重要性是两个概念，其作用犹如门户和枢纽的不同功能。所谓重要性，意味着社会角色的重要位置和中心作用，可以表明缺失了这一事业将会出现的某些历史缺憾；而所谓关键性，则意味着社会角色的核心性和独特性，缺少了独特的个性和独特，地方志事业的全面开展和行业认知，势必会受到发展瓶颈的严重制约。以地方志的编纂事业而言，必要的人员编制、资源配置和课题遴选，都非常重要。但是最关键的，仍然是遴选恰当的领军人物，确定合适的研究课题，厘定适当的工作时机。以地方志的机构管理而言，一般的制度诉求、政策约束和机构设置，都显得非常重要，但是最关键的仍是遴选具备服务意识的管理人才，明确具有公益作用的管理岗位。

如何顺应经济社会发展的需要，加快工作步伐，开创地方志事业新局面？关键就在于抓住事关当前经济社会发展的重大现实问题，紧紧围绕党和政府的中心工作，选准目标，切实做好。根据当前国家发展和区域发展的战略部署和决策需求，地方志工作者必须立足于区域历史和发展现实，着力将那些事关国计民生、社情民意的命题，将那些焦点问题、热点问题和难点问题加以系统梳理，适时提供党政机构和社会各界进行决策参考，以体现地方志事业的现实功效和资政作用。在观念创新方面，必要的宏观观念、中观观念和微观观念，都需要考虑；在课题选择方面，资源开发、战略发展和环境保护，均值得反省；在读志用志方面，地方文献的直接作用、间接作用和反思作用，更需要思考。

地方志事业是复杂的系统工程，更是带有强势文化整合色彩的重要事业。为了大力推进地方志事业，就不能全面开花，而是要突出重点。在依法修志上，要切实完善规章制度，规范修志行为，强化服务意识，转换工作方式。地方志事业的第一要务无疑是各级地方志、地方综合年鉴的编纂，其次才是拓展修志领域、刷新服务方式。先要唱好本腔，才能唱好彩腔，是地方志机构的发展程序。其中，地方地情网络系统的建设和统一，无疑是最有活力、最有特色的潜在发展领域之一。

地方志的基本知识载体，一方面是实体知识载体，这就是各种平面媒体所反映的地情信息，其内容包括地方志书和地方综合年鉴、地方地情文献等等；另一方面则是虚拟知识载体，这就是采取多媒体所反映的地情信息。在互联网世界里，多媒体同时也是自媒体，亟须统一甄别、统一规范和统一发布新的信息。对于这些虚拟知识载体的研究和使用，也是大力推进和传播地方志资讯的重要方式。站在全国一盘棋的立场上说，实体知识载体的统一、会通，可能成本较大，不易实施；但是虚拟知识载体的统一、会通，则成本较低，易于实施。在这个问题上，首先要解决好著作权的分层管理和报酬分配，抓住富有焦点价值的网络多媒体技术，使之成为社会共享、群众公益的基础文化资源，应该是非常必要的。

地方志事业要从传统走向现代，关键是要以改革创新的精神来加快地方志事业的发展步伐。改革创新是推进依法修志、加快进度的重要动力。要适应新环境、新形势，顺应社会各界的新期待、新触点，就必须深入研究把握社会经济发展的需求变化和依法修志的具体路径。所谓改革创新，包括制度创新、理论创新和服务创新。从制度上说，要通过行业整合来实现国情或省情资源的整合，探索更好的整理方式和理清思路；从理论上说，要善于解放思想、转变观念，进一步提高对国情、省情资讯的战略认知和分类认知；从服务上说，要有意识地确定服务对象，探索服务方式，拓宽服务领域，讲究服务效果。

总之，地方志机构的根本出路，绝不是故步自封、守旧如旧，其关键乃在于大胆跟进时代的步伐，追寻时代的足迹，不断探索当代志书的致用空间。

六、我国地方志机构建设的若干对策与建议

地方志系统机构建设，也是一项系统工程。对于建设好一个高效、效能、富有战斗力的组织机构，有下列若干对策与建议。

一是要进一步明晰地方志机构的科学定位，不断强化对地方志机构的支持力度。地方志机构所具有的聚合、中心、窗口、平台四项基本职能。概括来说，一方面是指业务组织职能，另一方面则是面向社会各界的服从、服务功能。其中聚合是指地方志机构的由政府规划组织的长期持续不断地情调研和向社会提供成果群系列。中心是指其作为地情信息研究中心的作用，它是

当代国情、地情专门的研究机构，是国家和各级政府执政的重要资讯来源部门。窗口是指其社会服务作用，是普通民众对地情信息资源需求的一个重要渠道。而平台是就地情研究本身而言，专指为这一工作提供必要的研究阵地。从理论上明确了这一机构的科学定位，也就为机构设置和人员配置奠定了决策基础。地方志机构要加强内部建设，就要特别重视作风建设，通过举办形式多样的活动，让全体修志工作者焕发精神，努力形成风清气正、齐心协力、争先创优、健康向上的工作氛围。

二是要结合各级各地机构设置的现状，有针对性地强化业务组织和骨干配备。参照公务员法管理的地方志机构，应该进一步强化其社会组织和社会协调作用，在健全行政领导岗位的同时，注意搞好业务组织，遴选好修志骨干；与党史、档案局等机构合署的地方志机构，既要发挥好二合一、三合一机构的资源整合优势，也要将地方志事业列入重要议事日程，配备好适应地方志工作需求的主任、主编人选。总之，地方志机构必须着眼长远，着眼全局，着眼发展，在地方经济与社会发展的大格局、大环境中不断探索其生存路径，将地方志机构的基本职能最大化。

三是要切实抓好修志带头人和骨干编辑的业务培训，努力建设一支适应时代发展需要，善于做地情研究和利用工作的修志队伍。地方志事业从业者作为专业社会工作者，其所具有的参谋、助手、智囊、咨询四个项职能是缺一不可的。其中参谋是就其服务于领导机关的决策活动而言，助手是就其服务于社会工作的主要执行者而言，智囊是针对服务资政而言，咨询则是面向社会而言。各级地方志机构要通过政治、理论和业务学习，努力将地方志工作者培养成具有地情通识的专业人才，成为服从服务于社会各界的有用之才。特别要在全员培训的基础上，建立健全分级分类培训制度，进一步加强对志书主编和机构新任负责人的专项培训，注重对修志人员的岗前培训，鼓励和支持其接受继续教育。不断优化人才成长环境，从有利于事业长远发展和机构队伍稳定的目标出发，探索相应的人才政策和措施。要重视领军人才的选拔、引进和任用，建设“专家库”“人才库”，采取各种措施吸引优秀创新人才参加地方志工作。

四是建议在中国地方志指导小组和各省、各区域地方志机构的组织协调下，按照分级分类培训、分行业分地域组织的方式，切实抓好各级地方志机构和队伍的组织建设。要在全国地方志事业发展规划的科学引领下，在全国各大区域内遴选一批有较高资质的高等院校或科研机构，切实开展高层次人才的培训和后续人才的培养活动，将地方志资源和修志业务知识逐步纳入全国各地各级各类院校的地情课程之中，同时要建立健全地方志工作制度，建立健全地方志学会、协会组织，不断加强地方志学科建设，使地方志事业在全社会上发挥更大更显著的作用。

七、地方志机构未来展望

随着我国经济社会事业的深入改革与全面发展，对于国情和地情的研究和探索，必将成为地方志机构越来越重要的一项历史使命。当代中国区域经济发展、政治建设、文化繁荣、社会进步和生态文明所取得的巨大成就及存在问题，亟须各地各级地方志工作者站在国家、民族和社会发展的角度予以总结，予以梳理。随着时间的推进，地方志事业必将迎来更大的发展，地方志的著述成果必将更加多样，地方志的专兼职队伍必将更加强大，这也就要求承载这一事业的各级地方志机构有所改革、有所进步。地方志工作体制在贯彻落实习近平主席、李克强总理、刘延东副总理、第五次全国地方志工作会议精神以及推进依法治志过程中得到不断巩固和完善。全国地方志机构的顶层架构有望得到进一步加强，其行政协调和业务指导功能、理论探索和学术引领功能必将更加有力，而以省、市、县三级地方志机构为主体、为骨干的各级地方志机构，必将得到进一步的整合和强化。如果有可能，将来国家层面一统志编纂，还将成为各级地方志编纂机构所要承当的顶层学术目标。在地方层面，随着地方志机构、方志馆新的职能不断探索和进一步完善，地方志机构在发挥编纂组织作用的同时，更进一步强化其社会服务功能。适时修订国务院《地方志工作条例》，进一步明确地方志机构基本定位和改革方向，理顺各级各类地方志机构的隶属关系，建立健全各级方志馆，完善地方志工作制度设计，必将成为我们赖以保持地方志事业可持续发展的宏观战略思路。

V

探索与创新

以组织模式创新推动江苏省第二轮修志

方未艾

提　要：针对第二轮修志工作面临的新形势、新情况、新问题和省、市、县三级志书的不同特点，江苏省地方志办公室及时转变观念，拓宽工作思路，抓好统筹协调，创新组织模式，加强整体推进。在省志编修上，通过建立组织推动体系、修志参与体系、运行监控体系“三个体系”来不断推进；在指导市、县志编修上，运用实行分级管理、搞好试点示范、建立管控机制“三种方式”进行监督管理，促进了江苏省第二轮修志工作健康发展。在指出存在问题及相关对策的基础上，对江苏省第二轮修志提出三点展望：三级志书编纂结出硕果，机制完善进入关键阶段，保障有力成为重中之重。

关键词：江苏省　第二轮修志　组织模式　创新

2005 年，江苏全面启动二轮修志工作，计划用 10 年时间完成省、市、县 111 部修志任务。依据《地方志工作条例》赋予省级地方志工作机构的职责，针对二轮修志工作面临的新形势、新情况、新问题和省、市、县三级志书的不同特点，及时转变观念，拓宽工作思路，抓好统筹协调，创新组织模式，加强整体推进。在省志编修上，通过建立“三个体系”① 来不断推进；在指导市、县志编修上，运用“三种方式”② 进行监督管理，促进全省第二轮修

① 三个体系：组织推动体系、修志参与体系、运行监控体系。

② 三种方式：实行分级管理、搞好试点示范、建立管控机制。

志工作健康发展。

一、建立“三个体系”推进省志编修

组织实施省志编纂是省级地方志工作机构的一项重要职责和主要工作内容。几年来，江苏省地方志办公室围绕“政府主持”做文章，抓住“社会参与”谋思路，借用“市场运作”出实招，形成了“政府主推、社会助力、市场调节”的组织推进方式，建立了政府、社会、市场相互作用、良性互动的运行体系。

（一）组织推动体系

依据《地方志工作条例》（以下简称《条例》），在“法制保障、党委领导、政府主持，各级编委会和地方志部门组织实施”的新体制中，明确政府主持要义，依靠政府，建立坚强有力的组织推动体系。

修志是政府行为，主持修志是政府的工作职责。但政府工作繁多、千头万绪，政府不可能像抓经济工作那样抓修志。政府主持贯穿于省志编纂工作全过程，主要体现为：制定规划方案、动员部署任务、协调解决困难、提供支持保障等方面。为此，江苏省地方志办公室根据省志编纂工作的进展情况，及时向政府建言献策，提供资讯，便于政府决策，发挥主持作用。

1. 制定颁发规划方案，强化政府修志行为。编纂地方志是一项文化工程，涉及面也很广，但与其他工作相比，则属于单一的任务，在政府工作中不可能占有太多的分量与空间，也不可能逐年逐月进行推进。因此，适时制定下发规划方案，明确修志任务要求，就是“政府主持”的体现。二轮修志工作启动后，省政府办公厅不仅印发《江苏省续修地方志工作规划》（以下简称《规划》），对续修省志及其组织领导提出明确要求，而且下发《关于进一步做好新一轮地方志编纂工作的通知》，要求“2015 年前基本完成省级志书编纂出版任务”。2008 年 9 月，省政府办公厅转发了《第二轮〈江苏省志〉编纂工作方案》。2009 年 3 月，省政府在南京召开第二轮《江苏省志》编纂启动会议，全面部署二轮省志编纂工作。2010 年 8 月，根据机构改革后出现的新情况，省政府及时调整编纂工作方案，下发了《第二轮〈江苏省志〉编纂工作方案调整意见》。与此同时，还将“加强地方志编纂工作，高质量完成第二轮志书编纂”列入省“十二五”规划建议、纲要。

2. 建立健全组织机构，提高政府主持修志的强度。有力的组织领导是做好一切工作的保证。涉及多部门合作，各行业参与的省志编纂工作更需要统一的组织领导和坚强的组织指挥。江苏省地方志办公室紧紧依靠省政府，充分发挥政府组成部门的作用，通过建立各种机构来强化部门（单位）的职责，促使修志工作由被动变为主动，从软任务变为硬指标，推进省志编纂工作的开展。

一是建立由省主要领导担任主任的地方志编纂委员会。以省长为主任，副省长、省政府秘书长、省地方志办公室主任为副主任，各省直单位主要负责领导、省辖市政府主要领导为委员的省地方志编纂委员会，既领导全省地方志工作，又领导省志的编纂。根据领导变动情况，每年省政府都要对编委会进行调整。从2009年以来，省地方志编纂委会主任、副主任及成员到江苏省地方志办公室指导工作有十多批次。

二是建立总纂班子，对省志编纂工作进行宏观指导和整体质量把关。总纂班子由总纂、常务副总纂、执行副总纂、责任副总纂组成。总纂由省长担任，常务副总纂由分管副省长、秘书长担任，执行副总纂由省委、省人大、省政府、省政协各一名副秘书长和省地方志办公室主任担任，责任副总纂由省有关部门负责同志、专家学者担任。2009年2月，省政府聘请省人大原秘书长顾介康等8位同志为责任副总纂。他们发挥曾主抓各行业的经历、对分管行业比较熟悉、掌握行业发展脉络的优势，对省志编纂工作进行指导和质量把关。各位责任副总纂为各分（专）志编纂出谋划策，不定期召开会议，了解编纂工作中存在的困难问题，进行排忧解难。他们深入到各分（专）志承编单位，具体指导篇目大纲的编制和资料的搜集，督促检查分管志书编纂的进度、质量。

三是建立各分（专）志编纂委员会，强化部门（单位）领导对修志工作的领导责任，促使修志工作由被动变为主动，从软任务变为硬指标，真正摆上部门（单位）的议事日程。根据二轮省志“综合性”强、多部门（单位）共修一本志书的情况，特别注重各分（专）志编纂委员会的建立。目前，120多家承编单位都成立了编纂委员会，单位主要领导担任主任，主要副职领导任副主任。特别是一些涉及多部门合作的综合类志书，还成立了以总纂单位为主，承编单位参与的综合编委会。如《资源志》《环境志》牵头单位的省国土资源厅、省环境保护厅，切实履行职责，一把手厅长担任编委会主任，并主动与参编的八九个单位联系，成立了《资源志》《环境志》编纂委员会，组织开展修志工作。在各分（专）志编委会的直接领导下，各部门（单位）先后组建编辑室，制定修志工作方案。有的编委会还实行例会制度，将任务细化到周，形成周报、月报、季报制度，提高工作效率，确保工作扎实推进。

四是建立主编班子，将省志编纂工作落到实处。《方案》规定，各分（专）志实行编委会领导下的主编负责制。主编具体负责志稿的编写工作。为了便于各部门（单位）确定主编人选，江苏省地方志办公室还专门制定了主编的任职条件及工作职责，从理论素养、政策水平、专业（行业）知识、文字编写能力、组织协调能力、年龄等方面提出明确要求。从运作的情况看，凡是主编确定早、选的好的部门（单位），志书编纂工作的推进力度就大、成效就显著。如《中共志》《发展改革志》《纪检监察志》《审判检察志》的编纂工作，有条不紊，规范有序。

3. 实行修志经费分级预算制，加大政府主持修志的力度。保障有力是推动工作必不可少的条件。在市场经济飞速发展的今天，除了修志人员要继续发扬爱岗敬业、开拓进取、淡泊名利、甘于奉献、锲而不舍、一丝不苟的精神外，在组织实施过程中要努力为修志工作创造条件，想方设法为他们提供必要的人、财、物的支持，最大限度地调动修志人员的工作积极性。作为政府层面，除了要解决好机构、队伍外，还要提供必要的经费。为此，江苏省地方志办公室对省志工作经费做了全面测算，并向省政府提出“列入省财政预算”的建议。《第二轮江苏省志编纂工作方案》明确规定：第二轮《江苏省志》编纂工作经费、出版经费采取分级预算的办法。分（专）志的编写经费由各承编单位列入本部门年度财政预算，报省财政厅核拨。出版所需经费由省地方志办公室编制预算，报省政府批准后列入省级财政预算，逐年核拨。由省地方志办公室通过招投标组织有关单位或专家编写的志书，所需经费列入省级财政预算，由省地方志办公室逐年向省财政厅提出申请。从而保证了省志编纂工作的资金来源，为工作的开展提供了有利条件。针对一些没有专用账户的行业学会、协会及中央在苏单位的编纂工作经费问题，《第二轮江苏省志编纂工作方案调整意见》中又作了明确规定，由省地方志办公室按年度统一编制部属单位、行业协会和学会编纂工作所需经费预算，报省财政厅核拨。

（二）修志参与体系

针对二轮《江苏省志（1978—2008）》记述改革开放时期的历史与现状这一特点，江苏省地方志办公室打破首轮志书编纂“一对一”（一个部门编一本志书）的运作方式，借助社会力量，开辟社会团体及专家学者参与省志编修的渠道，建立精干多元的修志参与体系。

1. 拓宽参与渠道，使省志编纂由“体内循环”走向“体内外共同循环”。二轮《江苏省志》记述的时间跨度是从20世纪70、80年代到21世纪初。这一时期，社会环境发性了很大变化，计划经济体制向市场经济体制转变，政府职能由管理型向服务型转变，社会分工愈加细化。因此，无论从记述的内容，还是从组织的形式以及修志人员队伍来看，都与首轮修志有所“不同”。从承修部门和单位看，由于几次政府机构改革，一些厅局被撤并，还有一些部门通过改革已不具有行政管理职能。有行政主管部门或行业主管部门的分志由主管部门承编，对于一些找不到行政或行业主管部门承编的，如商业、化工、钢铁、有色等，可以由行业协会或由会长单位牵头承编。从内容看，随着改革开放的不断深化，各专业越来越趋向多元化、多形式化。这种趋势决定了志书涵盖的内容广泛，结构复杂，很难对日新月异发展的各行业有全面、系统地了解和掌握。江苏省地方志办公室在拟制《省志方案》和组织推进时，既充分发挥“主管”部门的核心作用，又广泛吸纳各种力量参与，使省志编纂工作从单一的“政府行为”变为政府、社会的“双向互动”，由“体内循环”走向“体内外共同循环”。

承担二轮《江苏省志》编写任务的有120多个部门及单位。其主体是省直机关，特别是政府的组成部门，但也有中央在苏的单位、行业协会、学会。参与编写的人员，既有在职人员，也有离退休同志；既有“公务员”，也有专家学者。各承编单位在成立编委会的同时，根据编写分量，分别成立了几人至几十人不等的专兼职相结合的编辑室。从拟定篇目开始，就在全省系统内反复征求意见，反复打磨，确保篇目科学合理。篇目拟定后，根据各自职责，将资料搜集任务横向分配至各个处室，纵向下达至系统内各个层次，实现了系统内整体参与的良好局面。江苏省地方志办公室还与省广播电视台、《江苏手机报》合作，通过制作专题片、编发《历史上的今天》等形式，拉近了志书与社会的距离；通过广泛邀请各部门领导、社会名流参观省方志馆这一形式，推介地方志工作及二轮省志的编纂，提高社会对二轮省志编纂的关注度，为实现“社会参与”创造了有利条件。在省志办内部，则举全办之力，组建省志总编室，办领导负总责，由分管领导及处级干部牵头，组成5个联络组，包干60本分（专）志，形成“责任副总纂—办领导—中层干部—组员—承编部门（单位）”的省志编纂工作网络。

2. 广泛吸纳人才，建立覆盖省志各专业的“专家库”。根据二轮省志编修工作时间紧、任务重，组织协调和业务指导工作艰巨的现实，借力社会，广泛吸纳人才，组建智囊团、专家库。一是借力专家、学者直接参与修志，如《建置志》《吴文化志》《著述志》等一些专业较强的志书分别聘请了南大、南师大的教授、省社会科学院的专家负责编纂。二是借力专家、学者、部门老领导，对志书篇目及志稿质量进行审查把关。三是建立广泛精干的智囊团、专家库，为省志编纂工作出谋划策、审查把关。几年来，汇集省内外各行业专家、学者、精英名录，不断充实更新专家库。比如，在篇目审核时，就从专家库抽调有关专家，组成相应的“审核小组”，为志书“篇目大纲”把脉，在志稿终审验收时，也从专家库里调集，以保证志书审稿的质量。

3. 充分利用网络技术，搭建省志编纂资料资源共享的平台。虽然省志是各行业、各部门为主体记述自身发展的历史与现状，但彼此的沟通和交流不仅可以相互借鉴，而且可以扩大省志编纂的参与度和知晓面。省志编纂启动之后，省志办及时建立省志资料库，编发《省志工作简报》。定期通报各单位进度，推广好的经验做法，有针对性地进行指导。信息处成立后，立即建立信息报送制度，并以《江苏地方志》《江苏方志信息》为平台，开设《省志编纂》专题栏目。省地方志网页上增设了“二轮省志”栏目，从“文件、动态、理论研讨、编纂答疑”，为承编单位及社会提供资源共享平台。

（三）运行监控体系

几年来，针对用人、经费使用、志书质量把关等方面出现的新情况，江苏省地方志办公室大胆借鉴市场运作机制，以聘任、合同（协议）等方式，对省志编纂工作进行组织管理，弥补了行政推动、“人情管理”等方面的不足，形成了规范有效的运行监控体系。

1. 推行聘任制，强化修志人员的责任意识。在充分挖掘人才资源，努力拓宽人才进入渠道的同时，强化修志人员的责任意识。一方面充分发挥老同志的“余热”，返聘一些经验丰富的老同志参与二轮省志工作；另一方面通过公开招聘的方式，引进一些经过专业训练，有志于地方志事业的高校毕业生来省志办工作，充实省志指导力量。无论是老同志还是年轻人，无论是返聘还是借用、聘用，都与他们签订合同，明确工作任务与岗位职责。这种聘任出效益、聘任强责任的方式，深深地触动了在职职工，激发了他们工作的使命感、责任感。各分（专）志也通过调配、选拔、借用、外聘等手段，选定修志人员，大大提高了修志的工作效率。

2. 采用项目招标方式，加快修志工作进度。对于一些学术性、专业性很强的志书，采用“项目招标”方式，委托研究机构和高校承编。《建置志》《吴文化志》《著述志》《人物志》，都是以“合同”形式组织编纂的，省志办与委托单位签订约稿合同，明确质量和时间要求，并制定相应的奖惩措施。为体现江苏深厚的文化底蕴与时代特点，形成省、市、县（市、区）三级志书封面统一风格，采用招投标的方式选择设计人员。在初步选定设计人员及设计方案的基础上，经过律师把关，与设计方签署“关于二轮志书封面设计协议”，明确双方的责、权、利。按照协议检查验收工作进度、设计方案与服务质量。对二轮省志出版合作伙伴通过招标来选定。以先行招标出版《江苏省志简编》《建置志》《吴文化志》的形式，对省内出版社的资质情况进行调查摸底。在相关出版社提交标书之后，召开议标会。按照《地方志书质量规定》对出版的要求，从“具有一流的编辑、一流的印刷厂、一流的装帧设计”的角度，选定江苏省内 3 家出版社作为二轮省志出版合作伙伴。视志书编纂进度及专业特点，再与相应的出版社洽谈签订出版协议，杜绝人情关系，规范出版行为。

3. 推进合同协议制，规范约束修志行为。对于部属单位、行业协会、学会编纂工作经费的申报及使用，以协议方式进行管理和约束。省政府将部属单位、行业协会、学会的省志编纂工作经费交由省志办“按年度统一编制预算，报省财政厅核拨”。为此，省志办分别与12家承编单位就“所需工作经费、使用管理、志稿完成时间、志稿质量”进行协商洽谈，签署协议，将省志编纂工作的推动从行政手段转为合同约束。

二、运用“三种方式”督导市县志编修

组织实施市、县（市、区）志编纂是市、县（市、区）地方志工作机构的重要职责和主要工作内容，省级地方志工作机构的职责是组织、指导、督促、检查。几年来，江苏省地方志办公室切实履行工作职责，不断转变观念、拓宽工作思路，创新工作方法，以分级管理、示范指导、规范运作的方式，组织指导市、县（市、区）志编纂。

（一）实行分级管理

与首轮相比，作为省级地方志工作机构，对市、县（市、区）志编纂工作的指导，面临着许多新情况。一是市、县（市、区）志编纂有机构、有人员、有基础，即二轮修志环境好（依法修志）、基础好（有经验理论）、起点高（资料储备丰富人员素质高）。二是市、县（市、区）志记载的时限内容是改革开放时期经济社会的发展变化。这一时期社会发展日新月异、新生事物层出不穷，对于市、县（市、区）经济社会发展变化感受最直接最有发言权的是“当地人”，市、县（市、区）志应记载什么、体现什么、突出什么？“心中有数”的应该是市、县（市、区）志的组织者、编纂者，而不是省级地方志工作机构的指导人员。三是省、市、县（市、区）地方志机构只是政策和业务上的指导关系，不是行政领导关系。市、县（市、区）志编纂工作方案、目标任务是由市、县（市、区）政府确定，市、县（市、区）地方志工作机构具体实施，省级地方志工作机构对其虽有“组织、指导、督促、检查”的职责，但无“决策”和“指令”的权限。因此，对市、县（市、区）志的组织指导不能再沿袭首轮修志的思路和模式，应依据《条例》，实行分级管理，充分发挥市、县（市、区）地方志工作机构在志书编纂中的主导作用。主要做法是：

1. 充分履行职责，但不“越俎代庖”。依据《条例》及《江苏省实施

〈地方志工作条例〉办法》，明确省、市、县（市、区）地方志工作机构的“管理”范围及权限，逐级管理，各司其职，不“越俎代庖”。

2. 全面系统指导，但不“一竿子到底”。省级地方志工作机构履行“指导”市、县（市、区）志编纂的职责，但不能对市、县（市、区）政府及地方志工作机构组织实施市、县（市、区）志编纂发号施令、多加干预。比如，市、县（市、区）志编纂方案，批准权是本级政府，实施主体是同级地方志工作机构，对上级地方志工作机构只需“备案”。对地方志书审查验收的主体、程序，也是由各级政府决定，实行的是分级负责，“逐级”审查验收。几年来，江苏省地方志办公室对市、县（市、区）志编纂工作的指导，是立足全省，按照省政府制定的全省地方志工作规划和方案，加强统筹协调，适时进行督促检查，不再像首轮修志那样“一竿子到底”，陷入具体的编纂工作之中。2007 年 8 月，针对市、县（市、区）志编纂工作初期遇到的困难与问题，省志办向省政府反映情况并提出开展督查的建议。为此，省政府办公厅专门发出通知，由省人大办公厅、省政府办公厅、省法制办公室和省地方志办公室组成 4 个调研组，对 13 个省辖市、6 个县（市、区）的修志情况进行调研检查，以推动市、县（市、区）二轮修志工作的深入开展。2012 年 5 月，针对市、县（市、区）志编纂工作进入总纂、审查验收阶段的新情况，省志办积极谋划，提请省政府召开加快推进全省二轮志书编纂工作电视电话会议，为按时保质完成二轮市、县（市、区）编纂工作注入了新活力。2014 年 3 月，又提请省政府办公厅以《江苏政务督查》的形式，对市、县（市、区）二轮修志进展情况进行督查。

3. 加强组织协调，但不“包办代替”。依据全省地方志工作总规划、总要求，对市、县（市、区）志编纂工作从宏观上、政策上进行把握，适时解决影响市、县（市、区）志编纂工作的一些全局性、共性的问题。在人员培训、质量评估、审查验收、评比表彰等方面，统一组织、统一标准、统一要求。对一部部市、县（市、区）志的业务指导，则实行分级分类、“抓大放小”。

（二）搞好试点示范

110 部市、县（市、区）志，面广量大，难以全面指导。而且各志断限不一，既有续修、重修，还有创修，指导方式难以整齐划一。为此，江苏省地方志办公室采取抓住重点、分类指导，先行试点、示范带动的指导方式。

1. 分类选择试点（联系点），明确任务要求。经过调研，确定邗江区、丹阳市、启东市、赣榆县、东台市、沭阳县为省级试点单位，浦口区、丰县、武进区、张家港市等9个县（市、区）为联系点。这15个试（联系）点，分属不同类型。从地区来说，分布于苏南、苏中、苏北，经济实力有强有弱；从建制来说，有县、有市、有区，有撤县设区的，也有区县合一的；从修志形式来说，有续修、有重修，也有创修。对这些试点（联系点）单位，省志办提出了明确目标，要求在“研究方法、探索规律，把握质量、推出精品，总结经验、提供借鉴”上作表率、出经验。

2. 加强业务指导，剖析难点问题。在试点工作中，及时把篇目设置、资料收集、资料长编和分纂、总纂等不同阶段遇到的一些实际问题，与志书部类记述遇到的难点问题收集起来，每年每次集中选定1—2个主题，先期在试点单位进行研讨，然后在全省进行分片研究交流。先后围绕“资料收集与选择”“改革开放宏观把握”“经济体制改革集中与分散记述”“怎样突出地域特色、特点”等10多个主题进行探讨研究，并把研讨交流的成果及时贯穿到每年举办的市、县（市、区）修志培训班中。扬州市邗江区是中指组确定的全国第二轮修志工作试点单位。邗江原为江苏省扬州市的附廓县，2000年撤县建区，2003年正式启动县志续修。如何突破首轮修志的传统思维，运用新理念来指导试点志书的编纂。江苏省地方志办公室多次召开会议，集思广益，及时组织专业人员依据邗江的县情实际和第二轮志书断限内的社会情况，积极探索编纂思路，指导《邗江县志》的续修实践。明确《邗江县志》要重点体现附廓县政区志的类型特点，要突破传统的“续志”思维、展现完整的地情观，要注重反映时代特色和地域特点。对邗江试点工作实行全程指导和帮助，不仅给予人才服务经费保障方面的支持，而且注重重要过程、重点环节的把关，尤其是后期的审评质量把关，更是精心细致，一着不让，为后来做好其他市、县（市、区）志评审验收提供了借鉴、积累了经验。为增强指导的针对性、有效性，省志办还在丹阳、启东、东台等县（市）召开了5次试点工作经验交流会、座谈会，总结、推广试点单位的经验、做法。如2010年在东台市召开的修志试点单位第三次工作座谈会，与会代表就如何进一步推进试点、联系点工作，促进试点工作成果的推广达成了共识，产生了良好的“蝴蝶效应”。

3. 组织志稿评读，发挥示范引领。注重对志稿进行评析，不断提高志书编写的规范性、科学性。每年在试点单位选择1—2个部类的志稿，组织人员进行审读评析，查找不足，共同探讨记述方法和记述深度。2009年，在县（市、区）志编纂进入分、总纂的关键时期，为总结交流各地志书编写经验，提供志稿示范样本，促进志书质量共同提高，组织开展了“县（市、区）优秀志稿评读”活动。经过评读、修改，将优秀志稿汇编成册，供其他市、县（市、区）示范、借鉴。2011年又组织开展“市、县（市、区）志书优秀条目评选”活动。经过评审，23部志书获得优秀条目奖，5个省辖市获得优秀条目组织奖，省志办专门发文通报表彰，激发了市、县（市、区）修志人员的工作热情，发挥了优秀志稿的示范引领作用。

（三）建立管控机制

《条例》对地方志工作的管理、志书质量提出了“法”的要求。对地方志书的编纂质量，《条例》既有原则性的规定又有具体的要求。以前那种对地方志书的审查验收主要是地方志工作机构内部人员，甚至将它作为职工的一种福利与待遇的做法，在“依法修志”的新形势下，已经行不通了。为此，江苏省地方志办公室依据《条例》和《江苏省实施办法》，制定了《江苏省地方志书审查验收及出版办法》等规定和办法，对省、市、县三级志书评审程序、质量验收及出版统一规范要求。

1. 建立篇目评审制度，前移质量关口。古人说：“修志之道，重在篇目。”优秀的篇目设置是保证志书质量的前提。为避免总纂篇目编制中的主观性、随意性，增强了总纂篇目的科学性、严肃性，省志办规定，市志总纂篇目由省志办组织评审，市志办负责组织对县（市、区）志总纂篇目评审。截至2013年底，13部市志的总纂篇目都通过了省志办组织的评审，97部县（市、区）志的总纂篇目也先后通过了所在市地方志机构的评审。经过评审修改后的总纂篇目，尽管在编纂中还有些微调，但不再是个人说了算，必须集思广益，按章办事。

2. 制定质量评估办法，规范评审程序。为杜绝志稿“急于求成”的现象，严格志书审查验收程序，把好志书质量关，江苏省地方志办公室依据《地方志书质量规定》和《江苏省地方志书审查验收及出版办法》，制定了《江苏省地方志书审查验收稿评估办法（试行）》（以下简称《评估办法》）。《评估办法》按志书篇目、内容、条目、特色、编校、总纂6个方面提出了具体的评估标准和相应的分值。规定对志书审查验收稿进行质量评估由各级负责审查验收的主体负责，参加审查验收稿质量的人员一般不少于9人。每阶段验收稿质量评估达到最低平均值的，方可组织召开评审会。同时规定参与评估的人员要认真填写《江苏省地方志书审查验收稿质量评估表》，并需签名，以示负责。要求审查验收报告、审查验收意见、审查验收稿等一并报省地方志办公室备案。

3. 突出终审验收重点，严格审核标准。2012年，针对终审验收中出现的新情况，省志办又下发了《关于规范地方志书终审验收与审核备案要件的通知》，对“终审、验收、审核批复、出版前后应报送备案的要件内容”提出明确要求。比如，县（市、区）志出版前报请省志办审核批复，报送的内容应有：提请审核批复的报告、上级地方志机构验收《会议纪要》或有关验收结论的批复、志稿、《江苏省地方志书终审意见表》、参与终审人员的质量评估表和具体审查意见、《江苏省地方志书验收意见表》、参与验收人员的质量评估表和具体验收意见。设定这些程序、规范上报要件内容，目的在于全面了解审查验收程序的执行情况，防止审查验收工作走过场，推进整个修志工作规范化、制度化。

三、江苏二轮修志展望

由上可见，在推动二轮修志中，江苏省地方志办公室勤于探索、精于组织、富于创新，思路广、方法多、力度大，阶段性成果显著。据统计，至2014年底，省志60本分（专）志已出版10本、完成终审或总纂20本，109部市、县（市、区）志已出版53部、已终审或总纂45部，为全面完成二轮修志任务奠定了良好基础。但与省政府的要求相比，与全国二轮修志工作进展较快的地区相比，还有较大差距，二轮修志整体进度偏慢。主要原因：一是主业主抓的意识还不够强，有些地方志工作部门在实际工作中偏离了主业，影响了修志工作的推进。二是解决问题的办法还不够多，一些地方有畏难情绪，强调客观原因多，主观努力少，缺少解决问题的有效办法。三是编纂人员投入精力还不够，一些修志人员精神不佳，不愿意下苦功夫去推动工作。为此，2015 年省地方志办公室将与各市地方志办公室签订目标责任书，围绕“争取领导支持、积极组织推动、苦干加巧干、坚持质量标准、限时完成任务”，制定时间表、任务书、路线图。加强分级分类指导，对进展缓慢的市进行专题指导，加大推进力度，加强质量监管。分片召开市县二轮修志研讨会、省级试点（联系点）单位交流会，总结经验，推进工作。坚持定期检查通报。对照目标责任书，定期检查各地修志进展，及时通报工作进度。增强修志协作意识。打破地域界限，增强协作意识，特别是已完成修志任务的市、县（市、区），要积极帮扶未完成任务的市、县（市、区），整体推进全省二轮修志工作。加强迟缓地区督导推进。对进度迟缓的地区，提请省政府办公厅专题召开推进会，督促抓紧抓好修志工作。

展望 2015 年，江苏二轮修志必将再上一个新的台阶。

（一）三级志书编纂结出硕果

新一届中央领导对地方志工作的高度重视，习近平总书记要“高度重视修史修志”的叮嘱，李克强总理“修志问道，以启未来”的批示，为我们进一步做好地方志工作指明了方向。第五次全国地方志工作会议召开前夕，中指组领导率队专程到江苏调研指导，既对地方志工作提出了要求，也是对方志工作者的鞭策鼓舞。2015 年，在认真学习贯彻全国会议精神，开创全省地方志工作新局面中，三级志书编纂将进入“收获期”。按照省政府规划要求，2015 年底全省基本完成二轮志书编写任务。目前，无论是省志，还是市县志，绝大多数处于总纂、终审阶段。预计至 2015 年底，省志各分（专）志出版将达 25%，完成编写可达 70%；市志出版 5 部，7 部完成总纂、终审；97 部县（市、区）志 70% 完成出版。

（二）机制完善进入关键阶段

从健全地方志工作领导体系，完善工作体制机制而言，2015 年将是关键年。这是学习贯彻第五次全国地方志工作会议的题中之意，是实施《全国地方志事业发展规划纲要（2015—2020）》的关键之举，更是全省二轮修志的现实所需。目前，全省志书编纂进度不一、质量参差不齐。省志迟于市县志、苏南地区快于苏北地区，专志优于综合志，试点先行县（市、区）志强于一般志稿。完成二轮修志规划任务的地区，一方面开展资料收集、理论研究、队伍培训等工作，为三轮修志作准备；另一方面组织开展部门志、行业志、专题志、乡镇村志的编修。进展迟缓的地区，在寻求解决修志过程中遇到的困难和问题。进入终审阶段的地区，则在集中精力抓评审、提质量。因此，除了加强分类指导，抓好薄弱环节，强化统筹协调之外，当务之急是完善领导体系，强化“领导到位”，确保志书编纂提质增效。在省志方面，充实加强责任副总纂人员，由8人增至13人，强化对各分（专）志的定向指导。充分发挥省志总编室总揽全局、统筹协调的职能，在省地方志编纂委员会及办公室的领导下，整合力量，集中优势，统筹安排，强化督查，严格把关，加快编纂进度，提升编纂质量。对二轮修志进展迟缓的市县区，加强督促检查，开展南北挂钩协作等形式，进行帮扶。我们有理由相信，在深入学习贯彻落实《中共中央关于全面推进依法治国若干重要问题的决定》，共同推进依法治国、依法执政、依法行政的过程中，各级政府依法履行领导责任、各级地方志工作机构依法履行组织实施和管理的意识将会大大增强，领导地方志工作的力度将会进一步加大。

（三）保障有力成为重中之重

地方志是传承中华文明、发掘历史智慧的重要载体。地方志从编纂、管理，到开发利用，都需要得到来自社会各界的鼎力支持。没有坚强的组织领导、专精的编纂人员、必备的工作设施、足够的物力财力，地方志工作就难以开展。同样，没有严格的质量管理、规范的质量标准、完备的审查验收制度，志书的质量品质也无法得到保证。特别是到了终审出版时期，各种保障缺一不可，它直接决定着志书的效率与质量。因此，对于江苏来说，2015年，加强各种保障将成为重中之重。一是加强人才队伍建设，包括加强对修志人才的培训教育、选拔使用等，全面提高队伍素质，保证志书统稿总纂有“行家”、终审验收不“断档”、三轮修志能“接班”。二是加大物力财力保障，包括加大投入、法治建设、制度化建设、评估奖励机制建设等，确保工作有效运转，出版资金得到保障。三是完善志书质量保障体系。质量是志书的生命，精品佳志是编纂的终极目标。特别是在总纂、终审、出版环节，必须严格把关、一着不让。因此，要在现有规定、要求的基础上，根据三级志书的情况和乡镇志的特点，新闻出版的新要求，修改完善志稿评审、质量评价、审查验收、批准出版等制度，以保障志书的质量品质和科学价值。

注重学术研究 推动学科建设

潘捷军 董郁奎

提 要： 在两轮修志工作中，方志学术研究得到了进一步的重视，学科建设成就令人瞩目。本文以浙江近年来的实践为例，总结经验，分析其运行机制，并对存在的问题提出建议。该省方志系统近年来在方志学理论研究、方志史研究、年鉴编纂研究、旧志研究、方志馆研究、两轮修志实践探索总结经验等方面，新著迭出，成果丰硕。这与浙江方志系统近年来注重机制及队伍建设有十分密切的关系。全省有一支结构较合理、科研能力较强的学术队伍。省方志办从建立人才梯队制度、积极致力于队伍建设，定期面向全省方志系统招标并开展项目研究工作，举办各类方志研究学术会议、定期举办"浙江方志论坛"，积极构建高水平的研究平台，办好杂志和网站、积极扩大学术影响等方面着手，做好这项工作。强化行政职能、坚持依法修志与深化学术研究、推进学科建设两者对地方志工作科学发展的地位同等重要，不可偏废。

关键词： 地方志 浙江 学术研究 学科建设

地方志是中华民族特有的文化传统。新中国成立后特别是改革开放以来，伴随着全国范围内两轮大规模修志工作热潮，方志学术研究方兴未艾，学科建设成就令人瞩目。

浙江历来被誉为"方志之乡"，重视方志学术研究历来也是浙江方志界的一个历史传统。这既是因为浙江历来有悠久的修志传统，也得益于清代绍兴上虞人章学诚为中国方志学所作的开创性贡献，而且还得益于新中国成立后特别是改革开放以来，从中国地方志指导小组及其办公室到全省各级党委政府、各有关部门对这项事业的高度重视和大力支持，当然也离不开全省方志系统多年来的共同努力。从全国方志学研究和学科建设的大环境、大背景中去分析，浙江近年来的方志学研究和学科建设仅仅只是全国方志界的一个缩影，或者只是具有自身特色和独特亮点的一个部分。

一、学术研究成果丰硕

近年来，浙江省方志系统积极开展方志理论研究，成果丰硕，效果明显。如仅从 2008 年第四次全国地方志工作会议到 2014 年第五次全国地方志工作会议的五年间，全省方志系统一共设立课题项目 60 余项，获国家社科基金年度项目 1 项，省社科院重大支撑课题及省市有关方面其他项目 12 项。在上述成果中，《宋元方志集成》《浙江省情地图集》等成果分获省政府哲学社会科学一、三等奖各一项，《浙江 60 年发展历程纪实（1949—2009）》《浙江历史大事记》分获省政府最高出版奖“树人奖”。有的成果还得到省委主要领导的批示肯定，并被省党代会报告等省委省政府重大决策中所采纳。现分述如下。

（一）立足于学科建设宏观视野研究重大问题

这方面较有影响的成果有：

仓修良的专著《方志学通论》（增订本，华东师范大学出版社 2013 年版），仓修良是全国方志界的著名专家，这是其积数十年之功，从全新角度阐释方志学理论与方法的又一部力作。

韩章训的专著《方志写作学基础教程》（西泠印社出版社 2010 年版），该书注意与现代写作学等相关学科进行对话，视野广阔，体系完整，是一部富有新意和具有现代形态的方志写作学通论著作。

沈松平的专著《方志发展史》（浙江大学出版社 2013 年版），该书系统阐述了从方志起源至今 2000 多年的方志发展的历史。该书集百家之言，重新就有关方志性质、类别、功能、志鉴关系、与其他学科关系等基础理论问题进行了梳理。他的另一本专著《新方志编纂学》（浙江大学出版社2014年版），从二轮修志实际出发，全面、系统论述了“新方志”的编纂原则、体例、篇目结构等现实问题。

毛东武的专著《方志语言学》（方志出版社2010年版），从一个独特视角探索、总结了方志语言运用的经验和规律，论述了方志语言学的学科性质、研究对象、研究内容、体系构成、基本特征等问题。

韩锴的《论方志学的基本理论与方法》（《浙江学刊》2014年第4期，中国人民大学复印报刊资料“历史学”2014年第9期全文转载），作者从统领性的理论与方法横排竖写、原则性的理论与方法述而不作、秉笔直书和彰显特色、指导性的理论与方法总分结合、明古详今和体裁适当、操作性的理论与方法生不立传和越境不书等方面，对方志学的一些传统理论进行了全新视角的探索。

潘捷军的《全面　客观　系统：论志书编纂的三大准则》（《中国地方志》2011年第8期），紧紧围绕《地方志工作条例》“全面、客观、系统”开宗明义的三大宗旨，对志书编纂的基本原则作了分析阐述。

（二）从方志史角度所作的探索研究

例如仓修良《再论章学诚的方志学》（《中国地方志》1982年第1期），被专家誉为是“对章学诚方志学理论的全面研究和阐述，对于方志学科的建设作出重要的贡献”的一篇力作。① 尤其是该文发表于20世纪80年代首轮修志初期，因而对中国方志学的理论研究和学科建设无疑具有开创性价值。

钱茂伟的《以史入志：章学诚方志学核心理念的再认识》（《中国地方志》2004年第5期），则从一个独特视角，评述了章学诚研究传统方志所认为的四大弊端和方志改革的两大方向（即方志编纂的学术化和历史化），此文观点鲜明，结构严谨，条理清晰，具有较高的学术水准。

此外，还有陈野的《关于修志传统与农耕文明内在关系的探析》（《中国地方志》2014年第8期），周祝伟的《晚清民初台州方志家群体及其方志编纂实践特点》（《浙江学刊》2013年第4期），周田田的《孙诒让对浙江地方

---

① 见《〈中国地方志〉优秀论文选编（1991—2011）》（上册），第150页。

志事业的贡献》（《中国地方志》2013 年第 5 期），徐鹏的《七十年来海外收藏中国方志研究综述》（《中国地方志》2013 年第 6 期）和《陈元赟及其〈长门国志〉——兼论明末清初中国方志文化在日流播的另一种可能》（《浙江社会科学》2014 年第 9 期），余晓、劳乃强等的《余绍宋方志思想与修志实践研究》，陈云琴的《论陆羽对地方志的重大贡献及其原因》等，都从不同时期不同角度，对全国和浙江方志发展史上一些有价值的问题进行了广泛探讨。

（三）聚焦学术热点焦点问题进行深化研究

如陈桥驿的《地理学与方志学》（《中国地方志》1989 年第 2 期），从行政区域建置沿革、经济和人口问题等不同角度，既探讨了地理内容入志问题，又阐述了地理学与方志学两者之间的辩证关系，对后人深化这一问题的研究无疑具有重要的导向作用。

潘捷军的《“史”“志”关系辨析》（《福建论坛》2012 年第 7 期，中国人民大学复印报刊资料“历史学”2012 年第 11 期全文转载），从地方志的本质特征、地方志与史学研究的不同结构、中外史学研究发展过程及态势等几个方面，对“史”与“志”这对既十分密切又各有特点的传统话题作了进一步的梳理分析。

陈野的《试论地方志书述而不作》（《中国地方志》2010 年第 12 期），认为完全意义上的“述而不作”不可能做到，志书中的“作”，可以理解为研究、编排和论证、论述、评论。“述而不作”不等于貌似客观，实质不见思想智慧、没有灵魂的立场；不能成为不作思考、敷衍应对、堆砌资料的借口，不能成为劣质志书自我辩解的托词，不能成为消极面对读者质疑志书价值的盾牌。

鲍永军的《“史志同源”等于否定方志学科——评〈论史志同源及其他〉》（署名钱伟，载《〈中国地方志〉优秀论文选编》），对“史志同源”论从方志的名称、起源、性质、特征、发展阶段以及史志关系等方面作出辨析，正本清源，指出其实质就是方志无源、史志不分，等于否定了方志学科的存在。

此外，还有魏桥的《广义的续修是传统方志的主要形式》（《中国地方志》2006 年第 6 期），韩章训的《方志本体和本质论析》（《中国地方志》

1998 年第 5 期）等一批有影响的成果。

（四）紧紧围绕两轮修志实践探索总结经验

这是浙江方志界近年来研究最为集中的领域，相应成果也十分丰硕。主要成果如下。

魏桥的《关于“详今略古”和“详今明古”》（《中国地方志》2004 年第 3 期），篇幅虽短，但言简意赅，揭示了一个长期为人耳熟能详却又存在不同理解甚至认识误区的重要问题，并阐述了两者之间的辩证关系，分析深刻，思想深邃。

林顺道的专著《方志资料审核论稿》（方志出版社 2007 年版），这是作者多年资料审核实践经验积累，回顾、反思、探索和剖析志书的编纂过程中产生的失误原因、教训，从而对志书资料审核提出了较为系统的鉴别方法和意见，出版后在志界引起了较大反响。

章其祥、赵鹏团的《坚持继承创新奋　努力打造精品佳志》（《中国地方志》2013 年第 1 期）对浙江省二轮试点单位志书编纂的一些经验和做法作了初步总结。

陈野的《关于提升志书内在品质的思考》（《中国地方志》2011 年第 2 期），就志书内在品质提出立意高远、思考深入、别开生面、资料充实、特色鲜明、因果彰显、走向完整等七个要素，并分析了影响志书内在品质的五方面原因，同时提出提高理论修养和专业素质、破除不合理的传统观念桎梏、结合史学发展趋势寻求志书价值和品质提升空间、借鉴西方史学拓展方志发展新径、重视地情分析研究等五条建议，对提升志书内在品质作了系统分析论述。

郑世晟的《重新审视宗教篇在第二轮志书中的地位》（《中国地方志》，2010 年第 2 期），从宗教工作的重要性出发，分析了首轮志书宗教内容存在的四个方面问题和不足，提出二轮修志应当全面反映宗教在改革开放时代背景下的发展情况和出现的新问题、新情况，以体现时代特色，使宗教记述既有深度又有分量，对宗教内容的记述具有普遍的指导意义。

钱道本的《第二轮修志应避免“以今律古”现象》（《中国地方志》2014 年第 2 期）论述了当今志书编纂存在的“以今律古”现象，即没有从当时实际出发，而纯粹以今日的概念、观点及标准等来叙述、评价历史，导致志书的记叙偏离客观历史发展实际，从而影响到志书质量。要研究这一现象，剖析其在志书中的具体表现、产生原因及其危害，并在实践中采取措施避免此类现象发生。

在理论如何更好地服务于修志实践等问题上，近年来杭州市萧山区的沈迪云、莫艳梅、金雄波等作了一系列积极探索，集中反映在他们的《社会调查在二轮修志中的应用》（《中国地方志》2011 年第 1 期），《地方志部门与高校的新型关系——兼谈地方志部门资政服务的可拓展空间》（《中国地方志》2012 年第 6 期），《口述历史作为志书新形式的探索》（《中国地方志》2013 年第 10 期），《浅谈第二轮修志资料的收集和考证——以〈萧山市志〉经济部类编写为例》（《中国地方志》2011 年第 2 期）以及《莫艳梅方志文集》（上海远东出版社 2013 年版）等成果中。

周田田则以二轮修志为重点，通过一组论文集中分析阐述了二轮修志中的一些重大问题，即《第二轮修县市志应重视商会、行业协会的记述》（《中国地方志》2006 年第 6 期），《二轮修志应重视老年人口内容的记述》（《中国地方志》2009 年第 3 期），《二轮修志应加强有关灾害内容的全面记述》（《中国地方志》2012 年第 1 期），具有积极的针对性和现实指导意义。

此外，这方面的成果还有任桂全的专著《方志理论与实践——〈绍兴市志〉编纂札记》（宁波出版社 2012 年版），林顺道等的专著《1993 年版〈平阳县志〉勘正》（方志出版社 2007 年版），韩章训的专著《方志批评研究》（方志出版社 2010 年版），陈野的《浅谈社会部类内容的编纂》（《中国地方志》2010 年第 4 期）、《关于地方志书社会部类的学理剖析和实践探索》（《中国地方志》2011 年第 7 期）和《关于“专家修志”的历史分析和现实思考》（《中国地方志》2013 年第 9 期），周祝伟的《从唐代职官的新考订谈第二轮修志学术质量的提升》（《中国地方志》2012 年第 8 期），沈松平的《方志学专业建设在国内高校的历史回顾、框架设计及未来走向》（《中国地方志》2014 年第 8 期），潘捷军的《从唯物史观看方志的政治意识——兼论通志编纂中的阶级分析方法》（《中国地方志》2014 年第 9 期），颜越虎的《文化部类：地方志书必须着力打造的亮点》（《中国地方志》2011 年第 11 期），沈慧的《关于政治体制改革入志的思考》（《中国地方志》2012 年增刊）等，都从不同角度对近年来方志界所关注的一些现实问题进行了研讨。

（五）围绕“一业为主，多业并举”事业发展新格局所作的各方面研究

“一业为主，多业并举”，是近年来全国包括浙江省方志事业发展的新格局，相应也是浙江方志学术界所集中关注的新重点。从分类看，这方面的成果如下。

1. 年鉴研究。唐剑平的《年鉴撰写与编辑》（方志出版社 2013 年版），是作者长期从事年鉴编纂工作的经验总结，该书分析思路清晰，论证严密深入，且具有前瞻性，对年鉴编纂和学术研究具有一定的指导意义。此外，作者还通过《关于年鉴创新与规范的思考》（《中国地方志》2011 年第 12 期）等一系列成果，对年鉴编纂问题作了系统的探索研究。

徐鹏的《民国时期浙江年鉴出版述略》（《中国地方志》2014 年第 7 期），通过对浙江民国时期编纂出版年鉴的考察和研究，探寻浙江早期年鉴发生、发展的演进历程，缕析其编纂的特点，从而进一步论证这批长期掩埋于尘埃之中、无人问津的文献资料之价值所在，同时也剖析了当时年鉴编纂过程中所存在的不足。

2. 旧志研究。沈慧的《湖州方志提要》（中国文史出版 2013 年版），收录 2012 年前记述湖州行政区域内事项的各种新旧志书、文献 460 多种，并均作有提要。同时还订正了《舆地纪胜》、嘉靖《吴兴掌故集》、《四库全书总目提要》、《浙江方志考》、《稀见方志提要》、《中国地方志联合目录》、《中国地方志集成》等书涉及湖州方志有误记载 120 多处，补遗《浙江方志考》漏载湖州旧方志 93 种，具有相当的学术价值。

徐逸龙的《枫林古镇景物志》（中华书局 2011 年版），该书参照清丁丙《武林坊巷志》的体例，从古镇西北到东南记录每条街巷的人文古迹及历史沿革。从地理空间上展现浙南军政重镇——枫林古镇的文化内涵，并辑录相关文献作为附录，为保护规划的制作提供了基础依据。

此外，沈慧的《略论〈永乐大典·吴兴续志〉的史料价值》（《首届中国地方志学术年会暨方志文献国际学术研讨会论文集》，中华书局 2012 年版）和《一部错冠其名的湖州府志》（《中国地方志》2012 年第 5 期），徐鹏的

《明清浙江地方志中的才女书写》（《浙江社会科学》2013 年第 2 期）等，都是这方面有代表性的成果。

3. 方志馆研究。这方面的研究是浙江方志界近年来所着重关注的新问题。值得一提的是 2013 年，由潘捷军主持的课题《中国方志馆研究》入选了当年的全国社科基金年度项目，这是全国方志系统在学科建设上的新突破，也是浙江方志学界多年来积极致力于学科建设的又一项新成就。截止到 2014 年底，该项目已有潘捷军的《当代新型方志馆刍议》（《中国地方志》2012 年第 12 期）、《中国方志馆沿革考》（《浙江学刊》2014 年第 5 期，中国人民大学复印报刊资料“历史学”2014 年第 11 期全文转载）等先期成果发表，全部成果有望于 2015 年结题出版。

此外，还有董郁奎的《民国初修·浙江通志·述评》，顾志兴的《沈曾植主持续修〈浙江通志〉与王国维撰写的志稿——浙江通志局课题组研究之一》，汤敏华的《浅议方志馆的运行与管理》，徐逸龙的《徐定超和浙江通志局》，云和县史志研究室的《浙江省通志馆在云和（1943—1945 年）》，吴莹岗等的《传承方志文化　弘扬地域文明——浅谈余杭方志馆的建设实践及运营发展》，黄琦峰的《简论方志馆馆藏资源建设》等一批成果，显示了浙江方志界在建馆实践上的关注度和在这个研究领域的领先程度。

特别需要说明的是，改革开放以来，浙江方志界所关注研究的问题并不仅限于方志学领域，成果也远不止上述这些，如顾志兴以浙江藏书史、印刷史等为主题对浙江历史文化传统的研究，各地对现实省情地情所做的大量研究，等等，这些年也均有成果。以上所涉及的仅仅只是其中的一部分，而且主要关注的是近几年来的研究和相应的成果，限于篇幅，此处不一一列举。

二、注重机制及队伍建设

作为“方志之乡”的浙江省，不仅历来有注重研究的历史传统。而且改革开放后，浙江省方志办自成立起就附属于省社科院（为其代管的副厅级单位，同时增挂“省政府地方志办公室”牌子），因而在学术研究和学科建设上具有独特的体制优势。长期以来，省社科院十分重视省方志办的理论研究和学科建设，在课题立项、职称评聘、经费资助等方面给予了特殊的支持。目前，省方志办20名在职人员中，具有正高研究职称的5人，副高职称的6人，具有博士学位的3人，硕士学位的13人，同时在全省范围内形成了一支结构较合理、科研能力较强的学术队伍。这是近年来浙江方志学术研究和学科建设取得一定成绩的重要原因。在此基础上，浙江省方志系统近年来还采取了一系列有效措施，积极推进学术研究和学科建设。

（一）建立人才梯队制度，积极致力于队伍建设

自2010年始，省方志办在中指组领导指导下，在全国方志界率先出台了《浙江省地方志系统人才梯队建设方案》。按"鼓励竞争、循环培养、重点资助、跟踪管理"的要求，经个人申报、组织推荐、专家评选和公示等程序，以每两年为一轮，对来自全省方志系统、高校科研单位和省直机关三个层次的26名入选人才，分别给予3万、2万和1万元的项目资助。目前，这一计划共进行了两轮，大大调动了全省方志系统特别是中青年科研工作者的积极性，在一定程度上有效缓解了本领域后继无人的问题。

（二）定期面向全省方志系统招标并开展项目研究工作

人才梯队建设计划主要面向中青年科研人员。为在全省范围内形成浓厚的科研氛围，浙江省方志办还定期开展大规模的课题招标工作，以在更大范围内调动全系统人员的科研积极性。如从2010年至2013年期间，省方志办共面向全省方志系统开展过四次较大规模的科研项目招标及研究工作，项目分为"重大委托""重点"和"一般"三种类型，同样须经个人申报、组织审核推荐、专家评审、公示签约等规范程序设立，省方志办同样给予不等的经费资助。截止到2013年上半年，在立项的35个项目中，已顺利结题22项，已完成的课题质量普遍较高，共出版专著3部，发表论文24篇（其中被人大复印资料全文转载3篇）。包括入选国家社科基金项目的《中国方志馆研究》，最早也是得到了省方志办的资助才得以起步的项目。

开展这项工作，不仅开阔了方志工作者的视野，对提高队伍业务水平具有积极的促进作用。更为重要的是，它还对方志编纂实践起到了直接的指导作用。如董郁奎、王林等完成的《新编省志记述非公有制经济探讨》，直接解决了《浙江通志》编纂中有关非公有制经济部分的记述问题。此外，沈慧的

《湖州方志提要》、高远的《永嘉民俗》（中国文史出版社 2013 年版）等项目，都从不同方面对各地志书编纂产生直接的借鉴价值和意义。

三、积极构建平台，不断推进学科建设

一是通过各种方式积极开展学术研讨活动。如近年来，浙江省方志办协助中指办成功承办了 2010 年全国地方志学（协）会秘书长会议和方志学学科建设规划研讨会；以编纂《浙江通志》为主题，于 2011 年举办了华东省级主任及专家研讨会；2011 年以宁波为主，承办了方志文献国际学术研讨会；2013 年省方志办与浙江大学历史系联合举办了“浙江历史文化研讨会”；近年来杭州市、宁波市还分别承办了“中国地方志学会城市区志专委会学术年会”等一系列重要会议。特别是 2014 年 12 月，浙江省方志办还成功承办了“中国地方志学会第四届中国学术年会”，来自中指组、中国地方志学会和全国各地的方志专家学者、省内各地方志机构负责人等共计 120 余人出席了会议。不仅会议的组织、接待和会务安排等工作得到各方面好评，而且浙江省还有 13 篇论文入选该届年会，与 2013 年第三届全国年会一样，入选量列全国各省（区、市）第一位。另外，近年来杭州市等地还举办了面向全国方志系统的大规模的培训班等，这些都为提升全国方志系统的学术水平和人员科研素质作出了积极贡献。

二是定期举办“浙江方志论坛”。自 2007 年起，该论坛已举行了四届，每次会议都有中心有主题，而且每次会后都出版论文集，从而为全省地方志工作者相互交流研讨提供了一个很好的平台。浙江各地也因地制宜，开展了各具特色的学术活动。如海宁市史志办于 2010 年创办了“史志学堂”，定期聘请省内外有影响造诣的专家学者或有丰富实践经验的史志工作者授课，在当地及全省方志界产生了广泛影响，学堂的质量也得以稳步提升。

三是积极构建高水平的研究平台。例如，近年来在中国社科院和中指组的大力支持下，中国（浙江）地方志学术研究中心、中国地方志（杭州）培训交流中心、中国（宁波）地方志国际交流中心等三个国家级研究培训中心先后落户浙江，它们本着立足浙江，服务全国的理念，分别开展了各种形式的学术研究交流、培训等活动。省方志办还在编制十分紧张的情况下，于

2012 年正式成立了研究室。宁波近年来也分别增设了史志研究中心、文献研究部等机构，这些平台的设立，为全省方志系统的学术研究和学科建设提供了重要保障条件。

四是以《浙江方志》、“浙江方志网”等为龙头，坚持学术和地方特色，影响逐步扩大，质量稳步提升。目前全省已有 60 余家市县方志机构开展了期刊编印发行工作，办刊比重在全国各省（区、市）中居第一位。其他如温州、海盐、慈溪等地，也都很好地利用了期刊平台，为方志研究和修志实践提供了有效服务。

四、思考与展望

近年来，全国包括浙江省方志系统的学术研究和学科建设取得了令人瞩目的成绩，但也存在不少问题。对此，王晖在 2013 年所发表的《新方志理论研究管窥》一文中作了详细的分析阐述。他指出，当前全国方志“理论阵地萎缩，理论研究学术氛围有所降温，二轮修志人员参照公务员管理，不再走职称系列，撰写论文的积极性普遍下降；学术激励机制缺失，稿费偏低，与劳动价值不相等，很少有浙江省社科院那样对地方志论文给予高额奖励，有的省名义上有学术奖励机制，但难以兑现……等等原因致使方志理论研究处于低迷状态。”① 其实，即便是浙江省，也还存在着很多制约学术研究和学科建设的矛盾困难，这些都亟待加以解决。

早在 2008 年，时任中国社科院院长、中国地方志指导小组组长陈奎元同志在全国第四次地方志工作会议上便强调指出：“从总体上说，方志理论研究和学科建设还是比较薄弱的环节”，但“现在又是具备条件可以形成较为完善的方志理论和方志学学科的大好时机。”② 2014 年 4 月，中国社科院院长、中国地方志指导小组组长王伟光在第五次全国地方志工作会议上又再度强调，要通过制定规划，加强学术规范建设，加强方志学与有关学科的关联性研究，充分发挥国际和国内学术会议、课题研究、学会和《中国地方志》刊物等各

① 王晖：《新方志理论研究管窥》，载《2013 年新方志理论研讨会会议材料》。

② 陈奎元：《在全国第四次地方志工作会议上的讲话》，《中国地方志》2008 年第 11 期。

种平台的作用，“大力加强地方志理论研究和方志学学科建设，努力扩大方志学在哲学社会科学领域的影响。”[①] 从而为当前和今后一个时期全国方志学的学术研究和学科建设进一步指出了明确的发展导向和工作目标。

方志学术研究和学科建设是方志文化的重要组成部分。中共十七届六中全会所作出的《中共中央关于深化文化体制改革推动社会主义文化大发展大繁荣若干重大问题的决定》指出，要“发展面向现代化、面向世界、面向未来”的社会主义文化。“三个面向”不仅是促进文化大发展大繁荣和文化强国建设的重要目标导向，而且对地方志学术研究和学科建设具有重大的现实指导意义和深远的历史意义。为此，潘捷军在《“三个面向”与方志文化建设》一文中，从面向现代化需要确立高度的文化自觉，面向世界需要培养充分的文化自信，面向未来需要我们的事业不断自强，对全国的方志文化建设提出了思考和相应建议。[②]

落实在方志研究和学科建设这项具体工作中，应当指出，强化行政职能，坚持依法修志，是方志事业的“发展之本”；而深化学术研究，推进学科建设，则是方志事业的“立足之基”，两者对地方志工作科学发展的地位同等重要，不可偏废。因此必须辩证认识和妥善处理好两者关系，坚持“两手抓”“两手硬”，这是推进地方志事业科学发展的重要前提，是地方志工作不可模糊动摇的重要指导思想。为此，全国方志系统应高度重视地方志的学术性及对修志实践的指导价值，大力推进学术研究和学科建设。特别在目前全国方志系统纷纷“参公”、学术研究日渐淡化弱化的形势下，这一问题尤应关注。而且中指组也设在中国社科院，这恰恰是全国方志系统的一个体制优势。具体可通过建立全国方志系统学术人才梯队，评选设立学科带头人，设立全国性的方志学术成果评奖奖项，指导各地视情开展专业职称评聘工作等途径和举措，进一步加大学术研究和学科建设力度，使其更好地为全国的地方志工作和事业服务。

① 王伟光：《在第五次全国地方志工作会议上的工作报告》，《中国地方志》2014 年第 5 期。
② 潘捷军：《“三个面向”与方志文化建设》，《中国地方志》2012 年第 1 期。

广州市地方志资料年报工作的实践探索

方　智　李启伦　李玉平

提　要：广州市的年报制度一经出台，引起了全国地方志系统的关注和仿效。在明确广州年报基本要求的基础上，阐述了广州推进年报工作的主要做法，包括制订与完善业务规范、建立与扩大年报网络、加强业务培训与交流、加强年报工作检查和督促、实行分类管理等，并取得了为新一轮修志工作积累基本资料、实现地方志工作的常态化、培养一支掌握地方志业务要求的年报队伍的成效。在指出年报工作开展还不平衡、年报质量有待提高等问题的基础上，提出了实行年报工作“双轨制”、继续健全年报工作制度体系、完善年报工作网络、及时开发利用年报资料等四点建议。

关键词：广州市　地方志资料　年报工作　实践

地方志是资料性文献，资料价值的高低是地方志质量的决定因素。梁启超说：“夫方志之著述……其最主要之工作，在调查事实，搜集资料。”① 朱佳木指出：“编修志书，除了人员和经费外，最重要的条件就是资料，没有足够的资料，志书无法编修，即使勉强编修，质量也高不了。”② 然而，一直以来资料收集都是在修志工作启动后才部署，因而“文献不足”一直都是困扰

---

① 梁启超：《饮冰室合集》专集之七十五《方志学》，中华书局1936年版，第335页。

② 朱佳木：《不断增强依法修志的能力，推动地方志事业大发展大繁荣——在全国省级地方志工作机构主任会议上的讲话》，《中国地方志》2012年第5期。

修志工作者的重大问题。首轮修志由于记述时限较长，人们把资料不足归因于年代久远。第二轮修志记述时限较短，人们以为资料应该不成问题。然而实践证明，最大的困难还是资料收集，由于地方志资料要求全面、系统、真实、准确，档案资料、报刊资料等现有文献根本无法满足修志的需要。修志实践迫使修志人思考如何解决地方志资料收集问题。2003 年初，广州市提出建立常态化的地方志资料搜集机制的设想，尝试改变现有滞后的、临时大集中式的资料收集模式，为下一轮修志积累资料。经过近三年的论证，2006 年 1 月 5 日，《广州市地方志资料年报制度》以市政府办公厅名义印发实施。广州市在全国率先创立了地方志资料年报制度。2013 年，年报制订经修订后，更名为《广州市地方志资料年报工作管理办法》，以部门规范性文件形式，由市政府办公厅印发。

广州年报制度一经出台，立即引起了全国方志系统的关注和仿效。2007 年 11 月颁布的《广东省地方志工作规定》，把年报制度写入其中，要求全省县级以上人民政府建立地方志资料年报制度。中国地方志指导小组及其办公室对广州年报制度充分肯定，并在全国倡导。青岛、哈尔滨、南京等市以及广西、北京、山东、甘肃、福建、贵州、新疆等省（自治区、直辖市）借鉴广州做法，相继建立了地方志资料年报制度。其中青岛、哈尔滨、南宁等地完全仿照广州年报制度，北京、广西等地则在广州年报制度的基础上有所改造。从目前各地年报制度的实施情况来看，广州年报制度以其实施早、要求高、强调服务修志的目的和更加规范化而引人瞩目。

一、广州市地方志资料年报工作的基本要求

广州市地方志资料年报制度的直接目的，就是为下一轮地方志编修积累资料。因此，根据地方志的要求设置工作任务、年报内容和编写要求。

（一）年报工作的主要任务

广州市机关团体、企事业单位、其他社会组织以及中直、省直驻穗机构，按照全市统一部署和要求，及时广泛收集上年度自然、政治、经济、文化、社会等各方面发展情况的资料，进行系统整理、汇编、撰写，以翔实的资料

记载每一年度本市各方面的发展情况。其中，地方志工作机构负责组织实施年报制度，确定地方志资料年报单位（以下简称承报单位），在全市建立年报工作网络；对年报工作提出要求并进行业务指导、督促检查，对承报单位报送的年报进行验收和集中管理。承报单位每年开展地方志资料收集、整理、编写工作，向地方志工作机构报送反映本行业（事业）发展的年报。

（二）年报的主要内容

广州年报制度的直接目的是为下一轮修志积累资料，因此，按志书体例要求设定资料种类，共有六大类资料：（1）主体资料：反映承报单位所在行业（事业）各组成部分尤其是主要业务发展变化情况的资料。与分志（篇章）对应，主要用于编写分志和有关章节，是最主要的部分。按志体要求设置提纲，遵循横分门类原则。（2）大事记资料：为防止大事过细、过多，限定一个单位每年不超过30条。（3）专题资料：记载承报单位所在行业（事业）发生的具有广泛性和综合性的重大事项发展变化过程及其结果、影响的详细资料，旨在保持重大事项记述的完整性，增加记述深度。对应于志书的专记，可以突破年度限制。（4）人物资料：采用传、录、表三种体裁。（5）图片资料：主体资料1万字配图5幅，专题资料配图3幅，大事记配图2幅，多则不限。（6）附录资料：包括政策法规、工作报告、工作总结、重要会议纪要、专题汇报材料、调研报告、报刊资料、各类统计资料等有价值的原始文献，以及相关的书报刊、宣传册和音像制品等。

广州年报制度与北京、广西等地的年报制度有所不同，强调为修志服务的“直接目的”，因此资料要求较高，要在广泛收集资料的基础上，按志书体例要求对所收资料进行一定的整理、汇编和撰写；北京、广西等地不强调这种“直接目的”，而是广泛收集各种地情资料，旨在充实地情资料库内容和方志馆馆藏，对所收资料不作梳理和编写。

（三）年报的审查验收

为确保年报资料全面、真实、准确，直接为下一轮修志所用，广州年报制度要求年报应经本单位审查和市地方志办验收。对不合格的送审稿，由市地方志办提出修改补充意见，由承报单位负责修改补充。具体审查验收程序为：承报单位填写《广州市地方志资料年报报送表》，并由领导签名，加盖公章，连同送审稿文本及电子文本一起报送市地方志办；经市地方志办验收人签名，并由分管领导审定、盖章后，予以接收。2007—2008 年，不少承报单位组织召开年报审查验收工作会议。随着年报工作步入常态化，年报审查验收很少以专门会议的形式进行，出现审查把关不严的情况。为确保年报质量，2013 年 1 月印发的《广州市地方志资料年报工作管理办法》对审查工作提出新要求，承报单位原则上应组织召开会议对年报进行审查，并形成审查意见。参加审查的人员应当包括承报单位领导、有关单位或部门负责人以及熟悉本行业（事业）的专业人员。

二、 广州市推进年报工作的主要做法

年报工作是一项前无古人的创新，在实践过程中遇到各种困难，如年报单位认识不到位，拒绝承担任务；年报单位不能很好地理解业务要求，影响年报质量等。广州市边实践边摸索，经过 8 年努力，积累了一些经验，探索出一套行之有效的工作制度和方法。

（一） 制订与完善业务规范

广州市制定了一系列业务规范，加强对年报单位的业务指导。2006 年制订《广州市地方志资料年报制度实施意见》《地方志资料年报编写要求》《广州市地方志资料年报编写行文规范（试行）》，2007 年制订《地方志资料年报审查验收办法》，明确了年报的主要任务、总体要求、任务分工、主要内容，对编写要求、审查验收程序、送审稿文本要求等一一做出详细规定。随着年报实践的推进，对年报编写要求不断修正，进一步增强操作性，2012 年制订新的《广州市地方志资料年报编写要求》，将此前的 4 个业务文件加以整合，对编写要求作进一步细化和规范。一系列业务规范既为年报单位提供编写指导，同时为市地方志办工作人员指导业务提供统一依据。

（二） 建立与扩大年报网络

年报网络归根到底是年报资料覆盖面的问题。广州市启动年报工作之时，

正是第二轮市志编修进入总纂之时，遂以市志承修单位作为地方志资料年报的责任单位，当时落实承报单位162家，包括党政机关、人民团体、国有企业和事业单位。随着市场经济体制逐步完善和政府职能转变，社会经济成分和社会组织日益多元化，按照原有体制模式组建的年报网络所征集的资料，已不能全面反映广州市经济社会发展的状况。2008年，广州市开始探索扩大年报网络。鉴于行业协会和社会组织在社会事务管理中的作用日益增强，广州市首先尝试把年报工作延伸到行业协会。经过调查研究，反复与行业协会座谈协调，最后选定市软件协会等4家行业协会作为试点单位。年报工作开始跳出传统体制，向社会组织延伸。至2010年，纳入年报网络的行业协会增加到10家。

随着市场经济的发展，民营企业在经济发展中的地位和作用日益重要，广州市决定进一步将年报网络延伸到民营企业。在经贸委、工商联等单位协调支持下，经广泛调研并与代表性民营企业协商，2011年6月正式将广州富力地产股份有限公司等8家民营企业纳入地方志资料年报网络。至此，广州市年报网络覆盖党政机关、人民团体、国有企业、事业单位、行业协会、民营企业。至2014年底，共有承报单位172家。

广州市的年报网络具有多层次特点。广州市年报制度设定，承报单位应明确一个部门作为年报工作职能部门，同时需组建资料员队伍，即在单位内部各职能部门、下属企事业单位指定一名工作人员，向年报工作职能部门报送资料，形成年报资料报送网络。所以，广州市的年报网络除了由170多个单位构成的第一层网络之外，还有各承报单位内部建立的资料网络。

（三）加强业务培训与交流

地方志资料收集和整理具有较强的专业性，而各单位年报工作人员变动较为频繁。据初步统计，每年有大约50%的人员进行轮岗，即每年有约50%的年报工作人员是新人。有鉴于此，广州市每年定期举办全市性地方志资料年报业务培训班。2006—2008年，每年举办两期，自2009年起，改为每年一期。培训形式日益多样，最初采用集中上大课形式，2011—2014年采用集中授课和分班授课相结合的方式进行。分班授课通常按经济部类、政治部类和文化社会部类分班，有时专门组织针对民营企业、行业协会进行专题培训。

2006—2014 年，全市 1148 人次参加年报培训。此外，通常每年有 20 多个承报单位组织行业（或系统）内的资料员培训，开展针对性更强的业务指导。

自 2007 年起，广州市建立年报工作交流制度，每年年底召开交流会，参会单位每年大约 60 个单位，工作先进单位、工作居中单位和工作相对落后单位各占三分之一。会议主要内容是各单位交流工作经验和体会，并对如何做好年报工作提出意见和建议。自 2012 年起逐渐将年报稿评议作为年报工作交流的主要内容，2013 年起又增加专题讨论。年报工作交流会促进了市地方志办与承报单位之间，以及承报单位相互之间沟通与交流，有利于及时发现年报工作中存在的问题，及时总结并推广行之有效的年报工作经验。

（四）加强年报工作检查和督促

广州市第二轮志书的下限是 2000 年，年报制度实施之年是 2006 年，因此，要求首次编写的年报为 2001—2005 年的年报，于 2007 年完成，以后每年年底前完成上年度的年报编写。由于对年报这一新生事物的认识和理解还比较模糊，市地方志办尚缺乏有效指导和督促，再加上首次编写的年报时限长、内容多，年报工作推进情况并不理想。截至 2008 年上半年，仅有约三分之一的承报单位完成编写任务。为使年报制度落到实处，从 2008 年起，广州市采取一系列措施，加强对年报工作的检查和督促。

一是建立通报制度。分“完成验收”“完成编写”“未完成编写”三个等级，对年报工作进度情况进行通报，以加强督促。2008 年通报两次，2009 年底起于每年年底进行通报，形成制度。通报制度对年报工作起到较好促进作用。

二是召开年报工作专题座谈会。对年报进度滞后的单位，除进行通报外，还组织召开专题座谈会，研究年报补报措施。专题座谈会一般每年召开 2 次，安排在第二、三季度举行，要求承报单位职能部门负责人参加，分析年报工作中存在的问题，并提出补报措施。

三是加强执法检查。对年报工作严重滞后的单位，加强执法检查。市地方志办成立专门小组，由办领导带队上门走访，督促相关单位强化依法修志理念，把“一纳入、五到位”落到实处，按照全市统一部署完成好地方志工作。从 2008 年起办，每年走访 5—10 家单位。2014 年对缺报 2 年以上且无补报计划的承报单位开展执法检查，督促其加快完成年报编写任务。

四是建立表彰制度。为激励先进，发挥其示范带动作用，2013 年底市地方志办制订《广州市地方志资料年报工作先进个人表彰制度》，对年报工作中表现突出的个人进行表彰，每两年表彰一次。2014 年 1 月表彰先进个人 46 名。

（五）实行分类管理

2014 年以前，统一要求 170 余家承报单位提交六项资料。经过几年的实践，发现这种“一刀切”的做法，没有考虑到承报单位的差异性，影响了年报工作的整体效率。从 2014 年起，广州市对承报单位实行分类管理。即根据承报单位的职能、影响与入志篇幅等实际情况，将其分为报送六项资料单位和报送文献资料单位两类。2014 年，报送六项资料的单位共 153 家，主要是党政机关、人民团体、国有企业和事业单位，也包括个别具有较大影响的行业协会和民营企业。该类单位严格按照《广州市地方志资料年报工作管理办法》的要求，报送六项资料。报送文献资料单位共 19 家，主要是行业协会和民营企业。该类单位只报送本行业（企业）的重要文献资料。对承报单位进行分类管理，有利于提升年报工作管理的效率。

三、年报工作取得的主要成效

经过 8 年的实践探索，广州市地方志资料年报工作已走上制度化、常态化轨道，年报网络基本稳定。目前，全市共有 172 个承报单位，约 85% 以上的单位能按要求完成当年编写任务，年报质量也逐年提高，为新一轮志书的编纂打下了比较扎实的资料基础。

（一）为新一轮修志工作积累了基本资料

前两轮修志，由于时代变革，党政机关、社会团体、企业事业单位不断精简、合并、重组、解散，甚至部分企业破产，造成大量珍贵资料散失。同时，根据政府部门提供的档案资料编修志书，主要记录的是官方行为，无法反映时代变革给社会带来的复杂性和多变性。广州年报制度在制度设计上尽可能地规避了这一问题，根据经济社会发展情况，及时调整年报网络，确保年报覆盖面尽可能广泛。既全面及时地收集党政机关、人民团体、国有企业和事业单位的资料，又有重点地搜集重要行业协会和民营企业的资料。此外，广州市制订了年报质量要求和六项资料的具体编写要求，建立了完善的审查验收制度，确保资料比较全面、史实比较准确、记述比较规范，总体质量较高。年报制度为下一轮修志奠定了坚实的资料基础。

（二）实现了地方志工作的常态化

修志是一项“说起来重要，做起来次要，忙起来不要”的工作，前两轮修志，大部分承编单位更视其为临时的、额外的工作。在政府三令五申下，临时搭建修志机构，匆忙搜罗资料，既会导致章学诚所指出的“一时之耳目难周”的弊病，更容易存在敷衍塞责的情况，不少单位交完初稿后，机构解散，影响了志书总纂工作。年报制度要求各承报单位落实人员、机构、资金，将年报工作纳入本单位年度工作计划和年度工作考核，明确分管领导、职能部门、编写人员，落实业务经费，为年报工作提供保障。同时，市地方志办通过工作部署、培训交流、执法检查、进度通报等系列措施，与承报单位建立了长期联系沟通机制。年报制度使地方志资料征集工作由以往的阶段性工作转变为常规性工作，不少承报单位的年报工作做到年初部署、年中检查、年底总结，实现了地方志工作的常态化。

（三）培养了一支掌握地方志业务要求的年报队伍

据调查，绝大部分承报单位以办公室或综合处作为年报工作职能部门，具体编写人员为档案人员；有小部分单位专门成立了修志办，在完成广州市第二轮修志任务后，专门从事年报、年鉴等地方志工作。有些单位聘请刚退休、业务熟、热情高、责任心强的老同志从事年报统稿工作，但大部分承报单位的年报工作人员都是在职的年轻同志，经过系统的年报业务培训班，基本掌握了年报工作的业务要求。经过若干年的锻炼，将会成为熟悉行业（事业）发展情况、掌握地方志专业知识的修志中坚力量。

四、当前年报工作存在的主要问题

毋庸讳言，广州市的年报工作仍存在一些不足。

（一）年报工作开展还不平衡

从市一级来看，每年都有小部分单位不能按时完成任务。2009—2013 年，未按时完成任务的单位分别为 26.6%、18.1%、16.1%、16.8%、17.4%。可见，广州市年报工作开展情况总体向好，但仍未实现当年全面完成编写任务的目标。从区县一级来看，各区县未全部按市的统一要求开展年报工作，而是各自结合本地实际，采取了不同的工作模式。区县的实践探索，一方面为丰富年报资料征集方式积累了经验，另一方面也出现降低年报工作要求的问题，导致年报资料质量不够理想。如有的把年报资料要求表格化，在增强了操作性的同时，也简化了资料要求，使资料质量受到一定影响。有的把年报与年鉴结合起来，实行一报两用，在避免重复劳动方面有一定作用，但实际执行时存在年报与年鉴雷同的问题。

（二）年报质量有待提高

实施年报制度，最终目的是为下一轮地方志编修打下资料基础。因此，年报工作开展的成效，最终要落到年报资料的质量上来。从各单位所报资料来看，总体情况良好，但也存在一些不足，主要体现在以下几个方面。一是资料记述深度不够。由于资料来源比较单一、大多依赖官方的档案文件，前两轮志书存在的反映一般状况多、典型资料少、反映静态情况多、反映事物发生原因及发展过程少等通病，依然未能得到彻底解决。二是资料连续性不够。因为是以年为单位进行资料收集、整理、撰写，编写提纲按年度拟定，缺乏整体性考虑。有些年报在编写过程中未参考上年度年报，没有注意年度与年度之间的衔接关系，结果导致资料断线。三是年报资料门类涵盖不全。建置、自然环境、人民生活、风俗、方言等社会性资料，由于没有相对应的职能部门，未能落实编写任务；新兴行业和新生事物的资料，因政府管理相对滞后而未能及时收集整理。

五、进一步改进年报工作的建议

2014 年中指组办公室《全国地方志事业发展规划纲要（2014—2020）

（草案）》将“加强地方志资料建设”列为今后几年的主要任务之一，提出要“积极推动年报工作，建立和完善地方志资料搜（征）集制度，形成常态机制，逐步健全可全方位服务地方志编纂、地方志事业发展和方志文化建设的地方志资料建设系统。”广州的年报制度，与中指组办公室所提要求有所不同，在资料征集的广度上仍有差距，在资料建设的目标上过于单纯。进一步完善广州年报制度，健全地方志资料建设系统，应从以下几方面努力。

（一）实行年报工作“双轨制”

广州年报制度的目标是直接为下一轮修志积累资料，资料工作的目标过于单纯。当代方志事业已发展成为志书、年鉴、地情数据库、方志馆、地情研究、地情资源开发利用等多业并举的格局。志书、年鉴编纂需要资料，其他业务的拓展也需要具有坚实的资料基础。地方志资料工作是地方志事业的基石。所以需要进一步调整和完善年报制度的目标，将之定位在为整个方志事业发展服务，而非仅限于为修志服务。在此基础上，实行年报工作“双轨制”，即一方面坚持已有的以服务修志为直接目标、重在整理和编写的年报制度，同时建立以充实地情资料为主要目标、广泛收集原始资料的资料征集制度。两种制度相辅相成，构成地方志资料建设系统，既服务修志，又服务方志事业发展。

（二）继续健全年报工作制度体系

广州年报制度的目标具有很强的针对性，要求具体，操作规范，所收集的资料经过整理和审核，质量较高，可以直接用于下一轮志书编修，必将提高下一轮修志工作的效率。如果没有这种规范的工作要求，只是广泛征集资料，不论资料质量，不作整理和审核，下一轮修志时再来补做相关工作，不仅难度增加，而且有些史实会因为当事人已经不在或因记忆误差而出现失实。所以，当前广州年报制度仍须坚持，并应继续健全具体工作制度，不断提高年报工作质量和效率。在已有的培训、交流、通报、表彰等一系列制度之外，还应建立以下制度：一是建立量化考核制度。对承年单位是否将年报工作列入年度工作计划，年报业务经费、人员是否落实等进行定期考核。二是建立主要领导负责制。基于地方志是政府工作，参照政府主要领导担任志书编委会主任的做法，由承报单位主要领导担任年报工作第一责任人。三是制定年报工作规范流程和质量标准。按照过程质量控制原理，一方面制订年报工作规范流程，可分为年报提纲制订、原始资料收集与整理、年报编写、年报审查、年报验收、年报移交等环节；另一方面，对每个环节的任务目标、工作要求、责任人进行细化，明确工作标准，从而实现年报工作的规范化和精细化管理。

（三）完善年报工作网络

与其他文献相比，地方志的首要特点是全面性和综合性，年报资料必须全面（横不缺项），是地方志属性的内在要求。这就决定了年报工作网络必须覆盖各行各业。广州一直花大力气拓展年报工作网络，到2013年底已形成由172家单位组成的年报工作网络。据分析，其中党政机关、人民团体和国有（或国有控股）企业共154个，占89.5%。在当前多种经济成分并存、经营主体多元化的新形势下，国有企业在国民经济中的比重逐步下降，政府职能部门对企业的管理大多为工商登记。所以，政府和国有企业所提供的资料已不能全面反映行业发展的整体面貌。扩展年报工作网络，建立多元化的资料征集机制，已变得十分迫切。完善年报网络，应从以下几方面入手：一是利用行政手段，继续发挥政府主管部门的主体作用。党政机关、人民团体和国有企业要发挥主动性，有意识地收集反映全行业（事业）发展情况的资料。二是采用政府购买服务方式，不断增加社会组织承担年报工作任务的比重。地方志部门要有敏锐的眼光，及时根据政府职能的转移，将相关社会组织纳入年报工作网络。三是采用课题招标方式，将高等院校、科研单位纳入年报工作网络。高等院校、科研单位有专家队伍，他们对社会难点热点问题较为关注，并进行深入调查和研究，掌握了许多珍贵的第一手资料。可以采用课题招标方式，将社会难点热点问题的资料征集任务，交由专家承担。风俗、方言、自然环境等专业性较强的资料，也比较适合由院校和科研单位专家承担资料征集和编写任务。

（四）及时开发利用年报资料

实施地方志资料年报制度的延伸目的，是及时利用年报资料，为当前经济社会发展服务，推动地方志事业可持续发展。广州市地方志办先后组织编纂了《广州之最（1949—2009）》《广州创新报告（2001—2005）》等一批中间成果，还举办了“科学发展，十年巨变”等专题展览，对年报资料进行了较好的开发和利用。但总体来说，开发利用的力度仍显不足。接下来，应进一步拓展开发利用的广度和深度，充分发挥地方志的资政和育人功能。通过开发利用，既为当前经济社会发展服务，又可检验年报资料的质量，促进年报工作的良性循环。

打造中国红　托举中国梦

——编纂大型专题史《中国红——辛亥革命百年祭》的经验与启示

舒　炼

提　要：为了纪念辛亥革命100周年，武汉地方志办公室编纂了大型史志《中国红——辛亥革命百年祭》，并陆续出版了中英文版，社会反响较好。该书一方面提出了“中国红”的核心概念，是指中国自辛亥革命100年来，伟大的中国人民为了民族的解放和复兴，英勇不屈，艰辛探索，克难奋进，终于开创出以红楼、红船、红旗为标志的100年的“中国红”历史。另一方面，该书是解读中国梦的佳作，可以作为宣传中国梦的有效载体。同时，该书的编纂为拓展和深化地方志资源的开发利用做出了有益的尝试和探索，其项目策划的创新表现在三个方面：一是史志工作从思路上的创新，二是中国红概念的提出，三是独特的大型史志文献编纂体例。

关键词：《中国红——辛亥革命百年祭》　编纂　经验　启示

为了纪念辛亥革命100周年，武汉地方志办公室编纂了大型史志《中国红——辛亥革命百年祭》（以下简称《中国红》）。这部大型史志，是“十二五”国家重点图书出版规划项目，已由中央文献出版社出版中文版、英国新经典出版社出版英文版。众多专家学者认为，《中国红》不仅为史志界增添了一朵奇葩，也为宣传中国梦提供了一个有效的重要载体。

一、“中国红”的社会反响

《中国红》全书共分为6卷，即《红楼卷》《红船卷》《红旗卷》《红歌卷》《红画卷》和《红剧卷》。第一卷《红楼卷》分上、下册，计80余万字，主要记述辛亥革命的历史；第二卷《红船卷》分上、下册，计70余万字，主要反映中国共产党承传辛亥革命伟业，带领人民进行反帝反封建斗争，建立新中国的历史；第三卷《红旗卷》分上、中、下册，计120余万字，主要反映社会主义建设时期尤其是改革开放的历史；第四卷《红歌卷》是用音乐的形式讲述100年的历史，拟由众多国内著名导演、作曲家、歌唱家、朗诵艺术家加盟，融朗诵、独唱、重唱、合唱、舞蹈、器乐等多种艺术表现形式于一体，打造成一部国家级高水准的大型艺术作品；第五卷《红画卷》是用一幅巨型国画展现100年历史。该画高8.6米（相当于3层楼高），长46米（约12辆轿车首尾相连的长度），面积相当一个篮球场，是当今“中国最大、世界唯一”的纸质历史国画，凝练着中国自辛亥革命100年来的56个重大事件和景物，是一幅颇具新颖性、独创性、生动性、观赏性、十分难得的巨幅国画；第六卷《红剧卷》是用100集电视连续剧的形式记录中国自辛亥革命100年来的历史。前三卷七册，计270余万字，已出版发行；后三卷是对前三卷思想、内容和形式的丰富、拓展、延伸与创新，已完成大部分工作，其余正在制作之中，另行出版。《中国红》项目，通过红楼、红船、红旗、红歌、红画和红剧一条醒目的红线，串起中国自辛亥革命100年来的历史，既写昨天、今天，又展望明天，给人们一个清晰、新颖、系统、完整的脉络。

《中国红》出版后，新华社、《人民日报》、《光明日报》、中共中央党校《学习时报》、《湖北日报》、《长江日报》、新华网、人民网、光明网、中国新闻网、中国日报网、中国广播网、凤凰网等媒体纷纷进行报道，很快在社会上掀起一股“中国红”旋风，引起全国众多著名专家学者的高度关注和重视。中央文献研究室原副主任、现任求是杂志社社长李捷，著名党史专家、中央党史研究室原副主任石仲泉，著名明清史学家、北京大学历史系教授王天有，著名历史学家、辛亥革命史专家、华中师范大学原校长章开沅，著名历史学家、华中师范大学教授严昌洪等均对该书给予高度评价，他们共同的观点是：《中国红》在以前的通史著作中尚无先例，在众多辛亥革命题材出版物中独树一帜，为“新史志中不可多得的红色经典”，是“一部难得的当代大型史志”。

2012年9月，中央文献出版社、湖北省地方志办公室、武汉地方志办公室、中共武汉市黄陂区委和黄陂区人民政府等单位联合主办的“喜迎十八大——中国红巨幅国画展”在武汉黄陂展出。2013年，中央文献出版社同英国新经典出版社合作，出版了“中国红”英文版。11月3日，在土耳其举行的第三十二届伊斯坦布尔国际书展会上，举办了《中国红——辛亥革命百年祭》英文版首发式，众多中外嘉宾和媒体参加该书首发式。《中国红》英文版的出版问世，给世界广大读者了解和认识中国梦打开了一个窗口，有助于世界深入了解中国人民百年来为实现中华民族伟大复兴的中国梦所作出的艰辛探索和不懈追求。

不少专家学者认为，大型史志《中国红》首次用中国红概念审视、划分以及把握历史，将其作为总揽辛亥革命一百年来历史，并记述中华民族伟大复兴的核心概念，寓意深刻，气度非凡。该书内容为中华民族近代以来的伟大复兴史，可以作为宣传中国梦的有效载体。

二、“中国红”的核心概念

大型史志《中国红》提出了一个中华民族伟大复兴的“中国红”概念。正如该书结束语中所述，所谓“中国红”概念，是指中国自辛亥革命100年来，伟大的中国人民为了民族的解放和复兴，英勇不屈，艰辛探索，克难奋进，终于开创出以红楼、红船、红旗为标志的100年的“中国红”历史。

“红楼”挺立，冲破黑暗。作为武昌起义湖北军政府旧址，“红楼”是辛亥革命的重要标志。“红楼”起处，沉睡千年的中国开始觉醒，社会进步的闸门开始打开。

“红船”驶来，出现曙光。浙江嘉兴南湖的红船上诞生了伟大的中国共产党，在中国共产党的领导下，中国人民把孙中山先生等革命先驱未竟事业进一步向前推进，开启了中华民族振兴的新纪元。

"红旗"飘扬，前途光明。在天安门城楼升起的五星红旗，见证了神州大地上社会主义建设的火热高潮，经历了艰辛探索和困难挫折；在中国特色社会主义伟大旗帜指引下，中国进入了历史上从未有过的高速发展阶段。

红楼、红船、红旗，串起了自辛亥革命以来的百年历史，汇聚成一部"中国红"的主题交响曲。以红楼、红船、红旗几个具有文学意象的标志物作为卷名，《中国红》抽象出一个全新的"中国红"概念。中国红概念不仅涵盖中国自辛亥革命一百年来的革命、建设与发展的历史，而且还涉及伟大的中华民族追寻什么样的发展道路、为什么选择了这样的发展道路以及怎样坚持走好这条道路等重大问题，而对这些重大问题的回答，正是对中国梦的历史解读。

三、《中国红》对中国梦的解读

求是杂志社社长李捷认为，《中国红》在史学研究和史志编纂方面至少有三个贡献：一是把辛亥革命以来的百年历史和中国共产党 90 年的历史完整地、有机地结合在一起，从而揭示了历史的本来，揭示了历史的规律；二是打通了中国近代史、中国革命史和中国现当代史研究的通道，将历史研究、党史研究和国史研究贯通在了一起；三是以历史叙述为切入点，把历史、现实和未来贯通，从这样的历史和现实的纵深俯视、解读历史，昭示未来，是解读中国梦的佳作、力作。[①]

著名党史专家、中央党史研究室原副主任石仲泉认为，《中国红》既有历史的厚重感，又有鲜明的时代特性。他认为，一个"红"字把辛亥革命 100 年以来的历史串起来，不仅再现和还原了历史，而且与党中央的精神高度一致。[②]

著名历史学家、辛亥革命史专家、华中师范大学原校长章开沅认为，《中国红》是出奇入胜的百年记忆，把辛亥革命作为百年进步潮流新的发端，更

---

① 参见李捷：《书写震撼民族心灵的精神气象》，载《中国红——中国梦的历史书写》，中央文献出版社 2011 年版，第 1—2 页。

② 参见石仲泉：《一部难得的当代大型史志》，载《中国红——辛亥革命百年祭》，中央文献出版社 2011 年版，第 6—9 页。

为彰显辛亥革命的历史功绩及其深远影响，其用意在于更深刻地认识和研讨中国精神，展望中国的未来。① 并指出《中国红》“没有简单重复历史，自有出奇制胜之处”②。

著名辛亥革命史专家、华中师范大学教授严昌洪认为，“中国红”将纪念性和政论性相结合，把中国革命道路的历史抉择、民族复兴、祖国统一等很多重要的政治理念，都融入史实的叙述之中，充分利用辛亥革命等题材，解读中国梦，宣传中国梦，必能促进全球华人共同为民族复兴贡献力量，释放出史书的宣传教育和为现实服务的巨大功能。③

四、《中国红》项目策划的创新

地方志工作机构编纂的大型史志《中国红》的成功，为拓展和深化地方志资源的开发利用，作出有益的尝试和探索。

（一）史志工作从思路上创新

2011 年是一个特殊的年份，不仅是伟大的中国共产党成立 90 周年，同时也是举世瞩目的辛亥革命 100 周年纪念日。这样两个难得的历史机遇交集在一起，赋予了我们史志工作者一个重大而光荣的使命，那就是让辛亥革命百年的历史鲜活起来，给人们一个清晰而完整的脉络，展现中华民族伟大复兴的恢宏画卷，这就是对历史最好的书写，也是对中国共产党成立 90 周年和辛亥革命 100 周年最好的纪念。

武汉是辛亥革命首义之城。辛亥革命，给武汉留下了太多宝贵的历史文化遗产，遍布武汉三镇的 30 余处辛亥首义旧址、遗迹以及纪念建筑，已成为辛亥首义的历史见证；辛亥志士忧国忧民、锐意进取、不惧艰险、敢为天下先的精神，是武汉宝贵的精神财富。武汉地方志工作者应该在纪念辛亥革命

---

① 参见章开沅：《出奇入胜的百年记忆》，载《中国红——辛亥革命百年祭》，中央文献出版社 2011 年版。

② 参见章开沅：《出奇入胜的百年记忆》，载《中国红——辛亥革命百年祭》，中央文献出版社 2011 年版。

③ 引自严昌洪《中国红——辛亥革命百年祭》出版座谈会上的讲话，2011 年 10 月 22 日。

活动中勇挑重担，主动作为，以高度的政治热忱和社会责任感，以史志资料开发的新业绩，为辛亥革命100周年献厚礼。经过反复研究，决定以编纂大型史志《中国红》来担当这一神圣的使命，而且从题材构思和主题立意上大胆进行创新。

首先是跳出就武汉写武汉的圈子。地方志的编写和研究从来就不是脱离国史、脱离时代而进行的，研究国史和研究地方史的方法和技术是相通的，不应将题材的扩展视为禁区。地方志工作者研究地方问题固然有其便利和优长之处，但仅仅出于地方的角度，不善于从全国的高度思考问题，也难以研究好地方的问题。这就需要打破常规，需要创新勇气，把题材构思定位在国家和民族的高度。

其次是跳出就辛亥革命写辛亥革命的圈子。写辛亥革命历史题材的著作，全国各地专著很多，不仅湖北省有大量的历史专著，还有史学界极具权威的党史、革命史、通史。但我们研究发现，这些著作成果，要么限于地域范围，要么拘于时段限制，要么有所偏重，要么流于通识，而且相互独立，不能贯通。怎样突破这些局限？必须用更广阔的视角、更长远的时空、更深邃的背景，把辛亥革命百年来的历史串联成一幅中华民族复兴的巨型画卷，既写昨天，也写今天，才能给人以清晰、新颖、系统、完整的脉络，全方位记录好辛亥革命百年来的历史。

由于在思路上有了这样一些创新的想法，最后我们选准了最佳突破口，即坚持历史唯物主义和辩证唯物主义，按照尊重历史、还原历史、再现历史、推动历史发展的基本思路，将孙中山领导的辛亥革命与中国共产党领导的新民主主义革命、社会主义建设以及当前的改革开放紧密联系在一起，最大限度地发掘其现实意义，通过辛亥革命100周年的纪念活动，激励全国各族人民万众一心建设中国特色社会主义，团结海内外中华儿女推进祖国统一和平大业，实现中华民族的伟大复兴，从而使这部大型史志的主题更有深度、更有内涵、更显大气磅礴！

（二）“中国红”概念的提出

“中国红”的概念成为总揽辛亥革命100年来历史、记述中华民族伟大复兴的核心概念，是全书的统帅和魂灵。

历史的进程具有客观的内在逻辑性。辛亥革命推翻了帝制，撵走了皇帝，但反帝反封建的任务并没有完成，中华民族伟大复兴的任务也没有完成。中国共产党带领中国人民最后完成了反帝反封建的任务，建立了新中国，随后又带领中国人民为中华民族的伟大复兴而奋斗，取得了举世瞩目的辉煌成就。从这个角度来看，辛亥革命100年来的历史是一个不可分割的进程，革命、探索、发展这三个阶段的演进具有无法抗拒的历史逻辑性。

这种历史的逻辑性在“红楼”“红船”“红旗”三个“红”字中得到最直观、最形象的诠释，归结到一起，就是“中国红”历史，即辛亥革命100年来中华民族伟大的复兴历史。“中国红”历史分为三个时期，即“红楼”时期（1911—1921年），是“中国红”的萌生时期；“红船”时期（1921—1949年），是中国红的形成时期；“红旗”时期（1949年至现在），是“中国红”的跨越时期，这种历史划分本身就是一种创新。

“中国红”概念，不仅涉及中国革命、探索与发展的一百年历史，而且还涉及伟大的中华民族追寻什么样的发展道路，以及中国共产党与国民党这个敏感而又无法回避的现实问题。这一概念以全新的视角审视历史、划分历史，把握历史发展的主题和脉络，揭示了百年民族复兴的历史规律。

“中国红”概念的提出，具有鲜明的民族历史性、历史传承性和广泛认可性。上溯中国3000年的历史，“红”是喜庆吉祥的象征，是华夏儿女千年不变的梦想。特别是辛亥革命以来100年的历史，“中国红”概念的印记更是不可磨灭：红楼，是辛亥革命的首义之地；红船，是中国共产党的诞生标志；红旗，天安门上升起五星红旗，改革开放、中国特色社会主义的伟大旗帜，既是新中国的标志，也是民族振兴的强大动力。

（三）独特的大型史志文献编纂体例

《中国红》全书共分为6卷，即《红楼卷》《红船卷》《红旗卷》《红歌卷》《红画卷》和《红剧卷》。这样用字写100年历史、用画画100年历史、用歌唱100年历史、用电视连续剧演100年历史的做法，在过去地方志编纂工作中是没有过的，而在前三卷的编纂体例上也大胆创新，形成独特的编纂风格。

在编纂方法上，《中国红》采用篇、章、节结构，将方志体例巧妙地与史书编纂手法结合起来，在史志体例创新上进行了成功的探索。该书以时间为经、事件为纬，纵贯百年、横陈各业，不仅从宏观上完整准确记述了重大历史事件和历史活动，又糅合志书记实方式，采取点面结合、条块结合的方法，真实还原一些历史场景，翔实记录一些典型事件和人物，适当充实一些具有地域特色的史实材料，将多种编写方法融为一体，既详细记述了历史过程和历史事件，又全面反映了中国改革开放以来各行各业取得的巨大成就；既体现了纵深的历史感，又具有立体的、丰满的现实感和时代感。

在编纂风格上，该书把宏大史实与文学抽象有机结合起来，将百年历史的记述构架为《红楼卷》《红船卷》《红旗卷》，每卷卷首是一篇具有浓郁文学气息、凝练全卷内容的赋文，然后再分章节记述史实。更为独特的是，在《红楼卷》《红船卷》《红旗卷》之后，又以大型音舞诗画的形式编纂《红歌卷》，以大型国画的形式编纂《红画卷》，使全书有字、有歌、有画，颇有新意，别具一格。整部史志文字追求严谨准确，但不乏生气和感染力，标题和引言更是华丽庄严，颇具文学之美，既有质朴的史书风格，又有华美的文学艺术手法，既追求内容的客观实在，又着意营造雄浑大气和别具一格的浪漫境界，实现了史料性、纪实性和艺术性、可读性的有机统一。该书的后记将所有参与者的脚印留下，刻上名字，连成长龙，代替文字，形成了一篇“红足印文”，起到了不是文字胜似文字的效果，意味深长。

五、《中国红》作为宣传中国梦的有效载体

一是借助研讨会等多种方式，深入挖掘“中国红”的历史、文化、社会和时代价值，让《中国红》发挥优秀史志作品的“信史”作用，从理论的高度和史实的深度，更为深刻地解读好中国梦，使其真正成为宣传中国梦的有效载体之一。

二是将《中国红》列入党建、思想政治工作和青年学生爱国主义教育的重要读物，让广大党员干部和青年学生通过阅读《中国红》，了解中华民族近代以来的艰辛探索和伟大复兴历史，更加深刻地认识到没有中国共产党就没有新中国的道理，更加坚定地走中国特色社会主义道路，从而确保党的群众路线教育实践活动和青年学生的思想政治教育工作取得实效。

三是积极向海外宣传推介《中国红》，让世界了解当前中国的一些新思想、新情况，树立中华民族积极向上的形象，从而让海外人士扭转过去对中国的一些错误认识和误解。

校地合作培养方志人才研究：方志学专业在高校的发展

沈松平

提　要：地方志的编修在我国有悠久的历史，但“方志无学”的传统偏见使方志学学科建设和学历教育滞后。本文回顾了高校培养方志人才的历史与现状，分析了国内高校发展方志学专业的基本特点及面临的困境，提出了推进高校方志学专业建设的对策建议，指出校地合作是打破目前方志学专业发展困境的唯一可行办法。

关键词：方志学　高校　学历教育　校地合作

一、高校培养方志人才的回顾与现状

中国社会科学院原院长、中国地方志指导小组原组长陈奎元指出：“编纂地方志是一项专门学问，没有高素质的人才和队伍，修志工作无法正常开展，编纂高质量的志书就更无从谈起。必须高度重视人才选拔和培养工作，在专业化修志队伍建设方面下大力气”①，“要确保志书的质量，保证地方志事业可持续地发展，就要不断提高修志队伍素质，下大力气加强修志队伍建设，

① 陈奎元：《在第四次全国地方志工作会议上的讲话》，载中国地方志指导小组办公室编《地方志工作文献选编》，方志出版社 2009 年版，第 169 页。

保证我们的工作后继有人，永不断续”[①]。要加强修志队伍建设，培养高素质的修志人员，对现有修志人员施以各种形式的短期培训和继续教育固然是一个很好的途径，但同时学历教育也是必不可少的，它有着短期培训所不可替代的作用，高校在方志学学历教育和非学历教育中都发挥着重要的作用，尤其是对于前者，高校更是起着不可替代的作用。专业建设（学历教育）是学科建设的基地，即为学科承担人才培养职能提供基地，没有专业建设为依托的学科建设，其发展前景是很不乐观的，甚至根本谈不上学科建设。

方志学专业的学历教育可追溯到1983年4月，复旦大学历史系招收了一个两年制的方志大专班，最后半年在杭州师范学院学习，1985年2月毕业，获得杭州师范学院颁发的方志学专业大专证书。1985年，北京师范大学历史系也招收了一届两年制的“方志学干部专修班”，学员从当年参加全国成人高考成绩合格者中录取，毕业后发给国家承认学历的方志学专业大专毕业证书。[②] 这可以说是方志学有学历教育的开始。其后方志学本（专）科专业在高校的发展出现了一段空窗期，直到1997年8月在宁波举行的全国地方志奖颁奖大会上，时任中共中央政治局委员、国务委员、中国地方志指导小组组长李铁映提议，“利用浙江和宁波有优良的修志传统的优势，在宁波大学建立起方志专业，为培养二十一世纪修志人才做出贡献”[③]，浙江省教育厅遂批准当时的宁波大学历史文化系（后并入文学院、人文与传媒学院）于1998年起招收方志学本科专业学生，逐年面向全国统一招生。迄今已毕业11届，在该专业毕业的学生中，有26人[④]在修志系统工作，2人在档案系统工作。其间虽由于学校人才培养模式的改变，有三年没有招到学生，但宁波大学的方志学本科专业一直坚持至今，是目前国内高等院校中仅有的拥有方志学本科专业的高校。全国著名方志学家、原浙江省地方志办公室主任魏桥曾说：“1998年宁波大学在历史系专设方志专业，并在全国统一招生，实属创举。”[⑤] 而在

① 陈奎元：《在全国地方志系统表彰先进会议上的讲话》，载中国地方志指导小组办公室编《地方志工作文献选编》，方志出版社2009年版，第161页。

② 《北师大开办方志学干部专修科》，《中国地方志通讯》1985年第1期。

③ 李铁映：《在全国地方志奖颁奖大会上的讲话》，载中国地方志指导小组办公室编《中国方志文献汇编》（上），方志出版社1999年版，第56页。

④ 其中4人后来调至政府其他部门任职。

⑤ 魏桥：《普通方志学·序》，载韩章训著《普通方志学》，方志出版社1999年版，第2页。

研究生培养方面，目前国内尚无高校设有方志学博士学位点和硕士学位点，仅有复旦大学、中国人民大学、四川大学、宁波大学、扬州大学、西南民族大学在或曾经在历史文献学、史学理论及史学史、历史地理学、中国近现代史、专门史等硕士学位点下设置了方志学研究方向，招收硕士生；复旦大学、中国人民大学还分别在历史文献学、史学理论及史学史博士学位点下设置了方志学研究方向，招收博士生。辽宁大学、杭州大学、安徽大学、苏州大学、河北大学、江西师范大学、内蒙古大学等高校则开设过方志学课程。

高校在开展方志学专业学历教育的同时，也开展方志学非学历教育。主要包括两个方面：一是受修志机构委托，承办或合办短期方志培训班；二是举办各类方志学课程进修班。早在 20 世纪 80 年代全国普修方志之始，高校即参与到方志培训当中。1982 年由中国地方史志协会牵头主办的“华东地区地方志研究班”、“中南、西南九省（区）地方志研究班”、“北方八省（区）地方志研究班”、“中国地方史志协会地方志研究班”，共培训来自 28 个省、直辖市、自治区的学员 1350 人①，是为全国方志短期集中培训之始。其中，“华东地区地方志研究班”即是委托江苏师范学院（苏州大学的前身）和南开大学联合承办的，“中国地方史志协会地方志研究班”则由南开大学承办。其后这项培训工作由各地自行举办，各地大专院校间有与当地修志机构合作，举办短期方志培训班，如苏州大学、四川大学、复旦大学、中国人民大学、东北师范大学、河北师范大学、江西师范大学、广西师范大学、内蒙古师范大学、河北大学、云南大学等，其中苏州大学从 1988 年至 1999 年，与江苏省地方志办公室联合举办各类方志培训班 15 期②，并受中国地方志指导小组办公室委托于 1998 年 9 月试办全国地方志业务岗位培训班，培训修志人员 2000 余人，学员遍及全国除西藏、港澳台以外的省、直辖市、自治区，在 20 世纪 80、90 年代的全国方志培训热潮中首屈一指。21 世纪伊始，借创办国内首个方志学本科专业的东风，宁波大学的方志培训工作也开始活跃起来。2002 年 11 月和 2003 年 4 月，与中国地方志指导小组办公室联合举办过两期全国地方志业务培训班。截至 2014 年底，先后受北京、广东、陕西、新疆、

① 梁寒冰：《中国地方史志协会第一届理事会（1981.8—1985.8）会务工作报告及今后工作建议》，《中国地方志通讯》1985 年第 5 期。

② 中国地方志指导小组办公室编：《中国方志通鉴》（上），方志出版社 2010 年版，第 688 页。

海南、甘肃、安徽、广西、西藏、哈尔滨、济南、南京、贵阳、南宁、厦门、泉州、连云港、延安、咸阳、宝鸡等地修志机构委托，承办各类方志、年鉴培训28期，培训学员1848人，在全国方志界具有相当影响。中国社会科学院原副院长、中国地方志指导小组原常务副组长朱佳木在全国第四次地方志工作会议的工作报告中曾提到宁波大学在方志培训方面的贡献①。除了短期培训以外，高校也适时举办一些课程进修班。1985年7月，东北师范大学历史系举办了一期地方志函授专科班，学制三年，学员以吉林省修志系统为主，期满颁发结业证书。1989年，中国人民大学历史系举办中国地方志专业证书专修班，凡完成规定全部课程，经考试成绩合格者，发给成人高等教育专业证书。1996年11月，苏州大学社会学院举办两年制的地方史志专业硕士研究生班，采取集中面授与在职自学相结合的方式，修业期满、经考试与考查合格者，由苏州大学发给硕士研究生课程进修结业证书，首批学员17名，来自全国6个省、自治区②，这是国内首次举办方志学的研究生课程进修班。其后，2001年，浙江省地方志办公室委托浙江大学历史系举办了史志编纂研究生课程进修班；2008年，复旦大学历史系与上海市地方志办公室联合举办了历史文献学专业（方志学方向）研究生课程进修班；2013年，暨南大学文学院中国文化史籍研究所又与中国地方志指导小组办公室联合举办了历史文献学专业（方志学方向）研究生课程进修班。

二、国内高校中方志学专业发展的基本特点及面临的困境

回顾高校30多年来培养方志人才的历史，方志学专业由于一直没有官方（教育部）的“名分”，即没有被列入国务院学位办的学科目录（包括专业学位授予目录）和教育部高教司发布的《普通高等学校本科专业目录》，其在高校的发展一直处于“名不正、言不顺”的状态，不像其他成熟性学科那样有保障，可以纳入高校正常的学科（专业）发展轨道，因而呈现出偶然性大、

① 朱佳木：《深入贯彻落实科学发展观，努力促进地方志工作又好又快发展》，载中国地方志指导小组办公室编《地方志工作文献选编》，第305页。

② 李明：《苏州大学首办国内地方史志专业硕士研究生班》，《江苏地方志》1997年第1期。

稳定性差、游离于高校正常学科（专业）发展轨道的基本特点。如前述复旦大学、北京师范大学的方志学专科均只办了一届，四川大学、扬州大学分别设在历史地理学、中国近现代史硕士点下的方志学研究方向也只坚持了几年就取消了。宁波大学的方志学本科专业虽然办学时间长，一直持续至今，但它的创设却带有一定的偶然性，时值首届全国地方志奖颁奖大会在宁波召开，李铁映同志到会，建议在宁波大学建立方志学专业，并得到时任宁波市市长和宁波大学校长的积极响应和支持，才有了后来宁波大学方志学专业的创办。国内高校中至今尚没有独立的方志学硕士学位点，只是个别高校在历史学的其他硕士点下设置方志学研究方向。名不正则言不顺，造成方志学专业不能像其他成熟性学科那样纳入学校正常的学科（专业）发展轨道，比如20世纪80、90年代不能办有毕业证书的硕士研究生班，进入21世纪以来则无法申报专业型硕士学位点，而只能举办一些只颁发结业证书的研究生课程进修班①。即使是宁波大学的方志学本科专业，其颁发的毕业证书和学士学位证书上也只是打上了“历史学（方志学）”专业，打了一个擦边球。

学科梯队缺乏稳定性，存在“人亡政息”现象，这是国内高校方志学专业发展的另一个基本特点。由于方志学缺乏学科的稳定性，鉴于课题、成果、评奖、聘岗、考评、职称等一系列现实的问题，国内高校中基本无法形成方志学学科团队，年轻教师进入高校后，迫于“生存”压力，很少会从事方志学研究。某些高校方志学学历教育和非学历教育开展得相对较好，也仅是这些学校有个别教师在从事方志学教学和研究，一旦人故去或者退休，或者调离岗位，抑或兴趣转移，这些学校的方志学专业发展即不复存在。历史上这样“人亡政息”的现象并不少见。如扬州大学的许卫平是中国地方志协会原学术委员，在扬州大学从事方志学教学和研究多年，是扬州大学中国近现代史专业硕士点下中国近现代方志学研究方向的带头人，但他去世后不久，扬州大学中国近现代史专业硕士点下便再无中国近现代方志学研究方向。苏州大学的吴奈夫、王卫平也是从事方志学研究的国内知名方志学者，在苏州大

① 2013年9月30日，国务院学位委员会、教育部、国家发改委联合发文规定：自发文之日起，研究生培养单位停止以“研究生”和“硕士、博士学位”等名义新举办课程进修班。参见《国务院学位委员会、教育部、国家发展改革委员会关于进一步加强在职人员攻读硕士专业学位和授予同等学力人员硕士、博士学位管理工作的意见》（学位〔2013〕36号）。

学任教多年，不仅在历史学专业的本科生、研究生中开设了方志学课程，而且苏州大学的非学历教育方志培训在20世纪80、90年代是引领全国风气的，但随着吴奈夫退休、王卫平另谋高职①，进入21世纪以来，苏州大学的方志学专业发展也偃旗息鼓了。20世纪80、90年代，许多高校开设了方志学课程，但截至目前，高校中开设方志学课程的已屈指可数，同样也是“人亡政息”的缘故。

方志学专业30多年来在国内高校发展的基本特点，可以清晰地勾勒出其在国内高校发展中面临的困境。第一，缺乏官方（教育部）“名分”。方志学迄今为止还只被承认是专门史下面的一个三级学科，没有被国务院学位办列入学科目录（包括专业学位授予目录），教育部高教司2012年9月最新发布的《普通高等学校本科专业目录》中无论是基本专业还是特设专业，也没有方志学的一席之地，限制了其在高等院校正常的发展。尽管目前教育部对于授予硕士学位和培养研究生的二级学科目录已不作规定，允许目录外自主设置二级学科，理论上存在高校自主设立方志学硕士点（学术型硕士学位点）的可能②，但实际操作起来，比目录内增列二级学科难度要大得多。何况目前国内高校大多是理工科当家，对文科不重视甚至忽视，而文科出身的专家也大都认为方志学是“小学”，所以在没有官方“名分”的情况下，方志学学科在高校自然是处处碰壁，其发展困难重重。第二，缺乏师资。由于历史和现实的原因，方志学专业无论在本科层面还是研究生层面，在高校中设置的少之又少，从事方志学教学和研究的教师更是寥若晨星，加之方志学专业又是一个实践性很强的专业，部分课程知识更新快，大学教师大多远离修志第一线，信息渠道有时不够畅通，课堂教学与修志工作中的实际需求或存一定程度的脱节现象，因此无论是教学上还是学科建设方面，师资严重缺乏，仅靠目前高校内的师资是不够的。第三，实践与教学并举真正落到实处有待提高。目前我国大学教育中一个较为普遍的现象是“重理论，轻实践”，课堂教学与当前的实际工作相脱节。而实践教学是连接知识、能力与素质的不可缺少的重要环节，也是当前人才培养模式改革的一个关键点。修志工作本身是一个实践性很强的工作，因为志书是包罗万象的综合性著作，需要粗通多个

① 王卫平先生自2000年起先后担任苏州大学社会学院劳动与社会保障系主任、社会学院院长等职。

② 按教育部相关文件规定，专业型硕士学位点的设立仍需以国务院学位委员会、教育部2011年3月发布的《专业学位授予和人才培养目录》为准，不存在目录外自主设置一说。

学科的知识，进行跨学科的综合研究，修志工作除了研究、编撰外，还有一个行政推动、管理和与人沟通的问题，需要熟悉我国行政、社会管理及运行的模式，因此实践教学就显得尤为重要。目前高校方志学专业学生的教学实践（包括毕业实习、研究生的教学实践），存在着相当大的差距，需要各地方志办的积极支持，尤其是学生原籍或住所所在地的方志办的支持，才能解决存在的诸如资金、实习期间食宿等问题，使实践教学真正落到实处，并呈可持续发展。第四，目前国内高校流行大一新生先不分专业、一年以后由学生自主选择专业的趋势，对方志学等冷门专业也会带来很大冲击。如宁波大学2007年改原有按专业招生为按学科大类招生（方志学专业被划入法政文史大类），学生第一学年按大类培养，学年末根据“志愿+考核”原则分流专业，方志学专业马上受到冲击，2007年至今，已有三届被迫停招。

三、对策与展望

要摆脱高校方志学专业发展面临的困境，建议采取以下应对措施。

第一，通过各方面的努力，获得教育部给予的官方“名分”，将方志学作为基本专业或特设专业列入教育部高教司发布的《普通高等学校本科专业目录》，或者争取列入国务院学位办的学科目录（包括专业学位授予目录）。只要有了这个官方“名分”，以后在教育系统内就方便操作，高校可以名正言顺地设立方志学本科专业，而不需要打上“历史学（方志学）”的字样，申报独立的方志学硕士、博士点也会变得相对容易。

第二，在缺乏官方“名分”的条件下，可以采取校地合作的办学形式予以弥补，这也是目前环境下打破方志学专业发展困境唯一可行的办法。首先，校地合作可以弥补师资的不足。为弥补师资的不足及大学教师远离修志第一线、信息渠道有时不够畅通的缺憾，可外聘一些长期在修志第一线、有实际修志经验并有一定理论功底的方志界专家为大学兼职教授，利用“名家论坛”“人文讲坛”“地方文化讲座”等系列讲座，到高校举办不定期的学术讲座，以补充大学课堂讲授方志学课程的不足，使学生的专业知识与当前的方志编修工作紧密挂钩。在研究生层面上，则可以聘请校外修志专家担任方志学硕士点或挂靠硕士点的兼职研究生导师，推行“双师型”导师制，主要指导研究生的教学实践包括毕业论文的撰写。不定期的讲座和“双师型”导师制，从某种程度上说，可以看作是对学校现有师资队伍建设的一种变相补充。其次，校地合作可以推进高校方志学学科建设。教育部现在允许目录外自主设置二级学科，所以理论上存在高校自主设立方志学硕士点（学术型硕士学位点）的可能，但由于高校中从事方志学教学和研究的教师仅有少数几个，且分散在不同高校，因此申报目录外增列二级硕士点即使学校支持，也缺乏师资和研究成果，但如果与高级职称人员较多、研究实力雄厚的地方方志办合作，则申报目录外增列二级硕士点（学术型硕士学位点）就有希望。再次，校地合作有助于方志学专业学生教学实践的落实及可持续性发展。学生短学期、寒暑假的教学实践及毕业实习，只有谋求校地合作，尤其是与学生原籍或住所所在地的方志办建立合作关系，接受学生参与实习，才能解决诸如食宿、资金、学生毕业走向等一系列问题，使教学实践真正落到实处。条件成熟的可共建本科生、研究生教学实习基地，落实实践教学的可持续发展。最后，校地合作还可以给方志学专业发展带来诸如资金、影响力、知名度、学生就业等方面的帮助。校地合作的形式除了前述补充师资、参与学科建设、落实实践教学外，还包括与各地修志机构共建方志理论研究培训基地，承办各类非学历教育社会培训，合作进行地方志的开发和研究等多个方面。如20世纪80、90年代苏州大学的方志社会培训，进入21世纪以来的宁波大学非学历教育方志培训。又如通过校地合作，鼓励方志学专业师生主动“走出去”，与各地方志办合作进行地方志的开发和研究，包括纂修各类志书，参加志稿研讨、评审会，进行旧志整理开发，共同开展课题申报、研究等。上述活动不仅加强了与各地方志办的联系，扩大了高校在全国方志界的影响力和知名度，同时还可以搞创收，加大对方志学专业的资金投入，间接地还能对校内师资的培养、学生的就业等提供帮助。

中国社会科学院原院长、中国地方志指导小组原组长陈奎元在中国地方志指导小组三届三次会议上指出：“现在又是具备条件可以形成较为完善的方志理论和方志学学科的大好时机。”[①] 目前党和政府对地方志工作越来越重视，

---

① 陈奎元：《在中国地方志指导小组三届三次会议上的讲话》，载中国地方志指导小组办公室编《地方志工作文献选编》，方志出版社2009年版，第153页。

《地方志工作条例》的出台，使修志工作有了法规保障，《地方志书质量规定》的出台，规范了各地的修志行为，我国省（直辖市、自治区）、市（自治州、盟）、县（区、自治县、旗）级行政区划均建立了修志的常设机构——以地方志编纂委员会或地方志办公室命名的占绝大多数，且绝大部分已参照公务员法管理。30 多年全国规模的修志实践和理论研究，使方志学理论得到了极大的丰富，方志学的学科体系已初步形成，而近年来读志用志的发展，方志馆的建立，“一网两库”（中国地方志网站、中国地方志全文数据库、中国年鉴网络出版总库）的推进，乡土教育教材的编印和列入中、小学教学计划，已极大地提升了全社会对地方志的认知度，认识到地方志对当地经济文化社会发展的重要性，形成了有利的舆论基础，地方志事业正处于一个前所未有的大发展时期。我们应抓住这一有利时机，以校地合作为纽带，推进方志学学历教育在国内高校的发展，使方志学学科形成从大学本科到博士研究生培养的国民教育系列，尽快形成、确立和完善方志学学科。

方志理论研究与修志实践的良性互动

梅　森

提　要：方志理论研究与修志实践的良性互动，一方面有利于推进方志理论研究，另一方面更好地指导编修实践。文章从宋、元明、清代、民国四个不同阶段的方志发展，阐述了传统方志的研究与修志实践的互动情况，并在阐述新方志的研究与修志实践的互动情况的基础上，提出了当前新方志研究与修志实践互动中存在的不足。针对存在的不足，提出了未来方志理论研究与修志实践良性互动的路径，诸如进一步完善修志实践与理论研究互动的机制、完善人才培养机制、学科机制建设，以及处理好地方志编纂的行政领导与业务学术的关系等。

关键词：地方志　理论研究　修志实践　互动

方志理论研究是方志研究者主动寻求原因与依据，用其解释或校正方志编纂行为、校正已存在的方志理论，并将方志理论置入修志实际进行检验的活动。修志实践是方志认识的基础、来源、动力，是检验方志理论正确性的主要标准，而方志的认识、理论对修志实践具有反作用。

“互动”指事物之间相互关联、互为依托、组成一个循环联动关系。方志理论研究与修志实践良性互动，指方志理论研究与修志实践之间形成良性的互相促进的不断向上的关系。

在传统方志的研究与修志实践的互动中，互动推进了方志文化和方志学的进步，反过来又不断推进志书质量的提高。

宋、明时期是传统方志理论研究与修志实践互动的初级阶段。而清代，尤其乾嘉时期，是良好互动期，诞生了封建时代中国传统地方志编纂的大繁荣。民国时期是传统方志向新方志的过渡期，加之期刊、出版业的兴起，掌握近现代社会学知识的学者参与修志和方志学研究，是互动的思想火花迸发剧烈的时期。中华人民共和国成立后，尤其是改革开放后，大规模的社会主义新方志的编纂和方志学研究是此前任何时代不可比拟的，参与编纂、研究的人数，修志成果与研究成果数量，以及研究的深度，都超越前代；并逐渐形成全国与地方，方志界与其他社会学界，以及学会、论坛、刊物互动的平台与氛围。方志理论研究与修志实践的互动，初步进入良性期。

但新方志理论研究与修志实践总体向前发展的情况下，互动在机制和行为上仍然存在着问题，归纳起来，未来方志理论研究与修志实践的良性互动的路径，主要是完善人才培养机制，完善修志行政与业务关联机制，完善志书编纂实践质量机制，建设学术成果数据库系统体系，加强学科建设，形成独立科学的地方志编纂体系与方志学学科体系。客观地说，仍然是“成就巨大，任重道远”。

一、传统方志的研究与修志实践的互动

宋以前，方志为地记、图经，研究不多见。宋代方志内容和体例趋于定型，形成规模，加之宋代学术氛围很浓，故开始了我国方志理论的研究。宋代方志研究分散于志书序文中，这种传统一直延续到清代，因为即使章学诚《文史通义·外编》中的方志理论，后人整理刊印前也主要分散在修志义例、凡例和学者之间来往的信函中；方志学专著到民国年间才出现。可以说，后世方志研究的成果，基本上导源于宋代的初步探讨。

（一）宋代的方志研究与修志实践的互动

宋代的方志研究，用今天的分类，大致有性质、源流、功能、编纂方法、内容要点等。首先是研究方志的功能，由“便观览而资问答”“资谈麈”向

"备顾问"、资政考、有益于政事和风教转变。[①] 司马光《河南志·序》是"便观览"的代表，其言："未尝至洛（阳）者，得之（志书）如游处已熟……身逢目睹。"后，利政事和观风教者逐渐成为主流。宋元祐间（1086—1094）郑兴裔《广陵志·序》说："郡之有志，犹国之有史，所以察民风，验土俗……表彰先哲，利赖兆民。"马祖光在《景定健康志·序》中提出，志书作用"岂徒辨其山林川泽都鄙之名物而已"，认为："忠孝节义，表人才也；版籍登耗，考民力也；甲兵坚瑕，讨军实也；政教修废，察吏治也；古今是非得失之迹，垂劝鉴也。"宋室南渡后，广大人民和仁人志士关注着国家的命运，"光复故土，还我河山"，志书成为激发爱国爱乡的载体，故南宋志书尤重山川形势。南宋地方官认为修志是他们的官责："名邦掌故，终令沦亡，殊非守土牧民之责？"[②]

方志编纂研究，南宋张栻提出"削去怪妄，订正事实，崇厚风俗，表章人才。"（《景定建康志修志本末》）罗愿在《新安志·序》中说，"是皆有微旨者，必使涉于学者纂之。"周应合《景定建康志修志本末》将志书编修分为四个步骤：一曰定凡例；二曰分事任；三曰广搜访；四曰详参订。

两宋方志编纂和内容形式的定型，推动了方志研究，分散在志书序言中的经验总结，形成初步性的方志研究，反作用于宋代图经转型和方志内容结构、编纂规模。图经编纂主要在北宋，而南宋方志成为编纂的主流。两宋编纂图经、方志共492种。[③] 南宋志书，从体例看，可分为平列门目、纲目体和史志体三种类型。其中，出现范成大《吴郡志》、罗愿《新安志》、梁克家《三山志》、陈耆卿《嘉定赤诚志》、周应合《景定建康志》、周淙《乾道临安志》、陈仁玉《淳祐临安志》、潜说友《淳祐临安志》等名志。《四库全书总目提要》评价：《吴郡志》"征引浩博，而叙述简核"，"往往于夹注之中，又有夹注……著书之创体矣"。《新安志》"叙述简括，引据亦极典核"。"物产一门，乃愿（罗愿）专门之学，征引尤为该备"。《三山志》"主纪录掌故，而不在夸耀乡贤、侈陈名胜，固亦核实之道，自成志乘之一体，未可以常例绳之"。《淳祐临安志》"区画明晰，体例井然，可为都城（城市志）纪载之

① 郑利锋：《宋代地方志南北修撰异同论》，《史学史研究》2009年第2期。
② 张国淦：《中国古方志考》，中华书局1962年版，第236页。
③ 郑利锋：《宋代地方志南北修撰异同论》，《史学史研究》2009年第2期。

法”。《景定建康志》最大特点是采用纪传体编纂，分为录、图、表、志、传、拾遗六类。名志在结构安排和材料处理上均有独到之处，对方志研究提供了素材，对其他志书的编纂起到好的影响。

（二）元明方志研究与修志实践的互动

元代开创“一统志”编修的先例。元统治90多年中，后人粗统计，知名志书170多种。元代大一统，志书编纂最大特点是遍布全国，改变了南宋由于偏安江南，其编纂集中今江浙、两湖、川赣闽的局面。① 元代方志体例特点主要继承宋，有特点的是“以《至元嘉禾志》为代表的平列门目体，以《至正金陵新志》为代表的正史体，以《延祐四明志》为代表的书典体和以《至正昆山郡志》为代表的简志体”。“元代方志在体例形式上不拘旧规多有创新改易，在资料考证和叙述上比宋志注重纪实，较少文人意趣。”②

从元志序跋看，不少志者认为史志同义。《至正昆山郡志》杨维桢序“图经，一郡之史也”。其次，认为方志多源。杨升云《瑞阳志·序》把志书视为舆图、史书的综括。《至正金陵新志修志文移》提出，《史记》《国风》之作，是因为“古者诸侯置史以纪国政，采诗以观民风。”“后世州郡各为志书，亦此之遗意。”此见解与清章学诚《湖北通志·序言》“方志义本百国春秋，掌故义本三百官礼，文征义本十五国风”相近。修志实践中，元代方志编纂有许多研究。张铉《〈至正金陵新志〉修志文移》9则，首章叙述修志缘起和著述要旨，指出所修志书用史书体例。一反修志“隐恶扬善”的传统，提出志书应实录“是非善恶”“巨细兼该，善恶毕著”。对于续修，主张采用“前志所详，今志皆略，前志已书，今则不录的方法”。元代志家对方志理论的广泛研讨，对后世方志流派的形成和方志学理论研究的深入产生了积极的影响。③

明代修志实践中最为重要的是，明成祖朱棣两次颁发《纂修志书凡例》，对类目内容、取材、书写方式均作规定。朝廷颁定凡例，对于各府、州县志书编纂的兴盛和内容的完备起了积极的作用。“终明一代，所修方志当在1600

① 仓修良：《方志学通论》，方志出版社2003年版，第296页。

② 黄燕生：《中国历代方志概述·元代》，http://hzfzw. hz. gov. cn/szyd/zrlj/201111/t20111122_281783. html。

③ 黄燕生：《中国历代方志概述·元代》。

种以上”。明代除总志和府、州、县、镇志外，还创修了通志和关卫志。明人修志不拘泥于旧例成规，体例门目与前人多所改易，出现了土地、人民、政事设置类目的“三宝体”。随着编纂实践和方志记述社会内容的丰富，明方志采用纲目式二级分类或三级分目的日益增多；像宋元单列门目的志书渐次减少。明代修志也出现“炫奇之作”，列目琐碎，引文繁多等问题。清阮元《仪征志·序》批评：“明代事不师古，修志者多炫异居功，或蹈袭前人而攘善掠美，或弁髦载籍而轻改妄删。”为矫正此弊，明代一些志家追循宋《剡录》、元《至正昆山郡志》之法，撰述简志体方志。可见，明志在编纂、研究中不断求变和对宋元的突破。

明代志家普遍将志书与史书列为同类，多方面、多角度地辨析史志关系。张冕《嘉靖孝义县志·序》云：“野有记，器有铭，人有传，家有乘，郁郁乎文盛矣。……古者列国皆有史官，今郡县有志皆史也。”在阐述方志性质时，都不出史志同义的原则，如《嘉靖思南府志·序》：“志也者，识也，郡之史也。”明代学者普遍将文直事核，义严词工作为善志标准。《万历彰德府志·序》要求志书“纪载欲实，实则信；去取则直，直则公；闻见欲博，博则赅；文词欲工，工则传”。可见，明代志家通过大量方志的编纂和深入的研究，既在本朝修志中不断求变，同时，为后人留下了许多可资借鉴的修志经验，方志理论研究影响了清代方志学流派的形成。[①]

（三）清代方志研究与修志实践的互动

清代，传统方志编纂进入全盛时期。三修《大清一统志》，朝廷数次诏令各政区编纂方志以进呈，如沈荃《河南通志·序》称：“（河南）八郡十二州九十五县之志，渐次报竣。”清代志书的内容基本完备，不但规定编纂的基本门类，并要求遵照《河南通志》程式编纂。除一统志、省、府、州、县、镇志外，清朝末年还出现了大量为各地学校作教材用的乡土志。

由于最高统治者的提倡，乾嘉时期大量学者名人参与修志，形成修志的文化高峰。经学与历史文献学者的参与，广泛的社会修志，不但清代修志数量最巨，“特别值得注意的是，对于方志的性质、内容、体例以及如何编纂，

① 黄燕生：《中国历代方志概述·明代》。

许多学者还从理论上进行了论争和阐述。经过大家的共同努力，从而使得方志这种地方性综合著作的编纂和研究发展成为一门新的学问——方志学。在这方面贡献最大的自然首推章学诚”①。

后世研究，不少学者认为清代修志“逐渐形成意见不同的两个派别：即考据派与文献派……考据派亦称厚古派、地理派或旧派。……代表人物为戴震、洪亮吉、孙星衍等。……文献派亦称详今派、历史派或新派。这派主要以章学诚为代表”②。

清代方志体例，仍普遍采用门目体和纪传体，只是在具体设置篇目时，互见异同。清中叶章学诚对纪传体方志进行了较大改造，创立了三书体（志、掌故、文征），并提出《修志十议》（议职掌、议考证、议征信、议征文、议传列、议书法、议援引、议裁制、议标题、议外编）。“三书体”仿纪传正史之体而作志，仿律令典例之体而作掌故，仿文选文苑之体而作文征，是章氏针对修志当时修志偏重汇纂资料，全失撰述之意而提出来的；是将正史纪传体的志与政书会要体的掌故及专录文词的文征分开单列，强调体裁形式的区别而轻视叙事内容的类分，目的是体现撰述与记注的差异。梁启超在其《清代学者整理旧学之总成绩——方志学》称：“……实斋三书之法，其通志一部分纯为‘词尚体要’、‘成一家言’之著述，掌故、文征两部分，则专以保存著述所需之资料。”《修志十议》提出了方志编纂的基本方法和要求。

清代方志理论研究，继续了宋元明志家对方志性质、渊源、功用的讨论辨析，但更加重视编纂方法的系统探究。洪亮吉与谢启昆赞赏史志体，洪亮吉认为“一方之志，苟简不可，滥收亦不可。”“盖撰方志之法，贵因不贵创，信载籍而不信传闻，博考旁稽，义归一是。”③ 其看法反映了对明以来志书好标新立异的批评。李文藻主张用图、纪、考、表、录、传六体，采用纪传体的方志在清代已渐为主流。吴寅邦的道光《安顺府志·跋》综述史志异同，称：“史主文，志主实；史尚略，志尚详；史陈论断，志尚沿袭。”

清代学者对方志的研讨，已不限于在志书序跋中申述意见，还出现了相当多的专论，如陆陇其《灵寿志论二十条》，朱鹤龄《复沈留侯论修志书》，

---

① 仓修良：《方志学通论》，方志出版社 2003 年版，第 335 页。
② 仓修良：《方志学通论》，方志出版社 2003 年版，第 347－355 页。
③ 洪亮吉：嘉庆《泾县志·序》。

章学诚《修志十议》《方志辨体》《州县请立志科议》《方志分立三书议》，戴震《与段若膺论县志》，程廷祚《修一统志议》，刘光谟《县志分篇议》，王棻《与戴鳌峰论修志书》等。其中章学诚去世30年后，其子华绂在开封刻印了他的著作《文史通义》，外编全为方志论文，从而成为方志史上第一部理论专著。

清代，朝廷诏令，官府支持，一统志与郡县志并修，文人参与，修志数量巨大，官修与私修并存，理论研究深入，是我国传统方志理论研究与修志实践的最好的互动时代。据《中国地方志联合目录》统计，现存5701种清代方志，占现存全国各朝代传统地方志总数8200余种的70%。一批由学术名家纂修的名志对我国方志实践质量的提高起到了标杆示范作用，具体有方苞预修《雍正浙江通志》、施闰章主修《康熙袁州府志》、全祖望参修《乾隆宁波府志》、戴震参修《乾隆汾州府志》、钱大昕纂修《乾隆鄞县志》、谢启昆《乾隆广西通志》、孙星衍主纂《乾隆松江府志》、章学诚纂《乾隆永清县志》、段玉裁纂《乾隆富顺县志》、洪亮吉编《嘉庆泾县志》、李兆洛纂修《嘉庆凤台县志》、林则徐主修《道光湖北通志》、阮元纂修《嘉庆浙江通志》、缪荃孙纂修《光绪顺天府志》等等。①

（四）民国时期方志研究与修志实践的互动

民国时期是我国传统方志向新方志编纂和研究的过渡时期。由于清末的西风东渐，以西方地理学、历史学为代表的西方社会科学传入中国，对中国传统方志的编纂、研究产生重大影响。民国6年（1917）、18年、33年，国民政府内政部分别下发修志的《通知》《修志事例概要》《地方志书纂修办法》，共编纂志书1500余种（《台湾公藏地方志联合目录》1255种），“其中省志45种、市志12种、县志1074种、乡镇志54种”②。名志有黄炎培主纂的《川沙县志》、余绍宋编纂的《龙游县志》、王焕鑣纂《首都志》、王重民纂《无极县志》、傅振伦纂《新河县志》、李泰棻纂《阳原县志》、顾颉刚和傅振伦主纂的《北碚志》，黎锦熙参与编纂的洛川、同官、黄陵、宜川等县志

① 黄燕生：《中国历代方志概述·清代》。

② 黄燕生：《中国历代方志概述·民国》。

也均为名志。

民国时期，方志研究与修志实践的互动激烈，直接融入修志实践的学者将经验和实践思考，不断升华为方志理论。

许多具有现代科学知识的学者参加了修志和方志研究，如梁启超、黄炎培、吴宗慈、余绍宋、黎锦熙、瞿宣颖、王重民、李泰棻、朱士嘉、傅振伦等。民国出版业和报刊业兴起，《东方杂志》《禹贡》《地学杂志》等期刊登载不少方志研究论文，王中明编制的《中国地方志论文索引（1911—1949）》统计，此期发表的综论107篇，分论277篇，合计384篇。梁启超的《清代学者整理旧学之总成绩——方志学》首次提出“方志学”学科名称，就是载发于《东方杂志》21卷18期上的。从研究内容看，民国时期进入对清乾嘉以来方志理论研究的综合归纳检讨期；同时，融入近代社会学和自然科学的知识和要素。

民国时期的方志学成果，主要还体现在众多的论著之中，这是前代不可比拟的。20世纪30年代起，一批方志学专著陆续问世，绝大多数是修志实践与研究的产物，如：李泰棻《方志学》（最早以“方志学”命名的专著）、王葆心《方志学发微》、黎锦熙《方志今议》、甘鹏云《方志商》、傅振伦《中国方志学通论》、寿鹏飞《方志通义》。民国时期方志学理论研究的特点，黄燕生总结指出：一是对地方志的科学价值予以高度重视和重新评估；二是对历代方志理论进行了系统总结，尤其是对章学诚的方志学予以较高评价。民国时期的方志学家虽然多以章学诚的理论为方志研究的出发点，但并未拘泥于章氏观点，既肯定章氏学说的进步性，也指出其历史的局限性。论方志性质，梁启超、寿鹏飞等人基本认同章学诚“史志同义”的观点。但傅振伦主张“方志为记述一域地理及史事之书”①。黎锦熙提出：“史地两性，兼而有之。”“方志者：（一）地志之历史化；（二）历史之地理化。”② 对于章氏的“三书”“四体”持不同观点的更多。认为章学诚的三书四体是以文章体裁分类，给修志带来不便，黎锦熙《方志今议》提出“终破四障”，反映为革除旧志“规矩”所进行的努力。对传统方志弊端，傅振伦总结了十条，寿鹏飞

① 林正秋：《中国地方志名家传》，黄山书社1990年版，第294页。

② 黎锦熙：《方志今议》。

总结了十一方面[①]。民国方志家对于增加国计民生内容意见比较一致。方志多源论的提出和方志与古地图因承关系的明确，反映了民国间对方志渊源认识的深入。民国时期方志目录学的最大成绩是朱士嘉编制的《中国地方志综录》。

民国年间方志学专著、论文出版、发表集中，学者参与修志并深入进行方志学研究，所以说，民国年间是方志研究与修志实践互动较此前更为激烈的时期，推动了方志研究和编纂的重大发展。“民国期间各类方志学论著的大量出现，标志着近代方志学的开端，……方志理论研究也有不均衡的现象。其间既有全盘西式的新学之作，亦有乾嘉考据的遗迹，……表现了时代的局限性。”[②]

二、新方志的研究与修志实践的互动

中华人民共和国的成立，新的社会性质标志我国新方志编纂的开始。“20世纪50—60年代，我国20多个省区市的530多个县开展新编地方志，250多个县写出初稿，正式出版近30部，还编有一大批专业志。”[③] 后修志中断，一是由于“三年困难时期”，二是由于“文化大革命”。

20世纪80年代初，我国正式开始首轮大规模的社会主义新方志的编纂。截至2014年4月全国地方志第五次工作会议召开，首轮修志任务全面完成。全国累计出版规划内（首轮）省、市、县三级志书5800多部；累计出版二轮规划志书1400多部；首轮、第二轮部门志、行业志、专题志累计出版2万多部，乡镇志、村志累计出版4000多部；受国务院委托编纂的《汶川特大地震抗震救灾志》（1500万字）编纂完成；旧志累计整理2000多种。[④] 新中国的修志规模之巨大，是过往历朝历代不可比拟的。首轮和第二轮出版的新方志累计3.12万部，是《中国地方志联合目录》统计的“现存全国各朝代传统地方志总数8200余种”的3.8倍。修志的规模决定投入的人力，全国各省区市

① 傅振伦：《中国方志学通论》；寿鹏飞《国学丛刊》十四集。
② 黄燕生：《中国历代方志概述·民国》。
③ 仓修良：《方志学通论》，方志出版社2003年版，第397页。
④ 《关于学习贯彻第五次全国地方志工作会议精神的通知》（中指组字〔2014〕6号）。

县均建立了地方志编纂机构，专职1万多人，兼职10多万人，修志动员了相关行业、方志、历史、社会科学的专家学者参与，特别是与高等院校、社科院、图书馆、档案馆、博物馆的联系尤为紧密。长期以来，形成中央与地方之间、行业之间、方志行业与其他行业、方志机构与高校、与社科研究部门上下左右互动。新方志的质量是方志界尤为关心的，所以新方志的研究与修志实践的互动也是比前代更为深入；建立了全国与省区市的地方志学会，不断召开学术年会研究地方志基础理论和编纂方法；以《中国地方志》期刊为纽带，联合各省区市的方志期刊，举办主题论坛，发挥理论阵地的引领作用，发表大量方志研究文章。此外，国务院2006年颁布《地方志工作条例》，部分省市出台的法律法规，以及中国地方志指导小组通过组织多种研讨和下发各种形式的文件，继承与创新并重规范方志编纂，确定了新方志编纂“存真求实”“横分纵述”“述而不论”“越境不书”“生不立传”“详今略古”“执简驭繁”等编纂原则，同时确定了述、记、志、传、图、表、录、索引、专记、特载等编纂体裁。

20世纪80年代开始，与大规模方志编纂的互动，方志理论研究领域不断拓宽、深入，从初期高等院校学者对方志源流、性质、功能等基础理论的探讨，发展到修志一线方志专家的诞生，全面对体例、结构、篇目、文体、文风、志种编纂、资料搜集考订等方志编纂理论的总结与研究，及对志书质量标准、方志学学科体系等问题的讨论，并延伸到方志学术性、文献性、著述性、整体性研究，对记述对象的学科研究，地方志信息化与网络化研究、方志管理与应用研究、方志批评研究等多个方面。随着二轮修志工作的开展，续修方志理论研究兴起，包括续修方志的体式、与前志的关系、续修方志的指导思想、篇目设计、断限、对前志内容的处理、现代技术手段的运用等。几十年间，发表数万篇论文，出版数百部专著，既直接服务于修志实践，也推动了方志理论研究的不断深入。

随着新方志编纂，方志学研究在与编纂实践的互动中逐步深入。首轮修志之初，20世纪80年代中期至90年代前期主要是高校历史、地理专业的教授编辑的培训教材，以及归纳民国学者的方志研究，撰写方志史、性质功能的文章和著作。80年代后期，从修志实践中走出一批方志专家，总结实践经验，撰写的方志编纂学的教材、各类志书编纂方法，包括记述对象、记述方法、体例、原则、文体、图表等研究。90 年代末开始，部分从实践中产生的方志专家不再满足方志编纂方法的研究，开始进行方志基础理论的研究，并与自己的实践理论相校正。方志研究学院派与实践派研究者的比重大概是 1/100。从一、二轮方志编纂时期的方志理论研究的成果分析，总体上方法论研究大大多于基础理论研究；模糊性估计，基础基础理论研究文章、论著（含论文汇编、培训教材）与方法研究的比重在 1/500。就中国地方志指导小组办公室、中国地方志学会、中国地方志期刊处组织的学术活动，以及编辑整理的著作提要和论文集，以及组织的学术年会进行分析。

1. 学术会议方面。2004 年在乌鲁木齐召开的中国地方志协会年会，提交论文 130 多篇，其中基础理论与学科建设 20 多篇，首轮修志经验总结 50 余篇、新方志问题研究 60 篇。基础理论论文主要包括新方志学学科建设、指导思想、方志性质、方志功能和方志的基本体例。首轮修志理论的总结反思主要包括组织、体例等方面。第二轮修志的研究主要包括诸方面综合性论述、组织管理、内容体例、新专志新内容的设置等。2011 年 8 月在宁波召开的第一届中国地方志学会年会，围绕地方志文献的传播与运用进行讨论。2012 年 10 月在南通召开的第二届中国地方志学会学术年会，重点研究“第二轮市县志编纂及理论问题”，讨论方志学科建设、方志功能、市县志编纂组织、主编与总纂、方志编纂体例、方志资料、方志篇目设置、方志记述内容、方志编纂原则、志稿编写方法、志书篇幅等。2013 年在东莞召开的第三届中国地方志学会学术年会围绕“方志文献编修与研究”主题，研讨内容涉及方志基本理论、修志模式、志书体例、方志文献资料搜集与整理、方志地图编制与使用、修志实践经验、乡镇村志编修、旧志文献的考证评介、方志文献整理出版与开发利用、专志编纂、方志应用、方志人物及其编纂思想、方志比较等诸多方面。2014 年 12 月在杭州举办的第四届中国地方志学术年会，议题为历代方志整理与社会主义核心价值观研究、历代方志整理与社会主义文化强国建设研究、方志发展史研究、历代方志比较研究、历代方志收藏与整理研究、历代方志开发利用与发掘历史智慧研究、方志学家及其方志思想研究等。中国地方志指导小组办公室期刊处从 2009 年开始，针对编纂实际，结合《中国地方志》刊物组稿，组织一线方志专家和中国人民大学、复旦大学、南开大学、宁波大学的学者，先后在苏州、衡山、南宁、武汉、成都等地就建设、文化、经济、社会、自然等志书门类进行研讨。这些针对性的研讨，对于地方志编纂实际的影响具有重要价值。各省区市也不间断地举行类似的学术活动，研究本地的修志与方志理论。

2. 从编纂的著作、论文提要看。2006 年中国地方志指导小组办公室主编的《新方志理论著述提要》，包括专著提要、个人论文集提要、集体论文集提要 3 部分，其中论文集 130 部、专著 66 部。专著中基础理论方面 13 部，其余 50 余部为编纂方法方面专著。中国地方志指导小组办公室组织编纂的《方志百科全书》（2013 年 8 月稿），方志研究门类，收录方志学通论专著 20 多部，方志编纂研究和论文集 100 多部（提要）。通论部分专著研究者有两类专家学者，一类来自高校，一类来自修志一线。来自高校、研究部门的专家有来新夏、仓修良、林衍经、胡惠秋、刘光禄、张革非、吕志毅、巴兆祥等，来自修志一线的专家有王春瑜、李明、王复兴、刘纬毅、梅森、刘柏修、刘斌、韩章训、诸葛计等。通论研究，包括方志学概论、方志学基础、方志学史、方志学纲要、通论综论等等。2010—2012 年中国地方志办公室组织全国方志专家，对 1982 年以来《中国地方志》期刊 30 年共发表的 1197 篇论文进行评审，共有 659 篇优秀论文入选《〈中国地方志〉优秀论文选编》，其中发展史 17 篇、基础理论 73 篇、新方志编纂理论与实践 380 篇、方志管理 9 篇、方志评论 59 篇、旧志整理 118 篇。评选结果反映出，新方志学术研究的重点是新方志编纂理论与实践，占 56.7%；其次是基础理论研究，占 11%。

新中国新方志编纂实践与方志理论研究的大规模互动，推动了方志事业的发展和促进方志学学科体系的逐渐形成。

三、 方志理论研究与修志实践互动存在的问题

社会主义新方志编纂时期，是方志发展史上方志理论研究与修志实践互动规模最大，最为广泛和深入的时期；但从科学与良性互动要求，在编纂队伍与研究队伍的建设、编纂与研究的行为方法、编纂与研究的体制机制、编纂与理论研究的结合、方志学科体系建设等方面仍然有需要完善和提高的地方。

2005 年 4 月 27 日，第十届全国人民代表大会常务委员会第十五次会议通

过的《中华人民共和国公务员法》颁布实施，2006 年 5 月 18 日国务院《地方志工作条例》颁布，迎来了方志事业的春天。地方志机构和工作依法管理，得到了历史上从未有过的稳定；全国绝大多数地方志工作机构被列为参照公务员法管理单位。任何事情都有两面性，参照公务员法管理后，一方面是地方志机构和工作的稳定并有了《地方志工作条例》“依法修志”的推进抓手；但另一方面对方志编纂的连续性、科学性，方志队伍尤其是方志学研究队伍产生了较大冲击。方志界不少同志，尤其是部分领导理解为，地方志机构的职能由事业单位时期的编纂指导转变为参公代政府对修志进行管理（也就是近年方志界流行的一句话：“管志不修志”）；自此，取消了地方志系统职称评聘（中国地方志指导小组办公室、浙江省地方志办公室属社会科学院代管除外）。从事方志事业的部门逐渐行政化，尤其是省级地方志工作机构，业务人员直接参与志书编纂不断减少。参加三级志书编纂的单位，纯粹为任务性、临时性工作，大多聘请退休的老同志编纂。此外，地方志领导岗位的任免，与方志实践和理论研究关系不大；方志还没有真正成为高校、研究部门的独立学科，对于从方志实践中产生的专家缺乏应有的尊重，自上而下缺乏方志专家库标准的建立，故评审志稿的人员的确定较为随意；方志成果的署名也较混乱，难于调动编纂与研究者的积极性。总之，专业方志队伍由于缺乏修志实践和不够重视方志学研究，导致业务能力有一定的下降。方志编纂的实践空间较首轮越来越狭窄；方志实践与方志研究的互动链条几被切断。近些年方志界加入的业务人员学历越来越高，但大多缺乏修志实践，而修志不但要研究方志自身的规律，还要研究各行各业（编纂对象），成才时间较长；首轮遗留下来的方志骨干绝大多数退休，在第二轮修志中，由于种种原因，对这部分人员，也同样发挥作用不够。从发表的论文看，重复首轮研究“炒冷饭”的文章，趋时的硬套政治和国标概念的文章越来越多，原因是缺乏实践的积累和检验。任何事物均有利与弊，问题在扬利抑弊。只有重视事业的长远发展，重视学科的建设与学术研究，保护好实践与研究互动的便捷通道，在用人、奖励中重视方志编纂实践与研究性人才的脱颖而出，地方志才能稳固健康地发展。因此，今天在方志事业总体大好的形势下，我们仍要看清问题和问题产生的根源，建设和维护好方志理论研究与修志实践良性互动的路径，是方志事业当下管理的要务。

四、未来方志理论研究与修志实践良性互动的路径

“路径”，指到达目的地的路线，比喻办事的办法。未来方志事业的发展，重点之一是通过深入的实践总结和理论研究，建设雄厚的方志理论，寻求丰富的方志理论成果并向实践转化。今天，方志界需要寻求未来方志理论研究与修志实践良性互动的路径。未来互动的路线图是什么样的？笔者认为：

第一，人是互动的主体，全国方志界均要“强基固本，打造理论研究与修志实践相结合的队伍”，稳固老专家，培养年轻专家。首轮修志以来，产生的方志学专家已经所剩不多，一定要珍惜他们在经验与学术总结和传帮带方面的作用。第二轮修志以来新的地方志编纂人员学历高但实践经验少，关门搞“方志管理”是产生不出方志专家的，“良相出于州部，猛将起于卒伍”，要到修志一线中去锻炼方志编纂和科研队伍。方志编纂涉及百科，各级志办要有宽阔的胸怀，开门组织修志，开门进行方志学研究。除编纂、研究职能单位的人员外，要拓展方志理论研究的队伍，利用高校、社科院以及地方志办公室退休专家，将部分方志编纂、方志理论研究项目化、社会化，以加快编纂进度和质量，加深理论研究深度，促进学院派专家接触修志实践，促进修志一线人员进一步加深理论修养；地方志编纂管理部门与教学研究部门结合，培养出既有深厚理论功底，又融入实践具有真知灼见的方志专家队伍，促进地方志与相关文化、专业交流，提高地方志队伍的学术水平、理论水平和竞争水平。

第二，进一步完善修志实践与理论研究互动的机制。首轮修志，地方志编纂管理部门多为事业单位，修志成果和学术研究与行政职务和技术职称评定有关，对方志人才的培养、成长有较好的促进作用，培养了一大批高、中职称的专业人才乃至专家队伍。第二轮修志，地方志办公室绝大多数参照公务员法管理，一些修志单位提出“管志不修志”，地方志机构学术研究氛围渐淡，职称不评，行政职务与学术研究没有关系，互动机制最关键点需要完善。

第三，完善人才培养机制。未来，方志事业的发展和良性互动的根基在人才，人才成长的根基在有个良好的机制：一是建立良好的人才培养机制，鼓励到修志实践中成长，鼓励进行方志学理论研究。把实践和研究两方面的

成绩作为行政职务任免的重要依据，将编纂成果、理论研究与可胜任的业务领导岗位挂钩。二是学术刊物注意提携、培养具有新思想、新观点、来源实践的年轻方志人才。对在重要学术刊物发表的文章，地方志单位应该作为年终奖励的项目之一。三是推进学院培训与地方志岗位培训，培养人才。四是采取重要研究项目等级管理与建立中国地方志专家库和年轻梯队专家库相结合（年轻专家由所在单位和知名方志专家推荐）；建立地方志科研奖励机制；以课题项目研究不断推进，产生中国地方志学术研究的领军人物。

第四，完善编纂实践质量体系。2008 年中国地方志指导小组印发《地方志书质量规定》，该规定是经专家研究起草与广泛征求各地地方志办公室意见的情况下制定的。主要就观点、体例、内容、记述、资料、行文、出版等方面进行规定。在当时急于需要遵循具体质量要求时，没有制定地方志书的质量管理体系的规定，管理体系应该包括编纂组织体系、编纂责任机制、评审体系、评审对象范围、评审程序、评审专家库，建立跨省市的专家互联网无纸化评审，改变当前一些地方一定程度评审主体、范围、标准的随意性现象。

第五，学科建设机制。作为一个完整体系的学科，必须具备四大学术基础：一是有比较成熟的概论，可体现学科的研究对象、方向、内容、方法，能够阐述出与其他学科的关系；二是有比较充分成熟的发展史研究；三是有与概论、发展史相匹配的方志文论；四是培养出一批有影响力的学者。近年，中国地方志指导小组办公室、中国地方志学会与各地方志机构、学会，共同努力，希望“整合研究力量，建立一支高水平的方志学研究队伍，产生一批重要的方志理论研究成果，……基本形成包括方志学基础理论、方志编纂学、方志管理学、方志应用学、方志学史等分支学科在内的独立、完整、严谨、科学的方志学学科体系”①。

第六，配合学科建设，建立中国地方志编纂成果和学术研究成果数据库，整理过往研究成果，进一步梳理，反思、总结、提炼、升华方志理论。处理好既有理论和开拓研究领域的关系，编纂基本方志学教材，对历史上莫衷一是的理论观点，在教材上需要予以统一，否则必然导致编纂实践的混乱。比如章学诚“三书”体，强调方志体裁的重要，但黎锦熙却认为形式为内容服

① 《方志学学科建设规划（2013—2020）》（征求意见稿）。

务，“类不关文”，“文不拘体”，此类相左的观点在方志研究中很多。过多的莫衷一是，以及与相邻学科界限的模糊不明、领域重叠，导致与相邻学科学术交流的困难，因此，需要从对方的学科角度进一步研究方志学的源流和发展，研究与他学科的关联与区别。这是一个独立的科学权威的学科必须要做到的。

第七，正确处理好地方志编纂研究的行政领导与业务学术的关系，明确职责，调动专家学者的积极性与责任心，明确志书编纂行政负责、后勤保障、政治政策把关的职责，以及主编（或总纂）编纂、专家评审的负责制，推进编纂质量和理论研究水平的不断提高。

未来，方志理论研究与修志实践的良性互动，关键在于以修志实践促进理论研究，以理论研究促进修志实践。互动良性的根本是建立良性的互动机制，良性互动的关键又在能够产生优秀的方志编纂与理论研究的人才。方志理论研究与修志实践的良性互动，是方志编纂、方志理论研究追求的目的和最高境界。

Ⅵ

志鉴成果评价

第二轮省级志书编纂出版述评

王　晖

提要： 由于省级志书不同于地市、县级志书，组织模式具有两级领导机构和两级编纂机构。在体例设计上一卷多志体、一卷一志体、地方特色升格立志、分志结构排列各不相同、共性体裁在分志中的使用、分志篇目名词概念欠规范等特点，而在总纂模式上有省志办总纂模式、总分结合总纂模式、承编单位总纂模式、招标承包编纂模式四种，同时指出出版印刷方面存在的一些问题。并根据现有的情况分析，提出六点展望：字数超过首轮省级志书；经济类志将减少，人文类分志将会增多；特色志会日趋增多；专家修志难以实现；装帧设计趋向精品；精品简本省志将成为新的编纂模式。

关键词： 省级志书　组织模式　体例　总纂模式　出版印刷

方志种类繁多，新编方志尚未开展全国性总志编纂，省级志书就成为方志园地中记载区域行政级别最高的志书，编纂人员多，出版周期长，卷帙浩繁，一般在 70 册 6000 万字左右，体系之大，内容之广，鸿篇巨制，在当代众多出版物中也是不多见的。全国编修一批省级志书，从组织编纂到出版发行，历经复杂的编纂程序和漫长的审定出版过程，截至 2014 年，第二轮省级志书编修工作已进入陆续出版时期。

一、组织模式

省级志书不同于地市县级志书，组织模式具有两级领导机构和两级编纂机构。

（一）两级领导机构

一级领导机构是省（总）志编纂委员会。按照“党委领导、政府组织、地方志编纂委员会组织实施、专家参与”的体制，政府主要负责人担任主任，党委、人大、政府、政协、军事等机构负责人参加，组成省（总）志编纂委员会。编纂委员会是组织协调机构，代表党委、政府，审定编纂方案，组织发动全社会各行各业各个方面力量，参与修志工作，对重大问题作出决策，并出台相关制度和规定，指导志稿编纂工作，最后终审志稿。日常工作由下设编纂委员会办公室承担，编委会的活动取决于办公室提议事项。

全国各省（自治区、直辖市）地方志编纂委员会工作性质设置大致相同，但有的省（自治区、直辖市）直接作为工作机构设置，如新疆维吾尔自治区和吉林、四川、福建等省，编纂委员会既是组织全省（自治区）包括地市县级志书编纂工作，同时要负责本级志书编纂。这种编委会是实设机构，主任仍然是省（区）政府主要领导兼任，常务副主任是专职负责地方志工作的，并担任编委会党组书记。

二级领导机构是指分志编纂委员会。省级志书是多卷体式，承编单位是“做什么、管什么、写什么”，按照社会分工和学科分类划分门类，每个门类基本上为一卷志书，每个分志承编单位成立分志编纂委员会，这样就与全省（自治区、直辖市）总志编纂委员会形成两级编纂委员会。

（二）两级编纂机构

领导机构是两级编纂委员会，相应下设编纂机构也是两级，不管是实设机构的编纂委员会，还是虚设编纂委员会实设办公室，都设立有承办省级志书业务的省（自治区、直辖市）志编纂机构，同时，为加强志书总纂工作，有的省（自治区、直辖市）分别组建省（自治区、直辖市）志总编室，或称总纂室。全国各省（自治区、直辖市）总编室设立的模式也不一致，如《安徽省志》总编室，是以整个省志办业务骨干为基础成立的，总编室主任、副主任即为地方志办公室主任、副主任和省志处长。参加省志工作的人员不分处室，省志处承担业务指导，全办业务人员共同参与省志工作，总编室全体人员达到 22 人，分工负责各承编单位的工作联系，担任志稿责任编辑。但湖南省和西藏自治区的总编室由省（自治区）志处长担任总编室主任。还有的在总编室机构之外，又成立总纂室，如河北、云南、浙江等省的总纂室，聘请方志专家和本省退下来的领导同志担任省志总纂、副总纂。这些老干部参与修志，最大的好处是他们原来都在领导机关和综合部门工作过，对于协调省级志书承编单位，推动修志工作提供了便利。山东省的总纂室是以省志处为基础成立的，省志办主任、分管副主任为总纂，省志处长为副总纂，省志处工作人员为编纂，其中担任某分志责任编辑的在“编纂”名单中排第一位，括注“执行”。省级志书承办机构一般是设置一个处室，但也有个别例外，如：山西省地方志办公室在机构设置上比其他工作多设立一个处室，设立省志一处、二处负责总纂工作；江苏省志处与市县处合为一处。

省（自治区、直辖市）志办成立的总编（总纂）室，这是一级编纂机构。各承编单位在分志编纂委员会之下设立分志编辑室，或编写小组、编写办公室等不同名称的编纂机构，从事实际修志工作，全国大同小异。省（自治区、直辖市）志分志编辑室基本上是无编制的临时机构，仅有军事、武警、水利、电信等系统，成立专职编纂办公室，配备专职修志人员。省志分志编纂人员以兼职为主，缺乏方志专业训练，刚刚培训一批，因岗位变动，又上来一批新人，因此，省级志书编纂人员流动大，业务辅导任务重。

二、体例设计

省级志书横向涉及面广，分类细；纵向比市县志专业性强，记述内容深，因此，体例设计难度大，历经广泛调研座谈研讨，因承编单位机构变动，编辑室临时机构，参编人员不稳定，势必造成编纂主体和编纂客体发生经常性变化。从首轮编纂经验看，省级志书卷册是动态的，一般都要经历数次大调整，才能相对稳定。第二轮省级志书随着编纂工作的深入，篇目普遍进行了调整，至2014年，从已经搜集到的篇目和出版的省级志书看，体例设计有如下特点。

（一）一卷多志体

最早用这种体式的是《河南省志（1978—2000）》，起初设计为9卷43篇若干分志。这种体式类似市县志的大编体，只不过省级志书是几十本书，不是一两本书，不能用大编体套用省级志书体例，可称为大卷，每一卷下分若干篇和分志，故曰一卷多志体。此体高度集中，领属层次多，打破部门行业界线，整体性强，但编纂难度较大，出版灵活性差，后期适当放宽卷册结构，《河南省志（1978—2000）》现调整为10卷43篇139部分志。一卷多志体结构特点就是分卷较少，如宁夏分为25卷，广东43卷，安徽36卷，陕西16卷90部专志，也应属于一卷多志体。高度集中的大卷体式包涵多个分志，印刷成书册数与分卷不相等，一卷分出多册，这样就把名量词概念搞乱了。古代志书一册含有多卷，现在反其道而行之，一卷含多册，这个卷册的概念就难以理解。最好的设置是内涵相同的名量词保持统一，卷、册、本，应当作相同的概念对待，即一卷就是一册（本）。

（二）一卷一志体

最早出现此体的是黑龙江省志，设计为109个分志，以社会分工为依托，每个一级单位独立修一部志。这样便于操作，承编单位互不牵扯，各自为政，方便编纂，方便出书，方便使用，全国很多省使用了这样的体式，大部分省志设计为70—90卷，只有黑龙江、江西、浙江等省，超过100个分志。一卷一志体式符合社会分工实际，也符合事业发展的需要。如《安徽省志（1986—2005）》整体上顺应编纂实际的需要，从原来36卷调整到90卷。

（三）地方特色升格立志

为克服千志一面的模式，第二轮省级志书较多地追求将一方特色升格立志。大致可分为这几类：一是自然实体志，如河南的《黄河治理志》，安徽的《名山志》《长江（安徽段）志》《淮河志》《黄河故道志》《巢湖志》，福建的《闽江志》，四川的《青城山志》《九寨沟志》《黄龙志》，云南的《地热奇洞志》。二是建筑实体志，如山西的《古建筑志》，福建的《土楼志》，湖北的《三峡工程建设志》，河北的《清陵志》《避暑山庄外八庙志》，四川的《都江堰志》《乐山大佛志》《武侯祠志》等。三是土特名产志，如河北的《葡萄酒志》《陶瓷志》，安徽的《古井贡酒志》，四川的《川酒志》、《川菜志》《大熊猫志》，云南的《橡胶志》《花卉志》《蔗糖志》。四是地域文化志，如河北的《吴桥杂技志》《武术志》《戏曲志》，福建的《客家志》《闽学志》《古代海外交通志》，四川的《川剧志》，宁夏的《宁夏学研究志》，山西的《非物资文化遗产志》等。五是民族文化志，如福建的《畲族志》，云南的《民族服饰志》《民族饮食志》《民族民居志》《民族工艺志》。六是历史名人志，如山西的《华国锋志》《陈永贵志》，广东的《孙中山志》等。七是政治运动志，如山西的《农业学大寨志》。

地方特色升格立志，拓宽了志书资料面，增强了志书记述深度，增强了志书的可读性，形式为内容服务，极大地丰富了省级志书内容，成为第二轮省级志书的一个显著特点。

（四）分志结构排列各不相同

省级志书的结构既可认为是无序松散的，又可认为是有序系统的。说是无序松散的，因为省级志书是由一部部分志组成，各部分志是互相独立的，没有市县志书那样一卷之内的分志相互间紧密相连的。例如《山东省志（1986—2005）》，他们出版的分志没有卷号，至于规划 74 卷，实际上等将来编纂完成了多少卷就是多少卷。这给编纂出版带来很大灵活性，哪个分志在前，哪个分志在后，没有定论，不冠卷号，也就无所谓先后，所以说其结构是无序松散的。所谓有序系统的，是指那些冠以卷号，卷册编（篇）章十分严密，1 至 N 卷分志是系统排列的，那么，谁在先，谁在后，就体现了总体设计思路。

（五）共性体裁在分志中的使用

志书体裁通称述、记、志、传、图、表、录七大体裁，这是独立志种常用的，而对于省级志书之下的分志如何使用，有些共性体裁就有所选择，如大事记、人物传，很多省级志书分志是不设置的，而是在全志中设置一个大事记和一部人物传集中记述。第二轮省级志书有突破这种形式的，《河北省志（1979—2005）》各分志就设置了大事记，总卷数 72 卷中没大事记，这样就分散了，各个行业设立省志大事记，内容就失之过宽，比如厅局长的任命，在某个行业来说是大事，因此就记入分志大事记。而作为省级志书来说，副省级的任命都算不上什么大事，那就别说厅级干部的任命。可见省级志书分志设置大事记，这个标准若不从严掌握，就有部门志的痕迹，失去省级志书的高度。其次，每个分志独特的编纂情况说明，各省（自治区、直辖市）用法不一致，山东、四川省志分志，均设置了编辑说明，即在全志凡例之外需要说明的，列出四五条，这是可行的。《安徽省志（1986—2005）》在分志中设置总凡例和本卷凡例，《西藏自治区志》在分志卷中设立总序和本卷序，这样有总有分的做法，从体裁上讲属于叠床架屋，总凡例、总序本应该在全志总卷即开头综合卷上，首轮修志很多省级志书分志既没有序言，也没有凡例，因为分志不是独立的志种，整个省级志书是一种，设置那么多序言、凡例实在没有必要，即便设置，也只能像《海南省志（1990—2010）》那样，设立一个本卷的序言和凡例即可。

（六）分志篇目名词概念欠规范

第二轮志书分志名称，基本形成共识概念，无论是社会分工，还是科学分类，基本是以工作性质和职能来命名的，而不以机构名称名志。譬如“农业志”，不能命名“农业厅志”，也不需要冠“省”字而成为“省农业厅志”。但也有的分志坚持用单位名称名志。如《中共安徽省委志》，这样的志名虽是个例，但却打破了整部志书以工作性质和职能命名的常规。

三、总纂模式

全国第二轮省志编修工作启动最早的是河南省，2001 年 4 月 25 日，省政府召开河南省史志工作会议，时任省长李克强到会作动员讲话，会后，省政府办公厅下文启动《河南省志（1978—2000）》编纂。后来有黑龙江、山东、广东等各省相继启动。十多年过去了，各省都进入紧锣密鼓地编纂中。省级志书初稿按照社会分工交由各职能部门承编，初稿或曰资料长编出来以后，由谁进行总纂，各省做法不尽相同，大致有以下几种：

（一）省志办总纂模式

这种做法是各承编单位按照篇目提供基础资料稿，然后由省（自治区、直辖市）志办承办省级志书业务的编纂处室责任编辑进行总纂。如河南省，由于体例是综合立卷，一卷多志，虽有的厅局承编的志稿，在综合大卷分志中只不过是一章而已，但因编纂进度不同，彼此牵扯，影响了出版时间。有的分志编纂完成八九年了，但由于其他章未完成初稿，只能束之高阁，等待其他志稿完成才能付印出版。这种模式志稿总纂工作深入，志稿整体性强，文字表述统一规范，成书质量较高。不足之处是编卷体式过大，统得过死，统一出书进度慢。

省级志书由省级方志工作机构总纂，因体式设计不同，工作方式和出版进度也有所不同。如《山东省志（1986—2005）》体式是一卷一志体，省志处每年集中力量总纂四五部分志，不管各承编单位来稿多少字，有的初稿达到300万字，经过省志处总纂，出来统一篇幅在50万字左右，出版的分志厚度相等，形式均称，经过省志办编纂、副总纂和总纂三个程序打磨，志稿质量能够得到保证。新疆维吾尔自治区地方志编委会也是这样操作，厅局提供的初稿很毛糙，通志处明确一位责任编辑总纂修改，往往用一年半的时间为其反复加工，进展较慢。山西省加强总纂队伍建设，总纂工作全由省志一处、二处负责总纂。

（二）总分结合总纂模式

所谓“总”是指省级方志工作机构组建的总编室，所谓“分”是指承编单位成立的分志编辑室。总分结合总纂模式，《安徽省志（1986—2005）》即为此例。省志办总编室重点在业务指导，大力开展业务培训，举行三次全省大规模的培训班外，还针对各承编单位的撰稿人员和各行业的不同情况，分别举办70多次小型业务培训班，仅一个司法系统，就举办过5次小型培训班。磨刀不误砍柴工，做好参编人员前期培训，不仅有力推动修志工作，更重要的是提高了参编人员素质和修志兴趣，在推动修志工作中，兴趣是最好的动力，业务培训将修志者兴趣调动起来，他们就会在工作中充分发挥主观能动性。中期跟踪服务，适时点评初稿，多次召开内审，开好评议会，审定总纂方案，由承编单位分志编辑室按照方案开展总纂工作。分志编辑室总纂送审之后，总编室责任编辑再总纂修改一次，除了少数责编改动较大外，大部分志稿修改仅仅是作最后规范化处理，不再动大手术。省志总编室与分志编辑室共同完成总纂工作，以分志编辑室为主，省志总编室为辅编纂，编审环节较多，基本上有两个三审和一终审，即分志编辑室总纂的志稿首先进行内三审：各职能部门对口初审、内部老干部专家会审、分志编纂委员会（有的是党组会议）复审。内部三审后修订报省志总编室，责任编辑总纂修改后进行外三审：省志处负责人初审、分管副主任复审、总编室主任核审。三审结束后，填写《〈安徽省志〉稿审定意见书》，连同志稿再返回分志编辑作最后总纂修改，定稿后省地方志办公室总编室与承编单位分志编辑室联合会审，双方领导和编纂人员共同进行终审。内外三审，再加上出版社三审，一部志稿共进行了九审，经过这么多的审稿环节，多层次把关，使志稿质量有了基本保障。

（三）承编单位总纂模式

《广东省志（1979—2000）》是以承编单位分志编辑室总纂到底的模式。省志办省志处为业务指导处，同时吸收各方面的专家学者组成审稿委员会，成员有35人，分两组审定分志稿，省志处承担志稿分发和审稿意见整理，不承担编纂任务，由分志编辑室完成总纂工作。

（四）招标承包编纂模式

《湖北省志（1979—2000）》设综述卷，另分自然、经济、政治、文化、社会五大块，此编纂模式是向社会招标承包编纂。这种模式属于项目管理形式，或许效率较高，质量是否有保障，有待实践证明。

四、出版印制

随着科技进步，印刷行业突飞猛进，出版物印刷质量今非昔比。第二轮志书较之于首轮志书，版式和印刷装帧都有所改变了，因出版方式不同，导致进度相差很大。

（一）省级志书印制版式标准不一

首轮省级志书一般是标准16开本，山东、河南、湖南等省，是大32开本。第二轮省级志书已经出现三种版式：第一种是大16开本。按照《地方志书质量规定》第四十七条规定："采用16开本（889×1194mm）"，即常说的国际大16开本。如《山西省志（1978—2012）》《四川省志（1986—2000）》《安徽省志（1986—2005）》《西藏自治区志》《海南省志（1991—2010）》等均是按规定版式印制的。大16开本大气，但由于版面大，对于篇幅较小的分志单独成册就很困难，因为大16开本至少要有80万字以上，长宽与厚度才成比例，若是50万字以下的志书就显得很单薄，因而，《安徽省志（1986—2005）》为了克服这一弱点，将正文由常规5号书宋改为小4号字体，用80克纸印刷，版面是膨胀起来，印制成本随之浪费了20%。第二种是标准16开本。如《山东省志（1986—2005）》采用的是成品尺寸为185×260mm的16开本，有人说这是中国式的16开，的确，印制出来的书籍符合中国人的审美观。第三种是大32开本。《湖南省志（1978—2002）》依然保持了首轮省级志书的版式，用大32开本印制，小巧玲珑，但总觉得与鸿篇巨制省级志书不相称。

（二）编审署名尚欠规范统一

志书是职务作品，但编者署名权仍然是个严肃的问题，不可忽视。一部省级志书署名很多，出现五花八门的方式。署名种类最多是《××省志（1986—2000）》，依次有：《××省志（1986—2000）》编纂委员会，《××省志（1986—2000）》审核委员会成员，《××省志（1986—2000）》总编、副总编，《××省志（1986—2000）·××志》责任总编、责任编辑，《××省志（1986—2000）·××志》编纂委员会成员，《××省志（1986—2000）·××志》初评审核小组成员，《××省志（1986—2000）·××志》主编、副主编、撰稿及编务人员，《××省志（1986—2000）·××志》编委会办公室，共8类。有的换几届，一届一页，所以总署名版面达到14页。《××自治区志》署名也很特别，首先是总编纂、副总编纂，依次区（总志）编纂委员会，区志总编室，接着有分志出版编辑部，分志编纂委员会，分志编纂办公室，分志编辑部，分志复审领导小组，分志终审领导小组，分志总编领导小组，署名页达11页。

四川省、西藏自治区署名种类多，按届署，这是严谨的。其他省就不尽相同，如省（总）志编纂委员会怎么署，《海南省志（1991—2010）》不署全部成员，只署主任、副主任。《安徽省志（1986—2005）》只署现任一届，前几届成员合并另署，105 人，分不清哪一届是哪些委员。另外，编委会从哪一届开始署，这也是尊重历史的大问题。《山东省志（1986—2005）》是从第二轮全省修志启动时开始，因为省志编委会也管市县志编纂工作的，就应该上接首轮志书编委会。《西藏自治区志》编纂委员会历届署名，前后 11 届，按历史顺序，最新一届放最后，这种做法值得提倡。也有的省级志书将新一届放最前，然后倒行逆施往回排，看上去很不合逻辑。有的从省志启动开始，那么中间筹备省志工作的就有好几届不能入志，有失公允。署名问题最好要统一，志书内容要规范化，署名更要规范化，防止沽名钓誉，随心所欲。

（三）分志序列卷号难以编排

省级志书卷帙浩繁，少则十几卷，多则上百卷，没有卷号是不方便检索，但编制卷册序号与旷日持久的编纂实际产生矛盾，即各承编单位完成志稿编纂任务有先后，出版不可能按卷号顺序出版。《安徽省志（1986—2005）》目前已出十几本，现在按着近期调整的顺序冠上卷号，尽管经过广泛征求意见排出来的卷号，但仍有难以实现的因素存在，谁也不能保证已经排定各卷分志都能按计划完成。也许为了避免出现卷号问题，省级志书不编卷号，总纂完善一卷出版一卷，在省级志书编纂周期长的情况下及时出版修志成果，避免编卷混乱，无卷号不失为一种较好的处理方式。

全国第二轮省级志书规划与出版情况统计表

表 1 单位：卷

序号	项目 行政区划	规划	出版
1	北　京	67	1
2	天　津	62	20
3	河　北	72	—
4	山　西	103	23
5	内蒙古	80	3
6	辽　宁	84	1
7	吉　林	59	12
8	黑龙江	110	1
9	上　海	220	—

续表

序号	项目 行政区划	规划	出版
10	江　苏	60	10
11	浙　江	113	—
12	安　徽	90	11
13	福　建	82	25
14	江　西	105	—
15	山　东	74	28
16	河　南	136	—
17	湖　北	83	—
18	湖　南	82	45
19	广　东	43	43
20	广　西	75	17
21	海　南	54	4
22	重　庆	123	35
23	四　川	93	12
24	贵　州	54	—
25	云　南	69	—
26	西　藏	74	33
27	陕　西	75	8
28	甘　肃	72	7
29	青　海	65	3
30	宁　夏	25	23
31	新　疆	81	13
32	新疆生产建设兵团	1	—
合　计		2586	378

说明：①资料来源：《中国方志通讯》2015 年第 10 期；②截止时间：2014 年 12 月 31 日

五、预测与展望

第二轮省级志书大致经历了 12 年的编纂，现已陆陆续续进入审定出版阶段。根据现有的情况分析，未来可能出现以下趋势。

（一）字数超过首轮省级志书

第二轮志书是改革开放发展较快的时期，各项事业的发展前所未有。如地震，尽管有些省（自治区、直辖市）并没有发生破坏性大地震，但近20多年来，地震事业基础设施建设超过历史不知多少倍，测报技术和工作都有较大发展，第二轮志书篇幅翻番增长。其次，第二轮修志条件优越，档案是健全的，无须像首轮修志那样过多地进行社会调查和搜集更多的口碑资料。资料丰富与志书的字数是成正比例的，估计第二轮省级志书字数会大幅度地超过首轮省级志书。

（二）经济类志将减少，人文类分志将会增多

首轮志书重经济轻人文，工业志一个门类一个分志，出现十几部分志；第二轮修志政企分开，政府的工业门类管理机构撤销，有些工业门类找不到承编单位，湖南、安徽等的第二轮工业志除了煤炭、电力独立外，其他工业门类是综合修一部工业分志。第二轮省级志书从篇目设计就注意纠正首轮志书偏于经济的倾向，努力挖掘地域文化，因此，人文类的分志会得到增强。

（三）特色志会日趋增多

为突出地方特色，设置特色志是较好的形式，随着《中国地方志》期刊发表省级志书体例趋势研究文章后，各省篇目设计投入实践，已经涌现出一批独具地方特色的分志，这些志的设立改变了省级志书面貌，将成为一个不断丰富发展的新趋势。

（四）专家修志难以实现

方志编纂自古以来是专家修志，而且专家是全国流动的，戴震、章学诚等名家都跨省修志。新编地方志也多次强调专家修志的重要性，但由于人事体制的原因，很多地方将方志这个冷门当作安排干部的处所，不当作学术机构看待。人们常说，连续从事一项工作十年，应该成为这个行业的专家。第二轮修志以来，专家修志呼声很高，两轮修志已逾30年，方志系统已经产生一批修志专家，可喜的是在市县志办，不少专家已经走上领导岗位，成为专家型领导，担任主编从事志书编纂工作。但是省级志书就难以实现，因为省

级志书实际编纂是在各行业，这些分志编辑室能够调集本行业的专家修志，然而他们是业余修志，不可能成为方志专家。尤其主编是厅长局长或办公室主任挂名的，不主不编，不做编辑工作，主编之职形同虚设，严重影响了实际承担编辑任务者的工作积极性。不可否认，参加过10年以上修志的专家型领导，对于志书编纂规律是心中有数的，工作思路是稳定的。但由于主管修志领导岗位人事变动频繁，新手外行，专家人微言轻，工作中没有话语权。特别是外请级别很高的省级大机关退下来的老领导担任总纂、副总纂，虽然他们行政协调能力或者文字能力都很强，但对方志编纂知识不太了解，也不便安排参加培训，这样一批行政官员占据总纂职位却又无力行总纂之实，造成总纂缺位。本来分志编辑室里无方志专家，主编是挂名的；总编室里总纂又是外行，专业修志者跑龙套，主编、总纂不到位，专家修志必然成为一句空话。

（五）装帧设计趋向精品

首轮志书版式设计较机械，封面较随意，几乎无设计。第二轮志书装帧设计大有改观，志书因数码技术的应用，照片的清晰度超过了首轮志书使用胶片的效果。加之纸张的档次提高，志书装帧设计和印刷效果今非昔比了。

（六）精品简本省志将成为新的编纂模式

省级志书规模庞大，资料丰富，但使用起来很不方便，查阅详细资料的读者毕竟少数。因此，从首轮修志开始，就出现在省级志书几千万字资料的基础之上，浓缩成的简本，如《安徽省志简本》180万字，《江苏省志简编》160万字。第二轮省志又有了新的发展。如湖南省，在完成84卷的《湖南省志（1978—2002）》出版一半之际，2014年2月启动《湖南省志》（综合本）编纂，通贯今古，号称是继清光绪十一年（1885年）编修《湖南通志》130年后的续修，是又一部贯通古今、横陈百科、精选精编的综合性通志。该志分“综合、地理、政治、管理、经济、文化、社会、附录”8卷，90篇，总字数在600万—800万字。这种模式有人说是“丛书＋简志”模式，先编丛书，让各个厅局编纂出版一卷一志的分志，然后在此基础上编纂简本省志。两种版本共存，满足不同读者的需求，相信这种模式将会在更多的省（自治区、直辖市）流行。无论是简本、简编，还是综合本，浓缩了的就是精华，一定会得到广大受众的欢迎。

第二轮市级志书年度评价

刘雪芹　伍　福

提　要： 文章指出年度内第二轮市级志书在篇目、体例、体裁、内容、出版等方面都出现了新的变化，当然也存在一些不足。在内容变化与演进上更加凸显了时代特色和地域特色，对于体制改革相关内容，采取集中记述、分散记述、集中与分散相结合三种记述方法。同时指出外观质量普遍得到进一步提升。并从出版速度、质量建设、内容记述、衔接问题等方面，对市级志书进行预测和展望。

关键词： 市级志书　内容　记述方法

全国第二轮规划编纂的市级志书，包括副省级城市志、中等城市志、地州志共396部①，截至2014年12月31日，已出版144部，完成率36%②。其中2014年蓝皮书年度③出版37部，占9%。从各省市完成情况看，广东已于本年度完成二轮修志任务，有4省尚未启动市级志书编纂。

① 396部为中国地方志指导小组办公室联络处统计数据，不包括直辖市城市区志，直辖市城市区志被该统计体系归入县级志书。

② 本文相关数据，根据《全国第二轮省市县三级志书规划与出版情况统计表》《中国方志通讯》(2013年第4期，总第655期；2013年第40期，总第691期；2014年第19期，总第710期）统计所得。

③ 2014年度指2013年1月1日至2014年12月31日；本报告就此时段市级志书进行情况分析。

一、年度总情看特点

根据对2014年度出版的37部市级志书比较分析，在篇目、体例、体裁、内容、出版等方面都出现新的变化；二轮市级志书册数普遍增加。

与首轮志书的衔接上，大多采取自然断限，尤其较早启动编纂的市级志书。但也有少数采用首轮、二轮合修。后启动的续志，为保留史脉和文脉，以断限内为记述重点的同时，在述体、综合性章节、大事记、图照等方面勾连历史的市级志书不断增加。

内容结构方面，追求突出时代性，对政治、经济、社会保障等制度改革，城市化进程，流动人口，大气环境，精神文明创建，房地产业等内容，普遍予以关注；在处理政治体制改革、经济体制改革与社会保障、城市化等时代特色主体内容时，或分散，或集中，或分散与集中相结合，力图全面深入反映改革开放后社会的巨大发展变迁。内容结构与布局方面，既关注到多部类间的集中与分散关系，也注意到具体门类的综述与深入记述，反映出事物的“时光流”，重大事物，既有综合概括，也不乏浓墨重彩。

二轮市级志书在篇目设置、体裁运用、记述内容、记述形式、出版形式等方面都不同程度地做到与时俱进。篇目、体裁运用更加灵活，大篇、中篇、小篇体、卷目体、纲目体都有使用；大事纪略、要事纪略、大事专记、特载、附记灵活选择，因记述对象而异。二轮修志以来社会事物不断增多、分离和细化，如流动人口、各类改革、产业化、现代服务业、新能源、工业园区、科技园区、房地产业、城管、物流、移动通信、开辟外地外国旅游市场、卖场超市、商城、大型批发市场、涉外服务、证券期货、文化产业、民间组织、社会保障等等，是首轮没有或刚刚出现的；事类的数与量同时增加，增加了市级志书内容的记述规模和装帧的卷册量。

当然，成功中也有不足，部分市级志书记述局限于体制内，对市场经济社会化、体制外内容记述不够深入；部分志书或门类叙事流水账、数据化；社会问题的记述虽有所突破，但蜻蜓点水甚至干脆回避的仍然不少；百姓民生事物记述不深入，不够“接地气”，今后编纂中需要进一步完善、提高。

二、年度统计观进度

全国第二轮市级志书规划 396 部（以书号为标准，一书一号），涉及 28 个省区，比首轮规划志书 911 部减少 515 部，减少了 56%。减少最多的是贵州省，首轮该省规划市级志书 389 部，二轮仅规划 9 部；其次是辽宁省，首轮规划 152 部，二轮规划 56 部。增加的省份也有，西藏首轮没有规划，二轮规划了 7 部；广西首轮规划 6 部，二轮 14 部。从二轮规划规模看，50 部以上的有 1 个省，即辽宁省；其次是新疆生产建设兵团 21 部。规划市级志书 20 部以下的省份占 93%。其中，10—20 部的有 18 个省，占 64%；其余 8 个省规模都在 10 部以下，占 29%。

截至 2012 年 12 月 31 日，全国第二轮市（地）级志书累计出版 108 部，完成率 27%。2013 年出版 28 部，占 7%。据不完全统计，截至 2014 年 12 月 31 日，2014 年度出版市（地）级志书 37 部（详见表 1），广东、西藏全部完成二轮市级志书的编修任务。

2014 年度全国第二轮规划市（地）级志书出版情况表

表 1

单位：部

序号	行政区划	市（地）级志书				2014 年度出版志书名称（括号内为出版时间）
		规划	已出版	出版占规划数比重（%）	2014 年度出版	
1	河北	7	1	14.0	0	
2	山西	11	3	27.3	1	《临汾市志》（2013 年 12 月）
3	内蒙古	12	3	25.0	0	
4	辽宁	56	12	21.4	2	
5	吉林	9	6	67	1	《吉林市志（1986—2003）》(2014 年 7 月)
6	黑龙江	13	0	0	0	
7	江苏	13	4	30.8	4	《南京市志》（8—12 册，2013 年 4 月） 《张家港市志(1986—2005)》(2013 年 10 月) 《苏州市志（1986—2005)》（2014 年） 《镇江市志（1983—2005)》（2014 年） 《扬州市志（1988—2005)》（2014 年 5 月）

续表

序号	行政区划	市（地）级志书				2014 年度出版志书名称（括号内为出版时间）
		规划	已出版	出版占规划数比重（%）	2014 年度出版	
8	浙江	11	2	18.2	—	
9	安徽	17	14	82.4	2	《滁州市志》（2013 年 9 月） 《合肥市志》（2013 年）
10	福建	9	2	22.0	1	
11	江西	11	6	54.5	1	《抚州市志》（2013 年 10 月）
12	山东	17	6	35.3	1	《淄博市志（1986—2002）》（2013 年 5 月） 《济南市志（1986—2010）1》（2013 年 7 月） 《青岛市志（1978—2005）·政治卷》（2013 年 11 月）
13	河南	18	11	61.0	0	
14	湖北	17	10	58.8	5	《黄石市志（1980—2002）》（2013 年 3 月） 《恩施州志（1983—2003）》（2013 年 7 月） 《天门市志（1979—2003）》（2013 年 8 月） 《孝感市志（1949—2005）》（2013 年 10 月） 《鄂州市志（1983—2007）》（2014 年 10 月）
15	湖南	14	3	21.4	0	
16	广东	19	19	100	9	《汕尾市志（1979—2000）》（2013 年 4 月） 《揭阳市志（1992—2004）》（2013 年 8 月） 《东莞市志（1979—2000）》（2013 年 12 月） 《汕头市志（1979—2000）》（2013 年 12 月） 《湛江市志（1979—2000）》（2013 年 12 月） 《珠海市志（1979—2000）》（2014 年 3 月） 《茂名市志（1979—2000）》（2014 年 3 月） 《潮州市志（1992—2005）》（2014 年 3 月） 《深圳市志》（2014 年）
17	广西	14	4	28.6	1	
18	海南	2	0	0	0	
19	四川	21	15	71.4	2	
20	贵州	9	0	0	0	
21	云南	16	3	18.8	1	《红河州志（1978—2005）》（2013 年 12 月）
22	西藏	7	7	100	0	

续表

序号	行政区划	市（地）级志书				2014 年度出版志书名称（括号内为出版时间）
		规划	已出版	出版占规划数比重（%）	2014 年度出版	
23	陕西	11	2	18.2	0	
24	甘肃	14	5	35.7	2	《定西地区志》（2013 年 8 月） 《庆阳市志（1986—2010）》（2014 年 11 月）
25	青海	8	1	12.5	0	
26	宁夏	5	1	20	0	
27	新疆	14	0	0	0	
28	新疆生产建设兵团	21	4	19	4	
	合计	396	144	36.4	37	

说明：①本表根据《全国第二轮省市县三级志书规划与出版情况统计表》《中国方志通讯》（2013 年第 40 期，总第 691 期；2014 年第 19 期，总第 710 期）为基础数据统计所得 2014 年度数据。规划志书以部为单位，数据以书号为依据，一书一号。②《南京市志》（8—12 册，2013 年 4 月）、《济南市志（1986—2010）1》（2013 年 7 月）、《青岛市志（1978—2005）·政治卷》（2013 年 11 月）均是 1 部志书的分册，没有作为 1 部志书统计。③宁夏出版数量 2013 年较 2012 年自然减少 1 部。《中国方志通讯》（2013 年第 40 期，总第 691 期）统计出版数量为 2 部，《中国方志通讯》（2014 年第 19 期，总第 710 期）统计出版数量为 1 部

三、第二轮市级志书各择千秋

2014 年度出版的 37 部市级志书规模特征：副省级城市由于都是 10 卷本左右的规模，所以皆设总目；中等城市仅《深圳市志》《滁州市志》《张家港市志（1986—2005）》《黄石市志（1980—2002）》有总目。副省级城市志书一般有索引，中等城市部分有索引。《滁州市志》《张家港市志（1986—2005）》《红河州志（1978—2005）》《揭阳市志（1992—2004）》《淄博市志（1986—2002）》有索引，其中《揭阳市志（1992—2004）》还有英文索引。内容大多设主题索引，有的仅有表格索引，《张家港市志（1986—2005）》等对主题、表格、随文图、人物都做了索引。其中《滁州市志》《张家港市志

(1986—2005)》《红河州志（1978—2005)》使用音序检索法，《揭阳市志(1992—2004)》《淄博市志（1986—2002)》要目、人物为音序检索，表格按正文先后顺序排列。所有市级志书都有凡例，仅有少量志书不仅仅有凡例，还有编纂说明；编后记多数市级志书仅介绍编纂过程，《淄博市志（1986—2002)》对内容创新作重点介绍。

抽样的25部市级志书中的12部由方志出版社出版，3部由中华书局出版，10部由当地出版社出版。虽然25部志书的开本都是16开，但有的是大16开，有的是小16开，也有的是标准16开。封面有的有护封，有的没有护封。其中前者有的外边是护封，里边是布面烫金字，有的是布面不烫字，也有的是硬面；后者有的是布面，有的是硬纸面，不够统一。

对已见25部市级志书分析，字数都在100万字以上。副省级城市一般是多卷本，字数在1000万字左右。如《南京市志》为首轮、第二轮合志，共规划12册1500万字；《青岛市志（1978—2005)》8册，已出版5册共计449万字；《深圳市志》9卷1400万字；《济南市志》10册，已出版的第一册95.4万字。中等城市一般是多册，字数300万字以上的有10部，3－6册不等；字数200万—300万字的有8部，或上下两册，或上中下3册；200万字以下的志书有3部，其中2部上下册，1部1册。

相较于首轮志书，二轮志书字数有增有减（详见表2)，单本志书厚度有所降低，装订册数普遍增加。《抚州市志》属于增幅比较大的一部志书，比首轮志书增加727万字，原因有四：一是通贯古今，首轮、二轮合修。不设上限，因事而异追溯至事物发端，下限迄于2011年，大事记延至2012年。时限延长，内容自然增多。二是记述范围扩大。首轮为县级市，第二轮为地级市时期的辖区范围。三是前志补遗，前志未设附录。二轮卷首设抚州人文综述、抚州革命斗争纪略等内容；专设艺文卷，收录自古至今的诗词歌文、著述目录；专设附录，收录区域内历史变革时期的重要文献、序文等。四是概括综述有些不够。以建置为例，前志用寥寥数语概述抚州的历史变迁，而二轮志书则用4节9页的文字来记述，尤其是夏至清的记述类似大事记，当然文字量大。

《汕头市志（1979—2000)》属于文字减少幅度较大的1部志书，比首轮志书减少525万字。原因在于：一是记述时限短。首轮上溯远古，下至1987

年底，附录收至1991年；二轮仅记述1979—2000年，个别内容为保持完整性，有适当上溯下延。二是记述范围小。首轮记述所辖8县1市6个市辖区和1个经济特区；二轮仅以2000年汕头市行政区域为记述范围。

表2的9部志书首轮、二轮总文字量比较，二轮比首轮增加142.35万字，册数增加7册。二轮市级志书与首轮比较，繁简不一，体裁多样，各有千秋：一方面说明社会的不断发展变化，导致志书内容结构乃至形式均发生变化；另一方面二轮志书编纂者多为新人，说明编纂者认识思考不一，方志编纂的衔接需要重视，反映地方志的编纂需进一步成熟和稳定。

2014年度出版9部市级志书与首轮志书（前志）规模比较表

表2

志书名称	首轮字数（万字）	册数（册）	二轮字数（万字）	册数（册）
《抚州市志》	80	1	807	5
《滁州市志》	152.5	1	375	6
《珠海市志（1979—2000）》	200	1	251	2
《汕头市志（1979—2000）》	778	4	253	2
《揭阳市志（1992—2004）》	130	1	160.8	1
《湛江市志（1979—2000）》	320	2	151	2
《红河州志（1978—2005）》	550.65	7	375	3
《淄博市志（1986—2002）》	392.3	2	380	3
《东莞市志（1979—2000）》	250	1	243	3
合计：9部	2853.45	20	2995.8	27

四、内容变化与演进

随着社会发展，时代变化，社会新生事物呈几何级数增长。志书内容也随着社会分工的变化而变化，与首轮相比，二轮志书在内容上的重大变化是凸显时代特色和地域特色的重要方面。

市场经济时期的修志，资料仅靠机关文书档案、年鉴是远远不够的，社会调查的广泛使用，可以让志书资料更加鲜活，更具时代感。部分市级志书注意到这一志书质量的基础工作，并付出了努力。《滁州市志》编审部门先后开展了滁州河湖山林自然环境调研、商贸街区调查、居民生活“百户调查”等，获得可靠而丰富的第一手资料，新旧事物的兴衰消长、社会阶层的成长壮大、老城区和旧民居的消失、新城镇的崛起和环境的改变……深入地记述滁州社会变迁。《庆阳市志（1986—2010）》编纂部门委托行业主管部门或专业人士、新闻工作者进行专题调研，涉及社会的热点、焦点、难点和涉及面广、层次深的一些综合性专题，用具体鲜活的内容全面深刻透彻地反映深层次的社会问题。

1. 时代特色体现。二轮志书以改革开放为记事的时间上限，记述改革开放30年的成就，志书普遍记述体制改革、环境保护、信息化等具有时代特点的篇目和内容，有的志书还将之专设篇章。《淄博市志（1986—2002）》专设体制改革卷，从政治、经济、社会保障三个方面体现时代变革。在具体门类上也体现时代特色。该志首轮志书工业设15篇，分别为工业综述和煤炭、电力、冶金、石油化学医药、机械、电子、建材、陶瓷、纺织、丝绸、一轻、二轻工业；商业设综述、供销合作商业、饮食服务业、粮油购销、物资供应、对外贸易6篇。随着淄博经济结构的调整，工业比重下降，商贸服务比重增加，二轮志书对此做出反应和调整。在经济综述后，设能源工业、冶金建材工业、石油化学医药工业、机械电子工业、陶瓷工业、轻纺工业6篇，比首轮减少10篇。与此相反，第三产业、商贸内容大大增加，原供销合作商业、粮油购销、物资经销、服务业等单设国内贸易编，增设专卖品贸易、典当与拍卖、重点商场与市场内容。与国内贸易编平行还设置开放开发篇，从经济开发区、招商引资、对外贸易、区域经济技术合作、海关、出入境检验检疫进行技术，体现时代特色。增设旅游篇，体现当代人休闲、观光的生活理念。《恩施州志（1983—2003）》在记述中注重突出产业特色、民族特色和山区特色，专设经济开发卷和移民卷。

随着工业化的推进，环境污染问题日趋严重，城市、地（州）生态环境保护引起全社会的重视。二轮市级志书普遍关注到这一时代话题，专设篇章予以记述。《张家港市志（1986—2005）》设生态环境建设卷，下设环境质量、污染治理、环境管理、生态建设、城乡绿化、生态环境先进城市创建6章。

2. 地域特点。随着城市化速度的加快，“千城一面”“城市同质化”现象日趋严重。地域文化是体现城市个性的名片，二轮志书纷纷增设体现地域特色的内容。珠海是一个港口城市，在举国上下重视海洋经济的时候，《珠海市志（1979—2000）》二轮增设海洋和渔业内容。《深圳市志》着重反映深圳作为中国最早建立的经济特区的历史地位，突出改革开放“试验场”和“窗口”的先锋示范作用，重点记述深圳市的经济建设和发展，突出城市规划、建设和管理，环境保护，科教兴市、依法治市和精神文明创建等方面的情况；专设中英街专志，体现地方特色。《临汾市志》专设唐尧文化、晋文化两卷，体现当地特色。《孝感市志（1949—2005）》把孝文化名城建设设为专节，突出城市文化特色。《红河州志（1978—2005）》突出边疆的风情和少数民族生活的记述，卷首彩照收入大量热带珍贵植物、少数民族服饰、特产彩照，正文对民族音乐舞蹈、民族分布、民族经济、民族风俗都加强记述。《潮州市志（1992—2005）》突出了潮州陶瓷、泥塑、花灯、畲族风情、潮州方言、旅外潮州人。

3. 续修上下限关系处理。在处理与首轮志书的关系时，大部分志书是续修，也有的是首轮、二轮合修，如《南京市志》《临汾市志》《抚州市志》。但也有首轮不修、二轮为本市首部志书的，如《深圳市志》是首部市志，记述时限为1979—2000年，需溯源的适当上溯，个别重大事件为保持完整性适当下延。《定西地区志》上起远古下至2003年，填补了定西没有地区志的历史空白。

二轮志书大部分采取自然断限或勾连历史的方法。大部分二轮志书以改革开放之后内容为主，各志根据前志选择上限年份，故上下限差别较大，有的是1978年、1979年，也有的是1949年、1992年；下限有的是2000年，也有的是2002年、2003年、2004年、2005年。

为保持事物的连贯性与完整性，二轮部分市级志书上溯勾连历史。方法看，有篇下序勾连、大事记上溯等形式。《张家港市志（1986—2005）》《庆阳市志（1986—2010）》《青岛市志》在衔接前志时，通过篇下序上溯的方式处理。《滁州市志》不设上限，篇下序和正文都对首轮内容进行上溯，但笔墨较简。《滁州市志》以改革开放时期为主要记述时段，以1993—2010年为记述重点，追溯史实在卷下概述中对该行业（事业）自发端时起作延伸记述，与重点记述时段相衔接。《揭阳市志（1992—2004）》上限（撤县建地级市）之前的事情不作记述，个别章节为叙事完整上限有所超越。《青岛市志·大事记卷》简要记述青岛自光绪十七年（1891年）建置以来至二轮志书上限1978年的大事，用大事记传承与衔接，让读者了解青岛建置120年的发展历程后，再用志的正文主体续二轮断限内的内容。

对于前志漏载内容，二轮市级志书普遍予以补记，补记形式有专章记述、附录补载、专记补载、史实纪略等多种。对于前志遗漏、记述不足或有意回避的内容，二轮《滁州市志》进行大量续补，如续设艺文志，将滁州历代著作存目、名家诗文等分为四类，合为艺文；新设丛谈一类，将欧阳修与滁州、朱元璋从滁州崛起、封疆大吏吴棠等7个专题合为“史事丛谈”；增设“杂志”卷，分名人轶事、地名掌故、民间传说等5目。《张家港市志（1986—2005）》对于前志遗漏的内容，在相关篇章予以补载，内容上溯至事物发端，并另附设历史文化篇。《镇江市志（1983—2005）》对断限前的地情设史事纪略卷扼要记述。

有的志书采用首轮、二轮合修的方式。《南京市志》首轮采取“三步走”战略，第一步是编纂100万字的《南京简志》，第二步是编纂一系列的《南京市志丛书》，第三部是完成《南京通志》。在完成前两步的基础上，1995年启动第三步《南京通志》工作。由于各种原因，直至二轮修志启动，通志尚未完工。2008年10月，经南京市政府批准，《南京通志》更名为《南京市志》，首轮、二轮合修。2013年4月，12册98卷1500万字的《南京市志》全部出版。无独有偶，《抚州市志》把首轮县级市时期的《抚州市志》记载内容也归并入本次纂修范围，延长正在编纂的首轮地区志下限，把一轮的地区志和二轮的市志编修合并为编修一部《抚州市志》，内容通贯古今。

五、重大内容记述的思考与创造

政治、经济、社会保障等体制改革和城市化是二轮市级志书重要的内容，从年度出版的市级志书中可以看出不少的思考和创造。

二轮志书以记载改革开放30年为主要内容，同时这30年也是我国政治体制改革、经济体制改革、城市化的重要阶段。

1. 体制改革集中设置。翻阅本年度15部市级志书，多采用分散写法，仅有《淄博市志（1986—2002）》《庆阳市志（1986—2010）》两部采取集中设体制改革专门门类编纂的方法。《淄博市志（1986—2002）》设体制改革卷，卷下序（导言）综合介绍体制改革的四个发展阶段；正文分设政治体制改革、经济经济体制改革和社会保障体制改革 3 个目。政治体制改革从党政分开、政企分开、简政放权，民主政治建设，干部人事制度改革，党政机构改革，事业单位改革 5 个方面进行记述；民主法治建设从完善人民代表大会制度、完善政治协商制度、建立政务公开制度、基层政权选举和村民自治制度改革、司法制度改革、法治建设 6 个方面进行表述；干部人事制度改革从干部选拔任用、干部考核、干部交流、干部监督 4 个方面予以记载；党政机构改革从 1983 年市级党政机构改革、1993 年县乡机构改革、1996 年市级党政机构改革、2001 年党政机构改革 4 个方面加以记录；事业单位改革从分类管理、聘用制度、岗位管理制度、收入分配制度 5 个方面撰写。在中国共产党地方组织、地方政府两章，《庆阳市志（1986—2010）》设经济体制改革、农村经济体制改革、政治体制改革、干部人事制度改革、社会保障体制改革、社会事业体制改革等几节，集中记述全市各项体制改革的主要过程、方法步骤、具体成效。

对于经济体制改革设置，从抽样的 15 部市级志书看，集中写的有 11 部，分散写的有 3 部，集中与分散相结合写的有 1 部。集中写的，一般从农村经济、工业、企业、流通、财税等体制改革方面进行记述。如《张家港市志（1986—2005）》在经济综情卷下设经济体制改革专章，下设农村经济、工业经济、商贸流通、财政金融体制改革 4 节。其中，农村经济体制改革从土地承包经营改革、农村税费改革、土地股份合作改革、农村产权制度改革 4 个方面进行表述；工业经济体制改革从企业经营机制转换、产业产权制度改革、国有（集体）资产重组、现代企业制度建立 4 个方面分述；商贸流通体制改革从商业体制改革、粮油体制改革、供销流通体制改革、物资体制改革 4 个方面述。

《揭阳市志（1992—2004）》采用集中与分散相结合的方式，在经济综述章下设经济体制改革章，从农村经济、工业企业、流通、财税、社会保障、住房 6 个方面集中、简要地记述体制改革。同时，在各篇记述时，再设农业体制改革等专节，详细记述该方面的体制改革。分散写时，一般是在门类记述时，设专章、专节，或随文分门类记述。

对于社会保障制度改革，多采取分散写法，也不乏集中写的案例，如《揭阳市志（1992—2004）》《淄博市志（1986—2002）》。后者体制改革卷下设社会保障制度改革目，从养老保险、失业保险、医疗保险、工伤与生育保险4个方面进行表述。其中，养老保险又分为企业职工及自由职业者社会养老保险、机关事业单位人员社会养老保险、农村社会养老保险3种类型进行分述。

2. 城市化体现。二轮市级志书在记述城市化时，全都采用分散随关联事物记述的方式，主要体现在人口、劳动市场、房地产、教育、社会保障、交通、社会生活等门类。《淄博市志（1986—2002）》关注到人口流动及流动人口的计划生育管理等内容。《张家港市志（1986—2005）》在人口流动一目中从人口流入和人口导出两个方面进行记述。《珠海市志》设珠港澳流动渔民编，从管理体制、渔业生产、会费缴纳与管理、流动渔民的贡献4章记述。外来人口比较集中的东莞，《东莞市志（1979—2000）》设外来暂住人口专节，从人口总量、人口构成两方面记录人口流动情况，并从性别、地区、职业三个方面分析外来人口的结构。《庆阳市志（1986—2010）》通过对打工经济的分析对比，从境内流出和境外流入两个方面记述广大农民观念更新，走出庆阳闯天下的新理念；通过对私营经济的调查分析，记述经济多元化发展的趋势及农民变居民，城镇化建设的步伐；通过从窑洞到砖瓦房到楼房的变化和教育投资的记述反映农民向小康迈进的步伐。而《恩施州志（1983—2003）》专设移民卷。

3. 社会问题记述有突破。《滁州市志》运用附记、案例的形式，记载有较大社会影响的社会问题。如纺织企业华宇集团工人因改制导致大批职工下岗，引发京沪铁路滁州段卧轨事件的前因后果的附记，以及防腐倡廉典型案例、重大安全事故案例、消费者打假维权案例等。《南京市志》改变对南京解放后历次重大政治运动记述过粗的不足，较完整地记述"文化大革命"等政治运动。《庆阳市志（1986—2010）》在概述里表述庆阳虽然取得了巨大成绩，但仍是个经济欠发达、工业发展慢、农业现代化和产业化程度较低等困难和问题较多的城市。有的志书在有关章节真实反映发展带来的一些负面影响，如环境污染等一些不容忽视的问题。有的志书在专题调查里反映不足。

六、记述方法的探索与创新

通过对37部2014年度出版的市级志书分析，大多数志书内容的记述手段和方法均有不同程度的探索甚至创新。结构布局上，较好地运用了集中与分散、综合与条析的方法，这一处理方式涉及市级志书内容的不同层面。通记体志书与市志丛书的总与分，门类间的总与分，写单元内容的综合、典型加表格，37部志书都有不同层次的体现。

从年度出版的市级志书看，门类写作一般先集中写总概况，然后再细分子目，即先宏观，再中观，最后典型。《深圳市志》工业部类，先设工业综述志，再设电力工业、建材工业、石油化学工业等门类。

门类粗细，其设置因志种和政区规模而宜。大多数志书采用小篇体（章节体），因为其重在内在结构的逻辑关系，设置灵活，有利于先后快速出版。也还有采用大编、中编结构，还有条目体结构。副省级的《南京市志》采用大编结构和条目结合体，目为实体，要求节下设目，采取不分层次、不分序列的条目排列，灵活设置有价值含量和覆盖面的条目，以时为序，直述其事。中等城市的《淄博市志（1986—2002）》采用中编结构，编下不设章节，直接设目。《东莞市志（1979—2000）》采用中小编体结构。《滁州市志》采用卷目体，平列设卷，卷下设分目、条目，少数条目下设子目，主体条目之后设附记。

从体裁应用方面看。篇下序普遍得到采用，增强了市级志书的整体性和概括性，打破志书偏重横剖门类间“老死不相往来”。大事记部分的创新更多，大事专记、大事纪略、市情综述都出现在卷首部分。《南京市志》借鉴年鉴编纂中专记等体例，在志首设置《大事专记》，以突出某项事情的重要性；舍弃附录这一体裁，凡入志的资料均用正文记述；加强述体，注重综述、概述、章节无题序（述）的撰写，提升志书的概括性、综合性和系统性。《青岛市志·大事记卷》第一部分为专记，选取88个青岛市1978年改革开放至2010年在政治、经济、文化、社会等方面发生的重特大事件。第二部分为纪略，以编年体的形式全面记述1978—2005年青岛市发生的大事、要事、新事。《临汾市志》于卷首设要事纪略。《济南市志》卷首有市情综述、大事记两部分内容。《抚州市志》卷首增设抚州人文综述、抚州革命斗争纪略内容。《庆阳市志（1986—2010）》以特载形式刊载一些有重大影响活动的纪实和领导讲话。如温家宝总理对庆阳批示复印件、习近平副主席庆阳行纪略等，还有庆阳地改市、老区建设等方面的一些重要文献。

七、外观质量进一步提升

1. 随着摄影器材的普及和摄影水平的提高，二轮志书图照明显增多。大部分市级志书都使用卷首彩页，多的近 60 页，少的 20 余页；整页图、跨页图、特写图等类型多样，图片效果明显提高。随文图大量使用，有的志书多达 2000 幅，副省级城市志一般都能达到这个规模，中等城市如《滁州市志》多次组织市志图片征集和拍摄，从 5000 余幅具有特定时代背景和社会场景、行业风貌、生活状况发展演变的图片资料中，遴选出 1800 多幅，随文配于各卷。但也有少量的志书没有一张随文图。大事记使用随文图的现象开始增加。

2. 随着影像制作技术的提高，志书的电子化得到重视。抽样的 25 部市级志书中，近一半的志书附有光盘。光盘内容不仅有志书内容，有的还配有当地的宣传片，如《东莞市志（1979—2000）》的光盘中收录了《东莞：城市传奇》纪录片。有的志书出版后，立即上传到本地网站供查阅，如《南京市志》12 册全部上传，内容清晰，使用方便；《东莞市志（1979—2000）》也做到及时上传。随着办公自动化程度的提高，图表使用明显增加。所有市级志书都大量使用表格，辅助文字说明，图文并茂，文字综合概括，讲轨迹讲概貌讲结构讲特征，表格为具体数据，达到文表、文图结合，图文并茂。图包括卫星影像图、政区图、地形地貌图、地质矿产图、景点分布图、土地利用现状图、土壤分布图、城区图、交通图、历史文化保护图、城市基础设施分布图、城市功能分区图等等；统计性结构图、统计趋势图，形式上有饼形图、柱形图、折线图、坐标图等等。图表形式多样，总体效果较好，但也有不够规范的图表。

3. 二轮志书印刷质量大大提高。封面多为精装，护封、硬装属于基本平常；有的志书布面烫金，如《济南市志》《黄石市志（1980—2002）》；有的还专门制作精美套盒，如《滁州市志》。纸张普遍好于首轮，有的志书还使用较好的轻质纸，如《红河州志（1978—2005）》，上中下三册的重量不及传统志书一本，大大方便读者的携带与使用。随着地方经济发展和财政收入的增加，普遍对市级志书的出版加大投入，部分志书采用全彩印刷，如《滁州市志》《淄博市志（1986—2002）》《张家港市志（1986—2005）》，图文并茂，生动丰富，大大增强了志书的可读性。

八、发展的新趋势与预测

第二轮市级志书的编纂与出版已经进入快车道。2014 年度，市级志书的编纂进度已开始提速，截至 2014 年 11 月，共出版市级志书 144 部，接近规划总数 396 部的 36.4%。年度出版市级志书 37 部，单年出版量占规划总数的 9.3%。二轮志书以中国地方志指导小组三届四次会议为全面启动标志，已经过去 8 年，前 7 年完成出版不到 30%，而 2014 年度一年完成接近 10%，可预测市级志书下个年度将进入快速出版阶段。广东已全部完成出版，超过或接近 70% 的有安徽、四川、吉林三省；超过 50% 的有江西、河南、湖北三省，以上省区呈现一马当先，其他省区也明显看到奋起直追的态势。

地方志是存之后世的文献，质量尤为重要。在前期志书经验教训基础上，预测市级志书质量会不断提升，未来出版的志书会进一步追求时代性和地方特色，时代的重大事物会作为质量提升的重点。市级志书编纂相对其他志种而言，人才、财力相对雄厚，是质量不断提高的基础；志书外在的质量，包括印制装帧会更加出彩。

从 2015 年度开始，出版的市级志书城市化内容会更加全面深入和闪耀时代的光彩。市级志书记述的对象是副省级城市和中等城市，都市化、城市化不断深入地区，社会内容、市场内容，人、财、物的流动，中外城市间的交流内容将进一步充实并趋之鲜活。地（州）志会进一步加强工业化和部分城市化的内容。政治、经济、文化、社会的改革，会是市级志书记述的重要内容。市级志书城市化内容的客观性，推动城市志资料的多元和记述内容的多元，修志不仅仅是代党委、政府立言，同时是代市民、人民立言。更多的市级志书会进一步关注民生和城市化、工业化产生的社会问题、环境问题，实事求是，辩证、科学、历史地加以记述。

下年度出版的市级志书，采用自然断限的会越来越少，勾连历史的会越来越多。分析原因，除对续修前阶段观点和实践的反思外，更为引起重视的是习近平总书记2014年2月在首都博物馆的重要讲话：“见证历史、以史鉴今、启迪后人……把历史智慧告诉人们，激发我们的民族自豪感和自信心，坚定全体人民振兴中华、实现中国梦的信心和决心”，给全体修志工作者以重要启迪。只有勾连历史文化，复载历史智慧，才能以史鉴今、启迪后人。绝大多数市级志书编纂者都增强了历史文化记述的意识，增强了续志内容的整体性、独立存在性和历史纵深性的意识，从而也增加了续修市级志书的可读性和历史的启迪性。

第二轮县级志书成果及问题评估

王卫明

提　要： 综观已出版县级志书，篇目具有鲜明的时代性、地方性，以及体式多样等特点，而内容记述符合志书编纂的规范要求、拥有基本的内容等，资料体现多多样性和存史性。在指出县志存在篇目设计个性不足、内容少情节、资料面向社会程度欠缺等不足的基础上，对县志编纂提出了预测：一是县志发展前景看好，二是县志的内容会更加丰富，三是县志也面临着改革。

关键词： 县级志书　发展　问题评估

县级志书经过30余年的编修，截至2014年12月31日，全国首轮县志已全部出版，共计2656部。[①] 第二轮县级志书，截至2014年12月31日，共出版1444部，占第二轮县级志书规划出版的49.18%。[②] 2014年出版的县志，承载了30年的编纂研究成果，是在有经验、有理论的基础上形成的修志成果，这些成果整体上体现出了完整的结构、丰富的内容和存史资料，并在此基础上有继承和发展，体现了新时代、新社会、新志书的优势。

一、完整的县志篇目结构

县志的篇目设置具有其特殊性，因为县级志书多为一卷本，在一本书里

① 中国地方志指导小组办公室编：《中国方志通讯》2015年第10期。

② 中国地方志指导小组办公室编：《中国方志通讯》2015年第10期。

容纳所在区域各方面的内容，它不像多卷本分设那样有回旋的余地，这就要求县志在篇目设置上要更加严紧、合理。横向分类，覆盖面要全；纵向领属，关系要明确。科学合理是最基本的要求，在此基础上，要具有时代性和地方性。现在出版的县志，篇目横向分类比较全面，编排结构严密、合理，能够形成一个完整的体系，容纳一地的内容。无论是边境省（自治区）出版的首轮志书，还是中原省份出版的第二轮志书，其篇目设置都能为志书的编纂提供一个良好的框架结构。如 2014 年 2 月中国藏学出版社出版的西藏自治区《林芝县志》，上限为事物起始发端，下限为2005 年年底，卷首设总序，由西藏自治区地方志编纂委员会撰写，西藏自治区的县志统一设此总序。之后为序一、序二、凡例、目录、概述，再后为专志，专志设置类似于内地的首轮志书，有自然地理、政区建置、政党群团、人大政府政协、人事劳动民政、公检法司、军事、政事纪要、农牧水利、林业、工商粮油、交通邮电城建旅游、财税金融、经济综合管理、文化广播影视、教育体育科技卫生、人口民族宗教民俗、语言、人物。卷尾为大事记、考、附录、索引、英文目录、编后记、总后记。专志按照先自然后社会，先政治后经济的思路设计，20 世纪 80—90 年代出版的首轮县志，按照此思路设计的篇目较多。政事纪要里的领导视察与指导、重大政事、援藏工作；语言里的藏语文工作、工布藏语、门巴语等，均体现出西藏县志的特点。无论篇目怎样设置，其横向分类的类项比较全面，结构合理，容纳了林芝的各方面内容。

第二轮县志的篇目与首轮县志有所不同，2014 年中州古籍出版社出版的河南省《杞县志（1991—2003）》，采用大编结构，卷首为序言、凡例、概述、大事记，中间设十大编，卷后为附录、索引、编纂始末。十大编的专志依次为：环境、资源、基础设施、居民、产业、经济管理、政治、人文、人物、乡镇简介。大编下横向分类类项全面，层次结构设计有特点、科学合理。第二轮县志的篇目设置注重于环境和资源，在很多县志里都设有环境和资源篇；重视基础设施，将首轮县志归入经济部类的城乡建设、交通邮电、电力水利等，重新设置为“基础设施”，置于其他专志之前；重视以人为本，突出居民等人文内容。

虽然，对于篇目的设置个别类项的称谓或归属有争议，但不影响县志篇目的整体质量。如《杞县志（1991—2003）》将乡镇企业归入产业编，如此的处置会引起争议。因为它是企业概念不是产业概念。但从另外一个角度来说，乡镇企业是这个时期的特殊产物，第二轮志书不予以记述，会缺失此内容。根据自身的篇目设置，如此的处理相对合适，重要的是能够为记述乡镇企业的内容，保存其资料提供了一个空间。

目前出版的县志篇目，其结构都比较完整。县志无论采用大编还是中编结构，采用篇章节目体还是纲目体式，横向分类的项目是相同的，但编排不同。无论这些类项如何编排，县志篇目能够同一层次的事物具有内在联系，即同级事物关系并列，彼此相连，互不可缺；纵向看，上下层之间，领属关系明确，即上层的概念包含其下所属的事物，下层事物对上属概念没有僭越，没有出现编章同名或章节同名，或下层概念大于上层概念等现象。现在的县级志书基本掌握了志书的横向并列、不缺要项；纵向领属，归属得当的篇目设置要求。当然，部分县级志书篇目仍有瑕疵，如《杞县志（1991—2003）》产业里缺服务业。县级志书篇目上的瑕疵，并不影响志书的整体结构。当代县志能够做到结构完整，得益于30多年来对县志编纂的理论研究，积累了经验，为修志实践提供了正确的指导。《地方志书质量规定》中对县级志书记述内容大致涵盖的方面，就是对30年来理论研究进行归纳的总结。总之，县志的篇目设置已大体成熟，并日臻完善。

综观县级志书篇目，有如下特点：

1. 县志篇目具有鲜明时代性。新旧县志相比较，新县志篇目无论体式还是结构，都在随着时代的发展而不断地变化。现在广泛采取的篇章节目体，是旧志所没有的体式；纲目体虽沿承旧志，但新志已将旧志纲目体的双层结构，发展到纲目、分目、目、次目的四层结构，体现了现代社会结构的特点。其次从内容上，当代志书的篇目是全新的内容，所有类项划分全是按照现代科学分类和社会分工。另外，从首轮县志与第二轮县志比较，首轮县志篇目上设有20世纪特殊的内容项目，如土地改革、人民公社、资本主义工商业的社会主义改革等；第二轮县志设有经济体制改革、政治体制改革、新兴产业等新的项目。所以，当代县志的篇目是全新的结构。

2. 县志篇目设置体现出地方性。县志在篇目设置上，能够考虑地方特色，采取各种方式突出地方特色。如《杞县志（1991—2003）》根据本县特点，在农业里设置“大蒜”专节，旅游资源里设“名吃特产”专节；《林芝县志》

在自然地理篇中设有“自然保护区”专章；《宁武县志（1987—2009）》卷前彩照首先是一组自然风光，8 页 4 个版的照片，突出了宁武独具风格的自然景观，篇目编排上设自然资源以及水利水保、林业、煤炭工业等专卷或专章，突出自然资源优势和特殊行业的优势。《井冈山市志（1991—2010）》在总述、大事记之后设“特记——革命摇篮”，在介绍革命根据地的基础上，介绍党和国家领导人再上井冈山、井冈山精神、红色文化以及诞生的红军部队与解放军将帅；设旅游业，并前置，突出井冈山的旅游特点。

3. 体式多样，有继承有发展。2014 年出版的县志，有大编结构的编章节目体，有中篇结构的篇章节目体，有纲目体或称类目体等。无论什么体式，都是有继承有发展。如大编体，1981 年中国地方志协会所拟的《新县志基本篇目（草案）》分为概述、大事记、自然、经济、政治、军事、文化、社会、人物、附录等 10 编，是大编体的雏形。1983 年，全国北片和南片县志评稿会，对概述编、地理志、经济志、政治志、社会志、人物志的讨论，皆是按照大编体来说，早期出版的县志，不少采用的是大编体。1983 年，中国地方志协会拟的《新县志基本篇目》（讨论稿）又分为概述、大事记、建置志、自然志、农业志、工业志、交通邮电志、商业志、财税金融志、城乡建设志、党派群团志、政权志、政法志、民政劳动志、军事志、教育科技志、文化志、体育卫生志、社会志、人物志、附录等 21 编①，被后人称为中编体。采取大编体的志书在减少。《杞县志（1991—2003）》采用了大编体，大编的设置根据现在社会的结构状况以及人们对社会理解来划分的。环境、资源取代了自然；基础设施从经济部类中剥离，从社会生产和生活的角度认可基础设施的作用；居民篇章，突出的是现代以人为本的理念，容纳了人的自然性和社会性的相关内容；产业、人文是改革开放后出现的新概念，在志书中也在逐渐被使用。同样是大编体，现在的县志在分类上已经与首轮县志的大编体明显不同，它体现了现代人对志书编纂的认识，是在继承上的发展。

总体看，目前出版的县志，在篇目设置上遵循了志书设计的基本原则，达到了志书的体例规范要求，篇目的结构体系更加完整，有时代特点和地方特点，整体设计保持在一个较高的上水平。

---

① 吉林省地方志编纂委员会办公室：《地方志论文选第 2 辑》，1984 年内部出版，第 123 页。

二、基本的内容

目前出版的第二轮县志，在内容记述上体现出如下几方面的特点。

（一）志书的记述符合志书编纂的规范要求

志书篇目设置到目，目是实写层级，在目的层次上，即开始编写内容。目是内容记述的实体，目是反映事物的纵向发展和变化的。它的内容是从事物的发端写起，或从志书规定的上限写起，反映事物不同阶段的状态，比较状态的进展和变化。由上限写到下限，按照志书竖写的要求，完成编纂。第二轮县志编修，基本上能够按照志书的要求编写内容，具体的做法有几种。

1. 大多数的内容记述方式是描述事物的发端或上限时的状态，描述时能够注意到事物发生的时间、特征和相关数据。写事物时，选择事物变化的节点，记述事变的因素及数据的变化。写事物纵向变化时，选择重要年份，如5年或10年的整数，这些年份也是国家五年规划相对应的年份，有相关的统计数据。记述这些年份事物的状态，进行纵向的比较，反映发展的速度。最后是写下限时的总体情况，大多数的目都很重视对事物下限时的状态描述，数据指标全面。这样的记述方式，使目下的内容包含了事物的发端、中间变化的过程、下限时的结果。尤其是中间变化的过程反映的比较全面。

2. 有的内容是从上限开始描述，逐年反映事物的状态，一直到下限，再对事物上下限之间的状态进行总体表述，多数是利用数据，量化地说明事物的发展状态。这样的记述可以看到事物的逐年情况，通过逐年的情况反映事物纵向发展，实现志书竖写的要求。此类志书记述方式的优势是有逐年的情况和资料，但缺少纵向的比较，事物发展过程中的变化反映不够。甚至有的志书是采用同类数据，逐年罗列，纵向的记述像是资料堆积。

3. 有的内容是采用分阶段的方式记述。采用此方式是为了避免出现逐年资料的堆积现象，将事物划分几个阶段，分阶段描述。阶段的划分一般是根据事物发展特点，很多是人为划分，有些勉强。分阶段的记述，反映了事物在某个时期的状况，几个阶段的连续，一直到下限时期，以此方式实现对事物纵向的反映。阶段性的记述，能够反映事物的发展和变化。但阶段性的划分是个性化的时间段，这种时间段只局限于本地、本事物，时间段中的数据没有可比性，甚至没有使用性。因为，阶段的划分出自编者的意图，阶段性的数据只能说明事物在此阶段的状况，这种数据未必是读者所需。如1983—1986年或1993—1996年，类似于这种阶段性的合数，说明了此阶段的情况，但这种合数读者很少使用，读者使用的更多是年度数据，因为年度数据具有代表性、广泛性，可以横比也可纵比。所以，分阶段的记述，反映了事物的发展，但不能提供广泛的资料。

4. 也有的内容是只有上下限两年的情况，没有中间过程；或只有下限年的描述，这样记述无法反映事物的发展变化。这些问题的出现，对于整部县志来说属于个别问题。

（二）拥有基本的内容

这里所说的基本性包括横向上容纳了基本的方面，纵向上容纳了事物的基本过程。现在的县志内容呈现了事物的发展与变化，对于事物的纵向陈述，能够抓住变化的节点。如某县志中会计管理的内容记述，首先是上限时执行的会计制度，全县各单位的采用情况及财政局的职能；中间内容是省级《会计管理条例》颁布，财政局根据《会计管理条例》开展的一些工作，以及财政部《企业会计准则》实施，新旧会计制度的过渡等；下限内容是成立核算中心、推行会计电算化以及覆盖面积。内容有上限情况，有中间变化的节点，明确的时间和变化的原因、变化的结果，有下限时的状态。可以看出会计管理的发展变化基本过程。再如对会计工作的记述，能够反映一个时期工作的重点及工作的结果，内容是基本情况加上基本的数据。如某县志对县纪委工作的记述，写到“1993—1996年，县（市）纪委重点清理企业亏损、干部职工拖欠公款、建筑工程中不正之风。公路‘三乱’、公费出国旅游、机关干部以权经商、超标准购买小汽车、超标准接待、公款吃喝、无偿占用公共财物、预算外资金、‘小金库’和中小学乱收费等问题。”陈述了县纪委此时期的重点工作，之后用数据说明工作的结果，“在清理中，受理来信来访举报738件，查出各类违纪案件319件，清理出违纪资金234.45万元，挽回经济损失145.26万元，处分党员72名。”[①] 内容呈现出工作的基本情况。现在出版的

---

① 冀州市志编委会编：《冀州市志》（下册），方志出版社2012年版，第598页。

县志，空泛的内容占的比例越来越小，虽不能做到100%的写实，但如上所举的例子的内容，已占相当比例。写出基本情况，使志书拥有实实在在内容，这是目前县志编纂能够做到的。

(三) 规范、统一

首先是语言，能够采用记述体陈述事物，符合志书对语体的要求；风格能够做到统一，体现出县志经过了通编、通改；语言表达做到了简洁流畅，语病减少；空泛、拉杂、总结性的语言，相对较少；追求语言的优美，尤其是在描述自然、历史或地方特色时，有些县志发挥了语言的优势。其次是技术性问题，普遍重视了出版前对技术问题的处理，如数据的前后一致、数字使用、图表制作、标点符号、计量单位等，能够按照国家的相关规定，进行统一、规范，并在凡例中列中参照的标准，使读者有资讯可查。把好出书的最后一关，对于县志来说是成败之关。县志长期重视前期编纂而忽视后期制作，很多技术性问题从初稿开始出现，一直持续到出版之前，仓促出版之后，暴露出技术上的硬伤，影响整部志书的质量而功亏一篑。在近些年强调此问题后，已引起广泛地重视，无论是县志编纂者还是出版社，都对县志提出了严格要求，减少了技术性问题的出现。再次，印刷装订设计，庄重简洁，符合志书的特性。县志的封面设计普遍简洁、有地方特点，色彩庄重；版式统一，字体、字号协调；普遍为精装本，便于保存。

各省（自治区、直辖市）对于县级志书的编纂和出版，都有相应的要求。县志的编纂成稿要经过三级评审，即县级评审、市级评审、省级专家评审等；县志的出版，要经过严格的审查报批。这些制度的执行，确实保证县志的质量。30多年志书编修，也为现在的县志编纂出版积累了经验，现在县志编纂不管遇到什么问题，一般都可寻找到较好的解决方案。

三、基本的资料

资料体现出多样性和存史性。

(一) 资料的多样性

一是文字资料。文字资料是县志的主体资料，文字描述事物状况，包含事物发生的时间、地点、成因、过程及结果，在文字描述中，配有量化的数据，由此完整地表达事物的发展或变化。不同时期状况的描述，组成事物纵向发展的资料。二是表格资料。新编县志一般都配有大量的表格，表格资料成为志书资料的重要组成部分。数字表格容纳了逐年的统计数据，不仅反映出事物纵向发展变化，让读者方便地使用年度数据，还可进行纵向比较或横向比较。如果说文字资料是事物状态的描述，表格资料则是事物量化的描述。新编县志中的表格一般由百幅甚至更多，其分量占整部志书的10%—20%，成为志书资料的一个重要形式。三是照片资料，新编县志都采用了照片资料。照片分为彩色照片和黑白照片。县志前集中有几十副或上百幅的彩色照片，分为领导视察、自然风光、县城建设、经济建设、文化娱乐、教育卫生等几大类，展示地方风采。正文中有随文插入的黑白照片。有些志书采用了全彩版印刷，随文也使用了彩色照片，如《冀州市志》。照片通过画面传达信息，给人直接的视觉效果，保存了事物状态的画面资料，十分珍贵。但县志的照片使用存在一些问题，照片内容相对单一，门、楼、厂房较多；麦田、树林、养殖场代表农业；学校、医院设备、文化活动等代表教育、卫生和文化。这样的“代表”有时并不客观全面。很多县志卷首的照片文字说明较简单，文字说明要素不全，缺时间、地点，更主要的是缺少有价值的相关信息。从照片的使用的情况来看，重视照片画面的宣传效果，注重展示地方风采，而忽视照片的存史价值。入志的照片选择应该是那一瞬间有存史价值的照片，照片文字说明应该将照片所蕴含的有价值信息写出来。如麦田，应说明本县种植面积、总产量、亩产等情况，如果是种植基地县，要说明基地县及被命名的时间。厂房照片，要说明建厂时间、产品及产量。县志虽使用了照片，但没有重视其资料性。有些照片说明文字甚至出错，如领导视察，应标明视察时间、站位次序、当时职务、地点和视察内容，不可使用当时的时间而标现任的职务。四是地图资料。目前出版的县志，地图一般包括行政区地图、县城图。第一轮县志的地图较多，除行政区地图外，还有地形图、农业区划图、土壤分布图等。第二轮县志地图普遍减少，只有一到两幅，行政区地图必有，但行政区地图要素不全，普遍缺制图时间和单位。

（二）资料的存史性

目前出版的县志，基本上做到用真实的资料表达事物。资料的来源以部门供稿为主，经过部门审查、核实，具有权威性。资料涵盖面广，涉及环境、政治、经济、文化、社会等方面，各方面的资料通过编纂者的编著，形成一个整体的地情资料，资料的信息体现了事物的方方面面。虽然不能完全保证资料没有差错，但编纂的要求使得编纂者将追求资料的真实和准确，作为志书质量的一项标准，并且建立相应的保障体系，由此保证志书资料的真实性和准确性。

四、县志存在的问题

（一）篇目设计个性不足

目前出版的县志，其篇目设计有的能够考虑突出地方特点和时代特点，但也存在部分县志的篇目缺少地方个性的倾向。县志篇目虽然编排不同，但类项相同，如果没有个性篇章，仅从篇目看，则不知为何地的县志。虽然方志理论界一直在呼吁，志书应突出地方特点和时代特点，但就篇目来说，做得还远远不够。尤其是第二轮志书，仍然存在此问题。原因多种，其中普遍存在的还是对地方特色认识不到位，或篇目设置思想僵化方面的原因。而对于后者，主要表现为编纂者认为书名可以告知地名，没有必要打乱篇目的结构，打乱辈分去设置一些特色篇章，破坏志书的科学性。并且认为篇目不设特色篇章的内容，不意味着具体记述行文中不写，或不详细的记述，通过行文中详细记述，同样可以反映地方特色。其实特色篇的设置不在多，而在精。一两个或两三个特色篇的出现，不会打乱志书的整体结构，更不会破坏其科学性，只要将特色篇或章位置编排的合理，就可与整部志书相得益彰。关键是首先要认真研究地情，抓准地方特色，并认识到特色篇存在的意义。

强调在篇目上突出地方特点和时代特点，是因为志书本身就具有地方性和时代性，这些特性在志书的各个方面都会体现，篇目上的体现仅仅是总体体现的一部分，其意义是将个性更突出，让读者一目了然。志书的篇目，出版前后的作用不同。在编纂时，篇目是提纲，是框架，是编纂者的依据；出版后，篇目称为目录，目录的作用是检索和导读，是读者的依据。篇目的个性不仅仅是彰显地方特色，作为目录还有导读的作用。县志的读者群体中，有一个很大的群体是翻阅读者，他们翻阅县志，可能是泛泛地了解，没有明确的目的，目录的导读将起到至关重要的作用。让读者在目录里能够快速地寻查地方特色，以地方特色吸引读者，引导读者快捷阅读，应该是县志编纂者考虑的。所以，提倡篇目设计具有地方特点和时代特点，突出地方性，不仅仅是从志书编纂本身考虑，也是从读者的角度考虑，这一点非常具有实际意义。

每个县都有其特色，关键是县志编纂者对此应有足够的认识。有的县自身特点非常明显，也很有影响，但在其县志篇目里没有看到专篇或专章甚至专节的记述，相关的内容在行文记述当中寻找。有的县一味地参照其他县志篇目，不分析本地情况，原本环境非常优美，具有良好的生态环境，自然环境是其优势，但县志不仅没有彰显，反而人云亦云，照搬其他篇目，突出三项基本国策，突出环境污染和治理。篇目上看不到完整的自然环境，缺水资源、缺生物状况记述。县志篇目设计存在的问题不在结构，而在个性。编纂者首先要把握志书篇目设计是最基本的要求，在做到科学合适的基础上，要彰显个性。个性可能来自本地的特色，也可能是随着时代的发展新产生、新出现的。了解特色和优势，必须吃透地情，分析地情。对于优势的认识，可以从党委、政府的工作报告中去了解，报告中的地方发展方向，往往与地方的优势相结合，如建设国家粮食生产基地县、建设花生油料生产基地县，粮食生产或花生生产是当地优势产品，县志篇目设计应考虑里如何体现。著名的自然景观、历史文物遗址、具有特色的地方文化等，应考虑在篇目上显示。区域的优势，有时本地人会熟视无睹，麻痹大意，认为本来就这样，不知是优势，更不会考虑在篇目上去彰显。所以，对于特色的了解，不仅从本地人那里了解本地，还要从外地人那里了解本地，此所谓旁观者清。县志编纂者需要对地方的优势、地方的特点，进行深入的研究和认识。

广泛征集资料，使特色事物能够立篇谋章。设立特色篇章，必须有资料支撑，了解事物的特色之处，确定反映的方面，根据资料确定章节的设立。并且根据特色篇章的属性，事以类聚，正确归类，编排其位置。编排的原则是属性相近的篇章融合为一体，从而使特色篇章不显得突兀。

（二）内容少情节

翻开出版的县志，可以看到事物的基本情况，但缺少故事情节。志书的故事情节不是小说编造的故事，而是事物发展过程中出现的一些事件。现在县志内容对事物的反映，只是基本的轮廓，形成了对事物进行文字概括加数据量化的一种记述模式。整部志书以此模式记述，势必造成内容干巴巴。读者反映志书读起来索然无味，并非是语言枯燥，而是内容没有了所谓的水分。编纂者在编纂志书时，为使志书瘦身，要挤掉所有多余的水分。这些水分里，有些是应该挤掉的，如“穿靴戴帽”多余的句子、大话空话等没有实质内容的记述，都是多余的赘肉，需要剔除，但不可将事物过程中发生的事件也统统删去。没有这些故事，事物的发展过程不可能充分反映，而且会失去很多宝贵的资料。如某部县志对客运的反映，按照已形成的模式，是从客运企业单位、客运企业总数、职工人数、汽车总站数、日发车班数、进站班数、营运区域等方面，反映不同年份数据的变化，以此说明客运的发展过程。记述的字数控制在有限的范围内。另一部县志，同样是对客运的反映，它除了上述数据，还描述了客运过程中的一些细节和故事。如除记述不同时期客运企业、职工、运量等总的情况外，详细描述了客运线路的走线、发车相隔时间、一天多少班次。记述了“非典”时期对客运带来的影响以及采取的措施，记述了汽油价上涨给客运带来的影响以及采取的措施，这些在现实中发生的故事，都被写在了志书里。记述的字数自然要多，但它反映的是实质性的内容。从对事物反映的全面性来说，应该是有故事的记述更完整、更具有资料性。

所以，对于县志内容的记述，要打破已有的模式。要重视事物过程中所发生的故事，重视事物发展的细节，要向更深、更细之处，反映事物的过程，增强志书的可读性，完整保存事物发展过程中所经历事件的史料，增强志书的史料性，提高志书的存史价值。

（三）资料要面向社会

这包含两个意思：资料的内容要面向社会，资料的收集要面向社会。志书的资料主要来自各个行政部门和事业单位，资料的来源主要是文件、文献及档案。对于一个日益开放的社会来说，部门资料的局限性越来越大，涉及社会方面的资料明显的不足。如教育，涉及社会教育、家庭教育的很少；劳动就业，涉及农民工在内的整个就业层面的资料很少；流通领域的改革使商业进入市场化，由此改变了过去国营、集体、供销合作社控制市场的局面，但多数县志记述还是局限于国营和集体，个体、私营商业资料很少；当国有工业企业不再是县域经济主流时，县志工业的记述也显得薄弱，工业行业的资料少的难以立得起来。县志中凡是国家尚有有行政管理的行业，也是比较容易征集资料的行业。对于一些已经市场化的行业，或半市场化的行业，对于政府不再插手的行业，县志该如何对待？对于依靠部门都无法征集的资料，县志该如何补充？这是第二轮县志编修面对的问题。下限于2000年的县志，遇到此情况，做些弥补或采取回避，尚可以解决。下限于2010年的县志，或越往后出版的县志，遇到的问题就越突出，仍采取回避的办法，会使志书失去很多重要的内容。县志编纂要改革纯粹依靠行政部门收集资料的办法，征集资料要面向社会，面向社会组织和个人。由政府主持，全社会参与，而不是只有部门参与。社会的参与需要编纂者的引导，需要对社会进行地方志的宣传，制定编纂提纲，提供征集资料的目录，有偿或无偿地进行资料的征集。第二轮志书仍然是部门资料为主导，社会资料为补充。有些县志办开展社会调查，针对一些社会热点和难点问题，通过调查获取相关的资料，并将这些资料附于正文之中。这是面向社会获取资料的积极做法，值得借鉴和推广。同时，还要积极探索更广泛的面向社会获取资料的办法，由点到面，逐步展开，使县志资料征集的推进方式与我国体制改革同步推进，建立新体制下的新的资料征集方式，保持志书的编纂与时代的发展同步。

五、县志未来发展预测

一是县志发展前景看好。30多年新方志编修，出版了3800多部县志，新编县志因其独特的资政、存史、教化作用，引起人们逐渐开始重视志书这种地情文献。它精美的装订、彩色画面、丰富的内容，成为对外展示地方风采的一部宏图，县志已经广泛被政府和社会所认可、所关注。新编县志基本有稳定的县级修志机构，为代代传承优良传统奠定了基础。

二是县志的内容会更加丰富。现在县志在内容上已经做到能反映基本的地情，但编纂者仍然认识到县志内容的不足。如出于加强县志的功能需要，则必须进一步丰富县志的内容，让县志面对社会、关注社会。第二轮县志已经做出相应的探索，如开始关注“三农”问题、新农村建设、城镇化；关注社会热点和难点问题、关注和人民生活息息相关的问题。有些县志将新农村建设作为重点内容，反映中国农村城镇化的道路；有些县志用调查的方式获取有关社会热点的资料，并将这些宝贵的资料编入志书中。在现代科技信息化时代，县志要充分发挥自身优势，内容必将向更深、更细、更加全面的方向发展。

三是县志也面临着改革。随着政府机构的改革，县志的供稿方式和编纂方式也面临着改革。依赖政府部门供稿的方式，或将行不通，或将只能部分实现。第二轮县志的编纂已经遇到没有部门承担的局面。县志编纂者今后可能会越来越多地依赖于社会，发动社会参与供稿。县志编纂者甚至可能要自己收集资料参与供稿。其工作量会随着社会资源的放开而日益加大。因此，县志编修者必须及早转变观念，努力探索和寻找新的方式，使县志的编纂与社会改革发展同步。

全国专志成果述评

刘益龄

提　要：当前社会各界、各领域编纂专业志的积极性日益高涨，全国专业志编纂工作呈方兴未艾之势，专志已成为以省、市、县三级志书为主体的方志成果群的重要组成部分，并以覆盖面广、种类丰富、专业性强、特色鲜明等特点，引起社会各界的重视和关注。目前专志编纂的特点有体例结构更臻完备、入志内容全面系统、广征博采资料翔实、讲究章法深度记述、特色突出、表现手段多元一体等，并指出，随着全国地方志事业的健康有序发展，各级各类专志编纂必将沿着覆盖面更广、种类更加丰富、形式更为多元、质量进一步提升的轨道前行。为此，提出应注意的六个问题，诸如加强对专志编修的管理、指导，积极为专志编修提供业务培训、编纂辅导等服务，宣传扩大专志的社会影响等。

关键词：专志　编纂　体例　内容

近年来，随着党和国家对文化事业的日益重视，以及国务院《地方志工作条例》的颁布实施，社会各界、各领域编纂专业志的积极性日益高涨，全国专业志编纂工作呈方兴未艾之势。据统计，到2013年年末，全国各省、自治区、直辖市，以及各行业累计编修各类专业志（含山水志）已达22756种[①]，总字

① 《中国方志通讯》2014年第19期。

数约2.87亿字。2013—2014年，全国专志编纂依然保持良好发展势头，共编纂出版专志总量约400多种。专志已经成为以省市县三级志书为主体的方志成果群的重要组成部分，并以“覆盖面广、种类丰富、专业性强、特色鲜明”等特点，引起社会各界的重视和关注。

一、志书种类愈益丰富

据现有成果分析，全国新近出版的专志主要类型有山水名胜志，如江西省《九华山志》《司空山志》，山西省《中镇霍山志》，广西壮族自治区《广西名胜志》，云南省《鸡足山志》，江苏省《无锡园林志》，山东省《济南泉水志》等；有行政行业志，如河北省《河北省检验检疫志》，山东省《东平财政志》，天津市《北辰人口和计划生育志》，湖北省《远安县环卫志》，广西《来宾市兴宾区卫生志》，江苏省《昆山市劳动和社会保障志》；有经济行业志，如陕西省《石泉县林业志》《铜川市国税志》，山东省《齐河县粮食志》；有企业志，如上海市《中国十二冶志》，河南省《河南省人民银行志》，山东省《东明县农村信用社志》；有文教事业志，如湖北省《远安县教育志》，山东省《河口县地方史志志》《垦利县科学技术志》等；有部门志，如辽宁省《营口市工会志（1945—2011）》，上海市《宝山区共青团志》，江苏省《盱眙县人民医院志》，福建省《清县人民代表大会志》，陕西省《略阳县人大志》等；有大型赛会志，如广东省《广州亚运会志》，正在编写中的上海市《上海世博会志》等；有高等院校志，如《上海师范大学60年志（1954—2014）》；有特大灾害救援志，如陕西省《汶川特大地震汉中抗震救灾志》，河南省《汶川特大地震洛阳救援志》，全国电力系统《汶川特大地震电力行业抗震救灾志》《汶川特大地震电力行业图志》等；有名产特产志，如江西省《信丰脐橙志》，河南省《开封菊花志》，福建省《诏安名优特产志》等；有地方文化志，如江西省《南昌县姓氏志》，福建省《上杭姓氏志·袁姓志》、龙岩市《新罗风物志》，江苏省《江苏名镇志》《江苏名村志》，广西壮族自治区《广西节庆会》等。还有一些记载特殊事物、特别区域的专业，如山西省《山西重点工程大事志》，山东省《垦利油区志》《即墨市海洋与海岛志》。专志种类基本覆盖自然、人文、经济、政治、社会等各个方面。

二、组织方式日渐成熟

近年来，全国各地、各行业在编纂专志的实践中，积极探索，锐意创新，逐渐形成了包括组织发动、组建机构、抽调人员、制订方案、拟订纲目、业务培训、资料征集、分工编写、意见反馈、专家评审、总纂定稿、付印出版等所有修志环节和程序的有效工作模式，为专志编纂工作顺利进行，打下了坚实基础。一是自主发动，志办指导。如上海市《中国十二冶志》就是在十二冶集团总部领导协调下，自发而起组织编纂的。河北省《河北检验检疫志》是在河北省检验检疫局领导下，从2013年4月到2014年2月编纂出版的。其间，多次邀请河北省地方志办公室专家进行业务培训、专业指导。二是联合发动，志办主导。如山西省《中镇霍山志》就是由山西省地方志办公室、山西省旅游局、临汾市政府联合发起，并协力推进完成的。广西壮族自治区《广西名胜志》则是以广西地方志编纂委员会办公室为主负责选题策划，联合广西旅游发展委员会、南宁市三文影视文化传媒有限公司共同编纂摄制完成的。三是广泛动员，专家主笔。如河南省《河南省人民银行志》在编纂工作启动后，几乎动员了全省人行系统各主要单位、各相关部门的数百名同志参与资料搜集。江西省《南昌县姓氏志》则是在对全县所有乡镇村进行动员培训后，完成资料汇总，再由县志办专家进行撰稿、统稿。四是领导重视，保障有力。如江西省信丰县《信丰脐橙志》编纂工作启动后，由于书记、县长高度重视，不到一个月，就解决了办公场所和设施，落实了编纂工作经费，抽调精干力量，组成编写班子。河南省人民银行在修志工作启动后，不仅组建了由行长亲自挂帅的编纂领导机构，还责成一名副行长专门负责修志工作的组织协调、推进落实。五是制度完善，措施有效。河北省检验检疫局在修志过程中，不仅出台了“分组审改、副主任审改、主任总核”的“三审”制度，还制定了编纂进度时间表，倒排工期，扎实推进。山西省在《中镇霍山志》编修中，采取“省志办、旅游局、地方政府协同组织，一条龙推进的办法，落实稿件、落实进度、落实经费”。六是手段多元，征集资料。如上海十二冶集团在修志工作中，多次召开推进会，加强沟通、强化指导，确保资料搜集如期完成。江西省《信丰县脐橙志》编纂启动伊始，就利用网站、QQ

群、邮箱、电话热线、电视、手机报等多种媒介，深入宣传，广泛征集文字、图片、影像等各类资料。七是严格把关、精编细改。如山东省《垦利油区志》进入后期加工阶段，县党史史志办的同志放弃节假日，对志稿进行推敲润色、精细加工，解决二百余处遗留问题。安徽省《司空山志》从初步动议到完稿成书，历经二十多个寒暑，十二易其稿，五次送审评议，堪称精益求精。

三、体例结构更臻完备

尽管专志编修队伍大多是非专业人员，但由于他们多数具有强烈的责任感，善于学习，勤于思考；加上各级地方志工作机构的积极参与，耐心辅导，使得绝大多数专志在结构安排、纲目设计上能够达到地方志的相关专业要求。

安徽省《九华山志》在充分吸收和借鉴此前十一次修志的经验和长处的基础上，设计了由概述、大事记，以及自然环境、风景名胜、佛教、文学艺术、文物与非遗、旅游、人物、规划与建设、管理与保护等9章60节为主体结构，以条目作基本记事单元的，层次清晰、条理分明、便于撰写、利于查阅的篇目。山西省《中镇霍山志》是专题研究和记述我国历史名山“五岳五镇”之一霍山的专志。《中镇霍山志》全志正文11卷。卷一总述，横向展开，全面而系统概述了中镇霍山区域的历史文化、自然风光、人文景观和旅游业发展的基本情况。卷二山域环境，在考证中镇霍山山名及区域演变的基础上，较为翔实地记述了区域的自然环境和社会环境。卷三主脉胜境，较为细致地记述了中镇霍山主脉境域的九大景区及周边主要景观景点。卷四支脉风光，较为细致地记述了中镇霍山主要支脉灵空山、石膏山、绵山境域内三大景区及周边主要景观景点。卷五山岳林海，围绕展示中镇霍山境域的林海景观，重点记述了山西最大的国家级森林公园——太岳山国家森林公园。卷六中镇文化，紧扣中镇霍山历史文化主题——中镇文化，对中镇霍山在源远流长的历史演进和发展中传承和积淀形成的山岳崇拜、人文根祖、宗教信仰等作了较为详细的阐述和分析、记述。卷七旅游开发，较为全面地介绍了20世纪80年代以来，随着改革开放和经济社会的发展，中镇霍山境域各县（市）依托资源优势，开发和发掘境域内人文、自然旅游资源和旅游产业发展的状况。

卷八文献辑存，选录了反映中镇霍山区域历史发展从古到今的重要文献。卷九艺文集萃，选录了历史上和当代的诗词、赋、游记、楹联、民间传说等文学作品，为人们深入了解中镇霍山历史和文化提供了背景素材。卷十人物、卷十一大事记，与前九卷互为补充，对中镇霍山人事之盛、历史之悠久，起到烘托作用。全志构思宏大、结构严谨、因创融合，为山水名胜志的框架结构设置做出了积极探索。《河北省检验检疫志》布局科学、结构合理、归属有序。首列机构以便对河北省检验检疫机构的掌握与了解；次列进出口商品检验、进出境动植物检验检疫、卫生检疫等主体业务工作；再列围绕主业进行的鉴定、监管认证、检务，以及为主体工作服务的科技应用；最后为综合管理和分支机构，既体现了检验检疫工作的逻辑顺序，又符合志书先工作后管理、先主业后次业的排列顺序。每篇之下章、节、目的安排也层次分明、不枝不蔓、有条不紊。《河南省人民银行志》共设篇、章、节、目四个层次。全志分上下两篇，上篇中国人民银行郑州中心支行，下篇中国人民银行河南省各市中心支行。上篇有综述、大事记、机构、货币政策与信贷政策管理、金融稳定、调查统计、金融研究、支付体系、反洗钱管理、科技管理、货币金银管理、经理国库、征信管理、外汇管理、金融监管与农村信用社行业管理、党团与工会工作、内部管理与服务、行级领导简介、荣誉录等19章。下篇分述开封市、洛阳市、平顶山市、安阳市、鹤壁市、新乡市、焦作市、濮阳市、许昌市、漯河市、三门峡市、南阳市、商丘市、信阳市、周口市、驻马店市、济源市等17市级中心支行。体例结构既符合“事以类从，横分纵述”的原则，又具有很强的可操作性。分上下两篇，一方面便于以“点面结合”的方式展示河南省人行的全貌和局部现状；另一方面又便于组稿撰写。江西省信丰县《信丰脐橙志》志首有编纂人员、序、《橙乡吉祥》歌谱、地图4幅、彩图40页、凡例、目录。全志由概述、大事记、专记，以及地理环境、脐橙品种、脐橙开发、脐橙园管理、脐橙营销、脐橙加工、政策项目、科技推广与培训、标准化建设、信丰脐橙品牌建设、脐橙关联行业、产业机构与相关组织、信丰县脐橙场、中国（赣州）第四届脐橙节、脐橙文化、新闻报道、调研参观、人物荣誉等18章构成，志末有附录、编后记。从脐橙的生产、管理、营销加工，到围绕脐橙产业制定的政策、科技推广、标准化建设、品牌打造等无所不包，做到了门类齐全，不缺要项；遵循了脐橙产业自身内在的逻辑顺序，先列品种，再列生产，后列营销加工、政策制定、技术服务，做到布局合理、架构清晰；各章节之间做到了归属有序、层次分明。陕西省《咸阳市地方税务志》共设概述、大事记、组织机构、干部管理、税政管理、征收管理、计划会计管理、财务资产管理、社保费与基金管理、税收稽查、信息化建设、依法治税、纳税服务、政务管理、精神文明建设、人物、附录等14章82节。主体业务突出，工作事项全面，注重前后照应，统属清晰分明。

四、入志内容全面系统

志书内容安排能否做到全面系统，是决定专志编修质量的关键。专志的编纂者在这些方面应该说是付出了艰辛的努力，也收到良好的效果。

上海市《中国十二冶志》从内容上看，除公司的组成情况、主营业务状况、多种经营业绩之外，与现代企业经营管理有关的改革改制、科技创新、人力资源、行政事务、企业文化等无所不包。记述上以第十篇企业运营为例，全面详细地记载了企业管理、营销承包、经营计划、物资供应、施工机械、财务管理、外事管理、内部审计、法律事务等与集团经营管理、运作发展有关的工作。其中，财务管理更细化到管理体制、资产经营、成本经营、固定资产、财务管理、资金管理等层面。这部志书的编纂出版无疑将有助于运用地方志积累的丰厚文化资源，为我国现代企业的建设发展提供有益的借鉴和参考。安徽省《九华山志》内容宏富，举凡九华山风景名胜区内的自然地理、自然风光、人文胜景、佛教演变、诗词歌赋、文物积淀、景区开发、建设管理、旅游产业、名人圣贤等等，无不广罗毕收。江西省《南昌县姓氏志》是目前所见最全面、最系统的姓氏专志。全志以姓氏立章，共179章，各姓氏以人口数量多少为序排列，主要记载各姓氏的渊源、入县与来源、分布与繁衍、外迁、谱牒与字派、文物与习俗、人物等情况，各姓氏的分布与繁衍先分乡镇总述，再按村庄详述，每个姓氏的传入时间、繁衍世系、人口总数、分布状况一目了然。各姓氏谱牒字派，以宗谱编修为主线，兼记本宗字派承袭，言简意赅，要项清楚。注重姓氏文化衍生扩展事项的发掘整理，祠堂是由姓氏家族文化产生的宗祠文化成果，人物则是姓氏兴衰的重要表征，经过实地调查、广泛征询，都得了有效梳理。上海市《上海师范大学60年志（1954—2014）》全面涵盖该校组织机构、教职工、学生、全日制本专科教育、研究生教育、继续教育、学科建设、科学研究和学术刊物、海外交流与合作、基础教育服务、资产与财务、公共服务、后勤保障、精神文明建设、学院、人物、附属学校等内容，完整地展示了上海师范大学60年来演变发展的历史过程。广东省《广州亚运会志》以12篇62章，160万字的篇幅记载亚运申办、组织运行、对外合作、场馆建设、城市建设、场馆运行管理、竞赛组织、服务保障、信息技术、亚运宣传、庆典文化、资源管理等方面内容，全面系统地记录了广州亚运会申办、筹办、举办的全过程。陕西省《铜川市国税志》以8篇24章98节为主体架构，对铜川市税务系统1990年至2010年期间的税收制度、机构设置、税收执法、税收管理、行政管理和干部队伍建设的情况作了全面系统的记述。河南省《开封菊花志》紧密围绕开封市菊花花种、菊花栽培、菊会活动、菊会经贸、菊会旅游、菊花文化等主题，以图文并茂的形式，全面客观地展示开封市菊花品种繁多、善于栽植培育、菊花文化氛围浓郁、会展旅游兴盛的状况。山东省《垦利油区志》由概述、垦利油区之最、大事记，以及石油地质与勘探开发、油田用地、油地关系、油区工作机构与队伍、落地原油回收与利用、油区管理、综合治理与安全文明创建、机关建设与管理、人物简介与荣誉、油区企业等10编33章98节构成。记事上起1964年，下迄2013年，全面客观地记载了山东省垦利县油区的形成与分布、油区工作机构的职能与队伍、油区管理与服务、油地共建等方面的历史与现状。《河北省检验检疫志》十分全面地记录了河北省检验检疫工作的历史和现状。如记载机构，从明代茶马互市、清代恰克图中俄贸易追溯，历述秦皇岛海关、北洋卫生局、天津洋行和公证行，民国时期的北洋防疫处、塘沽检疫所、天津商品检疫局等历史时机构演变，为读者对检验检疫机构发展演进脉络作了较为清晰的梳理。又如，第二编进出口商品检验第一章出口商品检验第二节系统记载了汽车、拖拉机、电动机、柴油发电机组、柴油机、成套设备、锅炉及压力容器、电气装置、阀门、磨具、起重输送设备、电线电缆、机床、法兰及管件、紧固件、锁具、轴承、轻工机械、其他机电仪等20种类产品的出口产地、生产企业、检验依据、主检项目、检验方式等内容。

五、广征博采资料翔实

在专志编纂起步之初，多数编纂者就能清醒地认识到资料对于志书的重要性，并在实践中着力提高志书的资料性。安徽省《司空山志》注意资料性、学术性与实用性的有机结合。如第五章禅宗史话从《续高僧传》《历代法宝记》《景德传灯录》《五灯会元》《中国禅宗史》等佛学权威典籍中收录了大量与司空山佛教有关高僧事迹资料，为研究司空山禅宗演变提供了颇具说服力的证据。第六章文学艺术中诗歌、词赋、序跋、楹联，既搜罗详尽，极富史料性，又有相当高的文学鉴赏价值。第七章杂记中的民间习俗、第十章人物，既是了解司空山风土人情的基本资料，又通俗易懂、便于阅读。《河南省人民银行志（1998—2012）》运用大量的统计表为志书储存了十分详尽的金融资料，全志共使用各类统计表218个，与正文相辅相成，互为补充，极大地提升了志书资料的丰富性和实用性。如上篇表4－1－1《1998—2012年历次法定准备金率调整情况》、上篇表4－1－4《1998—2012年1年期存贷款基准利率一览表》、上篇表12－1－2《1998—2012年全省地方一般预算收入（公共财政预算收入）统计表》、上篇表12－1－3《1998—2012年全省一般预算支出（公共财政预算支出）统计表》等，是了解和研究这一时期宏观经济形势和金融运行状况不可或缺的重要经济数据资料。《河北省检验检疫志》注重文献资料积累，在志末“丛录”中，收录40篇重要的规章和规范性文件，是研究各个时期河北省检验检疫工作管理、运作规律的重要依据；历年检验检疫业务统计借助35个统计表，将上起清末民初、下迄2012年的受检产品名称、产地、数量、价值、出口国家与地区、截获的有害生物、截获批次等进行详尽的统计，其经济学价值和史料价值不可低估。安徽省《九华山志》第三章佛教，在记述佛教传承、宗派信仰、僧伽社团、寺院场所、佛事与习俗等内容时，先后在20处引用《九华胜纪》《佛祖统纪》《释鉴稽古续集》《妙峰释氏宗谱》《九华指南》《中国佛教史》《佛教常识问答》等佛学经典和专著，做到言之有据，传之可信。

六、讲究章法深度记述

从整体上看，多数专志在遵循地方志书编纂原则的基础上，力求做到横分纵述，脉络清晰，点面结合、展现全貌，有血有肉、注重深度，详略得当、重点突出。如安徽省《司空山志》第四章宗教第一节佛教，以“禅宗初立”“本净建寺”“宗风不坠”“寺毁僧离”“祖刹重辉”“禅学研究”为题，清晰地勾勒出司空山佛教兴废嬗递、演变发展的主线。自然景观中狮子峰凌霄兀立、明堂山妩媚多姿、妙道山石破天惊；巉岩怪石、幽洞秀水、古树时景，无不引人入胜。人文景观中古刹寺观、亭桥古墓、石刻碑铭也都独具一格。文化精品中李白“断岩如削瓜，岚光破苔绿。天河从中来，白云涨川谷。玉案赤文字，世眼不可读。摄衣凌青霄，松风拂我足”的优美诗句，以及《司空山樵》赵文楷的精湛书法，令人称绝。司空山自然风光之秀美、人文景观之精粹、文化积淀之丰厚跃然纸上。江西省《信丰脐橙志》第二章脐橙品种不仅记述了华盛顿脐橙、罗伯逊脐橙、朋娜脐橙、纽贺尔脐橙、奈佛里娜脐橙、福罗斯特脐橙、红肉脐橙、福本脐橙、晚棱脐橙、早红脐橙等 10 个主要品种的原产地、引入时间、引进地点、面积产量等情况，还介绍了每个品种的品质属性、生长特点等，而且每个品种文字篇幅都不大。记事简洁明了，要点突出。第四章脐橙园管理第二节土肥水管理所记载的深翻改土、熟化土壤；种植绿肥、用地养地；间作套种、以短养长；生草栽培、保持水土，既是他们实际工作的归纳和总结，又符合果业种植的专业要求。又如第五节病虫害综合防治，不仅详细记载了柑橘溃疡病和潜叶蛾、柑橘黄龙病和柑橘木虱、柑橘红蜘蛛和柑橘锈壁虱、柑橘炭疽病、柑橘黑星病、蚧壳虫、天牛、吸果夜蛾等病虫害的病理特征、发病周期、主要危害，还记录了预测预报、防治方法，记述深度与通俗易懂恰当结合，堪称脐橙病虫害防治教科书。上海市《中国十二冶志》设企业文化篇对十二冶集团的企业文化建设进行全面梳理和记载。如第二章亚文化建设系统地记载了该企业的窗口形象文化、安全文化、诚信文化、工程形象文化、企业青年团队文化、群众文化、科技创新文化，及企业文化传播的具体实践情况。第三章公司媒介除介绍图书、杂志、图像库外，还以相当大的篇幅记述了企业文化符号，主要有照壁《诚信为本》、钢雕《大诚鼎》、背景墙《上善若水》、二联图《虚怀若谷》、文化雕塑《至尊》、布艺《选择放心》、钢雕《钢铁空间》等，十二冶集团企业文化建设之系统、完备、精致，可见一斑。如山东省《垦利油区志》第四编第二章县油区工作机构队伍，记载机构沿革从工农联合办公室（1973 年 3 月至 1973 年 8 月）、工农工作办公室（1973 年 8 月至 1984 年 3 月），到垦利县能源管理办公室（1981 年 10 月至 1983 年 12 月），再到胜利油田工作领导小组垦利县办公室（1983 年 12 月至 1989 年 2 月）、垦利县油区工作办公室（1989 年 2 月以后），演变兴替的轨迹具体而明晰。第二编油田用地，既记钻探用地、油气采输用地、原油集输用地、原油储运用地、油田注水设施用地，又述农业开发用地、水域工程用地等农副业生产用地，还详及交通建设、住宅建设、防护设施、商饮服务等与油企基础设施、生活设施、安全设施、服务设施紧密联系的各类用地。第五编在记述落地原油的生产与利用时，既能充分展示落地原油生产利用给垦田县经济发展带来的巨大收益，又能实事求是地对落地原油造成的环境污染、火灾、哄抢私贩等公害进行记载，给人以深刻启迪和警示。安徽省《九华山志》几经修改，屡加润色，既能做到述之以详，又能做到简洁流畅。如第一章第六节植物，在记载古树名木时，不仅概要介绍了九华山珍稀名贵树种的种类、总量，还详细记录银杏、水杉、金钱松、香榧、鹅掌楸等 31 种代表珍稀树木的别名、保护级别、植物特征、使用价值、分布状况等。又如第二章风景名胜在写景状物时，十分注重文字锤炼，绝少拖泥带水、言不及义之文，多有画龙点睛、言简意赅之笔。名峰峻岭、奇石怪松、秀水飞瀑，无不惟妙惟肖，栩栩如生，令人有身临其境之感。

七、突出特色，彰显亮点

突出地方特色、反映时代特点、体现行业亮点已经成为许多专志编纂共同追求的目标。广西壮族自治区的《广西名胜志》自然景观中桂林和阳朔山水之秀丽、妩媚，北海银滩之风姿卓异，乐业天坑之鬼斧神工；人文景观中龙胜龙脊梯田“只应天上有”的韵律之美，桂林摩崖石刻“游山如读史”的人文底蕴；历史古迹中莫氏土司衙署的奇巧构思、典雅别致，宁明花山岩画，古朴恢宏，扑朔迷离；寺庙塔阁中容县真武阁的巧夺天工，崇左斜塔依山临水、翘立左江；近代名人李宗仁、李济深故居风格各异、超凡脱俗，充分展现了广西山水秀美、风光旖旎、名胜荟萃的特色。广东省《广州亚运会志》十分注重展现广州亚运会的“开放性、现代性、文化性”等特点，如第三篇对外合作，从与亚奥理事会、亚洲各国（地区）奥委会、亚洲（国际）单项体育组织等多渠道、多维度的合作与交流，展现出广州亚运会的开放性。又如第九章信息技术，详细记述了广播电视转播、竞赛核心系统、媒体与观众信息服务系统、亚组委信息系统、场馆信息基础设施等方面充分运用现代信息技术，支持赛事正常运行、赛事传播高质高效的现代化特征。第十编亚运宣传则从亚运形象、网络媒体、宣传活动、亚运教育等多方面反映了亚运理念与奥林匹克体育精神的合理融和。第十一篇庆典文化从火炬传递、开闭幕式、颁奖展示、文化活动等层面，通过丰富翔实的资料，体现出中国元素与亚洲文化的完美结合。安徽省九华山系中国佛教四大名山之一，故《九华山志》设“佛教”专章，集中记述九华山佛教渊源流变、宗派社团、寺院场所、佛事活动等情况，充分展现九华佛教之胜。九华山又是享誉海内外的旅游胜地，所以专辟“旅游”专章，系统反映了九华山旅游资源、旅游产品、旅游服务、旅游经济等内容。是志编纂对发掘保护九华山珍贵遗产、丰富九华山文华积淀、扩大九华山影响力和知名度、促进旅游业发展具有非常重要的资鉴作用。《河南省人民银行志》十分注重记载金融行业在改革开放中呈现的鲜明时代特色，反映了河南省人民银行系统主动顺应经济、金融体制变革的客观需要，把握影响金融发展全局的要点，研究新情况、开发新工具、探索新方法，充分发挥中央银行在区域宏观经济调控和维护当地金融稳定的客观历史。如上篇第八章支付体系中第六节城市处理化中心，详细记载了大额支付系统（HVPS）、小额支付体系（BEPS）、全国支票影像交换系统（CIS）、全国电子商业汇票系统（ECDS）、网上支付跨行清算系统（IBPS）等现代化支付体系的运行和运作情况。《河北省检验检疫志》十分注意体现全省检验检疫管理工作中的亮点，如第九编综合管理第二章人事中第八节绩效管理，详细记述了建立绩效考核联席会议制度，制定“考核总分 =（重点工作 ×30%）+（基础工作 ×30%）+（17020 质量管理体系 ×15%）+（部门民主互评 ×15%）+（党组评议 ×10%）+（突出工作成绩加分）”等做法，是河北省检验检疫系统在人事管理中改革创新、大胆探索的真实反映。山东省《垦利油区志》所记载的油区是一个特殊的概念、特殊的事物，它既非企业，又非实有行政区域，而是与石油生产企业互为依托，互相关联，共建共兴共存的特殊经济区域。编修这样一部志书既需要有孜孜以求、探索创新的底气，也需要有筚路蓝缕、以启山林的勇气。无论设篇立目，还是内容记述都能紧扣油区工作特点，突出展示油区特色。如第一编石油地质与勘探开发，既突出了垦利得天独厚的石油地质环境，又记述了油田发现、勘探的历史过程，还详述了境内主要油田机构，从中可以看到胜利油田开发建设过程中与垦利县不可分割的密切联系。第三编油地关系中对油田的支援、油田对地方工农业的支援，以及工农共建的整体状况，充分凸显了油田企业发展与地方经济社会发展相互依存、互为补充、共建共兴的特殊关系。油田对垦利的带动影响、垦利对油田的服务保障成为垦利油区形成、发展、演变的最基本决定因素。

八、表现手段多元一体

大多数专志都能综合运用志、记、传、述、图、表、录等体裁记录史实和内容，并使各种体裁和手段有机地组合成一个互相补充、互相映衬的整体。

《广州亚运会志》除志体之外，前有彩页、序、凡例，文中有总述、大事记，志末有专记、附录。图片精挑细选，增强志书的直观性和生动性；总述构思缜密，全景式地再现了广州亚运会申办、筹备、举办的实践和探索；大事记简明扼要，成为了解广州亚运会的纵向浓缩画卷；正文记述翔实，客观反映了各项具体工作的周密细致；专记、附录与正文前呼后应、相辅相成，拓展了深入了解赛会各项工作的资料路径。山西省《中镇霍山志》前置精美照片 270 多幅，多角度、多层次对中镇霍山境域的主要景区景点作了形象展示。这些照片既是志书的重要组成部分和闪亮之处，也十分有利于引发读者的兴趣。此外，志书还专门配有英文目录，并附有人名、景观索引，也便于读者阅读。《广西名胜志》充分借助图文、影像等现代传媒直观形象、生动活泼的优势，将传统志书与现代媒介有机结合，纸质图书版图片精美、设计精湛，文字简洁明快，令人百读不厌；电视影像版精心摄制、画面清晰、配音解说雅俗共赏，看后有身临其境的妙趣；网络电子版便于查阅、使用利用、方便保存，颇具实用性。

新近出版9种专志体裁运用情况对比表

表1

志书名称	字数	开本	装帧	述	记	志	传	照片(张)	图(张)	表(张)	录	其他
垦利油区志	48万字	大16开	精装	概述	大事记 编后记	10篇	简介、名表	114/152	地图2	39	附录	序、凡例
司空山志	34.8万字	16开	精装	概述	大事记 编后记	10章51节	传、简介	66/87	地图2	4	附录	序、凡例
广西名胜志	37.8万字	16开	4色精装	—	—	7章	—	1500	—	—	—	影像版14辑72集
九华山志	100万字	16开	4色精装	概述	大事记、专记2篇、杂记、编纂始末	9章 60节	传、简介	57/449	地图3	51	附录	序、凡例、英文目录、索引
南昌县姓氏志	150万字	大16开	精装	县情概况	后记	179章	—	44/21	地图3	192	附录	序、编辑说明
河北省检验检疫志	322万字	大16开	精装 上下册	总述	大事记、编纂后记	10编44章	传、名录	134/11	示意图7	655	从录	序、凡例
河南省人民银行志	115万字	大16开	精装	综述	大事记、编纂始末	19章	简介、荣誉录	147/9	示意图14	218	—	序、凡例
信丰脐橙志	52万字	大16开	4色精装	概述	大事记、专记、编后记	18章	简介	27/50/108	地图6、柱状图6、示意图11	48	附录	序、凡例
中镇霍山志	90万字	大16开	精装	总述	大事记	11卷	传、简介	270	地图2	—	附录	索引

说明:照片栏中数字,分别代表志首彩页照片数/正文插照片数/志后彩页照片数

从表1对比情况可以看出：专志篇幅字数大小不一；装帧多采用大16开精装，个别以4色印制；采用总述、概述宏观记述总体情况已形成共识；大事记使用较为普及，个别专志以专记对特别重大、重要事件进行专门记载；除特殊情况外，大多数专志第一层次设置10个左右板块者居多；人物简介已经成为记载在世人物的重要方式；以图文并茂的形式记录和展示志书内容是专志编纂顺应时代变化的追求，而且照片数量扩大、质量进一步提升；图的运用也引起普遍重视，除地图之外，文中还使用示意图、柱状图，增强了志书直观性、可读性；统计表的大量运用，一方面可以收到“文约事丰”之效，同时还极大地提升了专志的资料性。另外，凡例的广泛运用，表明编纂人员更加注重志书的规范性。运用索引、英文目录者虽然较少，但其方便查阅、检索的作用和意义，正在为专志编纂者认识。《广西名胜志》集图书文字版、电视影像版和网络电子版于一体的创新和尝试，无疑是对地方志编纂路径的一种拓展。

九、展望前景预测未来

随着全国地方志事业的健康有序发展，各级各类专志编纂必将沿着覆盖面更广、种类更加丰富、形式更为多元、质量进一步提升的轨道前行。

根据目前情况判断，由于社会分工的细化和社会各界的逐渐重视，专业志覆盖面和种类在原有基础上将会继续扩展。如此前未曾涉及的生态环境、服务业领域、互联网领域、高新技术行业等等。专志编纂形式将呈现出纸质志书为主，影像志书、电子志书逐渐发展的态势。由于教育文化发展，人员素质提高，地方志书质量保障体系的逐步完善，志书编纂水平和编纂质量也将会不断提升。

在未来一个时期，六个方面需要引起重视：一是注重运用法律和制度手段，加强对专志编修的管理，使之规范有序进行；二是进一步强化地方志专业工作部门对专志编修的指导，避免因急功近利、急于求成，导致专志编修“形象工程”化，进而影响地方志的整体形象；三是积极为社会各领域专志编修提供业务培训、编纂辅导等服务，做到“早期介入，全程跟踪”，确保专志编纂质量不下滑；四是将专志编修工作纳入各级地方志机构业务工作考核体系，形成积极有效的奖惩机制；五是适时开展全国地方志成果评奖，将专志编纂列入重点评选项目，营造鼓励专志编修的良好氛围；六是宣传扩大专志的社会影响，积极引导读志用志。

乡镇村志编修成果状况分析与研究报告

陈泽泓　张　勤

内容提要： 乡镇村志有着悠久的编修传统，具有独特的史料价值与学科价值。近年来，随着城镇化进程的推进，乡镇村新志的编修方兴未艾，呈现出数量增长、区域扩大、方志机构推动、编修方式多元的特点。在乡镇村旧志的基础上，乡镇村新志的体例、内容得到发展，理论界对其的认识也进一步深化。同时，乡镇村志的编修面临着认识不足、人才不足、资金不足、理论不足等问题，需要通过提高认识、纳入机制、培养人才、开门修志等对策的实施，推动其进一步发展，使之成为全国地方志工作的一个可以深入拓展并大有可为的领域。

关键词： 乡镇志　村志　新志　编修　发展　研究　对策

乡镇村志主要包括有乡志、镇志、村志、里志、场志、巷志等，是分别记载县以下相应基层区划综合情况的志书，是地方志书中的一个重要类别。乡镇村志作为较小区域单位的方志，许多具体内容为州府志乘所未备，有拾遗补阙的作用，更具有独特的史料价值与学科价值，在“中国方志史上有其一席之地”[①]。中华人民共和国成立后，特别是改革开放以来，乡镇村志的编修传统得到传承，近三十年来，乡镇村志的编修，更加得到各级领导的重视，

① 来新夏：苏州《友新六村志·序言》，《江苏地方志》2009 年第 1 期。

在方志机构的积极推动和社会各界的大力支持下，风气渐开，在有的地方已经形成政府主导、志办指导、百姓修志、专家参与，各方互动，共同推进志书编修的良好局面。乡镇村志的编修得到新的发展，取得喜人的成就。数量众多的乡镇村新志，为留住乡土记忆、接续传统文脉创造了一个新的平台，为乡村的可持续发展提供了历史参考与文化动力，得到了全社会的普遍认同。

一、乡镇村志的历史状况

（一）乡镇村志的历史渊源及现存情况

宋代是乡镇志的萌芽时期。至迟在南宋中期出现了乡镇志，现存最早的乡镇志是南宋常棠纂成于绍定三年（1230）的《澉水志》。[①] 经过明代的发展，到了清代，乡镇志的编纂大为兴盛。据统计，宋元乡镇志总共才5本，今存1种；明代编纂的乡镇志有53种，今存16种。[②] 清代纂修的乡镇志有466种，今存263种。[③] 民国时期编修的乡镇志现存计54种。[④] 宋至明的乡镇志数量不多，固然与年代久远佚失有关，而乡镇志至清代始为兴盛，则是主要原因。村志起源于何时尚无定论。清乾隆年间，安徽池州康熙《杏花村志》作为全国唯一村级志书收入《钦定四库全书总目》，此后修编村志屡见不绝。据《中国地方志联合目录》显示，现存1949年前编修的地方志中，有乡、镇、村、里志160多种，这一数字其实只是一部分，《中国地方志集成·乡镇志专辑》收入南宋至民国时期的乡、镇、村、里志就有253种。[⑤]

由于宋制只要求诸州长吏定期编修本地志书，对县志并无硬性规定，明、

---

① 顾宏义：《宋朝方志考》，上海古籍出版社2010年版，第128页。

② 黄苇等：《方志学》，复旦大学出版社1993年版，第736页。

③ 陈凯：《清代乡镇志书研究》，复旦大学2014年度博士学位论文。黄苇等所著《方志学》中该数据为“清代纂修的乡镇志有318种，今存208种”。

④ 黄燕生：《中国历代方志概述》，载来新夏《中国地方志综录（1949—1987）》，黄山书社1988年版，第436页。

⑤ 《中国地方志集成·乡镇志专辑》，上海书店出版社1992年版。

清也只对县以上行政区域有修志的明确规定，因此，乡镇村志的编修全凭自发私修，在空间分布上，乡镇旧志的编修也不像府州县志那样遍及全国，绝大多数集中在南方诸省，南方诸省乡镇志书的数量历代所占比重均高于98%。已知宋元时期的乡镇志共5本，分布地区仅限于江苏、浙江二省。入明之后乡镇村志分布地区逐步拓展，在53种明代乡镇志中，江苏29种，浙江19种，福建2种，江西、山东、广东各1种。[①] 清代466种乡镇志的地理分布，扩展至今16省（市），即江苏148种、浙江126种、上海123种、福建17种、广东13种、安徽11种、山西6种，山东、湖南、四川、陕西各3种，云南、台湾各2种，北京、河南、湖北各1种。《中国地方志集成·乡镇志专辑》收录的253种乡镇志中，包括今江苏86种、浙江70种、上海47种、福建16种、广东10种、安徽9种，山东、山西、陕西、台湾各2种，北京、天津、河北、江西、四川、贵州、云南各1种，共分布在17个省（市）。其分布大势，以江、浙、沪为最多，沿海向南拓展为次，其他地区为再次。在一定程度上反映了各个时期基层区划在社会中发挥作用的活跃程度及文化背景。

（二）乡镇村旧志的体例状况

乡镇旧志多为私人纂修，与省、府、州、县志的官修形式不同。撰著者认为县以上区域之方志的编修，“皆责之在官”，而乡镇志“人自得著”[②]，故其体例并无定规，撰著者自由发挥的空间较大。乡镇旧志的体例，大体上可以分为三类[③]：一是套用州、县志体例，认为“里志与县志、府志体例悉同，仅异详略”[④]，“以乡为县治分区，体例当从县志”[⑤]；二是仿图经体例，以记述地理方面内容为主，如清咸丰年间黄醇的《甘棠小志》，将建置、运道、湖潴、修防、坊埔、里巷、村镇、祠庙等并列，保留了古图经的内容和形式；

---

① 褚赣生：《明清乡镇志研究》，复旦大学1987年硕士学位论文。

② （清）徐傅编，王镛等补辑：《光福志·自序》，载《中国地方志集成·乡镇志专辑》第7册，第3页。

③ 据李明、程瑞清主编：《实用方志编纂研究》，沈阳出版社1989年版。

④ （清）蔡丙圻：《黎里续志·凡例》，《中国地方志集成·乡镇志专辑》第12册，第315页。

⑤ 朱福熙等修，程锦熙纂：《黄埭志·凡例》，《中国地方志集成·乡镇志专辑》第7册，第555页。

三是主张乡镇志无定例，编纂体例由编者自定，不必也不该同于府、县志，如清嘉庆年间焦循所撰《北里小志》，有叙六、记十、传二十一、书事八、家述二，共47篇，别具一格，其中“家述”还记载了撰者的家谱。清《南翔镇志》分疆里、营建、小学、职官、选举、人物、艺文、杂志等类，其《凡例》称：“赋役、户口、保甲、乡约，概不载，恐等于邑志也”①，该志卷一称：“镇，非州县比也，不得称疆域”②。

清代以来，乡镇旧志同各类地方志书一样，具有鲜明的地方性特色。一般而言，乡镇旧志的主要篇目内容有疆域、政区、山川、沿革、建置、四至、乡里、物产、财赋、户口、职官、风俗、掌故、选举、人物、艺文、名胜、古迹、琐事、异闻等，涉及一地举凡政治、经济、文化、社会、历史、风俗、文献等各方面的情况，并按照一定的编纂体例，将各种文献资料归属不同的门类，具有一地之百科全书的功用，是了解一地基本情况的重要资料途径。

（三）乡镇村旧志的功能价值

乡镇旧志的文献价值历来为学人称道，且为收藏机构所关注。③

一是其史料价值。越是区域单位小的方志，历史的真实性与具体性就会越强，有助于认识底层社会的原生态，史料价值也就越高。乡镇“小志”数量虽只占旧志总量不到5%，但其提供的资料比府、州、县志更翔实生动，也很珍贵，特别是乡镇旧志中较多地记载了市镇兴衰、自发的商品经济、市镇文化资料和地方乡绅这一社会阶层的情况，可弥补正史和官修志书的不足。其所保存的大量珍贵的历史资料，对于研究历代基层乡镇社会的政治、经济、文化、风俗、制度，进而探讨其社会历史特征与发展规律，是十分重要的资料基础。

二是其学科价值。乡镇村旧志作为地方志学科基础文献的重要组成部分，

---

① （清）张承先纂，程攸熙订正：《南翔镇志·凡例》，《中国地方志集成·乡镇志专辑》第3册，第454页。

② （清）张承先纂，程攸熙订正：《南翔镇志》卷一，疆里，《中国地方志集成·乡镇志专辑》第3册，第457页。

③ 《美国哈佛大学哈佛燕京图书馆藏中国旧方志目录》称在哈佛燕京图书馆收藏的方志中，绝大多数是县志与乡镇志。广西师范大学出版社2013年版，第6页。

其学科价值不可小视。如乡镇村志在资料取舍、体例编次等方面有着鲜明的特色，这有助于研究旧志的篇目设计、内容取舍、编纂风格等基本特征，从而更好地认识、把握历代方志编纂学的特点；乡镇志的序跋与凡例文字，有助于研究古代的方志学理论，探究地方志书的编纂机制与具体运作流程，特别是对于研究史志关系、志书性质与职能等基本的方志学命题，具有重要的研究价值。深入探讨历代乡镇志所具有的学科价值，将有助于了解旧乡镇志发展的历程及其基本特征，对于完善方志学科的理论与体系的建构，无疑是非常有益的。

二、乡镇村志的现状分析

（一）乡镇村新志编修情况

1. 编修数量增长

虽然《地方志工作条例》仅对县级以上行政区域修志作出明确规定，但乡镇志的编修仍很普遍。以内陆地区31个省（市、自治区）统计，截至1992年，出版乡镇（包括区）志共计1234种，村志9种①；截至2013年底，累计出版乡镇村志、街道社区志4090部②，其中出版100部以上的有山西、吉林、上海、江苏、福建、江西、山东、河南、湖北、广东、重庆、四川12个省（市）；出版300部以上的有江苏、山东、广东、四川4个省份；最多的是四川省，达到345部。

新中国成立以来的编修情况大体可划分四个阶段：第一阶段（1949—1965年）编修志书为数不多，且居多未公开刊出；第二阶段（1966—1977年），受“文化大革命”影响，为空白期；第三阶段（1978—1999年），伴随新方志首轮修志的大规模开展，乡镇志书修编开始步入兴旺期；第四阶段（2000年至今），即21世纪以来，乡镇志书修编工作进一步加快，有些地方

---

① 戴国林主编，全国地方志资料工作协作组编：《中国新方志目录（1949—1992）》，书目文献出版社1993年版。

② 中国地方志指导小组办公室：《2013年度全国地方志系统工作进展情况统计》，《中国方志通讯》2014年第19期。

甚至成跳跃式增长。广东在第三阶段21年中编修出版乡镇村志200部，第四阶段14年中编修出版228部。首轮修志中，全国出版乡镇村志最多的浙江省，1992年不完全统计，“已出版的新编镇志有68种，村志才46种”[①]，而2013年仅见于浙江图书馆等处的馆藏就达220种。20世纪80年代初，已出版的30部新编乡镇村志，多集中于南方，特别是江浙地区，河北省一部也没有。[②] 截至2007年底，河北编纂出版的乡镇村志已有46部，其中村志20部[③]；2012年底，村志达51部。而2014年河北鹿泉市208个村街中，就有115个村街开展村志编写工作。

不过，相比于全国镇村的数量，乡镇村志的覆盖率并不广。截至2013年底，全国共有乡级行政区划单位40497个（其中乡12812个，镇20117个，街道7566个）[④]，累计出版的乡镇村志、街道社区志为4090部[⑤]，表明仅有约10%的乡镇街道编修了志书。村志的统计当远远小于实际数，正在编纂的村志，数量则肯定要多得多[⑥]，但从现有数据看来，编纂出版的村志也大大少于三级志书，与村的数量相比，更是凤毛麟角。

2. 编修区域扩大

乡镇村新志的编修不再如乡镇村旧志编修那样囿于长江以南，逐渐出现为以南方诸省为主，在全国遍地开花的局面。据2014年统计，各省（直辖市）、自治区除个别边疆省、自治区外，都开展了或多或少的编修活动。数量多者，如江苏有538种、广东有428种、四川有345种。很多省份乡镇志呈现出从无到有，从少到多的趋势，如辽宁49部、黑龙江26部、青海15部。据浙江图书馆、浙江大学图书馆、宁波天一阁中国方志珍藏馆等三处机构收藏的1533部乡镇志，分析所属地区，得知全国至少已有22个省（直辖市、自

---

① 邱新立:《中国新编地方志二十年成就（二）》,《中国地方志》2000年第3期。

② 据1982年和1984年至1993年4月《全国新书目》所刊资料。

③ 王胜:《新编地方志与当代区域社会史研究》，为作者走访河北省方志办获得的数据，载《中国当代史研究与地方志编纂——第十届国史学术年会论文集》，当代中国出版社2011年版，第126页。

④ 《民政部发布2013年社会服务发展统计公报》，来源：中华人民共和国民政部门户网站，2014年6月17日。

⑤ 中国地方志指导小组办公室:《2013年度全国地方志系统工作进展情况统计》,《中国方志通讯》2014年第19期。

⑥ 孙达人:《中国农民史的价值和意义——兼论族谱、村志的社会功能》,《社会学研究》1994年第6期。

治区）编修了乡镇村新志。[1]

不过，从地域分布看，乡镇村志的编修虽然有了扩散性的发展，但各省所修乡镇村志少则数部，多则数百部，数量差距较大；且各省内部的覆盖面也大小不均，有的如广州天河区、青岛崂山区已实现“村村修志”，有的正在启动编修，有的尚处于空白之中，地域差异十分明显。

3. 方志工作机构推动

在组织方式上，与乡镇村旧志相比，乡镇村新志的编修有显著变化。从编修主体看，政府修志取代私人修纂已成主要趋势，方志工作机构介入指导成为常态。尤其是20世纪80年代末以来，修编出版的乡镇村志大多为政府主修，成为最主要趋势。从具体操作看，一般都由乡镇政府或党委、政府组成编纂委员会，负责指导、协调和保障等工作，下设编纂委员会办公室或临时的修志办公室，选定主编和副主编，具体负责修志业务工作。私纂而成的乡镇新志相对较少，并呈逐渐减少的趋势。在江苏，已成书的538部乡镇村志书中，方志部门指导的达417部，占77.5%；黑龙江的26部乡镇村志中有17部经方志部门指导，占65%。浙江湖州已成书的25部乡镇志书中，由政府作为主体承担修志的有13部，占52%。

目前，《浙江省实施〈地方志工作条例〉办法》是唯一将乡镇村志编纂正式列入部署的地方法规[2]，其他各省（直辖市、自治区）的地方志实施办法或条例中[3]，也有提及乡镇志、村志等参照三级志书的相关规定执行，或者下发组织开展乡镇村志编修的文件，如山东、山西、河南、安徽等。其中《山西省地方志工作条例》明确规定：“从事乡（镇）志、村志编纂活动的，应当接受县级以上人民政府负责地方志工作的机构的指导”。河南在2013年以省政府办公厅名义印发了《关于做好乡镇志编纂工作的通知》，在全国首次

① 颜越虎：《从〈白沙村志〉到“珠三角现象”——乡村志编纂的解读与分析》，《中国地方志》2014年第10期。

② 《浙江省实施〈地方志工作条例〉办法》第二条：“本省行政区域内地方志、其他志书和年鉴的组织编纂、管理、开发利用工作，适用本办法。……本办法所称其他志书和年鉴，是指机关、社会团体、企业事业单位、其他组织及个人组织编纂的专业志、乡镇志、村志和专业年鉴等资料性文献。”

③ 截至2013年7月，全国共有23个省（市、自治区）出台了《地方志工作规定》或《条例》实施办法。

提出全省乡镇（有2800多个）都要修志的要求。[1] 山东省史志办则于2014年3月印发了《关于做好乡镇村志编修工作的意见》，指导全省乡镇村志的编修工作。

这些法规与规定，有的要求进行征集和报备，有的鼓励有条件的村组织编纂，有的规定编纂单位应接受地方志工作机构的业务指导，有的还赋予地方志工作机构“督查”的权力，是对《地方志工作条例》内容的延展，为地方志工作与乡镇村志编纂之间架起了制度化的桥梁。

村志的编修与乡镇志略有不同，其编修活动除浙江、江苏、山东、山西、安徽、河南、重庆等由省级修志机构主导外，其他多由县一级修志机构主导或村民自发编修，编修区域主要集中在经济发达省份的乡镇村，或者是城中村。但随着修志逐渐被纳入乡村文化建设的范畴以及方志机构的深度介入，由村委会出资、方志机构指导的修志模式也逐渐占据主要地位，只是不如乡镇志那样显著。

在一些地方，省级以下的政府对修志表现出更高的兴趣，并直接予以支持和组织。例如广东珠江三角洲地区的各级政府把乡村志的编纂工作作为义不容辞的责任，积极发动和部署修志工作。广州市天河区政府办公室2001年下发《批转关于开展编写村史工作请示的通知》，翌年将村志编写工作首次写入区政府工作报告，此后，多次写入政府工作报告。广州市的花都区、黄埔区、海珠区政府办公室都曾专门印发村志编修工作的通知。在第二轮修志中，中山市将镇区志编纂工作纳入全市地方志工作规划，由市志办负责指导和组织审查验收工作。佛山市南海区规划要求全区18个镇均编修镇志。这种政府强势主导、领导高度重视、地方志工作机构积极推动、社会各界热情关注、乡村百姓主动投入、方志专家指导参与的做法，被称之为“珠三角现象”。[2] 在各级方志工作机构的主动介入，积极推动下，乡镇村志编纂规模在近些年出现了快速增长。如山西范围内的村志2005年仅30余种，2009年出版的《山西新编方志书目提要》收录村志25本[3]。2011年、2013年，山西省方志

① 李培林：《在河南省调研地方志工作时的讲话》，《中国地方志》2014年第9期。

② 颜越虎：《从〈白沙村志〉到“珠三角现象”——乡村志编纂的解读与分析》，《中国地方志》2014年第10期。

③ 山西图书馆编著：《山西新编方志书目提要》，山西人民出版社2009年版。

办先后下发《关于印发〈村志编纂方案〉的通知》与“鼎力促成”村志编修的函。受此促动，运城市政府办公室也于2013年下发了《运城市专业志部门志和乡（镇）村志编纂规范化管理实施办法》。① 在由上至下的全面推动下，山西的村志编纂2013年就有31部。

4. 编修方式多元

乡镇村新志的编修人员，既有社会人员，也有专业人员。如山东已出版的乡镇村志中，专业人员修志155部，后者约占20%；四川这一比例则高达39∶211，社会人员修志是专业人员的5倍之多；亦有两者比例基本相当的，江苏省的专业与非专业人员修成志书之比为277∶270。修志社会人员，既有来自高校、科研院所的学者，也有爱好文史、热心乡邦的本地居民。

乡镇村新志既有纵贯古今的通志，也有接续前志的续志，以修编通志占主体地位，一则是传统使然，二则不少乡镇村还是首次修志。间隔时间较短又连续修志的乡镇，以某个时段为时限编修续志，这种情况虽在少数，却日渐增多。

乡镇村新志出版，各地有公开出版的，也有非公开出版或印刷的，21世纪以前非公开出版居多，之后则公开出版日益增多。公开与非公开出版的比例，黑龙江为5∶21，四川为9∶228，江苏大致持平，山东则为115∶7。

（二）乡镇村新志体例及内容的发展

乡镇村旧志的私纂性质使之带有浓厚的私家著述色彩，而以官修居多的乡镇村新志，体例结构更接近县志，更为整齐划一。造成这一变化的原因也有乡镇在城市化进程中规模扩大，社会功能越来越齐备的因素。多数志书采用章节体，前置概述、大事记，后有附录、跋、编纂始末，采用记、志、传、图、表、录等体裁，来记述区域内自然、政治、经济、文化和社会的历史与现状。各志所设篇目的规模、数量不同，但其构成大都涉及自然环境、镇村建制、姓氏人口、土地、交通、商业、农业、工业、财税金融、镇村建设、党派群团、基层政权组织、军事治安司法、教育科技卫生、文化广播电视名

① 《运城市人民政府办公厅关于印发运城市专业志部门志和乡（镇）村志编纂规范化管理实施办法的通知》，运城市政府公众信息网，2013年6月17日。

胜、社会生活、方言、人物、丛录等。这种套用市、县级志书的框架结构、篇目设置的情况，虽然对于志书内容的完整性有一定助益，但亦产生了面目单一，微观资料缺失等问题。

相比而言，村志的编修，因村与行政建置的距离略远，编修内容较多体现出以本地村民为主体。私人纂修也使志书体例内容呈现出更为多样、不拘一格的面貌，有的志谱结合，有的以史作志，有的自创新体，有的则随意不羁，内容更是繁简悬殊。不过，近年来村志体例也出现了一种向县志看齐的趋势。

毋庸讳言，体例趋同势必会削弱乡镇志的地方特色，然而，由于乡镇村新志的记述层次较低，内容较为丰富，涵盖的范围较广，一些富有地方特色的内容往往会以升格、详记的方式加以突出，因此使志书仍能保持一定的地域特色与时代特征。

值得提出来的是，少数地方由本地居民编纂村志，虽然体例不很规范，却能较好地保存了社会底层与本土的珍贵史料。有学者将农民自己动手编纂村志的事实“视为民族的觉醒”，编纂村志是“随着社会、经济和文化状况的巨变而发生的史学上的重要转折”①，“农民自己创造历史，众人写志，众人入志，众人藏志，是神州大地的新鲜事，是农民自我觉醒的表现”②。

（三）理论界对乡镇村新志的认识

对于乡镇村新志，理论界普遍认为小志写出了具有学术价值的大课题③，其价值巨大，意义重大。

学界认为，乡镇村新志与旧志一样，都具有独特的文献价值。如乡村志对基层史料的记载，可弥补学界调研的不足，能“为重构基层社会生活的实态提供了弥足珍贵的信息。”④ “从乡村志中，能看到县志、省志中看不到的东西，这对研究当时社会最底层的政治、经济、文化，以及人们风俗、生活

① 孙达人：《中国农民史的价值和意义——兼论族谱、村志的社会功能》。

② 诸葛计：《中国方志五十年史事录》，方志出版社 2002 年版。

③ 杨静琦《小志写出了具有学术价值的大课题——评南宁市郊区〈友爱村志〉》一文中称赞村志“以一部小志写出涉及移民史的大事”。实际上，村志中包含的各种扎实资料，可供各类研究使用。

④ 上海师范大学唐力行：《重构乡村基层社会生活的实态》。

状况等，都提供了可贵的历史依据。”① 志书中记录的地情与时代变迁，是一付能窥时代变迁的镜具，是我国城镇化发展历程的一个缩影②，它所具有的地区间的多样性，也引起研究人员的重视③。它的编纂对于农村经济发展等方面的探究具有借鉴意义④，对于“三农”问题的解决是重要参考，并成为乡村文化建设与传承的重要内容。

学者还认为，乡镇村志编纂是修志事业的必然趋势。因“当今的科学研究，从自然到人文，在地域上已经发生了愈益细致的趋势，则地方志的续修概念，除了市县志本身以外，还应兼及市县境内的镇村聚落。从比较长远的要求来说，每一个市县除了市县志的修纂以外，还应做到镇镇有志，村村有志。”⑤ 所以，镇村志被认为是另一种类型的地方志，将其纳入续修志书范围是扩展修志事业的大势所趋，或者可以说，是我国修志事业可持续发展的必然途径。

同时，以乡镇村新志的编纂者与编纂方法为对象的各类研究也渐成热门，从点到面都开始有了较为广泛而逐步深入的研究。有的学者将其纳入方志学体系来论述，有的专注于具体的编纂方法，分门别类加以研究，有的通过人物专访、为志书作序或撰写评论阐述自己的观点，如魏桥、傅振伦、陈桥驿、来新夏等为多部乡镇村新志作序或写评论。如有研究者分析全国各地的村镇志体例有一种趋同迹象，多数从分类到标目与县志极为相似。其理由是，麻雀虽小，五脏俱全，过于标新，易于缺损。因此，有的村镇志失之于繁。鉴于村镇管辖范围较小，事项未必齐全，故体例不必拘谨，从实际谋篇立目。体例要灵活、宽松，不要死板僵硬；篇目设计要多种多样，不要整齐划一；内容选择上要以当代资料和微观资料为主；人文为主体，民情占首位；特别要注意反映地方特点；篇幅宜短不宜长。⑥ 同时，编纂中有许多创新的方法、

① 祁明在《乡镇村志编纂初探》，《沧桑》1994年第3期。

② 诸葛计：《一付能窥时代变迁的镜具——序〈白沙村志〉》，《浙江方志》2013年第4期。

③ Kristen E. Looney, Village Gazetteers: A New source in the China Field, The China Journal, No. 60 (July, 2008), pp. 135 – 147.

④ 中国社科院社会学所所长李培林语。《得利斯村志研讨会在中国社科院举行》，《农民日报》2012年11月24日。

⑤ 陈桥驿：《盛陵村志·序》。

⑥ 刘希汉：《新方志纵横论》，转引自欧阳发《志余漫笔》，中国时代经济出版社2013年版，第283页。

成功的经验，也可供其他志书编纂时借鉴。

大量的研究成果被刊登在地方志期刊上。乡镇村志的研究尽管相对数量较少，但也占有一隅之地。《中国地方志》以及全国各级地方志期刊均不同程度地持续刊登相关内容。

三、乡镇村志面临的问题及发展对策

（一）乡镇村志面临的问题

1. 认识不足

乡镇村志编修的地域性规模差异与质量差异，显示出各地对乡镇村志编修重要性的认识还存在较大差距。各级政府对修志工作意义的认识不足，会影响到对编修乡镇村志的政策、人员、经费的支持力度。而有的地方志工作机构认为乡镇村志编修不在《地方志工作条例》规定范围，无须关注，采取置身事外的态度，不参与、不指导，甚至不摸底、不收藏，使这项工作缺失了方志专业领域的指导和动力。这对于乡镇村志编修的开展与志书质量的保证都是不利的。

2. 人才不足

志书质量取决于多种因素，其中修志专业人才是关键。修志是一项专业性较强，对人员的学识与品格要求较高的工作，仅凭热心乡邦的奉献精神而尚未具备知识与技能条件的人员，是很难修出合格的志书的。近年来蓬勃开展的乡镇村志编修对专业人才的要求越来越多，相应的新人培训与能人挖掘工作却没有跟上，造成人才缺口断档，乡镇志书编修人才匮乏现象较为突出，影响编修进度与志书质量。一些有意愿修志的乡镇政府因找不到具体担纲的主编，不得不搁置修志工作；一些地区出现独力支撑修志的情形，如浙江南浔镇的 12 部村志中，朱从亮一人就承担或参加了其中的 9 部，其中独立完成了 6 部；一些村民耗费数年心血完成的志书，却因资料不够翔实可靠而影响了使用价值。

3. 资金不足

与三级修志不同，乡镇村志的编修经费未能得到依法保障与明确落实，这使得志书编纂更加依赖当地政府对修志工作的重视程度，给修志带来了许多不确定因素和随意性，往往使修志工作陷入困境。因资金不足造成的修志人员、办公条件、资料采集、审核出版不到位，增加了修志的难度，影响着志书质量。大多非公开出版的志书，因经费缺乏，未经专家论证评审和出版社把关，甚至只能复印极少的份数，不利于志书质量的提高，也不利于保存使用。

4. 理论不足

相对于其他志书，有关乡镇村志的理论研究数量较少，且研究较为零散，与编纂实践相结合不紧，对于乡镇村志的组织管理、制度建设、历史发展、编纂方法等理论上的深层次论述不足，这与快速发展的编修现状不相适应。正因为缺乏较为全面系统的理论参考与指导，许多地方的乡镇村志编修无所依从，或盲目照搬县志篇目，或过多仿效已出志书，在结构设置、资料搜集、史实考证上走了很多弯路，使编修过程更为艰辛曲折，也使志书无力脱离僵化模式，质量得不到保证。

（二）乡镇村志的发展对策

整体而言，新中国成立以来我国乡镇村志的修编呈现方兴未艾的发展趋势，取得了较好的成果，但也存在不少问题。

针对存在的主要问题，需要多管齐下、多策并举，努力破除乡镇志书修编工作中的各种障碍，不懈提高志书质量，全面推进乡镇志书修编工作迈上一个新台阶。

1. 法治保障

国务院《地方志工作条例》公布时，国务院法制办公室负责人就此条例的有关问题答记者问，提及：“目前，我国部分乡镇，甚至村也组织修志。考虑到编纂地方志需由地方政府组织人力、物力、财力，为了不给乡镇、村设定义务，增加负担，该条例仍维持了《国务院办公厅关于进一步加强地方志编纂工作的通知》关于地方志分为省级、设区的市级、县级三级的规定。”从解答看当时的情况，一是承认部分镇村编修镇村志的事实，二是考虑到乡镇村志的负担，因而不作硬性规定。之后，部分省、市和县区根据各地的实际情况，作出了进一步规定，对乡镇村志的编修产生了很大的促进作用。但大部分并未有相应的规定问世，这使得乡镇政府修志工作一直处于自发自觉状态，也影响修志人才队伍建设和市县区方志机构对乡镇修志工作的具体指导。因此，在《地方志工作条例》颁布十年之后，从乡镇村志继续发展以及经济社会条件改善的现实出发，将乡镇村志的编修纳入地方法规或出台相关文件，从制度、人员、经费等各方面给予支撑，十分必要。如浙江省海盐县政府办公室出台文件，规定“有编志任务的部门（单位）、各镇（街道）要建立健全专业志、乡镇志编纂办公室，做到办公有地方、工作人员、经费有保障”，并对乡镇志、专业志和村志，根据每部志书的字数进行 1 万—3 万元的编修补助，出版成书并报送县史志办公室确认后，还可获得出版补助资金。从各方面保障了修志工作的顺利开展。

规范工作制度和操作程序是修志的保障。必须进一步健全运作模式、建立评审制度、加强规范操作。如山西省方志办下发《村志编纂方案》与村志纂写大纲，对村志的指导思想、总体要求、编纂规范、审查验收、印制出版、保障措施等进行规定。东莞市地方志办公室在制定第二轮新方志编修规划与实施意见中，对乡镇村志的编纂时间、内容、体例、质量等方面作出要求，由市委办公室转发了此文件。在制度保障之下，乡镇志编修将可以有序、有效地开展。

2. 提升认识，加强指导

方志工作者不仅自身要充分认识乡镇村志编修的意义，积极参与相关工作，还要推动各级政府与帮助群众了解、支持修志工作。特别是新中国成立以来从未修编过志书的乡镇、改革开放以来经济社会发展迅猛的经济强镇、文化渊源深厚的文化名镇，更要进一步提升修志意识，切实增强“官修志书”的历史责任感。各级方志部门要主动承担起对乡镇志书修编的业务指导工作，坚持全程指导，及时帮助解决业务问题，保障志书修编质量。

3. 强化理论，培养人才

针对理论研究不足的现状，应支持和鼓励开展乡镇村志的理论探讨，形成良好的研究氛围；支持和鼓励修志工作者提升理论修养，学习借鉴传统的方志理论，与方志编纂紧密结合，从实践中创新理论。在研究中，既要重视旧志研究，使继承和创新更好地结合，又要着力解决修志工作中的具体问题，例如解决好乡镇志编写中常常遇到的记述宗族问题、风俗习惯问题、求实问题，不回避，不生硬对待。将成功的经验及时加以总结，推动编纂实践的深入开展，并在应用中建立和完善方志学学科体系。

为解决修志人才缺失的现状，既要加强主编人员的物色、修编队伍的配备、专家顾问的聘请等方面的工作，又要建立乡镇村志编修人员的培训机制，从群众中挖掘、培养修志人才，更要关心爱护修志人员，使修志事业获得持久发展的动力。

4. 开门修志，创新用志

当前，社会内容越来越丰富，社会分工越来越细化，乡镇村体量巨大，修志任务繁重，仅靠地方志工作机构是难以完成的。因此，“要坚持开门修志的原则，不断充实和壮大地方志工作队伍，扩大地方志事业发展的社会根基和社会影响力，要加强与党政机构、企事业单位，特别是高等院校、社科院、图书馆、档案馆、博物馆等相关单位的业务联系，鼓励动员离退休干部、不同学科的专家学者，以及关注家乡发展、关心地方文化建设的社会各界人士参与地方志工作，进一步提高地方志工作的社会参与度”①。吸纳社会各界精英参与乡镇村志的编修，也将为乡镇村志不拘一格地展露个性与特色，摆脱单调呆板的面貌创造有利条件。

修志为用。做好地方志的开发利用工作，对于扩大地方志的社会影响，进而促进志书的编修工作十分必要。创新读志用志、宣传推广的方法，如浙江桐乡市方志办与浙江大学党委学工部暑期社会实践团合作，编写与发布微村志，2014 年 8 月起首批 10 个村的微村志通过“微村志”微信公众号向社会推送，在全国首创以碎片化采编和新媒体传播来修志、用志的方式。让更多的人享用修志成果，既而关心地方志，参与修志工作，是促进乡镇村志发展的一条路径。

此外，优秀志书的评选对于调动志书编纂工作积极性，提高志书编纂质量，扩大方志文化影响也有一定的推动作用。2014 年，江苏省地方志办公室开展了首届江苏省优秀乡镇（街道）、村志评选活动，收到报送志书四五百种，既汇集修志成果，丰富方志馆收藏，更产生了较好的社会效应，提升了修志工作的知名度。

---

① 李培林：《在江苏省调研地方志工作时的讲话》，《中国地方志》2014 年第 6 期。

随着城镇化进程的不断推进，在乡镇村志的编修的推动下，街道志、社区志也应运而生。展望未来，随着地方志事业对社会需求适应性的增强以及当前经济社会的发展趋势，乡镇村志编修规模必然迅速扩大。随着信息化程度的不断提高，阅读与获取信息的方式不断改变，许多乡镇村志不再只印刷纸制版，也制作了电子版发行，甚至上传至网站，为读者提供了更为便捷的读志用志方式。在第五次全国地方志会议上，王伟光同志要求“继续鼓励对方志编修的探索和创新，加强对部门志、行业志、专题志、乡镇村志编纂的指导和服务”①。李培林同志提出“修志工作要往社区、乡镇和村延伸”②。可以预见，今后，乡镇村志的编修将成为全国地方志工作的一个亮点与着力点③，一个可以深入拓展的大有可为的空间。

① 王伟光：《发扬成绩　谋划长远　奋力书写地方志事业发展新篇章——在第五次全国地方志工作会议上的工作报告》，《中国地方志》2014 年第 5 期。

② 李培林：《在江苏省调研地方志工作时的讲话》，《中国地方志》2014 年第 6 期。

③ 颜越虎：《从〈白沙村志〉到“珠三角现象”——当代中国乡村志编纂的解读与分析》，《浙江方志》2014 年第 6 期。

旧志整理成果现状及其发展趋势

巴兆祥　郭墨寒

提　要：旧志整理是方志学研究的重要领域之一。本文在回顾新中国成立后旧志整理发展过程的基础上，系统总结2013—2014年中国（未包括港、澳、台地区）旧志整理成果数量、成果类型与空间分布状况，对重要成果予以择要推介，并就其需要改进之处与未来发展趋势进行了阐述。

关键词：旧志　方志整理　发展趋势

地方志是中华文明的象征，是中华民族的知识宝库。中国地方志源远流长，代有修纂。它卷帙浩繁，种类繁多，版本多样。但由于多种原因，大量1949年以前编纂的地方志散佚了，存世的约有8000余种，约占我国现存古籍的1/10，且因散存各地、存本有限或传存状态不佳等，限制了这些旧方志的利用。为保护和传承这些宝贵的文化遗产，新中国建立以来，尤其近些年来，我国非常重视旧方志的整理工作，取得了巨大的成绩。这里在回顾中华人民共和国成立后全国（未包括港澳台地区）方志整理成果的基础上，重点总结2013—2014年的旧志整理状况①，并就其未来发展趋势做一论述。

① 地方志按照其记载的内容，可分为综合性志书、专门性志书两类。这里以综合性志书为研究对象，专志暂不列入。

一、新中国成立后旧志整理的回顾

我国自古以来就有重视方志整理的传统，在清以前，主要有重刊、重刻、誊抄、辑佚等形式，晚清民国因新印刷技术的传入又增加了影印、编纂专门目录等方式。新中国成立以后，旧志整理工作进入快速发展期，无论是整理的方式，还是成果的数量均大大超迈历朝历代。回顾新中国成立后的旧志整理过程大致可以分为三个发展阶段：

第一阶段：20世纪50年代至60年代初。新中国成立初期，国家主要的精力在恢复和发展经济，毛泽东主席、周恩来总理都曾指示，利用方志了解地情，做到古为今用，方志整理的中心工作是摸清家底，收集方志中对经济建设有用的资料。编印有《中南图书馆方志目录》（1954）、《天津市人民图书馆藏方志目录》（1955）、《上海市历史文献图书馆方志目录》（1957）、《中共中央高级党校图书馆藏方志目录初稿》（1958）、《中国人民大学图书馆地方志目录》（1960）、《四川省图书馆馆藏方志目录》（1961）等50余部馆藏方志目，以及朱士嘉《中国地方志综录（增订本）》（1958）、洪焕椿《浙江地方志考录》（1958）、上海师范学院图书馆《上海方志资料考录》（1962），中国农业遗产研究室1956—1959年从8000多种方志中辑录了3600多万字的《方志物产》440册、《方志综合资料》120册，上海文物保管委员会辑录《上海方志资料汇辑》（1961），并油印一些稀见方志，如1956—1963年广东中山图书馆油印方志22种。

第二阶段：20世纪70年代末到90年代末。随着改革开放，我国经济、文化建设的大发展，以及为新方志编纂汲取历史经验，旧志整理又提上日程。1982年7月，中国地方史志协会通过《中国地方志整理规划（1882—1990）》，1984年1月，中国地方志指导小组成立旧方志整理委员会，规定了旧志整理是各级方志部门的基本工作任务之一，于是旧志整理工作在各地如火如荼地开展起来。首先在方志目录整理方面，由于受1975开始的全国方志普查的推动，方志目录的编制形成热潮，编印有《中国地方志联合目录》（1985）以及《上海图书馆地方志目录》（1979）、《安徽方志综合目录》（1983）、《中国人民大学图书馆地方志目录》（1987）、《河北历代地方志总目》(1989)、《四川大学图书馆馆藏地方志目录》(1991)、《甘肃省图书馆藏地方志目录》(1995)、《中国社会科学院历史研究所藏线装地方志书目》(1997)等众多方志目录,出版有洪焕椿《浙江方志考》(1984)、来新夏《河北地方志提要》、张新民《贵州地方志考稿》(1992)、徐复等《江苏旧方志提要》(1993)、金恩辉与胡述兆《中国地方志总目提要》(1996)等方志提要与考录。同时,也编印一些索引,如《东北方志人物传记资料索引》(1989—1991)、《天一阁藏明代方志选刊人物资料人名索引》、《中国地方志宋代人物资料索引》(1997)等。方志资料汇编也是这阶段成果较多的方面,如《四川地震资料汇编》(1980)、杨奕青等《湖南地方志中的太平天国史料》(1983)、吴觉农《中国地方志茶叶历史资料选辑》(1990)、丁世良等《中国地方志民俗资料汇编》(1989—1995)、戴鞍钢等《中国地方志经济资料汇编》(1999)等。方志辑佚也有进展,如1984年李裕民《山西古方志辑佚》辑录古佚志236种;1997年刘纬毅出版《汉唐方志辑佚》,共辑录《荆州记》《湘中记》等汉唐方志20余种。在旧志的校点、校注、重印方面成绩较显著,除嘉靖《郑州志校译》、嘉靖《巩县志》、嘉靖《昆山县志》、民国《石门县志校注》、宣统《巴彦州志辑略》、民国《巴彦县志》等单部整理外,大规模的、系列化的校点、影印工作开始于1981年上海古籍书店出版《天一阁藏明代方志选刊》,影印明代方志107种,尤其是1991年上海书店出版社、巴蜀书社、江苏古籍出版社(今凤凰出版社)编辑《中国地方志集成》,计划持续按专辑出版收录的3000余种方志,影响甚巨(见表1)。

第三阶段:2000年以后。2000年前后,我国大部地区的首轮新志编纂已经结束,有的省份开始启动二轮新志编纂,有的则转入方志整理,同时为二轮修志做准备,方志文化建设越来越受到全社会的关注,方志整理也进入新的历史阶段。其突出表现为:一为旧志重印。这一阶段不仅继续整理单部志书,如康熙《永州府志校注》、乾隆《柳州府志》、《清嘉庆常德府志校注》、《岩镇志草》、民国《三江县志》等等,而且系列化、大型化方志丛书增加迅速,据不完全统计2000—2012年就有《上海府县旧志丛书》《福建旧方志丛书》《中国西藏及甘青川滇藏区方志汇编》《乡土志抄稿本选编》《安徽历代方志丛书》《广东历代方志集成》《北京大学图书馆藏地方志珍本丛刊》等60多套丛书出版,上一阶段的《中国地方志集成》继续出版。二为方志提要、考录的多样化。除继续编撰分省提要，如姚金祥《上海方志提要》（2005）、谭烈飞《北京方志提要》（2006）；朝代方志考录，如顾宏义《宋朝方志考》（2010）、《金元方志考》（2012）；县市方志提要，如彭年德《江宁历代方志提要与评析》（2007）、傅启芳《常德方志考》（2008）外；新增了馆藏方志提要，如陈自仁《珍贵方志提要》（2009）等。三是方志资料汇编继续主题深入，主要有国家图书馆出版社《地方志人物资料丛刊》（2001）、《地方志灾异资料丛刊》（2010），孙学雷《地方志书目文献丛刊》（2004），梁宪华、翁连溪《中国地方志中的陶瓷史料》（2008），张先清、赵蕊娟《中国地方志基督教史料辑要》（2010），巴兆祥《中华大典·历史地理典·总论分典·方志总部》（2012，汇辑方志学史料 320 万字），等等。四是方志数字化取得突破性进展。以前也有数字化，但仅是限几部方志。2002 年国家图书馆"数字方志"工程正式启动，数字古旧方志6518 种；2004 年爱如生公司启动"中国方志库"，数字化上自汉魏、下迄民国的各种类型方志达 1 万种。[①] 这两个数字方志库是目前学术界利用最多的两个方志数据库，给方志的开发利用带来了极大的便利。

全国方志整理丛书一览表（1981—2014）

表 1

丛书名	编者	出版单位	出版时间（年）	册数（册）	收志数（种）
天一阁藏明代方志选刊	—	上海古籍书店	1981—1982	68	107
福建地方志丛刊	—	福建人民出版社	1986 起	—	12
天津图书馆藏稀见方志丛刊	—	天津古籍出版社	1988—1989	—	8
宋元方志丛刊	中华书局编辑部	中华书局	1990	8	43
天一阁藏明代方志选刊续编	—	上海书店出版社	1990	72	109

① 衡中青：《广东方志整理研究》，《图书馆论坛》2012 年第 32 卷第 2 期。

续表

丛书名	编者	出版单位	出版时间（年）	册数（册）	收志数（种）
中国西北文献丛书·西北稀见方志文献	朱太岩	兰州古籍书店	1990	63	138
日本藏中国罕见地方志丛刊	书目文献出版社	书目文献出版社	1990—1992	32	65
中国地方志集成	集成编委会	上海书店出版社、巴蜀书社、江苏古籍出版社（今凤凰出版社）	1991 至今	—	—
稀见中国地方志汇刊	中国科学院图书馆	中国书店	1992	50	167
玉溪地区旧志丛刊	梁耀武	云南人民出版社	1993—1996	—	7
中国公共图书馆古籍文献珍本汇刊·中国西北稀见方志	全国公共图书馆古籍文献编委会	中华全国图书馆文献缩微复制中心	1994	9	20
中国公共图书馆古籍文献珍本汇刊·中国西北稀见方志续集	邵国秀	中华全国图书馆文献缩微复制中心	1997	10	62
中国西北文献丛书续编·西北稀见方志文献	王希隆	甘肃文化出版社	1999	4	36
明代孤本方志选	马小林、孟繁裕	中华全国图书馆文献缩微复制中心	2000	59	23
清代孤本方志选	郝瑞平	线装书局	2001	60	76
故宫珍本丛刊·各省府县志	故宫博物院	海南出版社	2001	211	409
乡土志抄稿本选编	国家图书馆分馆	线装书局	2002	16	90
北京旧志丛书	北京市地方志办公室	北京古籍出版社	2002 起	—	—
福建旧方志丛书	福建省地方志编纂委员会	方志出版社、厦门大学出版社	2002 起	—	—

续表

丛书名	编者	出版单位	出版时间（年）	册数（册）	收志数（种）
日本藏中国罕见地方志丛刊续编	殷梦霞	北京图书馆出版社	2003	20	16
南京图书馆孤本善本丛刊·明代孤本方志专辑	宫爱东	线装书局	2003	72	8
中国西藏及甘青川滇藏区方志汇编	张羽新	学苑出版社	2003	54	136
中国西南文献丛书·西南稀见方志文献	林超民等	兰州大学出版社	2003	—	91
海南地方志丛刊	海南地方志编纂委员会	海南出版社	2003—2006	68	56
孤本旧方志选编	郝瑞平	线装书局	2004	26	33
中国公共图书馆古籍文献珍本汇刊·台湾史料汇编	全国公共图书馆古籍文献编委会	中华全国图书馆文献缩微复制中心	2004	14	14
上海乡镇旧志丛书	上海市地方志办公室	上海社会科学院出版社	2004—2006	14	69
安徽历代方志丛书	安徽省地方志办公室	黄山书社	2005 起	—	—
华东师范大学图书馆藏稀见方志丛刊	黄秀文、吴平	北京图书馆出版社	2005	20	20
楚雄彝族自治州旧方志全书	杨成彪	云南人民出版社	2005	13	54
中国西北文献丛书二编·西北稀见方志文献	甘肃省古籍文献整理编译中心	线装书局	2006	7	26
中国海疆旧方志	本书编委会	蝠池书院出版有限公司	2006	310	—
陕西省图书馆藏稀见地方志丛刊	陕西省图书馆	北京图书馆出版社	2006	16	55
昭通旧志汇编	张宽寿	云南人民出版社	2006	6	13

续表

丛书名	编者	出版单位	出版时间（年）	册数（册）	收志数（种）
广东历代方志集成	广东省地方史志办公室	岭南美术出版社	2007	276	433
宋元珍稀地方志丛刊（甲编）	王晓波、李勇先等	四川大学出版社	2007	8	8
北京师范大学图书馆藏稀见方志丛刊	北京师范大学图书馆	北京图书馆出版社	2007	22	29
内蒙古历史文献丛书	内蒙古图书馆	远方出版社	2007 起	24	23
北京旧志汇刊	北京市地方办公室、市新闻出版局	中国书店出版社	2007 起	—	—
大理丛书·方志篇	杨世钰	民族出版社	2007	10	32
成都旧志丛书·通志类	成都市地方志编纂委员会	成都时代出版社	2007	10	6
福建师范大学图书馆藏稀见方志丛刊	方宝川、陈旭东	国家图书馆出版社	2008	40	28
宋元珍稀地方志丛刊（乙编）	李勇先、王会豪、周斌	四川大学出版社	2009	6	10
中国西南文献丛书二编·西南稀见方志文献	高国祥等	学苑出版社	2009	—	—
四川大学图书馆馆藏珍稀四川地方志丛刊	姚乐舒	巴蜀书社	2009	7	39
宋元浙江方志集成	浙江省方志编纂委员会	杭州出版社	2009	14	19
北京师范大学图书馆藏稀见方志丛刊续编	李永明	学苑出版社	2009	26	32
天一阁藏明代方志补刊	—	宁波出版社	2009	—	88
天春园藏善本方志选编	天津图书馆	学苑出版社	2009	100	100

续表

丛书名	编者	出版单位	出版时间（年）	册数（册）	收志数（种）
上海府县旧志丛书	上海市地方志办公室等	上海古籍出版社	2009	32	75
中国稀见地方史料集成	—	学苑出版社	2009	65	116
衢州府志集成	衢州市方志办公室	西泠印社出版社	2009	1	4
宁武旧志集成	宁武县地方志编委会	巴蜀书社	2009	1	5
云南石林旧志集成	石林彝族自治县史志办公室	云南民族出版社	2009	1	6
中国华北文献丛书·华北稀见方志文献	吕志毅	学苑出版社	2010	50	110
中国华东文献丛书·华东稀见方志文献	仓修良	学苑出版社	2010	50	79
复旦大学图书馆藏稀见方志丛刊	复旦大学图书馆	国家图书馆出版社	2010	56	41
广东省立中山图书馆藏稀见方志丛刊	倪俊民	国家图书馆出版社	2010	46	32
中国边疆民族地区抄稿本方志丛刊	—	中央民族大学出版社	2010	—	7
金陵全书·甲编	南京图书馆、南京方志办、南京档案局、南京出版社	南京出版社	2010 起	75	36
中国人民大学图书馆藏稀见方志丛刊	中国人民大学图书馆	国家图书馆出版社	2011	38	31
首都图书馆藏稀见方志丛刊	首都图书馆	国家图书馆出版社	2011	30	36

续表

丛书名	编者	出版单位	出版时间（年）	册数（册）	收志数（种）
上海图书馆藏稀见方志丛刊	上海图书馆	国家图书馆出版社	2011	246	240
浙江图书馆藏稀见方志丛刊	浙江图书馆	国家图书馆出版社	2011	62	43
河北大学图书馆藏稀见方志丛刊	河北大学图书馆	国家图书馆出版社	2011	20	20
边疆方志文献初编	边疆方志文献初编委员会	知识产权出版社	2011	67	64
宁波历史文献丛书	宁波市地方志办公室	宁波出版社	2011 起	24	11
广饶旧志集成（点校本）	广饶县史志办公室	中华书局	2011 起	5	5
南京图书馆藏稀见方志丛刊	南京图书馆	国家图书馆出版社	2012	170	140
保定市图书馆藏稀见方志丛刊	保定市图书馆	国家图书馆出版社	2012	6	6
辽宁省图书馆藏稀见方志丛刊	辽宁省图书馆	国家图书馆出版社	2012	18	47
边疆方志文献续编	边疆方志文献续编委员会	线装书局	2012	71	—
山西历代方志集成	山西省地方志办公室	三晋出版社	2012 起	—	—
洛阳历代方志集成	洛阳市方志办公室	中州古籍出版社	2012 起	—	—
彭水珍稀地方志史料汇编	彭水县档案局	巴蜀书社	2012	3	4
明清萧山县志	萧山区方志办公室	远东出版社	2012	1	4

续表

丛书名	编者	出版单位	出版时间（年）	册数（册）	收志数（种）
常山旧志集成	常山县方志办公室	中华书局出版	2012	—	4
北京大学图书馆藏地方志珍本丛刊	北京大学图书馆	国家图书馆出版社	2013	330	276
吉林大学图书馆藏稀见方志丛刊	吉林大学图书馆	国家图书馆出版社	2013	25	24
南京大学图书馆藏稀见方志丛刊	南京大学图书馆	国家图书馆出版社	2013	70	68
上海辞书出版社图书馆藏稀见方志初编	彭卫国	上海辞书出版社	2013	29	15
上海辞书出版社图书馆藏稀见方志续编	彭卫国	上海辞书出版社	2013	26	13
故宫博物院藏稀见方志丛刊	李欢	故宫出版社	2013	160	120
广西古籍丛书旧志影印系列/府县志系列	广西地方志办公室等	广西人民出版社	2013起	—	—
重庆图书馆藏稀见方志丛刊	重庆图书馆	国家图书馆出版社	2014	40	64
中国科学院文献情报中心藏稀见方志丛刊	罗琳主编	国家图书馆出版社	2014	100	89
湖南省图书馆藏稀见方志丛刊	湖南省图书馆	国家图书馆出版社	2014	68	31
安庆市图书馆藏稀见方志丛刊	安庆市图书馆	国家图书馆出版社	2014	6	7
清河县旧志全集校注	清河县地方志办公室	中国文史出版社	2014	6	6
翼城古志集成	程发贖	三晋出版社	2014	5	8

说明：①资料来源：国家图书馆、广东省立中山图书馆、复旦大学图书馆藏书目录、当当网、京东网、亚马逊及其他网络资源；②此表未对港、澳、台地区整理情况作统计

二、 当前我国旧志整理的现状

2013—2014 年是进入 21 世纪以来，我国旧方志整理发展离目前最近的两年。这两年中，我国地方志系统和高校、科研出版单位在继续前些年工作的基础上，加大旧志整理的力度，取得了不俗的成绩，成果丰硕。

（一）成果的数量统计分析

2013—2014 年，我国对旧志进行了持续性的整理，根据我们对国家图书馆、广东省立中山图书馆的书目著录，当当网、京东网、亚马逊、中国地方志等网站图书信息，以及部分省区上报中国地方志指导小组办公室的数据，不完全统计，被整理的旧志总数约 1238 种，包括省志、府志、州志、县志、乡镇志、村里志以及乡土志等综合志性书[①]。这些旧志的地域分布情况，如表 2 所列。除此之外，尚有刁美林与邵岩的《故宫博物院藏清代珍本方志解题》（2013）等 7 种不属于方志类型而不能归入任何区域的整理成果。

2013—2014 年全国整理旧志之地域分布统计表

表 2 单位：种

种类 / 省别	省志	府志	县志	乡镇志	村里志	乡土志	合计
北京	0	2	6	0	0	0	8
天津	0	0	0	0	0	0	0
上海	1	3	38	1	0	0	43
重庆	0	2	13	0	0	2	17
黑龙江	3	0	9	1	0	0	13
吉林	2	0	8	0	0	5	15
辽宁	2	1	2	0	0	0	5
内蒙古	1	1	1	0	0	1	4

① 直隶州志、直隶厅志归为入府志类，散州志、散厅志归入县志类。

续表

种类 省别	省志	府志	县志	乡镇志	村里志	乡土志	合计
河北	1	3	39	1	0	4	48
山东	2	6	30	1	2	8	49
山西	1	4	19	0	0	1	25
新疆	1	9	0	0	0	0	10
甘肃	0	1	9	0	0	0	10
宁夏	0	0	0	0	0	0	0
陕西	0	6	20	2	1	16	45
青海	0	0	1	0	0	0	1
西藏	1	0	17	0	0	0	18
江苏	3	37	96	11	1	3	151
安徽	0	10	36	0	1	1	48
河南	2	21	171	0	0	1	195
湖北	0	4	32	0	0	6	42
湖南	0	7	45	0	0	3	55
江西	0	4	43	0	0	0	47
浙江	1	12	23	3	1	1	41
福建	1	1	24	0	0	5	31
台湾	0	1	0	0	0	0	1
海南	0	0	2	0	0	0	2
广东	1	1	37	0	1	2	42
广西	1	30	107	0	0	1	139
贵州	3	10	7	0	0	1	21
云南	1	7	15	0	0	2	25
四川	1	8	75	1	0	2	87
共计	29	191	925	21	7	65	1238

说明：①表中统计的一部台湾府志为大陆整理；②此表未对港、澳、台地区整理情况作统计

为更直观地对比各省区旧志被整理的多寡，我们特地制作了《2013—2014 年各省区旧志之整理比较图》。

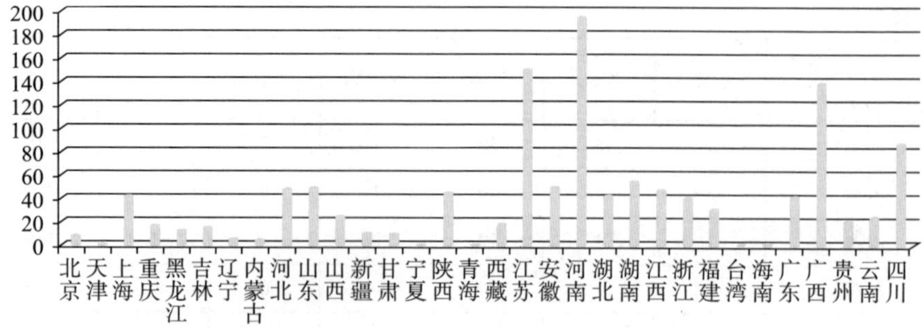

图 1　2013—2014 年各省区旧志之整理比较图

从表 2、图 1 可以看出，就方志的类型而言，县志被整理的居首，达 925 种，其余依次是府志 191 种，省志 29 种，乡镇志 21 种，村里志 7 种。乡土志作为近代出现的乡土教材，由于属于准地方志或地方简志的性质，又具有新颖性，颇受人们重视，被纳入旧志整理的约有 65 种。

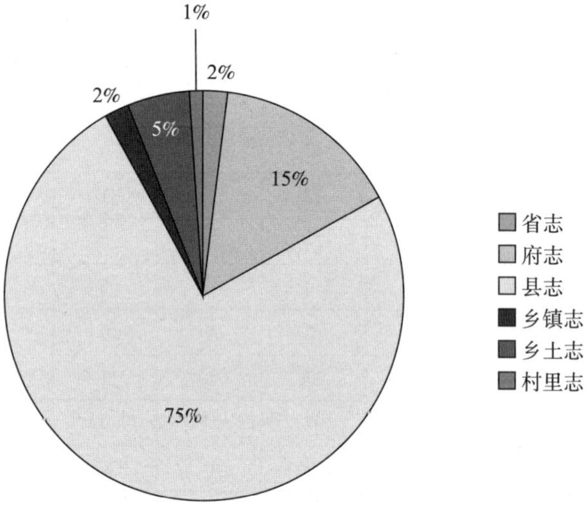

图 2　各种类型志书所占比例图

就省区而言，河南省旧志被整理的最多，约有 195 种；其次是江苏，约有 150 种，广西约有 139 种；内蒙古、海南、台湾、青海、宁夏、天津的旧志被整理的稀少。上海所属的地域远较其他省区为小，被整理的旧志却多达 43 种。造成部分省区被整理的旧志较多的主要原因是 2013 年上海书店出版社出版了《中国地方志集成·河南府县志辑》70 册 162 种，上海古籍出版社出版了《上海府县旧志丛书》嘉定县卷与青浦卷 6 册 14 种，2014 年凤凰出版社出版了《中国地方志集成·广西府县志辑》79 册 108 种，2014 年中国国际广播音像出版社出版了 59 种江苏旧志、17 种上海旧志数字化版，上海古籍出版社出版了《上海府县旧志丛书》金山县卷 2 册 6 种，而有些省如广东、浙江、海南、甘肃、内蒙古等则成套的方志影印在此前已经出版过了。

据不完全统计的 1245 种整理成果是谁整理的呢？从所收集的资料可见，参与者有各地方志部门的工作者、档案馆的工作者、高校学者、图书馆与博物馆工作者、出版社工作者。其中，属于方志系统整理的成果约有 287 种。故宫博物院、北京大学图书馆、南京大学图书馆、上海辞书出版社图书馆、中国科学院文献情报中心、湖南省图书馆等图书馆、故宫博物院利用馆藏方志数量多且好的优势，整理出版了大套方志丛书。如故宫博物院图书馆所藏源自明清内阁大库，方志收藏丰富，2013 年故宫博物院图书馆编辑出版《故宫博物院藏稀见方志丛刊》，收录故宫博物院图书馆藏稀见方志 120 种，其中孤本方志 63 种，五家以内藏稀见方志 57 种。上海书店出版社、凤凰出版社则基于渠道优势，联合多方力量，组成编委会，编辑了《中国地方志集成》广西府县志辑、河南府县志专辑这样的大丛书。地方志部门整理，除南京市地方志办公室参与整理《金陵丛书甲编》，江苏省地方志办公室联合省档案局对省档案馆所藏江苏上海旧志进行数字化整理，上海市地方志办公室主持整理《上海府县旧志丛书》嘉定县卷、青浦县卷、金山县卷属大套丛书外，多为小规模或个别的成果问世。高校学者有参与，如北京大学历史系辛德勇、郎洁校点《长安志·长安志图》、扬州大学刘建臻校点嘉庆《扬州府志》等，但成果数量有限。

（二）整理方式与成果类型

旧志整理事关方志资源的开发利用，1984 年 3 月在中国地方志指导小组召开的旧方志整理工作会议上形成共识，主要是“原本复制、点校翻印、类编资料、辑录佚志以及编辑方志目录、提要、专题索引等等”[①]。经过三十多

① 中国地方志指导小组编：《中国方志文献汇编》，方志出版社 1999 年版，第 1404 页。

年实践检验，这些整理方式仍然适用，同时又由于科学技术的进步，旧方志的整理方式又有了创新。近两年的旧志整理方式大致有方志目录、提要、资料汇编、辑佚、影印、校注、校点、数字化等8种，其整理成果类型与空间分布状况如下：

2013—2014年全国旧志整理之类型统计表

表3 单位：种

成果类型 区域	目录	提要	汇编	辑佚	影印	校注	校点	数字化	合计
北京	0	0	0	0	8	0	0	0	8
天津	0	0	0	0	0	0	0	0	0
上海	0	0	0	0	4	1	21	17	43
重庆	0	0	0	0	15	1	1	0	17
黑龙江	0	0	0	0	10	0	3	0	13
吉林	1	0	0	0	14	0	0	0	15
辽宁	0	0	0	0	5	0	0	0	5
内蒙古	0	0	0	0	4	0	0	0	4
河北	0	0	0	0	40	1	7	0	48
山东	1	0	0	0	36	0	11	1	49
山西	0	0	1	0	22	0	2	0	25
新疆	0	0	0	0	9	1	0	0	10
甘肃	0	0	0	0	7	3	0	0	10
宁夏	0	0	0	0	0	0	0	0	0
陕西	0	0	0	0	38	4	3	0	45
青海	0	0	0	0	1	0	0	0	1
西藏	0	0	0	0	18	0	0	0	18
江苏	0	0	0	1	84	1	6	59	151
安徽	0	0	0	0	39	4	3	2	48
河南	0	0	1	0	192	2	0	0	195
湖北	0	0	0	0	40	2	0	0	42
湖南	0	0	0	0	50	5	0	0	55

续表

区域＼成果类型	目录	提要	汇编	辑佚	影印	校注	校点	数字化	合计
江西	0	0	0	0	45	0	2	0	47
浙江	0	1	0	0	36	1	3	0	41
福建	0	0	0	1	21	1	8	0	31
台湾	0	0	0	0	1	0	0	0	1
海南	0	0	0	0	2	0	0	0	2
广东	0	0	0	0	41	0	1	0	42
广西	0	0	0	0	139	0	0	0	139
贵州	0	0	0	0	15	0	0	0	21
云南	0	1	0	0	23	1	0	0	25
四川	0	0	0	0	75	10	2	0	87
全国	2	1	4	0	0	0	0	0	7
共计	4	3	6	2	1034	38	79	79	1245

说明：①表中统计的一部台湾旧志影印本为大陆整理；②此表未对港、澳、台地区整理类型作统计

据表3，所属各省区的旧志中，以江苏省旧志被运用各种整理方式进行整理的最多，有辑佚、影印、校注、校点、数字化等5种，山东有目录、影印、校点、数字化等4种，浙江有目录、影印、校注、校点等4种，上海、安徽有影印、校注、校点、数字化等4种，山西也有汇编、影印、校点等3种，而只采用影印这1种方式来整理的有北京、辽宁、内蒙古、青海、西藏、海南、广西等地的旧志。在总成果中，8种整理方式的成果所占比对照如图3，以影印数量最多。

1. 目录

编纂目录是方志整理的传统方式。新中国建立后的1950—1964年、1976—1999年形成两次方志目录问世的高峰。近两年成书的目录有4种：李丹编《美国哈佛大学哈佛燕京图书馆藏中国旧方志目录》（2013）、赵嘉朱主编《中国社会科学院地方志联合目录》（2013）属于馆藏方志目录，何进、刘士宏《吉林旧志目录》(2013)、济南甲骨书业策划的《山东历代地方志总目》（2014）属于区域性方志目录。

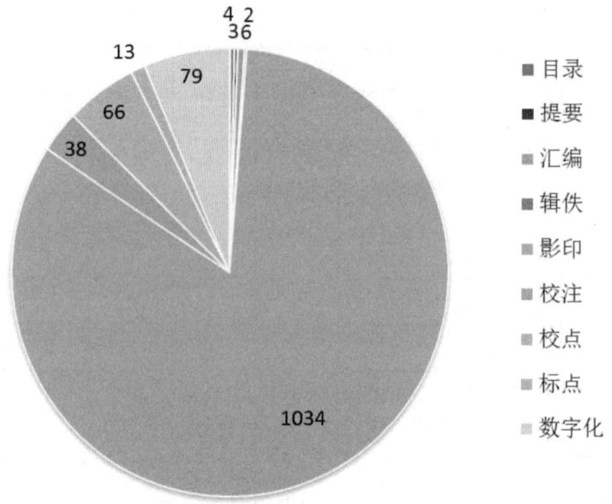

图 3　旧志整理类型之成果比照图

2. 提要

提要也是方志整理的传统方式之一，对读者了解方志的内容、体例、编纂原委作用很大。这两年出版的提要有 3 种：沈慧编著《湖州方志提要》（2013）、田青编《云南省社会科学院馆藏古籍特藏地方文献目录提要》（2013）、刁美林与邵岩编《故宫博物院藏清代珍本方志解题》（2013）。

3. 资料汇编

方志的重要价值在于资料，为便于读者与社会利用，选辑、汇编方志资料成了方志整理的重要任务。2013—2014 年按专题出版的资料汇编有何建明主编《中国地方志佛道教文献汇编》人物卷、寺观卷及诗文碑刻卷，丁世良、赵放主编《中国地方志民俗资料汇编》（再版）等；按地域汇编的有冀有贵编《汾阳府志·平遥编》等。《汾阳府志·平遥编》从万历和乾隆两部《汾阳府志》中辑录、汇编平遥县的内容与资料，按一定的类目编排，以弥补平遥无明代县志的遗憾，也补缺乾隆三十五年《平遥县志》，并作“编者注”与“校勘记”。这样的汇编类型较为少见。

4. 影印

影印约占旧志整理成果总量的 83%，主要有吉林大学图书馆《吉林大学图书馆藏稀见方志丛刊》（2013）、《广西古籍丛书旧志影印系列·府县志系列》（2013 年起）、洛阳市地方史志办公室《清顺治河南府志》（2013）、济南市史志办公室《清道光济南府志》（2013）、江苏省方志办公室《天启淮安府志》（2014）、山东省地方志办公室《宣统山东通志》（2014）等。

5. 校注

校注是旧志整理的高级形式，难度很高。校注成果约占总数的3%。主要有何延明和娄自昌《民国马关县志校注》（2013）、长葛市地方史志办公室《长葛县志：康熙三十年注译本》（2013）、焦作市地方史志办公室《乾隆己酉年重刊怀庆府志（校注本）》（2013）、衡东县史志办公室《弘治衡山县志》（2013）、梁颂成《清光绪桃源县志校注》（2013）、钟兴麒等《西域图志校注》（2014）、清河县地方志办公室《清河县旧志全集校注》（2014）等。如《清河县旧志全集校注》一套六册，收录了青河县现存所有旧志（嘉靖、万历、康熙、同治、光绪和民国志），每种旧志前设"导读"，之后置"书影"，卷尾增设主要注释词索引、参考书目和编后记，较有特色。

6. 校点

校点（含标点）的成果要比校注稍多，约占6.3%。主要有榆林市地方志办公室《康熙延绥镇志》（2013），上海市地方志办公室嘉靖《嘉定县志》、万历《嘉定县志》（2013），昆山市地方志办公室《明弘治昆山县志》（2014）、嘉庆《舒城县志》（2004），广饶县史志办公室明万历《广饶旧志集成（点校本）》（2014）等。

7. 辑佚

辑佚是项很艰难的工作，需要长时间的积累，出成果不易，主要成果有黄立云《康熙寿宁县志注辑》（2013）、杨印民《大德毗陵志辑佚》（2013）。

8. 数字化

随着科技的发展，社会的进步，旧志整理的方法和理论也在更新，对旧志进行数字化和信息化整理成了当前旧志整理的最新进展。方志数字化的主要方式是原书扫描、文档录入、刻录光盘、上传网络等。近两年除了国家图书馆"数字方志"、爱如生公司"中国方志库"等继续扩容外，旧志数字化成绩显著的要算江苏。2013 年江苏省地方志办公室与省档案局合作启动《江苏历代方志全书·江苏省档案馆藏江苏旧志电子书专辑》，次年完成嘉靖《海门县志集》、隆庆《仪真县志》、道光《重修仪征县志》、民国《铜山县志》

等78种志书数字化出版。

三、重要成果介绍

由于社会各界的关心、支持，广大方志研究、出版人员的热心投入，近两年出版的旧志整理成果中出了不少佳作，值得择要推荐。

1.《中国地方志集成》

中国特大规模的旧志重印以台湾成文出版社1967年起出版《中国方志丛书》为标志，20世纪80年代全国兴起编纂新方志与研究方志学热潮，上海图书馆的陈光怡倡议编纂《中国地方志集成》，1990年江苏古籍出版社（今凤凰出版社）、上海书店出版社、巴蜀书社联合组织专家编辑《中国地方志集成》，1991年后陆续出书。《中国地方志集成》主要收录常见、通行本的志书，兼收少量抄稿本，分府县志、乡镇志、省志三类，按专辑出版，已出版了《上海府县志辑》（全10册，1991）、《江苏府县志辑》（全68册，1991）、《四川府县志辑》（全70册，1992）、《乡镇志专辑》（全33册，1992）、《西藏府县志辑》（全1册，1995）、《江西府县志辑》（全87册，1996）、《安徽府县志辑》（全63册，1998）、《台湾府县志辑》（全5册，1999）、《浙江府县志辑》（全68册，2000）、《福建府县志辑》（全40册，2000）、《湖北府县志辑》（全67册，2001）、《海南府县志辑》（全7册，2001）、《湖南府县志辑》（全86册，2002）、《北京府县志辑》（全7册，2002）、《广东府县志辑》（全51册，2003）、《山东府县志辑》（全95册，2004）、《天津府县志辑》（全6册，2004）、《山西府县志辑》（全70册，2005）、《贵州府县志辑》（全50册，2006）、《辽宁府县志辑》（全23册，2006）、《吉林府县志辑》（全10册，2006）、《黑龙江府县志辑》（全10册，2006）、《河北府县志辑》（全73册，2006）、《陕西府县志辑》（全57册，2007）、《宁夏府县志辑》（全9册，2008）、《青海府县志辑》（全5册，2008）、《甘肃府县志辑》（全49册，2009）、《云南府县志辑》（全83册，2010）、《新疆府县志辑》（全12册，2012）、《内蒙古府县志辑》（全17册，2012）等。2013年上海书店出版社出版《中国地方志集成·河南府县志辑》70册，收录顺治《陈留县志》、康熙《开封府志》、光绪《祥符县志》、嘉庆《洧川县志》、民国《考城县志》等

162 种清代与民国方志。2014 年凤凰出版社出版《中国地方志集成·广西府县志辑》79 册，影印乾隆《廉州府志》、道光《廉州府志》、康熙《上思州志》、道光《上思州志》、同治《苍梧县志》、光绪《防城县小志》、民国《防城县志初稿》、民国《来宾县志》等志书 108 种。《中国地方志集成》是中国（未包括港、澳、台地区）迄今最大的旧志重印工程。

2.《著名图书馆藏稀见方志丛刊》系列

我国的方志主要收藏在图书馆，但因分散在各地，流通有限，不便利用。2005 年北京图书馆出版社联合全国著名图书馆编辑出版《著名图书馆藏稀见方志丛刊》，并将其纳入国家古籍整理出版“十一五”重点规划。是年首套丛书《华东师范大学图书馆藏稀见方志丛刊》出版，至今已出版陕西省图书馆、上海图书馆、北京大学图书馆、复旦大学图书馆、中科院文献情报中心等 21 家图书馆的稀见方志。其中，近两年有 7 套问世：《北京大学图书馆藏地方志珍本丛刊》（2013）330 册，收录孤本、稿本方志 92 种，国内收藏单位在三家以内的稀见方志 184 种，基本依原样影印出版。为便利用，将各志中的序跋、凡例、编纂者、卷次、类属等列出设置细目，置于每册卷首；一些稿抄本原无书目，或书目混乱的，则根据内容归纳出小题目，如“人物”“选举”“职官”等。此外，如旧志中有重页则进行删减，有混乱页则进行整理。《吉林大学图书馆藏稀见方志丛刊》（2013）25 册，收录吉林大学所藏方志稀见本或孤本 24 种，乡土资料 7 种，有刻本、抄本、稿本、铅印本、油印本。丛刊第一卷编写总目录，且撰写提要，各卷置小目，为研究者提供便利。《南京大学图书馆藏稀见方志丛刊》（2013）70 册，原计划收 86 种，实收 68 种。南京大学的前身为原中央大学、金陵大学，方志收藏达 4300 余种。该丛书所收均属该校的珍善版本，其中 20 种方志仅南京大学图书馆藏有完帙。丛刊依原样出版，并在第一卷为各志撰写目录提要，著录修纂者、版本、修撰时间、卷册、体例、类属等信息，理清版本源流。《重庆图书馆藏稀见方志丛刊》（2014）40 册，收录稀见方志 64 种，其中孤本、稿本有 46 种，尤为珍贵的是刘赞廷所编纂、收藏的康藏地区县志近 40 种，这些全是珍稀手稿，记录了历史上康藏地区的社会人文、地理、矿产资源、民风民俗等，为后世研究当时边疆地区的政治经济、社会风俗等方方面面提供珍贵史料。《中国科学院文献情报中心藏稀见方志丛刊》（2014）100 册，收录明至民国河北、山西、辽宁、吉林、黑龙江、陕西、甘肃、新疆、山东、江苏、浙江、安徽、江西、福建、河南、湖北、广东、四川、重庆、贵州、云南等20个省区的各类稀见方志89种，其中稿本46种、抄本22种、刻本21种。所收志书中孤本69种，其他20种在国内收藏机构均不超过三家。《湖南省图书馆藏稀见方志丛刊》(2014) 68册，收录稀见方志31种，以湖南省方志为主，其中孤本、稿本10种多为国内独家收藏。《安庆市图书馆藏稀见方志丛刊》(2014) 6册，收录安徽方志7种，也属国内珍稀的志书。《著名图书馆藏稀见方志丛刊》系列的出版扩大了稀见方志的流传，同时也对这些方志的版本源流进行了梳理考证，纠正了《中国地方志联合联目》中的一些讹误，传播了方志文化。

3. 《上海府县旧志丛书》

上海是我国修志发达地区之一，自宋代以来修志达397种，其中宋代8种，元代6种，明代59种，清代223种，民国101种。[①] 上海市地方志办公室重视旧志整理，2004开始整理出版《上海乡镇旧志丛书》，2007年又启动《上海府县旧志丛书》整理出版工作。2009年第一卷《奉贤县卷》由上海古籍出版社出版，迄今已相继出版了南汇县、崇明县、川沙县、松江府、松江县、宝山县、青浦县、嘉定县、金山县卷共32册75种。[②] 其中，《嘉定县卷》(2013) 正编收录《练川图记》、嘉靖《嘉定县志》、万历《嘉定县志》、康熙《嘉定县志》、康熙《嘉定县续志》、乾隆《嘉定县志》、嘉庆《嘉定县志》、光绪《嘉定县志》、民国《嘉定县续志》，附录收《嘉定乡土志》(下册)、《嘉定清理学租汇牍》、《新嘉定大事记》；《青浦卷》(2013) 收录万历、康熙、乾隆、光绪、民国五种县志；《金山县卷》(2014) 正编整理了正德《金山卫志》、乾隆《金山县志》、咸丰《金山县志》、光绪《金山县志》，附录整理的有《金山艺文志》《续修金山县志稿舆地志》。该丛书每卷前刊载该卷志书的部分书影、出版缘起、凡例、每部志书前著录原修纂者和校点人，以及整理说明。整理说明主要叙述该志书的作者、内容、重要价值、整理工作概况，以及其他必须说明的情况。该丛书正编收录府县编纂的综合性志书，无

---

① 上海市地方志办公室：《上海方志提要·前言》，上海社会科学院出版社2005年。

② 《崇明县平民常识》《嘉定清理学租汇牍》未计算在内。

论刊本、稿本、抄本均予以收录，凡属志料、准方志、可补史料之不足者归入附录。各志整理以尊重原著为原则进行标点，一般不分段，不加注释，不作考订，改繁体竖排为繁体横排。

4.《金陵全书·甲编》

南京为中国七大古都之一，方志等地方文献编纂历史悠久，数量众多。清末、民国就整理过地方文献，出版《金陵丛刻》《南京文献》。鉴于历史上丛书收录南京方志不全，南京市地方志办公室在2009年初曾计划编辑出版《南京历代府县志丛刊》，不久因市委、市政府决定编辑《金陵全书》（共分方志、史料、档案三编，约500册），便积极参与，与南京图书馆、南京档案局等协作。《金陵全书·甲编》分府志、县志、专志三个专辑。第一辑府志，共7种237卷；第二辑县志，共42种660余卷；第三辑杂志，收职官志、书院志、山水志、园林志、寺观志、金石志、艺文志等。[①] 该丛书仅对缺字、缺页进行修补，采用影印出版形式。自2010年，迄2014年，陆续出版甲编方志类历代府志、上元县志、六合县志、江宁县志、江浦县志、溧水县志、高淳县志，以及山水、陵墓、园林专志。

5.《稀见重庆地方文献汇点》

蓝勇编，2013年重庆大学出版社出版，属于“历史文献中的重庆”项目成果。辑录校点中国历代文献中涉及重庆的相关史料，并对其进行了分类和系统的整理。全书约400万字，分成两大部分，第一部分是《稀见重庆地方文献汇点》（共上、下两本），第二部分为《历史典籍中的重庆史料选辑》（共上、中、下三本）。其中《稀见重庆地方文献汇点》对明代成化《重庆郡志》、正德《夔州府志》、万历《重庆府志》、万历《三峡通志》和清代道光《三省边防备览》、道光《重庆府志》等明清重庆地方志文献进行了点校整理。这套书成为人们认识重庆、研究重庆的最完整、最翔实的基础性参考资料之一。

6.《美国哈佛大学哈佛燕京图书馆藏中国旧方志目录》

李丹编，2013年2月广西师范大学出版社出版，此书为哈佛燕京图书馆

---

① 周建国：《南京文献整理系列（1）：写在〈金陵全书〉出版之时》，《江苏地方志》2010年第6期。

书目丛刊中的第17种。哈佛燕京图书馆是海外收藏中国地方志的重镇，其从20世纪20年代就开始收集，迄2011年收藏量已达数千种。该书收录哈佛燕京图书馆2011年12月以前收藏和编目的中国旧方志，包括一统志、通志、府志、州志、厅志、县志、乡土志、里镇志、卫所志、关志、岛屿志，以及一些方志初稿、采访册、调查记等，不收录专志。主要分为三个部分，一是原本方志，著录该馆藏纸质本旧方志30230册2922种（其中，明代方志32种，清代方志2305种，民国方志585种；一统志4种，省志139种，府州厅志579种，县志2055种，乡镇志128种，其他17种）①；二是缩微方志，著录缩微胶卷或胶片记录下来的方志441种（其中，宋代方志5种，元代方志3种，明代方志376种，清代方志45种，民国方志12种）；三是大型影印方志丛书，收录1949年后影印出版的大型方志丛书，作为本书的附录，共著录方志4521种。前两部分著录内容包括编号、索书号、题名、卷数、修纂者、版本、册次、备注，以中华人民共和国2011年行政区划为排列顺序，依全国各省、市、自治区分别著录，同一地区的志书按编纂时间先后依序著录。附录以丛书出版的年代为序，依丛书册次著录志书，著录项省去版本、册数。为方便读者检索，书后附有以汉语拼音排序的书名索引。此书为国内学者研究国外方志资源提供国提供线索。

7.《山东历代地方志总目》

济南甲骨书业策划，2014年印制。该书是济南甲骨广告传媒有限公司在山东师范大学李伯齐教授及山东省图书馆徐泳先生的支持下，参考山东省图书馆1981年、1982年先后编印的《山东省地方志联合目录》《山东省地方史志资料目录》体例，吸收近年国家图书馆、各地及高校图书馆提供的方志目录及山东各地整理的旧志成果，历时两年搜辑整理而成。收录中华人民共和国成立以前编撰并存世的山东之省志、府志、州县志、镇志、卫所志等地方志645种，收录的版本包括刻本、铅印本、抄本、稿本及方志校注整理本。每种方志著录项目包括：纂修时代、书名、卷数、纂修者、版本、收藏单位、附注等六项。此书是目前山东省地方志较为完备的目录，是研究山东地方旧

① 李丹：《美国哈佛大学哈佛燕京图书馆藏中国旧方志目录·前言》，广西师范大学出版社2013年。

志的必备工具用书。

8.《湖州方志提要》

沈慧编著，2013 年 6 月中国文史出版社出版，此著作为浙江省方志系统人才梯队课题成果。收录 2012 年 9 月以前记述湖州范围内的各类新旧方志 424 种，其中旧志 253 种。书目主要来源湖州市境内图书馆、档案馆等和国家图书馆、浙江图书馆、上海图书馆等单位。此书采用条目式编目，每种志书为一目，著录书名、卷帙、纂修人、版本、存佚、修纂时间、篇目、主要内容与简要评价。此书基本摸清了湖州方志的情况，弥补了湖州方志书目的缺憾，纠正以往的漏记、错记和误记等情况，为研究和利用湖州方志提供便利，为方志库的建设提供了基础数据，是近年质量较高的方志提要著作。

9.《中国地方志佛道教文献汇纂》（人物卷、寺观卷、诗文碑刻卷）

何建明主编，2013 年国家图书馆出版社出版，是国家社会科学基金重大项目《中国地方志佛教道教文献汇纂（1949 年前）》的主要成果。全书以 1949 年以前编纂的 6772 种地方志文献（寺观志除外）为资料来源，辑录其中有关汉传佛教、藏传佛教和南传佛教及近代传入中国的日本佛教等各种佛教形态和各种道教形态的资料，包括所有寺观、佛（释）道相关的道场、人物、神像、佛菩萨像、活动、仪轨、遗迹、机构或组织、著述、碑刻、诗文、传说、地图、绘图、图片、文物、塔墓等等，民间宗教（信仰）但关涉佛教和道教信息或内容的也包括在内。全书分《人物卷》《寺观卷》《诗文碑刻卷》三套。僧侣和道士的传记及其有关的历史记载辑入《人物卷》。佛道教徒众修行布道的道场、遗迹的文字记载、地理图、建筑图及照片等辑入《寺观卷》。内容为佛道教或佛道教人物撰著的诗词文章，与佛道教有关的书画、图片、金石等辑入《诗文碑刻卷》。全书依据 2012 年民政部编《中华人民共和国行政区划简册》，将辑录文献按其归属地分类到地市一级行政单位，然后按其修纂时间排列。为方便读者查阅，每套书都配有目录两册，内有详列文献版本信息的目录和经查阅而无相关内容的方志版本信息；并制定了两种方便在目录中查找方志的检索途径。该书收录文献主要采用影印的形式，对有污损和缺陷的版面进行电子化处理，力求在保持文献原貌的基础上，使全书较原方志文字更清晰可读。该书是迄今为止中国地方志文献最大规模的专题历史文献结集，也是继“大藏经”“道藏”和“佛寺志”“道观志”等教内文献及正史文献之外最重要的佛教和道教资料集成，为学者和宗教界人士研究佛道教文化提供了便利。

10.《清代方志序跋汇编·通志卷》

中国地方志指导小组编，2004年上海古籍出版社出版，属于中国地方志指导小组规划的《清代方志整理与研究丛书》之一。该书汇集清代《盛京通志》《畿辅通志》《吉林通志》《江南通志》《安徽通志》《山东通志》《河南通志》《陕西通志》《甘肃通志》《浙江通志》《江西通志》《湖南通志》《四川通志》《福建通志》《广东通志》《广西通志》《云南通志》《贵州通志》，以及《卫藏通志》中清人撰写的序、跋，如康熙《盛京通志》张鼎彝序、边声廷序、董秉忠序、孙成序，乾隆《盛京通志》王河序、雷以诚跋，康熙《畿辅通志》格尔古德序、董秉忠序、吴元莱序、李玠叙、唐执玉序、王瞢序，等等，并按照《清史稿·地理志》的顺序编排。编者来自中国地方志指导小组、中国社会科学院、高校，只对序跋进行标点，除非有明显差错，一般不作校勘。

四、旧志整理工作的改进建议

通过对2013—2014年旧志整理成果的整理，我们可以肯定成绩是巨大的，但需要改进的地方也不少，为此我们建议：

第一，做好规划，制定规范。这些年形成旧志整理热、出版热当然是好事，但也存在一些问题。比如，重复整理，有的省里搞一个旧志校点计划，下面的市县里又独自整理另搞一套。有的出版社已出版一套丛书，另一出版社在出版另外一套方志丛书时却又包含其他出版社方志丛书中的部分志书，表1中相当多丛书就有不少重复。中国地方志指导小组一方面应当指导、督促各省地方志机构制定中长期的全省旧志整理规划，联络国家古籍出版部门，协调方志系统与出版系统的方志整理出版计划，避免浪费，提高效率；还可以联合有关部门筹建旧志整理基金，以项目形式，资助落后、贫困地区的旧志整理工作，从而平衡各地旧志整理规划的落实；另一方面，鉴于各地方志整理的成果，尤其是校点、校注、注释、今译等方面整理方式五花八门，质量参差不齐，应当联合国家古籍整理领导部门统一制定旧志整理规范及其实施细则，以便各地遵守执行，以规范旧志整理行为，提高旧志整理成果的质量。

第二，加强人才培养，壮实人才队伍。旧志整理是个专业性比较强的工作，整理人员需要经验和较高的文化修养，不仅需要地方历史知识，而且还要具备文字学、训诂学、音韵学、版本学等专门学科知识，还要有刻苦、耐得住寂寞的精神，不是说稍微具有一定文凭的就可以胜任的。当前有些旧志整理成果，出现断句错误，错版失正，有的甚至连多少版本都没搞清楚，就是人才队伍建设问题导致的。建议，省市级方志机构应当储备文献学专业人才，同时将本单位有志于旧志整理的工作人员选送到高校文献学专业或图书馆的古籍部进修，也可以举办培训会或研讨会，邀请一些古籍整理的专家教授讲授古籍整理知识、方法，讲解旧志整理范例，制作一些规范文本供学员研读，请有经验的旧志整理者以师傅带徒弟方式传帮带，培养年轻的旧志整理人才。

第三，整合资源，发挥各自所长。目前从事旧志整理的有方志系统的修志者，有高校系统历史、文献专业教师，图书馆系统的古籍部专家，还有出版社系统的编辑，等等。各方神圣各有长，也各有所短，从事旧志整理的动机也不定一样。方志系统的优势在于机构遍及全国，人员众多，有较稳定的经费，但总体缺乏旧志整理专长。高校教师、图书馆古籍部专家，有专长，但缺经费，日常工作较忙。各省方志机构应当发挥自己的组织优势与经费优势，建立一个“方志整理与开发利用中心”平台，整合省内外旧志整理专家资源，在这个平台内开展旧志整理工作，为本省旧志整理服务。

第四，调整整理任务，提高旧志整理成果的社会效益。从目前的成果看，影印占比例较大，影印方志中清以前的又较多，传世的宋元方志约四五十种已重复印了好多次，建议应当增加民国方志以及明清方志抄稿本、修志档案的重印。县市方志机构整理的方志有不少属于内部本，流传稀少，应当公开发行，至少向国家图书馆、上海图书馆等著名图书馆以及本省图书馆赠送一本，以广为社会利用。方志索引对方志资料开发利用很有帮助，目前成果稀少，建议加强索引的编制，不仅编人物资料索引，而且物产、经济、兵事、旅游名胜、民间艺术、艺文等均可开发出索引来。

五、旧志整理工作的发展趋势

如果我们能对上述建议达成共识，并付诸行动，再通过近些年旧志整理工作历程的总结，我们有希望在下列方面取得更多的成就：

第一，数字化更上台阶。社会在发展，时代在变化，如今进入云计算、大数据、物联网的云时代，知识的云存储和云计算，降低了知识的转化成本，提升转化率，为科学研究提供许多便捷，提升科学研究的效率，“E 考据”依托大量数字信息，也在这样背景下诞生且盛行。尽管国家图书馆“数字方志”、爱如生公司“中国方志库”在数字化方面已走在前面，但国家图书馆“数字方志”不能全文检索、翻阅速度慢，“中国方志库”入库珍稀志书不多，各有较大的提升空间。各省的方志机构网站或地情网是一个方志数字化、扩大方志系统社会影响的好平台，但遗憾的是旧志信息很少。随着我国信息化进程的加速，方志机构网站或地情网中增加数字方志是必然的趋势，方志系统应当转变观念，尽快将旧志整理成果电子化，加快公诸于世，以提高方志知识的利用和转化率。

第二，方志出版的集成化趋势。自从《中国地方志集成》《广东历代方志集成》出版以来，“集成”以其系统性强、数量多、种类全而产生广泛的社会影响，取得良好的经济效益，各地纷起仿效，开展历代方志集成编辑出版。《山西历代方志集成》从 2012 年开始出版了《太原古县志集全》，2013 年出版了《寿阳县志》；2014 年 4 月，《河南历代方志集成》出版单位招标公示，2014 年 10 月《四川历代旧志集成》第一辑开始印刷招投标，《江苏历代方志大全》在编辑中，南方出版社计划出版《台湾方志集成》。陕西省地方志办公室《陕西历代旧志文库》2014 年开始启动，山东省地方志办公室也于 2014 年 8 月召开了《山东省历代旧志集成》专家论证会。甚至连地级市也出版方志集成，如《洛阳历代方志集成》已于 2012 年出版第一部志书《元河南志》（影印本），估计不久还会有更多的省市加入到出版“集成”的行列中。

第三，增订《中国地方志联合目录》。《联合目录》是目前质量最高、最有参考使用价值的一部馆藏地方志联合目录，但近些年来各地都非常重视地方志征集、调查工作，发现了不少未见收录的志书，如《山西地方志综录》

(1986) 著录方志486种，比《中国地方志联合目录》多收55种，并首次著录了新发现的民国《大同县志》、雍正《右玉县志》、《汾阳县乡土志》等；加上《联合目录》本身存在问题，出版后商榷、补遗的文章也不少，如杨冬荃《〈中国地方志联合目录·江苏省〉正补》(《中国地方志》1986年6期)、杜建荣《〈中国地方志联合目录〉正误》(《天津史志》1988年3期)、李豫《〈中国地方志联合目录〉山西部分旧方志著录与遗误补订》(《山西地方志》1991年2期)、梁锦秀《〈中国地方志联合目录〉订误（十五则)》(《中国地方志》1992年2期)、倪俊明《〈中国地方志联合目录〉广东方志著录疏误补正》(《广东史志》1995年1—2期、4期）等等。这就为《联合目录》增订提供了必要性。况且，1985年以来，我国出版或编印了大量的馆藏方志专目、区域性方志联合目录，如《北京图书馆普通古籍总目·第四卷·地志门》(2003)、《中国文化遗产研究院藏地方志书目》(2009)、《安徽地方志综录》(2012) 等，为《联合目录》的增订做了一定前期准备，所以对《联合目录》的增订工作，应当是近期方志整理要做的重大工作之一。

第四，编纂《国外中国地方志联合目录》。中国地方志大量流散海外，其中有不少珍本和稀见本。日、美、英、法、德、意、比、荷、瑞典、韩国、新加坡、澳大利亚等国，都有较集中的方志收藏，甚至连大西洋小国特里尼达和多巴哥也有收藏。对海外的方志，各国的图书馆都较重视，不少也编制过方志目录，如《英国各图书馆所藏中国地方志目录》(1979)、日本天理图书馆《中文地志目录》(1955) 等。国内的学者在海外地方志也多有留意编有目录，如朱士嘉编《美国国会图书馆藏中国地方志目录》(1994)，巴兆祥《庆应义塾大学图书馆中国地方志目录》(2001)、《东传方志总目》(2007)，李丹《美国哈佛大学哈佛燕京图书馆藏中国旧方志目录》(2013)。经过若干年努力，一部《国外中国地方志联合目录》定能在不久的将来面世，并大受国内外学者和研究机构的欢迎。

此外，随着学术研究的日益专门化，以及经济、社会管理的日益需要从历史汲取养分，旧志资料汇编的主题也将不断细化。

Ⅶ

附　录

中国地方志发展史

牛润珍

提　要：地方志源远流长，其形成与发展已有3000多年的历史，而关于地方志的起源众说纷纭。无论是“一源说”，还是“多源说”，基本上都是就方志论方志。各朝代纂修地方志书，其主要目的在于掌握各地地情，为地方社会治理与行政决策提供参考与依据。因此，考察地方志的起源应从其纂修制度及其本身所具有的属性方面去观察。文章论述了不同时期的方志发展情况，诸如先秦的“邦国之志”与地方志的起源、秦汉“计书”与地级、魏晋南北朝地记与地理书、隋唐五代图经、宋元地方志的成型与类型、明清方志的鼎盛、民国方志的近代化，以及新方志的发展。

关键词：地方志　发展史　纂修制度　属性

地方志源远流长，其形成与发展已有三千多年的历史。关于地方志的起源，聚讼纷纭已有千余年。自唐代以来，重视舆地者则将地方志溯源于《禹贡》《山海经》；治史者多认为地方志起源于《周官》所记“邦国之志”“四方之志”。明清以来，还有学者以《越绝书》《吴越春秋》《华阳国志》为地方志“鼻祖”。古今学者对于地方志起源的看法尽管多种多样，但归纳起来，大体可分为两类：一类是一源说，将地方志源头追溯至古代某一种职官所掌管的某项事务，或溯源于某一本古书；另一类是多源说，认为地方志在形成过程中，融汇多种文献内容、门类而成为一种综合型志书体例。地方志的源头并非单一，而是多支源流汇聚而成，这实际上是多种“一源说”之杂烩。

无论是“一源说”，还是“多源说”，基本上都是就方志论方志。方志是历代官修志书制度下的产物，各朝代纂修地方志书，其主要目的在于掌握各地地情，为地方社会治理与行政决策提供参考与依据。因此，考察地方志的起源应从其纂修制度及其本身所具有的属性方面去观察。

一、先秦“邦国之志”与地方志的起源

从地方志纂修制度，志书编纂宗旨、目的、内容与功用上看，志书的起源可追溯至西周。传世古籍《周官》曾记录周王室官制。周代官制创于西周初，东迁之前三百余年，多有因革，“除旧布新，已不知凡几”[①]。东周列国置官，损益西周，官制纷乱。约当战国之时，学者通观古今，整理编纂西周职官制度而成书。或说《周官》为周公制作，孔子制“六艺”，列《周官》于其中。秦汉之际，《周官》之说几绝。西汉河间献王刘德征求遗书，得先秦旧籍《周官》五篇，亡佚一篇，取《考工记》补凑求全，献于朝廷，并藏于长安宫中。汉成帝时，刘向校书秘阁，曾校《周官》，并著录于《别录》。刘向卒，其子刘歆继承父业，校书于宫中，撰《七略》，改《周官》书名为《周礼》。王莽置博士，传《周礼》，遂流行于世。《周礼》以天地四时为门类，设天官冢宰、地官司徒、春官宗伯、夏官司马、秋官司寇、冬官司空，详明西周一代政典礼制。《周官》所来有自，宋以后虽有学者怀疑《周官》并未实行，但从先秦史籍所载职官名称和职掌看，诸多记载与《周官》相一致。《周官·春官》记有大史，春秋战国诸侯国也多有置大史。大史属下佐官有小史。《周官》云小史“掌邦国之制”，即诸侯国的志书。又曰小史“奠世系，辨昭穆”，周王宗室关系诸侯国封建，也与邦国之志编纂有关，故由小史掌管。《周官·春官》又有外史，“掌书外令，掌四方之志，掌三皇五帝之书，掌达书名于四方，若以书使于四方，则出其令。”所谓“四方之志”“三皇五帝之书”，亦即“诸侯之史”和“异代之史”。[②] 外史记载除见于《周官》

① 《四库全书总目·经部·礼类一》，中华书局1983年版，第149页。

② 吕思勉：《读史札记·周代五史》，上海古籍出版社1982年版。

外，还见于《左传》。《左传·襄公二十三年》曰："将盟臧氏，季孙召外史掌恶臣而问盟首焉。对曰：'盟东门氏也'"。综括先秦史籍有关记载，可以看出《周官》是对西周以来政典礼制得总结，并非完全是政治空想。其所记小史、外史是存在的，其所掌的"邦国之志""四方之志"也是史实。

《周礼·地官》又有"土训""诵训""职方"之官职。"土训掌道地图，以诏地事"。郑玄注曰："道，说也。说地图九州形势山川所宜，告王以施其事也。"贾公彦疏曰："其九州地图，乃是诸国所献，以入职方。令土训乃于职方取九州地图，依而说向王，使依而责其贡献之物。"①

"诵训掌道方志，以诏观事。"郑玄注曰："说四方所识久远之事，以告王观博古之议。"贾公彦疏释方志，"谓道四方所记识久远之事以告王也，诏观事者，谓告王观博古之事也。"

《周礼》又记有职方氏，"掌天下地图，以掌天下之地，辨其邦国、都邑、四夷、八蛮、九貉、五戎、六狄之人民，与其财用、九谷、六畜之数要，周知其利害，乃辨九州之国，使同贯利。"职方氏所掌"天下之图"，似有图有文字，记都邑、民族、财用等内容。西周的"天下之图""四方之志""邦国之志"，开启了后世地方志书之先河。春秋、战国时期，诸侯国分立，各国多有本国史编撰。如晋《乘》、楚《梼杌》、鲁《春秋》等"百二十国宝书"。诸侯国史基本上延承了西周以来"邦国之志"的纂修传统。

战国时期，学者整理先秦地理资料，撰成《禹贡》一篇，编入《尚书》。《禹贡》假托大禹治水，安澜江河，分天下为九州，依次记述各州地理、物产、贡赋等。稍后又有《山海经》成书，主要记述西南地区地理、矿藏、物产、动植物及神话故事等。这两部文献在内容、体例与编撰方法上对后世地方志书的纂修产生了重大影响。西周以来的"邦国之志""天下之图"之编纂，形成了中国古代官修志书制度，并成为后世地方志的起源。《禹贡》《山海经》在编纂方法上影响了地方志书，是地方志形成与发展的重要一环。

二、秦汉"计书"与地记

公元221年，秦始皇先后灭掉六国，建立了中国历史上第一个中央集权

① 《十三经注疏》上册《周礼注疏》卷十六，中华书局1985年版，第109页。

的多民族的封建帝国。秦行郡县制，初分天下三十六郡，以后又增加到四十六郡。这么大个帝国，秦始皇是如何了解并掌握地方情况的呢？史料没有明确的记载，只得借助相关资料作推测。据《汉书·萧相国世家》，刘邦入咸阳，萧何尽“收秦丞相御史律令图书收藏之”，因而“具知天下厄塞、户口多少，强弱之处，民所疾苦。”这说明秦朝廷保存有大量记载地方情况的图籍。秦王朝可以通过这些图籍，掌握各地情况。

那么，这些图籍是由什么人撰写？又是如何上报朝廷的呢？这当与秦汉实行的上计制度有关。秦汉朝官置太史，掌天文律历，是一种天官，而且又是记录官。“凡国有瑞应、灾异，掌记之。”① 而且，太史还掌握天下郡国计书。《史记》卷十二《孝武本纪》司马贞《史记索隐》引如淳曰：“天下郡国计书先上太史公，副上丞相，序事如古《春秋》。”所记为汉武帝时事，然汉承秦制，秦朝太史亦当掌郡国计书。计书序事如古《春秋》，湖北云梦睡虎地秦墓出土有《编年纪》，序事亦如古《春秋》，也有可能为秦代计书。秦汉时期郡国置有计吏，计吏都是当地的“通人”，专门记录地方情况，包括地理、山川、土壤、物产、风俗、人文、年景丰歉、贡赋、徭役、人物，还有地方官吏的政绩等等。计吏每年写出计书，于岁终上报朝廷，计书一式两份，一份交由太史收藏，一份交至丞相。朝廷依据计书材料考核地方官吏。计书又是汉王朝编写各地地理风俗书籍的重要资料。朱赣曾整理计书有关风俗的材料，撰写《风俗志》，东汉班固撰《汉书》，依据朱赣的成果，编成《汉书·地理志》。《汉书·地理志》“采获旧闻，考迹诗书，推表山川”，以郡为纲，分别记述各地的建置沿革、关塞聚落、户口物产、盐铁工商、风俗文化等内容，是为现存最早的全国性区域总志。

刘秀建立东汉王朝，下诏撰写《南阳风俗传》，各地纷纷仿效，郡国之书兴盛。《隋书·经籍志》曰：“后汉光武始诏南阳撰作《风俗》，故沛、三辅有耆旧节士之序，鲁、庐江有名德先贤之赞。郡国之书，由是而作。”这些郡国书，有“耆旧传”“先贤传”“风土记”“异物志”“水道记”“山水记”等，又统称为“地记”。其作品如应劭《十三州记》、卢植《冀州风土记》等。残存于世的《越绝书》《吴越春秋》颇类于后来的地方志。

---

① 《后汉书·职官志》。

三、魏晋南北朝地记与地理书

魏晋南北朝时期，“地记”十分兴盛。全国性的区域总志有晋挚虞《畿服经》、南朝齐陆澄《地理书》、任昉《地记》，陈顾野王《舆地志》、北魏阚骃《十三州志》等。在这些总志中，《畿服经》内容体例较为完备。《隋书·经籍志》曰：“晋世，挚虞依《禹贡》《周官》作《畿服经》，其州郡县分野封略事业，国邑山陵水泉，乡亭城道里土田，民物风俗，先贤旧好，靡不见悉，凡一百七十卷。”

除总志外，东汉以后，还有大量记述郡国事物的各种杂著，其中郡国书、地理书和都邑簿与后世地方志具有渊源关系。郡国书多记人物，如圈称《陈留耆旧传》、周斐《汝南先贤传》、陈寿《益部耆旧传》、习凿齿《襄阳耆旧记》、虞预《会稽会典录》等。地理书主要记述政区建置、山川、道里、物产、风俗等。如阮籍《秦记》、谯周《三巴记》、裴秀《冀州记》、袁三松《宜都山川记》、常璩《华阳国志》等。都邑簿即城市志，有潘岳《关中记》、陆机《洛阳记》，还有《三辅黄图》《建康宫殿》《邺中记》等。

魏晋南北朝地记与地理书大多散佚，传世较为完整的是《华阳国志》。《华阳国志》12卷，东晋常璩撰，记述东汉末至东晋间巴蜀史事。类目有巴志、汉中志、蜀志、南中志、公孙述刘二牧志、刘先主志、大同志、李特雄期寿势志、先贤士女总赞、后贤志、序志、梁益宁三州先汉以来士女目录等。这部书汇历史、地理、人物为一编，初具后世地方志规模。

四、隋唐五代图经

图经由汉晋时期图簿、地形图、舆地图发展而来。魏晋时期有《幽州图经》《冀州图经》《齐州图经》等。隋唐时期，大一统局面形成，经济繁荣、文化昌盛，朝廷对地方的控制越来越严。为加强地方管理，隋朝还制定了一套定期编呈图经版籍的制度。因此，图经兴盛起来。政府不仅借助图经管理地方，还借助图文，如“输籍定样”“大索貌阅”管理丁壮人口，征收赋税，摊派劳役等。图经在社会管理上起了很大作用，这是图经兴盛的原因。

隋“大业三年罢州置县，四年大簿，凡郡国一百八十三，而图经于是乎作”[①]。《隋书·经籍志》曰：大业年间，隋炀帝“普诏天下诸郡，条其风俗、物产、地图，上于尚书。故隋代有《诸郡物产土俗记》一百五十一卷、《区宇图志》一百二十九卷、《诸州图经集》一百卷，其余记注甚众。”

《诸州图经集》100卷，郎茂纂，已佚。清王谟《汉唐地理书钞》辑录有十多条。从辑录内容来看，是书所记有建置沿革、物产、井泉、古迹、传说等。

《诸郡物产土俗记》151卷，纂者不详。这部书是地方图经的汇纂。

《区宇图志》，《隋书·经籍志》曰为“一百二十九卷”；诸多方志论著皆曰1200卷。虞世基等编纂，是一部隋代官修地理总志。内容由两部分组成：即地图、地志。“卷头有图，别造新样，纸卷长二尺，叙山川则卷首有山川图，叙郡国则卷首有郭邑图。其图上有山川、城邑。”[②] 地图“明九城山川之要”，地志“究五方风俗之宜”。

唐袭隋制，定期编纂图经，三年一造，上报尚书省兵部职方。尚书省兵部设职方郎中、员外郎各一人，“掌天下之地图及城隍、镇戍、烽侯之数，辨其邦国都鄙之远迩，及四夷之归化者。凡地图委州府三年一造，与板籍偕上省。”[③] 建中元年（780）州图由三年一造改为五年一造送。“如州县有创造及山河改移，即不在五年之限。”[④] 不久，又改五年一造复为三年一造。在此制度下，编纂出大量图经。如《润州图经》《夷陵图经》《岳州图经》《汉阳图经》等。唐代州县图经大多散佚，现存的仅有《沙州图经》《西州图经》残卷。

《沙州图经》残卷两件。一件首尾俱阙，存卷长不逾三丈，前后无标题，残卷始于水渠，终于歌谣。另一件题有“沙州都督府图经卷第三”的字眼，始于祥瑞，终于歌谣，存79行。两件内容包括河渠、堤堰、盐池、古城、亭驿、祠庙、学校、歌谣等。

《西州图经》残卷一件，首尾缺，存数十行，无标题。记述内容有道路、

---

① ［清］王谟：《汉唐地理书钞》，中华书局2006年版，第207页。

② 《大业拾遗》。

③ 《唐六典》卷五《尚书兵部》，中华书局1992年版，第162页。

④ 《唐会要》卷五十九《职方员外郎》，三秦出版社2012年版，第879页。

寺院、古塔等。民国初，罗振玉编《敦煌鸣沙石室佚书》，曾将此残卷三件影印出版。

唐代根据州县图经编成的总志有《贞观郡国志》10卷、《扩地志》550卷、《长安四年十道图》13卷、《古今郡国县道四夷述》40卷、《元和郡县图志》40卷，唯《元和郡县图志》存本较全。40卷散佚6卷，存34卷。《括地志》等有辑本。

五代沿承唐制，继续编造图经。敦煌藏经洞发现有后晋《寿昌县地境》和后汉《沙州城土镜》残卷。隋唐五代图经、图志的发展为地方志书的成型奠定了基础。

五、宋元地方志的成型与类型

宋元是地方志发展的重要时期。两宋地方志内容完善，体例逐渐趋于定型。北宋曾仿唐制，三年一造图经，并以“闰岁”为造送之年。规定：“凡土地所产、风俗所尚，具古今兴废之因，州为之籍，遇闰岁造图以进。”[①] 北宋所撰图经，名为图经，实为地方志。如成书于元丰七年（1084）朱长文《吴郡图经续记》，其内容、体例均为志书。此外，北宋还有一部重要的都邑志，即宋敏求《长安志》20卷，撰成于熙宁九年（1076），卷一为总叙等，卷二分述雍州、京都和京兆尹等，卷三至卷六记历代宫室，卷七至卷十记唐皇城、京城，卷十一至卷二十分叙京兆尹所辖二十四县，是一部典型的城市志。北宋纂修了大量府州县图经、志书，为编纂全国性总志提供了丰富的资料。自宋太祖赵匡胤开宝四年（971）以后，朝廷屡次编修天下图和总志，如《景德地理志》《祥符州县图经》《天圣十八路图》《皇祐方舆图记》《元丰九域志》等，存世者有《太平寰宇记》《元丰九域志》和《舆地广记》等。

《太平寰宇记》200卷，首2卷，乐史纂，成书于雍熙年间，所记述的地域是宋朝疆域最大的区域范围，也是北宋国力强盛时期的总志。《元丰九域志》10卷，王存编纂，所载政区为元丰之制，属北宋中期地域情况。《舆地广记》38卷，欧阳忞纂，所载政区为北宋末政和之制。三部总志前后相续，

---

① 《宋史》卷一百六十三《职方志三》，中华书局1985年版，第3856页。

互相补充，可以详考北宋一代地理沿革情况。

北宋完成了由图经到地方志的转变，并且又促进了南宋地方志的兴盛。府州县普遍修志，而且连续不断。苏、杭、明、台、镇江、江阴等地方志，一修再修，纂成多部志书，临安有三部志书保存至今，即《乾道临安志》（存3卷）、《淳祐临安志》、《咸淳临安志》。不仅府州县修志，连乡镇也修志，存世最多的一部乡镇志《澉水志》，就是南宋绍定三年（1230）修成的。南宋地方志书保存至今者有27种。其中，范成大《吴郡志》、施宿《会稽志》与史能之《毗陵志》，号称为宋代三名志。

元代地方志在宋朝基础上又有新的发展，主要表现在志书类型越来越齐全。首先是《一统志》的创修。元朝先后两次纂修《元一统志》。元世祖至元二十三年（1286）始修《一统志》，至二十八年成书，凡755卷，是为第一次纂修。后因新获《云南图志》《甘肃图志》《辽阳图志》，遂议重修，并于成宗大德七年（1303）完稿，凡1300卷，缮写成600册，于至正六年（1346）刊刻行世，是为第二次纂修。其次是通志（即省志）的纂修。元设行省，为修《一统志》，曾命行省各纂本地图志，为《一统志》编纂备采。[①]一统志、通志、府州县志、乡镇志等构成了宋元地方志书的基本类型。顾宏义《金元方志考》（上海古籍出版社2012年版）著录元志261种。而存世元志凡15种。

六、明清方志的鼎盛

地方志发展至明清，由大盛而鼎盛。明朝建立后，历代君主多次下诏纂修地方志书，特别是总志、天下图、一统志的编修，又使各地志书的编纂十分活跃。朝廷还于永乐十年（1412）、十六年两次颁降《纂修志书凡例》，对通志、府州县志的编纂内容与体例进行规范。志书对于国家治理具有重要参考，又是维护地方社会秩序的思想文化支撑，所以在明代无论内地还是边地，无论汉族还是少数民族，普遍重视修志，所撰志书数量，据巴兆祥统计，约有3470种，70%散佚，现存1014种。

---

① 沈松平：《方志发展史》，浙江大学出版社2013年版，第87页。

明代志书的类型有一统志（包括总志、天下图等）、通志、府州县志、乡镇志、边关志、卫所志、土司志、山川志、书院志、寺院道观志等。总志与一统志有魏俊民等《大明志书》、刘基等《大明清类天文分野之书》24卷、陈循等《寰宇通志》119卷、李贤等《大明一统志》90卷等。弘治十一年（1498）、正德十五年（1520）明朝又两次下诏征集“天下郡邑志书”，打算重纂一统志，但均未果。府州县志则有康海《正德武功县志》、韩邦靖《正德朝邑志》、王鏊《姑苏志》、董斯张《吴兴备志》、唐枢《万历湖州志》等，这些志书多受学者肯定。

边关志、卫所志、土司志是明朝创设的新志。如詹荣《山海关志》8卷、郑汝璧《延绥镇志》8卷、魏焕《九边考》10卷、刘效祖《四镇三关志》10卷、孙世芳《宣府镇志》40卷等。土司志多由西南少数民族地区编成。如云南《腾冲司志》、贵州《清平长官司志》、广西《上林长官司志》、四川《平茶洞长官司志》等。其他还有《太学志》《南雍志》《白鹭洲书院志》等太学、书院志，《清凉山》等山志，还有武夷山道观志等，都是各种类型志书的代表作。明代志书数量多，类型全，均超出前代，这有赖于官修志书制度较前代完善，而且有成效。

清代在明朝的基础上，全国推进并大规模修志，修志制度完善，成熟而且高效，特别是康熙、雍州、乾隆、嘉庆、道光五朝三次纂修《大清一统志》。一统志带动各省、府、州、县修志，地方修志又促进一统志，上下联动，形成三次修志热潮。为保障地方志书撰修的连续性，雍正七年（1729）清廷规定州县志书每六十年一修。而且，从中央到地方，各有一套修志机构。朝廷设“一统志馆”，各省有“通志馆”，府州县修志也多设有专门的组织机构。各级官府主持、组织，学者、专家编纂，这是清代修志普遍采用的模式。清代学者特别是一、二流学者，基本都有修志的实践和经历。还有如章学诚一类的博学多才之人，以修志为终身职志，所以清代编纂出来的志书不仅数量多，而且质量高。据《中国地方志联合目录》统计，所收8264种方志，其中清代志书5685种。而且名志、佳志数不胜数。如嘉庆《重修大清一统志》、谢启昆《嘉庆广西通志》、阮元《道光广东通志》、李鸿章《同光畿辅通志》、戴震《乾隆汾州府志》、章学诚《永清县志》、全祖望《乾隆宁波府志》、邵晋涵《乾隆杭州府志》、孙星衍《乾隆松江府志》、钱大昕《乾隆鄞县志》、李兆洛《嘉庆凤台县志》、缪荃孙《光绪顺天府志》等。

传统方志学理论发展至清代已臻成熟，章学诚等结合修志实践，对方志学理论进行系统总结，其关于方志性质与功用的论述、方志立三书议、方志辨体、州县请立志科议、与戴东原论修志、修志十议、与石首王明府论志例、答甄秀才论修志第一书等，都是构建传统方志学学科理论的重要成果。此外，还有戴震、孙星衍、李兆洛、阮元、王棻、黄彭年、缪荃孙等有关方志学的论述，丰富了清代传统方志学理论，同时也使传统方志学理论到了清代得到了一个较为完善的总结。

清末，社会危机，民族危机，边疆危机，救亡、自强、图存已成为中华民族面临的紧迫问题。各地学人纷纷编写乡土志，激发人民爱家爱国精神。光绪三十一年（1905），学部颁行《乡土志例目》，规范小学乡土教育教材编写，各地又涌现出大量乡土志。乡土志的编写既是清代修志鼎盛的一方面，又影响了民国地方志的纂修。

七、民国方志的近代化

民国时期，政府曾四次颁发修志法令。一是民国 6 年（1917）北洋政府内务部、教育部发布咨文，要求各地编纂地方志；一是民国 18 年南京国民政府内政部颁布《修志事例概要》22 条，统一规范志书编纂；一是民国 33 年国民政府内政部颁行《地方志书纂修办法》，规定所修志书为省志、市志、县志三种，省志三十年一修，市县志十五年一修；一是民国 35 年国民政府内政部重新颁布《地方志书纂修办法》，要未设立修志机构之省、市、县，先设立文献委员会，并公布了《市县文献委员会组织规程》12 条，保存文献以备修志。

民国时期所修志书数量，据国家博物馆黄燕生的统计有 1571 种，其类型有省志、市志、县志、乡镇志及其他。撰修质量较好的志书则有杨虎城等《续修陕西通志稿》、宋哲元等《察哈尔省通志》、李泰棻《绥远通志》、柳诒徵等《首都志》、柳亚子等《上海市志》、贾恩绂《定县志》、王重民《无极县志》、傅振伦《新河县志》、李泰棻《阳原县志》、黄炎培《川沙县志》、余绍宋《龙游县志》、陈训正《鄞县志》、黎锦熙《城固县志》等。

民国方志在内容体例上都有新的变化。内容上注意记述辛亥革命后的社会变化，设“新政篇”，记载各地新政推行情况；重点反映工商实业发展情况，此类内容见《实业志》；记各地人民反帝反封建斗争，如《察哈尔省通志》专设“长城战役纪略”，将中国军民反抗日寇侵略的战争载入志书；在社会生活方面，多记民生疾苦。在篇目上，删去“皇言纪”“恩泽纪”等类目，设工商、农业、交通、邮政、财政、教育、自治、宗教等门目。用近代地理学的方法绘制地图，书前还多有反映民国社会的照片，语言文字多采用浅显文言文，装帧设计也为近代图书形式，所有这些都反映了民国志书由传统到近代的转变。

近代方志学理论也形成于民国时期，其标志性成果是李泰棻的《方志学》和傅振伦的《中国方志学通论》。前者于 1935 年 1 月由商务印书馆出版，《方志学》运用唯物主义史观和进化论阐述方志学基本问题，较早使用“方志学”这一学科概念。李泰棻在《阳原县志序》中说：“方志即为地方之史，则于时代史潮，岂能独外，故居今日而言修志，除精旧日方志义例外，更须各种学科以为辅，而于地理、历史、政治、社会经济、考古、人类语言诸门，皆有详确研究，方能着手。”在其所纂《阳原县志》和《方志学》中，多用“生方样式”解释社会的发展变化，显示出其所论“方志学”的科学性。《中国方志学通论》的出版较《方志学》稍后，也是在 1935 年。这部书系统梳理旧志发展演进，在总结旧志的基础上，论述方志学基本问题，提出新志编纂主张，是一部很有影响的近代方志学论著。此外，还有梁启超、黎锦熙、王葆心、甘鹏云、寿鹏飞等学人的方志学著述，共用了近代方志学。

八、 中华人民共和国新方志的发展

中华人民共和国成立后，方志事业进入一个新时代。1954 年 9 月全国人大一届一次会议，郭沫若、马寅初、王祝晨等建议修志。1956 年 6 月全国人大一届三次会议，王祝晨再次提出。《人民日报》《新建设》等报刊发表学人关于修志的论述及意见。1957 年 3 月全国政协二届三次会议，顾颉刚、李培基、叶恭绰建议“继续编纂地方志”。1958 年 3 月中共中央成都会议，毛泽东提议修志，并选辑《四川通志》《华阳国志》部分内容印发会议。同年，国务院科学规划委员会成立地方志小组，并将修志列为《十二年哲学社会科学规划方案》12个重点项目之一。从1956年到1965年，全国约有200多个县完成志稿，然大多未正式出版。从已问世的少量志书看，其体例与内容已与旧志不可同日而语了。尤其是中共十一届三中全会以后，伴随着全国各项事业的快速发展，出于对认识国情、地情，建设中国特色社会主义事业的需要，也由于一些专家学者和社会有识之士的强烈呼吁，修志工作再次引起党和国家领导的重视。1981年8月1日，中国地方史志协会在山西太原正式成立。协会的成立大大地促进了全国各地的修志工作。1983年4月，经中央同意，中国地方志指导小组成立，具体负责指导全国的修志工作；指导小组召开了全国首次地方志规划会议，会上草拟并原则通过了《1983—1990年中国地方志事业发展规划及设想（草案）》和《中国旧方志整理规划实施方案》两个文件。1985年4月19日，国务院办公厅以国办发〔1985〕33号文件，转发了《中国社会科学院关于加强全国地方志编纂工作领导的报告》，要求各地对地方志编纂工作进行检查，进一步加强领导，充实人员，加强队伍建设，切实解决地方志编纂工作中的问题。这个报告经国务院办公厅转发，表明地方志工作已正式纳入各级政府的工作日程，标志着全国修志工作进入一个新的发展阶段。

2006年5月18日，国务院颁布《地方志工作条例》，地方志工作步入法治化、规范化轨道，这为志书和年鉴编纂、方志理论研究、方志学学科建设与人才培养等方面工作提供了有力保障。2014年2月习近平总书记就史志工作发表重要讲话。2014年4月19—20日，第五次全国地方志工作会议召开，李克强总理专门作出重要批示，刘延东副总理发表重要讲话，王伟光作了工作报告。当前，全国地方志系统认真贯彻落实党和国家领导人的重要讲话、批示精神和第五次全国地方志工作会议精神，结合本地区本单位实际，全力做好志书、年鉴编修，旧志整理，方志资源开发利用，方志理论研究和方志学科建设，人才队伍建设，法治化建设，地方志事业发展规划等方面的工作，不断推进地方志事业全面协调可持续发展。

方志工作者经过30多年的修志实践和探索，对新编地方志材料的采访搜集，志书的总体设计，篇目的设置、体例的确定，志书的观点、章法和考据，体例划分、横排竖写、详略与笔法，综述、概述、大事记、政治部类、经济部类、社会文化部类等的编写方法，以及专业志的写法，第二轮修志与第一轮修志关系的处理等，都有详细而深刻的研究，并编纂出版了大量志书，据中国地方志指导小组办公室统计，截至2011年12月，全国30个省、自治区（不包括西藏、香港、澳门、台湾）和新疆建设兵团首轮规划修志2648部，已出版5847部。其中省级志书规划2344部（分志），已出2249部；市级志书规划995部，已出953部；县级志书规划2648部，已出2645部。全国共出版行业志、部门志、专业志21201部，乡镇村志、街道社区志3663部，山水名胜古迹志443部，地情书7990部。

修志靠方志理论指导，又带动方志学研究。随着修志工作全面深入开展，方志学理论著述也是层出不穷，截至2012年，已出版各种方志学著作800余种，主要有黄苇《方志学》、仓修良《方志学通论》、刘伟毅《中国方志史》、巴兆祥《方志学新论》、诸葛计《中国方志五十年史事录》、吕志毅《方志学史》、来新夏《中国地方志综录》、林衍经《方志学纵论》、许卫平《中国近代方志学》、北京社科院《中国现代方志学》、沈松平《方志发展史》等。

方志学理论研究又推动了方志学学科建设。2013年中国地方志指导小组办公室召开专门会议，规划方志学学科建设，争取将方志学列为国家二级学科，与高等院校、科研院所合作，培养方志学专业博士、硕士学位研究生，解决方志事业高端人才缺口问题。

2014年全国地方志工作大事记

1月1日，经四川省十二届人大常委会第六次会议审议通过《四川省地方志工作条例（修订草案）》正式施行。这是全国第一部修订的地方志行政法规。

1月2日，安徽省政协主席王明方、安徽省副省长谢广祥到安徽省地方志办公室考察指导工作。

1月18日，全国政协原副主席叶选平为广东省方志馆题写馆名。

1月24日，四川省委常委、常务副省长钟勉到四川省地方志编委会调研。

1月29日，浙江省委副书记、省长、省地方志编纂委员会主任李强就《浙江通志》编纂工作作出批示。

2月7日，广东省省长朱小丹在省政府常务副省长徐少华等陪同下到省地方志办公室调研广东省地方志工作。

2月8日，国家方志馆秦皇岛分馆揭牌。2013年11月，经中国地方志指导小组办公室研究决定，秦皇岛市方志馆获批成为国家方志馆秦皇岛分馆。

同日，云南省州市地方志办公室主任会议在昆明安宁市召开，对全省评选出来的“十佳集体”“十佳个人”“十佳成果”进行颁奖。

2月13日，江苏省副省长曹卫星在省地方志办公室报送的《江苏省地方志办公室2013年工作总结》上作出批示。

同日，重庆市副市长吴刚到重庆市地方志办公室调研。吴刚肯定2013年重庆市地方志事业取得的成就，并就如何有力推进2014年地方志工作提出具体要求。

2 月 15 日，第十一届“感动吉林”2013 年度十大人物评选活动颁奖典礼在长春举行。自 2003 年起，《吉林年鉴》与《新文化报》联合举办的“感动吉林”年度十大人物评选活动已举办 11 年，共评选出 110 名（组）感动人物，他们的事迹被载入当年的《吉林年鉴》。

2 月 20 日，中国地方志指导小组办公室党组书记田嘉、副主任刘玉宏等领导到北京市方志馆调研，并与北京市地方志办公室领导及相关人员座谈。

同日，《青海省地方志工作规定》（送审稿）被青海省人民政府列入 2014 年立法计划的第一批立法提交项目。

2 月 21 日，《湖南省志（综合本）》编纂工作会议在长沙召开。湖南省委常委、宣传部长许又声出席会议并讲话。

2 月 25 日，中共中央总书记、国家主席、中央军委主席习近平来到首都博物馆参观北京历史文化展览。他强调：“搞历史博物展览，为的是见证历史、以史鉴今、启迪后人。要在展览的同时高度重视修史修志，让文物说话、把历史智慧告诉人们，激发我们的民族自豪感和自信心，坚定全体人民振兴中华、实现中国梦的信心和决心。”

2 月 27 日，河南省地方史志工作会议在郑州召开。

2 月 28 日，浙江省副省长郑继伟听取《浙江通志》编纂工作专题汇报。

3 月 4 日，内蒙古自治区地方志办公室主任工作会议在呼和浩特市召开。同日，内蒙古自治区地方志学会第三届理事会议召开。

3 月 6 日，中国社会科学院院长、中国地方志指导小组组长王伟光，中国社会科学院副院长、中国地方志指导小组常务副组长李培林到北京调研地方志工作，并考察北京市方志馆。中国地方志指导小组办公室党组书记田嘉、中国地方志指导小组秘书长兼办公室主任李富强等陪同调研。

3 月 14 日，北京市第七届地方志编委扩大会议在北京市方志馆召开。中国社会科学院副院长、中国地方志指导小组常务副组长李培林，北京市委副书记、市长、市地方志编委会主任王安顺，中国地方志指导小组秘书长兼办公室主任李富强等参加会议。

3 月 18—19 日，中国社会科学院院长、中国地方志指导小组组长王伟光，中国社会科学院副院长、中国地方志指导小组常务副组长李培林，为筹备第五次全国地方志工作会议，了解各地地方志工作情况，到河北省调研地方志工作。中国地方志指导小组办公室党组书记田嘉、中国地方志指导小组秘书长兼办公室主任李富强等陪同调研。

3月18日，广西壮族自治区地方志办公室举行广西地方志人才梯队建设项目签约仪式。广西地方志人才梯队项目建设由自治区地方志办公室从2013年10月开始组织实施，共收到申报课题项目40个，申报项目经专家评审会议投票推荐，并经党组会议同意、公示，最终确定了34个立项课题。

4月2日，江西省设区市地方志办主任会议在吉安市召开。省地方志办公室党组书记、主任梅宏传达省政府副省长朱虹3月27日对全省地方志工作的指示。

4月9—11日，中国社会科学院院长、中国地方志指导小组组长王伟光，中国社会科学院副院长、中国地方志指导小组常务副组长李培林一行到江苏盐城、淮安、宿迁、徐州市调研地方志工作，分别召开省、市和县（市、区）地方志办公室主任座谈会。中国地方志指导小组办公室党组书记田嘉、中国地方志指导小组秘书长兼办公室主任李富强，方志出版社社长、总编辑冀祥德等陪同调研。

4月15日，中国地方志指导小组办公室在国家方志馆举行2014年宣传工作新闻通气会。中国地方志指导小组秘书长兼办公室主任李富强出席会议并致辞。中国地方志指导小组办公室期刊指导处处长、《中国地方志》主编于伟平主持会议，并向到会新闻媒体代表及记者通报了2014年中国地方志指导小组办公室宣传工作要点。新华社、《人民日报》、《人民日报》（海外版）、《光明日报》、《中国青年报》、《中国社会科学报》、孔子学院等多家新闻媒体代表及记者出席会议。

4月19—20日，第五次全国地方志工作会议在北京召开。中共中央政治局常委、国务院总理李克强作出重要批示。中共中央政治局委员、国务院副总理刘延东会前与部分代表座谈并发表重要讲话。中共中央委员、中国社会科学院院长、中国地方志指导小组组长王伟光出席会议并作题为《发扬成绩，谋划长远，奋力书写地方志事业发展新篇章》的工作报告。中共中央候补委员、中国社会科学院副院长、中国地方志指导小组常务副组长李培林传达了李克强总理重要批示和刘延东副总理的重要讲话，就《全国地方志事业发展规划纲要（2014—2020）〉（草案）》作出说明，并在会议结束时作总结讲话。

国家档案局局长、中国地方志指导小组副组长杨冬权布置了全国地方志系统表彰先进工作。杨冬权和军事科学院副院长、中国地方志指导小组副组长何雷分别主持会议。中国地方志指导小组部分成员和各省、自治区、直辖市，新疆生产建设兵团，各副省级城市，解放军、武警部队分管或联系地方志工作的领导同志、地方志工作机构主要负责人，以及国务院有关部委局史志机构负责人，共140多人与会。

4月22日，中国社会科学院院长、中国地方志指导小组组长王伟光一行到浙江省地方志办公室调研地方志工作。中国社会科学院副秘书长晋保平、中国地方志指导小组秘书长兼办公室主任李富强等陪同调研。

4月23—24日，云南省地方志理论研讨会在丽江永胜县召开，围绕人才队伍建设、方志与民族文化的结合、修志者的精神、修志义务探讨等主题作主题发言，并就志书和年鉴的编修实践，探讨志鉴工作方法、技巧和存在的问题，志鉴编修业务和理论探讨即关于志书体例、两轮志书衔接等议题展开讨论。

5月6日，吉林省委副书记、省长巴音朝鲁听取省地方志编委会党组书记、副主任李云鹤关于第五次全国地方志工作会议精神和贯彻落实意见的专题汇报。

5月7日，江西省地方志工作座谈会在赣州市召开。中国社会科学院院长、中国地方志指导小组组长王伟光出席会议并讲话。中国地方志指导小组秘书长兼办公室主任李富强等参加会议。

5月7—8日，中国地方志指导小组办公室副主任刘玉宏到浙江省调研方志馆建设工作。

5月15日，江苏省各市地方志办公室主任会议在镇江市召开。会议传达学习第五次全国地方志工作会议精神，总结2013年以来全省地方志工作，研究新形势下更好推进地方志工作的思路举措。

5月16日，新疆维吾尔自治区地方志编委会在乌鲁木齐市召开地方志机构工作会议。

5月18日，上海市地方志办公室举办“再出发：上海的回顾与前瞻”研讨会暨《上海通志干部读本》《民国上海市通志稿（第一册）》首发式。此次活动是上海市地方志系统纪念《地方志工作条例》颁布8周年、《上海市〈地方志工作条例〉实施办法》4 周年的重要活动之一。

5 月 21 日，《中国方志发展报告》编纂项目启动暨研讨会在国家方志馆召开。中国地方志指导小组秘书长兼办公室主任李富强出席会议并讲话。

5 月 22 日，《方志理论学习通典》编纂项目启动暨研讨会在国家方志馆召开。中国地方志指导小组秘书长兼办公室主任李富强出席会议并讲话。

5 月 28 日，贵州全省地方志机构负责人会议在贵阳市召开。

5 月 29 日，“广西地情移动传播平台”启动建设新闻发布会在广西方志馆举行。广西地情移动传播平台是广西率先在全国探索地方志资源移动化、智能化，打造“智慧方志”创新服务体系的重要举措。

5 月 30 日，四川省委副书记、省长魏宏对四川地方志工作作出批示。

6 月 5 日，山东省史志工作电视会议在济南市召开。会议传达第五次全国地方志工作会议及省政府主要领导对史志工作的重要批示精神，表彰全省史志工作先进集体、先进个人和优秀成果，总结交流工作，安排部署下步任务。5 月 26 日，省长郭树清专门作出批示。副省长王随莲出席会议并讲话。

6 月 13 日，中国社会科学院院长、中国地方志指导小组组长王伟光，中国社会科学院副院长、中国地方志指导小组常务副组长李培林出席甘、青、宁三省地方志工作座谈会并讲话。会后，与中共甘肃省委书记王三运、甘肃省人民政府省长刘伟平进行座谈。中国地方志指导小组办公室党组书记田嘉、中国地方志指导小组秘书长兼办公室主任李富强，中国社会科学院办公厅副主任王卫东，方志出版社社长、总编辑冀祥德等陪同调研。

同日，中国地方志指导小组办公室党组书记田嘉、中国地方志指导小组秘书长兼办公室主任李富强一行在出席甘、青、宁三省（自治区）地方志工作座谈会期间，到陕西省地方志办公室调研。

同日，海南省委党史研究室（省地方志办公室）与中国社会科学院中国边疆史地研究中心达成合作研究海上丝绸之路课题的初步意向，提出课题研究机构的初步框架，拟订 12 个子课题。

6 月 19 日，《天津市人民政府办公厅关于进一步加强天津市地方志工作的意见》（津政办发〔2014〕59 号）印发。

6 月 25—26 日，中国地方志指导小组办公室在北京召开《全国地方志事业发展规划纲要（2014—2020）》专题研讨会议。中国地方志指导小组办公室党组书记田嘉、中国地方志指导小组秘书长兼办公室主任李富强、中国地方志指导小组办公室副主任邱新立等出席会议。

6月25日，重庆市地方志办公室主任会议召开，全市38个区县及万盛经济开发区地方志工作机构主要负责人参加会议。会议传达贯彻第五次全国地方志工作会议精神

6月29日，中国社会科学院院长、中国地方志指导小组组长王伟光赴黑龙江省地方志办公室调研，黑龙江省人民政府副省长于莎燕、中国地方志指导小组秘书长兼办公室主任李富强陪同调研。

7月3—12日，由海南省委党史研究室（省地方志办公室）和宁波大学联合举办的2014年海南省地方志工作业务培训班在宁波大学举办。

7月7—10日，中国地方志指导小组办公室党组书记田嘉、副主任邱新立一行5人专题调研组到辽宁，就《全国地方志事业发展规划纲要（2014—2020年）》（征求意见稿）进行专题调研。

7月14日，人力资源社会保障部、中国地方志指导小组联合下发《关于评选全国地方志系统先进集体和先进工作者的通知》。《通知》提出了评选范围和表彰名额、评选条件、评选程序、评选要求、奖励办法、组织领导等事项。

7月16—17日，全国方志期刊工作座谈会在内蒙古自治区呼和浩特市召开。中国地方志指导小组秘书长兼办公室主任李富强出席会议并讲话。

7月18日，由中华人民共和国国史学会与中国地方志指导小组办公室联合主办的第五期中华人民共和国国史高级研修班在北京举行。来自全国近20个省（自治区、直辖市），以及部分高校科研院所和国家有关单位的史志学术骨干120余人参加研修班。

7月21—23日，西藏昌都地区地方志办公室在昌都举办第二轮志书编修培训班。重庆市地方志办公室及部分区县方志办有关人员分别授课。昌都地区地方志办公室、地（中、区）直单位及所属各县修志人员共67人参加培训。

7月23日，陕西省地方志工作会议召开，总结交流2009年以来的全省地方志工作，安排部署今后一个时期的工作任务。省长娄勤俭对全省地方志工作作出批示，副省长白阿莹出席会议并讲话。

7月24—25日，中国地方志指导小组秘书长兼办公室主任李富强、中国

地方志办公室副主任邱新立一行4人，赴四川省开展工作调研，并召开《全国地方志事业发展规划纲要（2014—2020）》专题座谈会。

7月28日，中国社会科学院院长、中国地方志指导小组组长王伟光，中国社会科学院副院长、中国地方志指导小组常务副组长李培林，中国社会科学院秘书长、党组成员高翔，中国地方志指导小组办公室党组书记田嘉，中国地方志指导小组秘书长兼办公室主任李富强，中国社会科学院办公厅副主任王卫东等一行，到国家方志馆秦皇岛分馆考察。

8月1日，辽宁省地方志工作电视电话会议在沈阳市召开，会议传达贯彻第五次全国地方志工作会议精神，总结和部署全省地方志工作。副省长薛恒出席会议并讲话。

8月4日，《青海省志·审计志（1995—2010）》首发仪式举行，省政府副省长马顺清参加会议并讲话。首发式的举行标志着青海省第二轮省志编修工作正式进入出版发行阶段。

8月8日，福建省第八次地方志工作会议在福州市召开。中国地方志指导小组秘书长兼办公室主任李富强出席会议并讲话。

8月10—12日，中国社会科学院副院长、中国地方志指导小组常务副组长李培林一行到河南省调研指导地方志工作。中国地方志指导小组办公室党组书记田嘉、中国地方志指导小组秘书长兼办公室主任李富强陪同调研。

8月12日，湖北省人民政府办公厅印发《关于进一步加强全省地方志工作的意见》。

8月15日，中国社会科学院院长、中国地方志指导小组组长王伟光，中国社会科学院副院长、中国地方志指导小组常务副组长李培林率调研组到广东调研地方志工作，在深圳市举行广东省地方志工作座谈会并考察深圳市方志馆。中国地方志指导小组办公室党组书记田嘉，中国地方志指导小组秘书长兼办公室主任李富强，方志出版社社长、总编辑冀祥德等参加调研。

8月27日，湖北省委书记李鸿忠、省长王国生召开专题会议，听取省水利厅和省地方志办公室关于《湖北省湖泊志》编纂情况的汇报。副省长郭生练等出席会议。此前6月19日，省政府召开专题会议，听取省水利厅和省地方志办公室关于《湖北省湖泊志》编纂情况的汇报，并对加快《湖北省湖泊志》编纂进度、确保志书质量的工作进行部署。省长王国生、副省长郭生练等出席会议。

8 月 29 日上午，西北五省区地方志工作协作会议在西安市召开。中国社会科学院副院长、中国地方志指导小组常务副组长李培林出席会议并讲话。陕西省副省长白阿莹到会致辞。中国地方志指导小组办公室党组书记田嘉，中国地方志指导小组秘书长兼办公室主任李富强，方志出版社社长、总编辑冀祥德参加会议。

8 月 29 日下午，中国社会科学院副院长、中国地方志指导小组常务副组长李培林，中国地方志指导小组办公室党组书记田嘉，中国地方志指导小组秘书长兼办公室主任李富强一行 6 人，到陕西省地方志馆调研。

9 月 2 日，中国地方志指导小组全文转发《福建省人民政府关于进一步加强地方志工作的若干意见》。此前 8 月 5 日，福建省人民政府颁布《关于进一步加强地方志工作的若干意见》。

9 月 3—10 日，全国地方志工作机构新任负责人培训班在秦皇岛市举办。中国地方志指导小组办公室党组书记田嘉，方志出版社社长、总编辑冀祥德出席开班仪式。中国地方志指导小组办公室副主任邱新立受邀为学员授课。

9 月 6 日，西藏·广东修志工作座谈会在拉萨市召开。会议对《墨脱县志》《察隅县志》进行评审，并就西藏、广东两省区对口支援工作进行研讨。西藏自治区地方志办公室、林芝地区地方志办公室、墨脱县和察隅县有关领导及修志人员共 20 人参加会议。

9 月 11 日，《黑龙江省地方志工作规定》经黑龙江省人民政府第三十一次常务会通过。同月 17 日，黑龙江人民政府省长陆昊签署《黑龙江省人民政府令》（第 2 号），予以公布，自 2014 年 11 月 1 日起施行。

9 月 17 日，中国社会科学院院长、中国地方志指导小组组长王伟光，中国社会科学院副院长、中国地方志指导小组常务副组长李培林一行，赴山东省调研地方志工作，并在威海市召开座谈会。中国地方志指导小组办公室党组书记田嘉，中国地方志指导小组秘书长兼办公室主任李富强，中国社会科学院办公厅副主任王卫东，方志出版社社长、总编辑冀祥德等陪同调研。

10 月 14—15 日，2014 年新方志论坛在成都市举办。此次论坛的主题是地域文化与志书自然部类。中国地方志指导小组秘书长兼办公室主任李富强出席会议并讲话。来自全国修志专家和科研院校的专家学者50人参加会议。

10月28—29日，《地方综合年鉴编纂教程》编写第三次会议在北京举行。会议围绕教程篇目、内容等展开研讨，并就《全国地方志系统第三届年鉴质量评比活动实施方案（草案）》征求意见。

10月29—30日，中国地方志学会城市区志专业委员会学术年会在扬州市举办。年会的主题是研讨第二轮城市区志文化部类的编纂方法与编纂规律。来自22个省（自治区、直辖市）地方志工作机构的100余名代表参会。中国地方志指导小组办公室副主任、中国地方志学会秘书长、城市区志专业委员会会长邱新立出席会议并讲话。

10月31日，宁夏回族自治区主席刘慧主持召开宁夏地方志编审委员会（扩大）会议，传达学习第五次全国地方志工作会议精神，听取全区地方志工作情况。

11月15日，以“读方志，知区情，爱广西”为主题的假日广场方志文化活动在南宁民族广场举行。

11月18日，中国地方志指导小组办公室党组书记赵芮参加江西省方志馆建设现场会暨地方志信息化建设座谈会，并出席景德镇地方志馆开馆仪式。

11月21日，中共中央政治局委员，北京市委书记、市地方志编纂委员会顾问郭金龙到北京市方志馆，就地方志资源开发利用工作进行专题调研。

11月25日，福建省地方志工作座谈会在厦门市召开。中国社会科学院院长、中国地方志指导小组组长王伟光，中国社会科学院副院长、中国地方志指导小组常务副组长李培林出席会议并讲话。中国地方志指导小组党组书记赵芮，中国社会科学院办公厅副主任王卫东、胥锦成参加会议。

11月26日，第八次吉林省地方志工作会议在长春市召开。吉林省委常委、副省长陈伟根出席会议并讲话，省政府副秘书长苏衡传达省委副书记、省长、省地方志编委会主任蒋超良11月20日的批示。

12月4日，湖南省第七次地方志工作会议在长沙市举行。省委常委、常务副省长、省地方志编纂委员会主任陈肇雄出席会议并讲话。

12月16日，甘肃省副省长夏红民到省地方史志办公室调研。

12月20日，国家主席习近平到位于横琴岛的澳门大学新校区考察，并向澳门大学赠送《永乐大典》重印本和《北京大学图书馆藏稀见方志丛刊》，并现场在赠书函上签名。

12 月 22 日上午，中国社会科学院副院长、中国地方志指导小组常务副组长李培林一行到广东方志馆、广州市方志馆及其新馆（在建）调研，参观广州市地方志成果展，并与广州市副市长贡儿珍、广州市地方志办公室主任黄小晶一行进行座谈。

12 月 22 日下午，《广东省志（1979—2000）》首发暨广东省纪念新方志编修 30 周年座谈会在广东省委党校举行。中国社会科学院副院长、中国地方志指导小组常务副组长李培林，省委常委、常务副省长徐少华，省人大常委会副主任肖志恒，省政协副主席梁伟发出席会议。中国地方志指导小组办公室党组书记赵芮，中国地方志指导小组副秘书长兼办公室副主任，方志出版社社长、总编辑冀祥德参加会议。会后，广东省省长朱小丹和李培林等领导一起参观广东省地方志工作成果展。据悉，广东省是第一个全面完成第二轮修志工作的省份。

12 月 23—24 日，由中国地方志指导小组办公室、中国地方志学会主办，浙江省人民政府地方志办公室承办的第四届中国地方志学术年会在杭州市召开。中国社会科学院副院长、中国地方志指导小组常务副组长李培林出席会议并讲话，浙江省人民政府副秘书长李云林出席会议并致辞。中国地方志指导小组办公室党组书记赵芮主持开幕式，中国地方志指导小组成员、中国地方志学会常务副会长田嘉作会议总结，中国地方志指导小组副秘书长兼办公室副主任冀祥德，中国地方志指导小组办公室副主任、中国地方志学会秘书长邱新立出席会议。其间，赵芮、冀祥德、邱新立等在省地方志办公室主任潘捷军陪同下先后赴余杭、绍兴两地，分别考察余杭方志馆和章学诚故居。

12 月 23 日，浙江省人民政府地方志办公室在杭州市召开座谈会，纪念浙江通志局创立 100 周年。中国地方志指导小组党组书记赵芮、中国地方志指导小组副秘书长兼办公室副主任冀祥德、中国地方志指导小组办公室副主任邱新立参加座谈会。

12 月 31 日，四川省人力资源和社会保障厅、四川省地方志编纂委员会联合下发《关于表彰汶川特大地震四川抗震救灾志编纂工作先进集体和先进工作者的决定》。

编后记

《中国方志发展报告》编纂工作于2014年3月成立课题组，正式启动。《中国方志发展报告》的编纂采用组稿的方式，以专业的角度、专家的视野，并采用对方志事业发展现状描述、主要成绩、存在问题以及预测分析的研究方法，集合方志界专家学者的力量共同编纂。《中国方志发展报告》由一个总报告、五个区域报告、三个专题报告，以及若干个子报告和附录组成。

3月，课题组在征求各级领导和专家意见的基础上，制定编纂方案，设计框架。5月，召开项目启动会暨编纂研讨会，邀请30多位省级地方志工作机构负责人以及方志界和科研院校的专家、学者参会，共同研讨编纂方案和框架设计，同时确定撰稿人，进行编纂任务分工。之后，课题组下发《关于配合编纂〈中国方志发展报告〉的函》以及三个调查问卷，收集志鉴成果相关数据，为《中国方志发展报告》撰写提供了基础资料和相关数据。7月中旬前，各位撰稿人陆续上报撰写提纲，课题组逐一对撰写提纲进行审阅并提出了修改意见。7—11月，各位撰稿人根据初步确定的撰写提纲进行稿件撰写工作。其间，课题组积极提供相关资料，协助撰稿人收集、整理资料。12月，《中国方志发展报告》初稿基本完成。2015年1—2月，课题组于伟平、杨海峰、王铁鹏、周慧、陈野、梅森、王晖、詹利萍、王丹林初审稿件，提出审稿意见，并联系撰稿人修改稿件。3—4月，方志期刊指导处处长、《中国地方志》主编、课题负责人于伟平对全书进行统稿。5月，撰稿人再次对稿件进行修改完善。6月，课题组对稿件进行复审。7月，上报中国地方志指导小组办公室领导终审。8月，交付方志出版社出版。

《中国方志发展报告》在编纂过程中，得到中国地方志指导小组及其办公室领导的高度重视。中国社会科学院院长、中国地方志指导小组组长王伟光，中国社会科学院副院长、中国地方志指导小组常务副组长李培林对开展这项工作给予充分肯定，并就编纂工作作出重要指示。中国地方志指导小组办公室原党组书记田嘉、中国地方志指导小组原秘书长兼办公室主任李富强，非常重视《中国方志发展报告》编纂工作，并对编纂方案和框架设计提出了指导性意见和建议。李富强亲自主持该项目的启动工作。中国地方志指导小组办公室党组书记赵芮，中国地方志指导小组副秘书长兼办公室副主任冀祥德，中国地方志指导小组办公室副主任刘玉宏、邱新立十分关心编纂工作进展情况，并对全书进行了审定。

在各级领导的高度重视下，在各级地方志工作机构的大力支持下，各位撰稿人和课题组人员一道，辛勤付出，共同努力，使《中国方志发展报告》顺利付梓了。在此，一并表示衷心的感谢！

由于编者经验和水平有限，以及受掌握的现有资料所限，本书一定还存在一些不足之处，恳请广大读者、方志界同仁、同行专家批评指正，以便更好地做好下一年度的《中国方志发展报告》编纂出版工作。

《中国方志发展报告》课题组

2015 年 6 月